管理会计

GUANLI KUAIJI

主编　吴晓涵

上海交通大學出版社
SHANGHAI JIAO TONG UNIVERSITY PRESS

内容提要

本教材以理实结合为导向，在行业专家对财会类专业所涵盖的岗位群进行任务与职业能力分析的基础上展开编写，根据学生的认知特点安排教学内容。教材分为管理会计基础理论、管理会计的应用和管理会计的发展三大部分。管理会计理论基础部分主要介绍管理会计的概念、发展和其与财务会计的关系；成本性态的概念以及混合成本分解；管理会计应用部分主要介绍本量利分析、变动成本法等管理会计的主要工具和方法，以及相关的经营和投资决策；管理会计发展部分主要介绍全面预算管理、业绩评价和战略管理会计。

图书在版编目（CIP）数据

管理会计 / 吴晓涵主编 . —上海：上海交通大学出版社，2023.3

ISBN 978-7-313-27994-1

Ⅰ. ①管…　Ⅱ. ①吴…　Ⅲ. ①管理会计—教材　Ⅳ. ① F234.3

中国国家版本馆 CIP 数据核字（2023）第 037259 号

管理会计

GUANLI KUAIJI

主　　编： 吴晓涵

出版发行： 上海交通大学出版社

邮政编码： 200030

印　　制： 北京荣玉印刷有限公司

开　　本： 787 mm × 1092 mm　1/16

字　　数： 492 千字

版　　次： 2023 年 3 月第 1 版

书　　号： ISBN 978-7-313-27994-1

定　　价： 59.80 元

地　　址： 上海市番禺路 951 号

电　　话： 021-64071208

经　　销： 全国新华书店

印　　张： 22

印　　次： 2023 年 3 月第 1 次印刷

编委会名单

主　编

吴晓涵

副主编

王淑云

参　编

郑枫韵　陈建宇　王文迪　张陶勇

胡　霞　梁海燕　姚素琴

浙江省高等学校在线开放课程平台学习指南

一、选课指南

1. 进入“浙江省高等学校在线开放课程共享平台”，选择吴晓涵主讲的“管理会计”课程进行学习，网址：

https://www.zjooc.cn/course/8a2284de862fe2a5018654e5eaad5594

2. 新用户需要先注册，注册后点击课程页面的“立即参加”，成功选课。

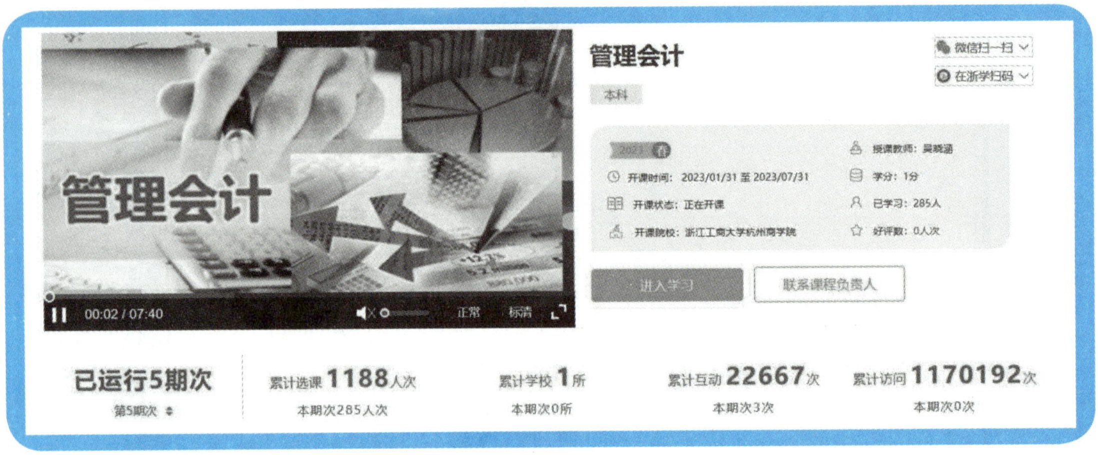

二、学习指南

1. 进入“浙江省高等学校在线开放课程共享平台”，选择吴晓涵主讲的“管理会计”课程进行学习，网址：

https://www.zjooc.cn/course/8a2284de862fe2a5018654e5eaad5594

2. 使用选课时注册的账号、密码登录，点击“我的课程”，进入课程开始学习。

前言

管理会计是目前会计领域的热点，也是未来会计发展的方向。在当下智能会计兴起，学校新商科发展的背景下，管理会计相关理论和技能与目前的会计发展和人才培养目标相契合。目前，我国管理会计一职一般由会计主管、财务经理或成本核算岗位的人员担任，在现实生活中，管理会计工作可以渗透到企业的各个方面中，处于企业管理的核心地位。因此，让学生学会灵活运用管理会计中各种专门的技术方法，对企业的生产经营活动进行规划和控制以加强企业内部管理、提高经济效益是管理会计教材编写的主要目的。培养学生利用会计信息和数据定量分析的实践能力，展现应用性和先进性，是教材内容设置的重点。通过从职业道德、人生观、价值观角度融入课程思政内容，全面贯彻党的教育方针，落实立德树人根本任务，将人文知识、价值引导与专业知识相结合，是教材的创新探索。

教材以理实结合为导向，在行业专家对财会类专业所涵盖的岗位群进行任务与职业能力分析的基础上展开编写。根据高等院校财会类学生的认知特点，在工作任务引领下以情景模拟、角色互换、仿真操作、分组讨论等形式设置教学内容，使学生真切体会管理会计工作所需的职业能力和实际动手能力。教材结合新商科培养的要求，注重知识内容的实用性和综合性，删减了以往同类教材中较刻板的理论知识点，将更多的学时和内容放在实务操作、数据分析方面。注重培养学生做学结合、边学边做，以培养学生胜任管理会计业务操作的职业能力，提高学生分析和解决问题的能力，适应岗位实际运用需要。教材密切联系企业管理会计人才市场变化的新趋势，注重理论联系实际，突出新商科培养特点，突出职业特点，突出岗位技能特色。

本教材是浙江省新形态教材，各个章节知识点均有数字化资料嵌入，方便使用者学习和掌握教材内容。本教材可以作为高等院校财会专业的教材，同时也可以作为在岗会计人员的日常管理会计业务学习用书。

本教材由吴晓涵担任主编，并负责大部分章节的写作、习题的编写、全书的统稿以及所有数字化资料的制作。王淑云、梁海燕、姚素琴老师参与了部分章节的编写，陈建宇老师负责公式整理核对、郑枫韵老师负责文字校对工作，王文迪老师负责部分会计案例整理，张陶勇和胡霞老师给予了很多指导。本教材在编写过程中得到了众多同事和朋友的支持，很多企业财务专家也参与了教材案例的设计和编写，在此表示衷心的感谢。

此外，本教材作者还为广大一线教师提供了服务于本书的教学资源库，有需要者可致电 13810412048 或发邮件至 2393867076@qq.com。限于编者的学识水平，本书定有不妥和疏漏之处，恳请读者批评指正。

编　者

2022.12

目录

第1篇 管理会计基础理论

本篇回顾了管理会计的发展史，介绍了管理会计的概念、基本职能，并将管理会计和财务会计进行对比，揭示了管理会计和财务会计的区别和联系，讲解了管理会计和财务会计的结合应用。此外，本篇还介绍了管理会计的基础理论，为后续管理会计在实践中的应用奠定了基础。

专题一 管理会计概述

专题概述

管理会计是当前会计的发展方向，源于财务会计，但又和财务会计有所区别。本专题将主要介绍管理会计产生和发展的历程、管理会计的基本职能以及管理会计和财务会计的关系。

目标导航

知识目标

1. 了解管理会计产生和发展的历程。
2. 理解管理会计的基本职能。
3. 掌握管理会计和财务会计的区别。
4. 初步形成管理会计思维。

能力目标

1. 能够叙述管理会计产生和发展的历程。
2. 能够解释管理会计的概念。
3. 能够区别管理会计和财务会计。

素质目标

遵守管理会计师的职业道德规范。

案例导入

小镇面包店的故事

小镇上原来只有一家面包店，大家要吃面包就只能到这唯一的面包店购买。因为所有的面包都是手工制作的，所以产量有限，经常供不应求，因此店主每天想的都是怎么提高面包产量，因为产量提高了，利润也就提高了。后来，随着各种机器设备的出现，面包机器出现了，面包产量大幅提高，而且因为面包不再需要手工制作，所以小镇上出现了好几家面包店。这个时候，面包店主们发现提高产量并一定能提高利润，面包的品质没有太大差别，因此面包价格也不能有很大差异，那么怎样才能提高利润呢？在这种情况下，各面包店主纷纷采取措施，其中一些面包店的利润提高了。

思考讨论：那些面包店采取了什么措施提高利润呢？

项目1 管理会计的含义与地位

一、管理会计的含义

（一）国外会计学界对管理会计的定义

1. 狭义管理会计阶段（20 世纪 20 年代至 20 世纪 70 年代）

狭义的管理会计，是指在市场经济条件下，以强化企业内部经营管理、实现最佳经济效益为最终目的，以现代企业经营活动及其价值表现为对象，通过对财务等信息的深加工和再利用，实现对经济过程的预测、决策、规划、控制、责任考核评价等职能的一个会计分支。

狭义管理会计的核心内容是管理会计以企业为主体展开其管理活动，管理会计是为企业管理当局的管理目标服务的，管理会计是一个信息系统。

2. 广义管理会计阶段（20 世纪 70 年代以来）

广义的管理会计，是指用于概括现代会计系统中区别于传统会计的，直接体现预测、决策、规划、控制和责任考核评价等会计管理职能的那部分内容的一个范畴。

广义管理会计的核心内容是管理会计既为企业管理当局的管理目标服务，同时也为股东、债权人、政府当局等非管理集团服务。管理会计作为一个信息系统，它所提供的财务信息包括货币性和非货币性信息。

从内容上看，管理会计既包括财务会计，又包括成本会计和财务管理。

（二）国内学者对管理会计的定义

国内学者大多认为管理会计是西方企业为了加强内部经营管理，达到最大利润的目的，灵活运用多种多样的方式方法，收集、加工和阐明管理当局合理计划和有效控制经济过程所需要的信息，围绕成本、利润、资本三个中心，分析过去，控制现在，规划未来的一个会计分支；是通过一系列专门方法，利用财务会计提供的资料及其他有关资料进行整理、计算、对比和分析，使企业各级管理人员能据此对日常发生的一切经济活动进行规划与控制，并帮助企业领导做各种决策的一整套信息处理系统；是将现代化管理与会计融为一体，为企业的领导者和管理人提供管理信息的会计。它是企业管理信息系统的一个子系统，是决策支持系统的重要组成部分。

在综合国内外关于管理会计的定义的基础上，我们可以给管理会计做如下定义：管理会计是以提高经济效益为最终目的的会计信息处理系统。它运用一系列专门的方式方法，通过确认、计量、归集、分析、编制与解释、传递等一系列工作，为管理和决策提供信息，并参与企业经营管理。

二、管理会计的地位

管理会计组织机构融于企业会计机构之中，在总会计师的领导之下，为企业内外部信息使用者提供信息服务。管理会计工作可以渗透到企业的各个方面，处于企业价值管理的核心地位，管理会计地位图如图 1-1 所示。

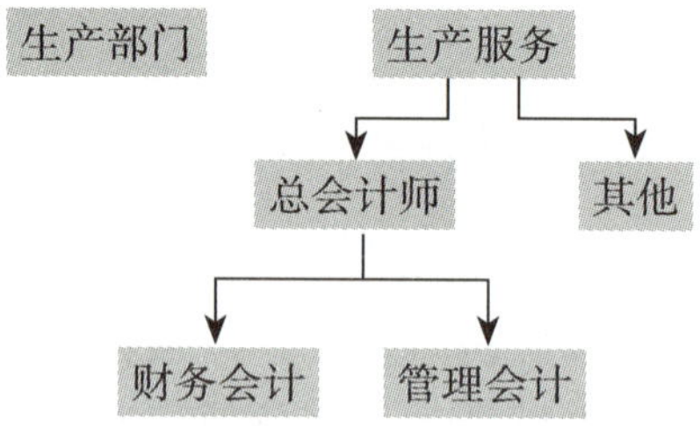

图 1-1　企业管理会计地位图

项目2　管理会计的产生和发展

一、管理会计的产生和发展阶段

（一）传统管理会计阶段（19 世纪末至 20 世纪 50 年代）

管理会计的起源可以追溯到 19 世纪末 20 世纪初。英国在产业革命的影响下，经济快速发展。由于企业所有权与经营管理权分离，企业对簿记提出更高的要求，即不仅要能记账、算账、报账，而且要能审核账目，查错防弊；不仅要能解释经济信息，说明问题，而且要研究资产的估价方法及有关理论。此时的英国成为全世界会计理论研究的中心。

第一次世界大战后，美国在经济实力、科学技术和企业经营管理等方面取代了英国的位置，会计理论研究中心由英国转移到美国。1911 年，美国人弗雷德里克·温斯洛·泰勒（Frederick Winslow Taylor）发表了著名的《科学管理原理》，开辟了企业管理的新纪元。泰勒的科学管理思想受到当时社会和企业界的极大重视，它给企业管理理论和实践带来了深刻的影响和变革。在推行泰勒的科学管理思想的过程中，为企业管理服务的会计，也发生了空前的变化和发展。会计领域内相继出现了许多诸如“标准成本”“差异分析”“预算控制”等同泰勒制的科学管理方法直接相联系的新的观念和新的技术方法，企业通过制定标准成本，进行预算控制和差异分析，改进企业管理与成本控制，使会计由单纯的记账、算账、报账，发展到事前预算、事中控制和事后分析相结合，并参与企业内部管理，为提高经济效益服务。慢慢地，各种数学的、技术的数理统计方法逐渐与会计学科结合起来，使会计的管理职能不断扩大和延伸，逐步形成侧重于企业内部管理的会计方法体系。

（二）现代管理会计阶段（20 世纪 50 年代至 20 世纪 80 年代）

第二次世界大战后，特别是在 20 世纪 50 年代，资本主义生产力迅速发展，企业规模不断扩大，跨国公司大量涌现，国内、国际市场竞争加剧。这种形势迫使企业家将管理的重心转向改进经营管理和对市场的开发上。企业为增强竞争力，不得不广泛推行职能管理、行为科学管理，想方设法调动员工的积极性，同时注重市场调研，加强科学的预测和决策，逐步形成了一个能与市场竞争环境相适应的预测、决策、控制、考核、评价的管理会计体系。于是，企业内部的管理科学化、现代化不断发展，现代管理科学也随之产生和发展。

现代管理科学的创立及其在企业管理中的应用，不仅极大地提高了现代企业的经营管理水平，而且有力地推动了会计科学的发展。因此，在会计领域中逐渐形成了一整套相对独立的会计方法体系和理论——管理会计。

这一时期的管理会计由生产管理转向经济决策，由关注劳动生产效率的提高转向全局性的经济效益的提高。管理会计正式形成以后，传统的单一会计系统就逐步分化为财务会计与管理会计两个相对独立的系统。现代管理科学的形成和发展，对现代管理会计的形成和发展在理论上起着奠基和指导的作用，在方法上赋予它现代化的管理方法和技术。可以说，现代管理会计是在新的历史条件下，以现代管理科学为基础，一方面丰富和发展了其早期形成的一些技术方法，另一方面又大量吸收了现代管理科学中运筹学、行为科学等方面的研究成果，将其引进、应用到会计中来，形成的一个新的与管理现代化相适应的会计信息系统。

一方面，西方国家把以提供财务报表为主要手段，以企业外部投资人、债权人等为主要服务对象的会计，称为财务会计，它是传统会计的继续和发展；另一方面，西方国家为适应现代化管理的需要，将会计中为企业内部管理人员进行正确决策及有效经营服务的内容从传统会计中分离出来，称之为“管理会计”。管理会计是以新的经营管理条件为基础，逐步形成和发展起来的一门新的学科，它既是企业管理的一个分支，又是与财务会计并列的一个会计分支。

（三）战略管理会计阶段（20世纪80年代至今）

20世纪80年代以后，世界经济一体化和国际性竞争日趋激烈，为适应社会经济和科学技术的重大变革，基于学科的交叉渗透，管理会计进入一个新的大发展阶段，从一般性的企业预测、决策、控制、考核、评价转移到企业化和行为化问题中，形成了许多新的领域，如作业会计、环境管理会计、人力资源价值会计、行为会计、战略管理会计、国际管理会计等。这一阶段，以重视环境适应性为基本特征的战略管理会计发展迅速，著名管理学家肯·西蒙兹（Ken Simmonds）于1981年首次提出了“战略管理会计”一词，他认为战略管理会计应该侧重于本企业与竞争对手关于市场份额、定价、成本、产量等方面的资讯，研究内容为成本管理、投资决策、业绩评价等。新领域的拓展，要求现代管理会计学理论研究方法也不断丰富，数量经济分析、风险分析、数理统计推断、运筹学、管理工程学、现代决策论、控制论、信息论、系统论、现代心理学、行为科学以及电脑应用技术的广泛应用，极大地推动了管理会计的发展。

二、影响管理会计产生和发展的因素

会计是为适应社会生产实践活动和经济管理的客观要求而产生和发展起来的。现代管理会计作为现代会计的一个重要分支，其形成与发展是会计不断发展的必然结果。

（一）社会经济的发展、科学技术的进步

社会经济的发展、科学技术的进步，是管理会计产生与发展的客观基础。管理会计作为一门新兴的会计学科，是随着社会经济的发展和科学技术的进步而产生和发展起来的。第一次世界大战以后，美国迅速崛起，无论是在经济上还是在科学技术的发展上，美国都处于世界领先的地位。随着世界经济中心由欧洲转移到美国，会计理论的研究中心也随之由英国易位于美国。20 世纪 20 年代至 20 世纪 30 年代，泰勒的科学管理在美国企业中得到广泛推行。为配合企业提高生产效率和工作效率的科学管理，会计科学建立了“标准成本制度”“预算控制”“差异分析”等专门的方法体系，以加强对企业生产经营的控制和分析。到了 20 世纪 40 年代，尤其是第二次世界大战以后，随着资本主义经济、技术的迅速发展和市场竞争的日趋激烈，企业规模日益扩大，生产工艺技术日益复杂。企业管理当局为增强经济实力、战胜竞争对手，都十分重视提高企业内部工作效率，积极推行职能管理和行为科学管理。“成本—业务量—利润分析”（或称“盈亏平衡分析”）、“弹性预算”“变动成本法”“责任会计”等专门方法正是在这种形势发展的要求下提出来的。

之后，会计科学为适应企业经营管理的需要，进一步吸收了数量管理中的一些专门方法和计算机技术，加强了对企业生产经营活动事前的全面规划和日常控制，以满足管理者的决策信息需要。至此，以内向服务为主，以加强企业经营管理为核心职能的“管理会计”理论体系逐步形成，成为与传统财务会计并驾运行的会计学新分支。管理会计不受企业会计准则的束缚，在时间和空间上均具有很高的灵活性和适用性。它运用科学的定量化手段，既要考核和评价企业的过去，控制和监督企业的现在，还要预测、决策和规划企业的未来。管理会计的出现，极大地丰富了会计管理的内容，是近代会计发展为现代会计的重要标志之一。

（二）管理科学的形成、管理理论的发展

管理科学的形成、管理理论的发展，为管理会计的产生和发展提供了理论依据。自从有了人类社会，人们的社会生产实践活动就表现为集体的协作劳动形式，而有集体劳动协作就有管理活动。在长期、重复的管理实践中，人们逐步产生了管理思想；随着社会生产力的发展，人们把各种管理思想归纳总结，形成管理理论；人们运用管理理论去指导管理实践，并在实践中得到检验和修正，从而形成管理科学。西方学者认为，管理科学的真正形成应以 19 世纪末 20 世纪初的泰勒科学管理的出现为标志，并将管理科学形成后的理论发展划分为三个阶段：古典管理理论阶段，以泰勒的科学管理理论、法约尔的管理过程理论、韦伯的理想组织体系理论等为代表；新古典管理理论阶段，以梅奥等人的霍桑试验和人际关系学说、马斯洛的需求层次理论、赫茨伯格的双因素理论、麦克莱兰的激励需求理论、弗鲁姆的期望理论、斯金纳的激励强化理论、凯利等人的归因论等行为科学理论的形成、发展为主要内容；现代管理理论阶段，由于管理理论流派众

多，著名管理学家孔茨称之为“管理理论丛林”，将其归纳为十大流派，即管理过程学派、社会合作学派、经验或案例学派、人际关系行为学派、群体行为学派、社会技术系统学派、决策理论学派、沟通（信息）中心学派、数学（“管理科学”）学派、权变理论学派等。

“管理理论丛林”的出现，是管理科学发展过程的必经阶段。管理理论的不断发展和完善，不仅为管理会计学奠定了必要的理论基础，而且还为其内容的不断充实提供了有力的理论依据，使管理会计学逐步发展成为一门新兴的会计学科，能够更好地指导管理会计实践的发展。因此，在管理会计的产生与发展过程中，管理理论的蓬勃发展起到了积极的促进和指导作用。但是，应该指出的是，尽管管理理论的发展对管理会计的产生和发展具有重大影响，正如不能将管理会计与管理会计学混为一谈一样，我们也不能将管理会计说成是管理理论的产物。因为从客观内容上讲，管理会计工作是一项实践活动，并非纯粹的抽象理论。理论来源于实践又服务于实践，但实践绝非是理论的产物。

总之，管理会计的产生和发展，既是社会经济的发展和科学技术的进步，推动企业实现现代化管理的客观需要，也是管理科学的形成与管理理论的发展促使会计的理论和方法不断充实、发展和完善的必然结果。所以，管理会计的产生和发展，是会计科学成功地发展到新的历史阶段的显著标志。可以预言，随着社会经济的不断发展和科学技术的不断进步，管理会计的理论和实践都将随之不断发展和日臻完善，它在企业现代化管理中的地位和作用也将愈加重要。

三、管理会计在我国的应用和发展

20 世纪 70 年代以后，管理会计师协会在美国成立，出版了专门的管理会计刊物，教科书开始走向讲台，管理会计与财务会计的区别开始明朗化、规范化。1980 年，世界各国管理会计人员联会在法国巴黎召开，专门研究管理会计的应用和推广问题。此后，管理会计在世界各国得到广泛发展并传入我国。1979 年，机械工业部组织翻译出版了我国第一部《管理会计》，厦门大学是我国第一个将管理会计引入课堂的高等学府，引领管理会计的研究和发展，使其逐步成为会计专业的主要课程。

进入 20 世纪 90 年代以后，管理会计无论在理论上，还是在实践上都取得了较大的发展。比如：间接费用分摊由单一数量基础分配发展到以作业的成本动因为分配基础；由单纯注重固定和变动成本的降低发展到强调全面质量管理；建立了标准成本系统和责任成本中心；投资决策中充分考虑货币时间价值和成本、风险因素；采用投资报酬率等指标作为业绩评价标准；开始涉足从战略总体上进行成本管理。这说明我国管理会计已逐步从数量、定额管理过渡到成本、价值的管理，从项目、部门管理演变为全面管理、战略管理。

随着社会主义市场经济体制的建立和完善，企业面临越来越大的市场竞争压力，管理会计在提高企业内部管理水平、促进管理科学化方面的作用将更加突出。充分吸收借鉴更为先进、科学的管理会计理论和实践，探索代表管理会计未来发展和应用方向的新领域，将是我国企业在生存和发展中亟待解决的现实问题。

项目3 管理会计的基本职能

管理会计不同于财务会计，它可以综合地履行更加广泛的职能。它既可以分析过去，同时又可以控制现在，还可以筹划未来。具体而言，它具有以下六种职能。

一、分析职能

分析职能是管理会计的一项重要职能。它是指管理会计参与经济活动的事后分析。开展事后分析，不仅可以从经营管理的角度总结企业的经验教训，更重要的是还可以挖掘增产节约的潜力，指明企业未来的经营管理方向，提出新的经营管理目标，为企业进行新的预测与决策提供可靠的信息。

二、预测职能

预测是指根据历史资料，采用系统科学的方法推测事务未来变化的过程。管理会计主要以历史的或者现时的会计资料，同时运用定量的分析模型或者定性的分析手段来预测和推断企业未来经济业务的发展趋势，为企业内部决策管理者提供有用的决策信息。管理会计的预测主要包括成本预测、利润预测和资金需求量预测等。

管理小故事

有位客人到某人家里做客，看见主人家的灶上烟囱是直的，旁边又有很多木材。客人告诉主人，烟囱要改曲，木材须移走，否则将来可能会发生火灾，主人没有听取他的建议。不久，主人家里果然失火了，四周的邻居赶紧跑来救火，最后火被扑灭了。于是主人烹羊宰牛，宴请四邻，以酬谢他们救火的功劳，但并没有请当初建议他将木材移走、烟囱改曲的人。有人对主人说："如果当初听了那位先生的话，今天也不用准备筵席，而且也没有火灾的损失。现在论功行赏，原先给你建议的人没有被感恩，而救火的人却是座上客，真是很奇怪的事呢！"主人顿时省悟，赶紧去邀请当初给予他建议的那个客人来吃酒。

故事感悟：一般人认为，足以摆平或解决企业经营过程中的各种棘手问题的人，就是优秀的管理者，其实这个定论是有待商榷的。我们要未雨绸缪，能防患于未然，更胜于治乱于已成，企业问题的预防者，其实优于企业问题的解决者。

三、决策职能

管理会计主要通过提供决策相关信息的方式参与企业内部管理决策，充分利用掌握的会计信息和资料，科学地运用分析模式，帮助决策者做出正确的决策。决策者通过运用管理会计提供的数据和信息，能够有效完成各种不同类型的决策方案。决策以预测为基础，预测为企业提出一切可能的选择方案，决策通过对决策目标的分析最后确定最有效的决策方案。

管理小故事

一个人在沙漠中行走，饥饿难耐，正当他要绝望时，一位长者给予了他两样东西：一根鱼竿和一篓鲜活硕大的鱼。这个人立即原地用干柴搭起篝火煮起了鱼。他狼吞虎咽，还没有品出鲜鱼的肉香，转瞬间，连鱼带汤就被他吃了个精光。不久，他饿死在空空的鱼篓旁。

不久，另一个人经过这个沙漠，也同样经受饥饿的煎熬，同样得到长者恩赐的一根鱼竿和一篓鲜活硕大的鱼。这个人燃起篝火只煮了一条鱼吃，然后继续前行。一段路程之后，又煮一条鱼充饥，然后再继续赶路。就这样，经过遥远的跋涉，他来到了海边，从此，开始了以捕鱼为生的日子。几年后，他盖起了房子，有了自己的家庭，有了自己建造的渔船，过上了幸福安康的生活。

故事感悟：一个人的决策，会决定自己或企业的生死存亡，决策者要高瞻远瞩，同时要联系实际，这样才有可能成为一个成功之人。

四、规划职能

规划是事先拟定目标和方法以使实际进程能够按照预定目标进行的过程。管理会计提供的数据和信息能够帮助企业进行合理的计划，即管理会计的规划作用。在实际操作中，会计首先编制全面预算，接着按照决策内容将小目标分散到全面预算中，同时对各预算指标进行分解，保证目标的实现。

管理小故事

一个农夫新建了一座磨坊，带着钱来到市场买拉磨的牲口。市场上，有个人正在卖一匹千里马，卖价很高。农夫心想：千里马卖这么贵，它来拉磨绝对好使。于是他花费了大笔积蓄买回了千里马。可千里马拉起磨来效率很低，农夫非常生气，用鞭子抽打它，还是不管用，过了一段时间，千里马被打死了。

于是农夫又低价买回了一匹骡子。骡子拉磨的效率很高，农夫很高兴。可是有一天，农夫得了急病，需立即送到城里救治，家人让骡子驮着农夫。骡子在磨坊里磨叽惯了，不管农夫的家人怎么抽打它，它始终跑不快，最终延误了治疗，农夫也因此落下了后遗症。

故事感悟：资源的合理规划运用非常重要，在实现理想目标面前，资源整合、资源共享、资源的组织协调能为企业铺平道路，使其顺利发展。

五、控制职能

控制是指通过一定手段对企业实际经济活动施加影响，以保证其能够按照原先确定的目标进行。在实际操作过程中，管理会计根据预先确定的目标，对企业的实际业务进行实时监控，同时通过科学的差异分析方法对其进行确认、计量、记录和报告，判断实际与预定目标之间的偏差，并在此基础上提出有效的处理方法。管理会计的控制职能可以概括为制定控制标准；对实际过程进行监督；将实际与预定目标进行对照，确定差异；对差异的原因和性质进行分析，提出处理方法。

管理小故事

魏文王问名医扁鹊：“你们家兄弟三人，都精于医术，到底哪一位最好呢？”

扁鹊答：“长兄最好，中兄次之，我最差。”

文王再问：“那么为什么你最出名呢？”

扁鹊答：“长兄治病是治病于病情发作之前，由于一般人不知道他事先能铲除病因，所以他的名气无法传出去；中兄治病是治病于病情初起时，一般人以为他只能治轻微的小病，所以他的名气只及本乡里；而我是治病于病情严重之时，一般人都看到我在经脉上穿针管放血、在皮肤上敷药等，所以以为我的医术高明，名气因此传遍全国。”

故事感悟：事后控制不如事中控制，事中控制不如事前控制，可惜大多数的事业经营者均未能体会到这一点，等到错误的决策造成了重大的损失才寻求弥补，此时即使请来了名气很大的“空降兵”，结果往往也于事无补。

六、考核评价职能

考核和评价是指对企业内部责任单位责任的落实和实行进行考核和评价的过程。管理会计主要通过实行责任会计制度来进行考核和评价。

管理小故事

有一个小和尚担任撞钟一职，半年下来，他觉得无聊至极，只是“做一天和尚撞一天钟”而已。有一天，住持宣布调他到后院劈柴挑水，原因是他不能胜任撞钟一职。小和尚很不服气地问：“我撞的钟难道不准时、不响亮？”

老住持耐心地告诉他：“你撞的钟虽然很准时、很响亮，但钟声空泛、疲软，没有感召力。钟声是要唤醒沉迷的众生的，因此，撞出的钟声不仅要洪亮，而且要圆润、浑厚、深沉、悠远。”

故事感悟：本故事中的住持犯了一个常识性管理错误，“做一天和尚撞一天钟”是住持没有提前公布工作标准造成的。如果小和尚进入寺院的当天就明白撞钟的标准和重要性，他也就不会因怠工而被调走。

工作标准是员工的行为指南和考核依据。缺乏工作标准，往往导致员工的努力方向与公司整体发展方向不一致，造成大量的人力和物力资源浪费。因为缺乏参照物，时间久了，员工容易形成自满情绪，导致工作懈怠。制定工作标准要尽量做到数字化，要与考核联系起来，注意可操作性。

管理会计的六大基本职能相互联系，构成了一个完整的会计职能体系。

项目4 管理会计与财务会计的关系

管理会计和财务会计都是经济发展的产物，它们之间既有密切的联系，又存在区别，两者相辅相成，在企业管理中各自发挥不可替代的作用。

一、管理会计和财务会计的联系

虽然财务会计与管理会计有其不同侧重点，但二者统一服务于现代企业会计管理的总体要求，共同为实现企业内部经营管理的目标和满足外部各利益相关者的要求服务。会计系统是由财务会计和管理会计耦合而成的，它是企业管理系统的核心子系统，尤其是在知识经济条件下，随着信息技术与网络技术的迅猛发展及其在会计中的广泛应用，财务会计与管理会计将进一步融合，共同组成会计系统在企业管理系统中发挥核心作用，更好地为企业管理服务。财务会计与管理会计主要有以下几方面的联系。

（一）财务会计与管理会计都是一种管理活动

会计自产生以来就是为企业管理服务的。只是由于客观条件及技术水平所限，会计的功能被局限于核算上。就本质而言，会计是一种管理活动会计，作为企业管理的重要组成部分，是通过收集、加工处理和利用经济信息，对经济活动进行组织、控制、调节和指导，促使人们权衡利弊、讲求效果的一种管理活动。在这个过程中，财务会计侧重于实际运行状态的记录和总结；管理会计则是利用经济数据通过各种方法来帮助企业管理当局做出决策，侧重于过程控制，运用预测、决策和预算编制等技术方法完成其设定的管理目标。但是作为会计的两个分支，二者都是为企业管理服务。

（二）财务会计与管理会计的对象相同

要探讨会计的对象，首先应解决“现代会计的对象是什么，现代化管理的对象又是什么”的问题。因为从系统理论的角度来看，现代会计是现代化经济管理这个大系统的分系统，而财务会计与管理会计则是现代会计这个分系统的两个子系统，因此财务会计与管理会计的对象从总体上来说也应该是一致的，即以物资运动和价值运动为基础，以信息运动为纽带，体现人与人之间社会生产关系的社会再生产过程。只不过由于分工的不同，二者在“时”“空”两方面各有侧重。财务会计的对象以企业的生产经营情况为主，时间上侧重于过去的、已经发生的经济及其发出的信息，在空间上侧重于经济活动主体的全部经济活动及其发出的信息；而管理会计则是对财务会计的客体“情况”进行再加工，在时间上侧重于现在的以及未来的（预期的）经济活动及其发出的信息，在空间上侧重于部分的、可供选择的或特定的经济活动及其发出的信息。

（三）财务会计与管理会计的职能与最终目标一致

财务会计具有反映和监督两项基本职能，至于新派生出来的管理会计，则把传统的职能扩大到四个方面：规划的职能、组织的职能、控制的职能、评价的职能。会计目标是会计管理意欲达到的境地或实现的要求。财务会计核算的目的在于通过提供信息来影响人们的决策及其行为；管理会计则只不过运用了一些特殊的方法和技术对企业的生产经营活动及人的行为进行管理和控制。二者统一服务于现代企业会计的总体要求，共同为实现企业内部经营管理目标和满足外部各利益相关者的要求服务。

（四）财务会计与管理会计共同组成一个耦合的开放系统

从系统论的原理来看，系统是由各个组成部分按照一定的方式结合而成的有机整体，各部分间有着密切的联系，共同完成系统应当达到的功能或目的。会计是管理系统的一个子系统，会计系统又是由财务会计和管理会计两个分子系统耦合而成的。这两个分子系统有着“你中有我、我中有你，相辅相成”的天然联系。管理会计要受到财务会计工作质量的制约，而财务会计的发展与改革也应当充分考虑到管理会计的要求，以扩大信息交换处理能力和兼容能力，避免不必要的重复和浪费。尽管在实务中，财务会计与管理会计对会计对象的具体处理方法与技术有所不同，但管理会计所采用的多种科学理论和方法只不过是为了更好地对财务会计所生成、提供的信息进行加工、改制和延伸。

二、管理会计与财务会计的区别

管理会计是从财务会计中分离出来的，与组织体系和管理科学理论有内在、必然联系的学科体系。从本质上讲，管理会计也仍然是一个经济信息系统，它是会计科学向边缘会计与综合会计发展的产物，是在财务会计基础上有机地融入其他各相关学科的内容而发展起来的一门综合性学科，会计数学化是管理会计的重要特征。例如在管理会计中，以货币为主的计量手段向采用多种综合计量手段发展。单一货币计量使会计反应迟钝、片面、单调，不能满足企业全面管理的要求；而在管理会计中，材料的数量与金额、职工的数量与人工成本都被并列展示，使得会计信息更加全面、直观。

管理会计与财务会计的区别不仅表现在上面所说的方法多样化等方面，还有一个重要的不同点是，管理会计力求为企业长短期未来决策提供依据，因此格外重视货币时间价值的利用，这就意味着将利息当作资金使用的机会成本看待，从而促使资金能够得到更有效的利用。此外，从会计主体角度看，财务会计往往以整个企业作为对外报告的会计主体，而管理会计则倾向于以企业内部各责任单位作为会计主体，来衡量各部门的经营业绩，并最终评价整个企业的经营活动。因此，在管理会计中，会计主体的含义是灵活可变的。结合上述内容，财务会计与管理会计主要有以下几方面的区别。

（一）工作的侧重点不同

财务会计的侧重点在于根据日常的业务记录，登记账簿，定期编制有关的财务报表，向企业外界具有经济利害关系的团体、个人报告企业的财务状况与经营成果，主要为企业外界服务，财务会计又可称“外部会计”。管理会计的侧重点在于针对企业经营管理遇到的特定问题进行分析研究，以便向企业内部各级管理人员提供预测决策和控制考核所需要的信息资料，主要为企业内部管理服务，管理会计又可称“内部会计”。

（二）工作主体的层次不同

财务会计的工作主体往往只有一个层次，即主要以整个企业为工作主体，从而能够适应财务会计所特别强调的完整反映监督整个经济过程的要求，并且不能遗漏会计主体的任何会计要素。管理会计的工作主体可分为多个层次，它既可以是整个企业的主体，又可以将企业内部的局部区域或个别部门甚至某一管理环节作为工作的主体。

（三）作用时效不同

财务会计的作用时效主要在于反映过去，无论从强调客观性原则，还是坚持历史成本原则看，都可以证明其反映的只能是过去实际已经发生的经济业务。因此，财务会计实质上属于算“呆账”的“报账型会计”。管理会计的作用时效不仅限于分析过去，而且还在于能动地利用财务会计的资料进行预测和规划未来，同时控制现在，从而横跨过去、现在、未来三个时态。管理会计面向未来的作用时效摆在第一位，而分析过去是为了控制现在和更好地指导未来。因此，管理会计实质上属于算“活账”的“经营型会计”。

（四）遵循的原则、标准不同

财务会计工作必须严格遵守《企业会计准则》和行业统一会计制度，以保证所提供的财务信息报表在时间上的一致性和空间上的可比性。管理会计不受《企业会计准则》和行业统一会计制度的完全限制和严格约束，在工作中可灵活以预测学、控制论、信息理论、决策原理等现代管理理论作为指导。

（五）信息的特征、载体不同

财务会计能定期地向与企业有利害关系的集团或个人提供较为全面的、系统的、连续的和综合的财务信息。财务会计的信息载体是有统一格式的凭证系统、账簿系统和报表系统，统一规定财务报告的种类。管理会计所提供的信息往往是为满足内部管理的特定要求而有选择的、部分的和不定期的管理信息。管理会计的信息载体大多为没有统一格式的各种内部报告，而且对报告的种类也没有统一规定。

（六）方法体系不同

财务会计的方法比较稳定，按照特定的会计准则和制度核算经济事项，数字运算相对简单。管理会计可选择灵活多样的方法对不同的问题进行分析处理，即使针对相同的问题也可根据需要和可能采用不同的方法进行处理，在信息过程中大量运用现代数学方法。

（七）工作程序不同

财务会计必须执行固定的会计循环程序。从制作凭证到登记账簿，直至编报财务报告，都必须按规定的程序处理，不得随意变更其工作内容或颠倒工作顺序。同类企业的财务会计工作程序往往是大同小异的。管理会计工作的程序性较差，没有固定的工作程序可以遵循，有较大的回旋余地，企业可根据自己的实际情况设计管理会计工作的流程，这样就导致不同企业间管理会计工作有较大差异。

（八）体系的完善程度不同

财务会计就其体系的完善程度而言，已经达到相对成熟和稳定的地步，形成了通用的会计规范和统一的会计模式，具有统一性和规范性。管理会计体系尚不够完整，正处于继续发展和不断完善的过程中，缺乏统一性和规范性。

（九）观念和取向不同

财务会计将其重点放在如何真实准确地反映企业生产经营过程中人、财、物要素在供、产、销各个阶段上的分布及使用、消耗的情况上，十分重视定期报告企业的财务状况和经营成果的质量。现代的管理会计不仅看重实施管理行为的粗放型结果，而且更为关注管理的过程，即事前、事中、事后控制，目的是总结过去、控制现在、规划未来。

（十）对会计人员素质的要求不同

财务会计工作需要基础知识比较扎实、操作能力强、工作细致的专门人才来承担。鉴于管理会计的方法灵活多样，又没有固定的工作程序可以遵循，其体系缺乏统一性和规范性，所以在很大程度上管理会计的水平取决于会计人员素质的高低。同时，由于管理会计工作需要考虑的因素比较多，涉及的内容也比较复杂，也要求从事这项工作的人员必须具备较宽的知识面和果断的应变能力，具有较强的分析问题、解决问题的能力。

三、管理会计与财务会计在实际工作中的有机结合

2014 年 11 月，财政部根据《会计改革与发展“十二五”规划纲要》的精神，在总结我国管理会计理论发展和实践经验的基础上，发布了《关于全面推进管理会计体系建设的指导意见》，明确提出推进面向管理会计的信息系统建设和鼓励大型企业和企业集团充分利用专业化分工和信息技术优势，建立财务共享服务中心，加快会计职能从重核算到重管理决策的拓展的建议。同时，云计算、大数据等新技术的快速发展，推动着企业信息化进入新阶段，为财务会计与管理会计的有效融合奠定了一定的技术基础。现实中，投资者和管理者越来越关心面向未来的经营环境和业务状况，大大推动了财务会计信息的前瞻性。信息技术的突破和社会需求的增加使财务会计与管理会计的有效融合成为可能。

（一）日常核算

尽管在理论中，会计账务核算基本上属于财务会计的管理范畴，但是在实际管理过程中却在很大程度上依赖于管理会计的参与和支持，在相关会计核算上要为企业管理会计服务，为其提供必要的会计信息和财务数据。只有两者在会计核算上密切融合，提高

衔接性，才能够确保会计核算工作的质量和效益，对单位会计核算科目以及相应的科目辅助核算属性进行合理设置。在日常财务管理中，要想实现资金拨付和项目支出之间的一一对应关系，就需要将单位经济活动中所涉及的资金收支会计科目以及辅助核算科目进行设置，对其他应收款、现金以及专用基金、其他应付款等会计科目设置项目辅助核算。同时，结合管理会计的实际需要，对会计账务进行及时核实清理。一些单位在财务会计核算中常常存在着资金混用的情况，这就很容易导致实有资金、项目支出额度以及基本支出额度等项目之间资金拨付混用，使得各个项目的银行资金应结存和实际金额不一致。因此，在实际会计核算过程中应当及时进行账务核实和清理，了解各个项目之间资金混用情况，并进行必要的调整和规范，减少会计核算失误，增强企业财务会计核算管理的精细化水平。同时，还应当将原先的粗放式会计科目中的资金进行分解，依据核实之后的新项目进行归集整理，并结合新的会计项目进行必要的辅助会计核算。

除了利用财务会计传统的损益表、资产负债表和现金流量表这三大报表来显示企业的财务管理情况之外，可以将管理财务中的核算职能与其强化结合，从中提取对管理会计有用的信息，并从多个角度进行分析，形成管理报表，以期企业通过这些报表发现企业发展存在的问题以及解决方式，为企业管理层制定发展战略提供数据支撑。

（二）成本管理

在传统的会计领域中，成本核算是财务会计的重点之一，管理方法侧重于成本核算的准确性和事后分析；管理会计运用目标成本概念，利用标准成本制度结合变动成本计算法，运用各种数学方法对日常发生的经济活动进行追踪、收集和计算，侧重于事前成本预测、事中成本控制和事后成本分析。二者在实际工作中相互依存：成本分析必须依赖核算资料的准确性，而成本的预测和控制也是在成本核算资料的基础上进行的；反之预测的可靠性和控制的有效性则需要成本核算资料的反馈和衡量。

（三）全面预算管理

企业管理会计跟财务会计的操作都需要预算管理的参与和支持。强化预算项目支出管理就应当围绕多个方面和环节来综合管理，包括预算项目的编制管理、项目支出管理、项目预算管理、项目监督管理等。单位应当依据相关规章制度要求，进一步完善财务管理流程，明确会计责任，确保预算资金专款专用，并按照预算计划进行详细记录，严格控制相关开支，提高资金使用效益，杜绝资金浪费。

在实际操作中，编制企业财务预算报表时，通过对企业制定生产量以及各项资金运作等方面的预算，将搜集的数据与编制报表相结合。财务会计在做这项工作的同时，如果对企业发展目标以及利润等方面进行综合考虑，形成企业内部管理层制定企业发展计划所需要的预计利润表、资产负债表等，对于企业管理者来讲，将会非常重要，可以使管理者对企业的未来发展方向和潜在风险做到心中有数。一方面，财务会计在企业经营的各项数据分析以及监督上具有优势，能够真实反映出企业经营情况；另一方面，管理会计在财务会计报表的基础上，再次利用这些数据，为企业的经营情况以及未来的发展做好准备，为企业发展的预算把舵。

强化预算项目监督。建立科学规范的支出项目绩效评价分析体系，确保考核机制完整规范，同时及时分析预算执行情况，依靠考核流程及时发现执行中存在的问题和不足，采取针对性措施加以纠正。考核完毕后，应当将相关的考核结果进行公开，在此基础上实施奖惩制度，充分发挥预算项目支出绩效管理的制约作用以及导向作用，在后续的资金安排以及信用评定上强化对绩效考核结果的权衡。将单位的预算和支出进行有效衔接，并动态监管项目支出以及整个执行过程，强化监管力度，及时发现预算项目支出过程中出现的问题和不足，采取针对性的补救措施加以完善，只有这样才能够切实保障单位预算项目资金支出的规范、严谨、高效。要靠企业管理会计与财务会计预算职能的融合和衔接，推动预算执行力度，促进企业科学发展。

（四）财务风险管理

当前，企业风险管理基本上都是实行全员风险管理，在风险管控过程中，董事会、经理层、财务部门、市场部门以及审计部门等都会参与其中，风险管理涉及企业生产经营的各个方面，这也意味着企业职工以及管理层在风险管理中都承担着一定的责任，全员化风险管理正越来越成为趋势。这些风险管理参与者都是风险管理组织架构的参与因子，在风险管理组织架构设计上需要在上述参与因子中做好风险管理责任的细化和落实工作。这就要求企业在进行风险管理时不仅要站在管理会计的角度，同时也要站在财务会计的角度。具体来讲，企业进行风险管理组织架构的设计工作应当重点围绕两个方面来开展：一是明确风险管理相关责任主体在整个风险管理过程中的地位以及作用，建立完善风险管理委员会等相关风险管理职能部门，在风险管理委员会、经理层、业务部门、财务部门以及董事会等之间合理进行权责分配；二是明确各个主体之间的关系，合理选择集权式管理模式以及分权式管理模式，完善各个风险管理岗位的职责以及人员配置。同时，还需要保障企业会计信息在管理部门的畅通。在设计风险管理组织架构时，需要确保信息畅通无阻，并减少信息流动成本。

通过全面分析企业经营情况以及外部发展环境的资料，将财务指标中的数据资料通过整合和细化，转化为企业管理会计的职能，使其能够将企业的潜在风险体现在管理会计的报表中，为企业经营管理者建立预警机制，并寻找财务管理中所存在的问题以及解决的有效方式。企业在经营管理中，要有风险意识，通过财务管理中管理会计和财务会计的有机融合，加强企业财务管理风险，这样有利于企业对财务危机的控制以及处理，从而实现企业利益最大化。

随着财务会计制度的完善和管理会计的发展，财务会计与管理会计将在越来越多的方面被结合应用，为企业和社会提供更加真实完整的会计信息，构成耦合开放的会计系统，共同为企业管理系统服务。

拓展阅读

管理会计师的职业道德

1. 业务技能

管理会计人员有义务：

（1）通过不断增长知识和提高技能，保持适当的专业技术水平；

（2）按照各有关法律、规章和技术标准，履行其职业任务；

（3）在对相关和可靠的信息进行适当分析的基础上，编制完整而清晰的报告，并提出建议。

2. 保密责任

（1）除法律规定外，非经核准，不得泄露工作过程所获得的机密信息；

（2）告知下属要适当注意工作中所得信息的机密性并监督其行为，以确保严守机密；

（3）禁止将工作中所获得的机密信息，经由个人或第三者用于获取不道德或非法利益。

3. 廉正

管理会计师对下列各项负有责任：

（1）避免介入实际的或明显的利害冲突并向任何可能的利害冲突各方提出忠告；

（2）不得从事道德上有害于其履行职责的活动；

（3）拒绝收受影响其行动的任何馈赠或宴请；

（4）严禁主动或被动地破坏企业组织的合法性和道德目标的实现；

（5）了解并沟通不利于做出认真负责的判断或顺利完成工作的某些专业性限制或其他约束条件；

（6）沟通不利及有利的信息以及职业判断或意见；

（7）禁止从事或支撑任何有害于职业团体的活动。

4. 客观性

管理会计师对下列各项负有责任：

（1）公允而客观地沟通信息；

（2）充分披露信息，帮助使用者对各项报告、评论和建议获得正确的理解。

5. 职业道德冲突的解决办法

在应用各项道德行为准则时，管理会计师会遇到怎样确认非道德行为，或者怎样解决违反道德的问题之类的问题，如遇到严重的职业道德问题，管理会计师应遵循组织制定的关于这类问题的各种政策。如果这些政策不能解决职业道德问题，管理会计师应采取如下行动：

（1）除涉及有关上级者外，与直接上级商讨这些问题。在此情况下，应在一开始就把问题提交至高一层主管。如果问题得不到解决，上述问题应提交至更高一层的主管人员；

（2）如果直接上级是总经理或相当于总经理，那么可取的复议当局可能是审计委员会、执行委员会、董事会、理事会或业主。假定上级与问题无关，应在上级知情的情况下，越级上告；

（3）与客观的顾问进行机要性讨论，澄清相关概念，以明确可能的行动方针；

（4）如果通过各层次内部的彻底检查，依然存在不符合道德准则的问题，管理会计师无法解决此重要问题，只得向组织提出辞职，并向组织的适当代表提交其信息备忘录；

（5）除法律另有规定外，把这些问题告知当局或非服务于组织的个人，一般认为是不合适的。

专题回顾

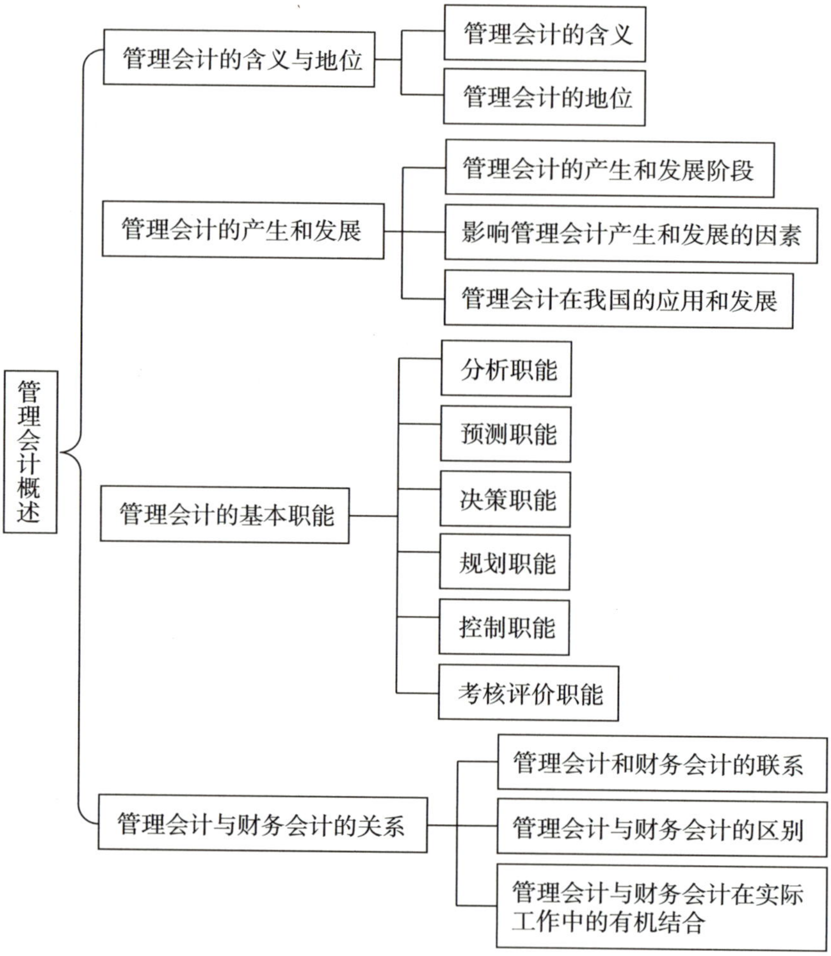

思考与练习

一、单选题

1. 管理会计是（　）。

A. 对内会计　B. 历史会计　C. 对外会计　D. 报账会计

2. 管理会计是以（　）为最终目的的会计信息处理系统。

A. 降低成本　B. 提高经济效益

C. 提高收入　D. 提高利润

3. 管理会计主要为（　）服务。

A. 债权人　B. 外部信息使用者

C. 内部信息使用者　D. 政府

4. 财务会计与管理会计都是一种（　）。

A. 管理活动　B. 财务活动　C. 记账形式　D. 管理行为

5. 管理会计又被称为（　）。

A. 成本会计　B. 历史会计　C. 报账型会计　D. 经营型会计

二、多选题

1. 管理会计发展经历了（　）。

A. 传统管理会计阶段　B. 现代管理会计阶段

C. 战略管理会计阶段　D. 财务会计阶段

2. 管理会计的基本职能是（　）。

A. 预测和分析　B. 决策和规划

C. 控制　D. 考核评价

3. 管理会计的工作主体可以是（　）。

A. 整个企业　B. 企业内部的局部区域

C. 个别部门　D. 某一管理环节

4. 管理会计面向（　）。

A. 过去　B. 现在　C. 未来　D. 企业外部

5. 管理会计与财务会计在实际工作中的有机结合主要在（　）方面。

A. 账簿处理　B. 成本管理

C. 全面预算管理　D. 区域管理模式

三、判断题

1. 管理会计与财务会计的职能不一样。（　）

2. 财务会计吸收了经济学、管理学和数学等方面的研究成果，在方法上灵活多样。（　）

3. 管理会计服务于企业内部，不受会计法规的约束。（　）

4. 管理会计师对企业经营情况有保密的职责。(　)

5. 财务会计的职能主要是满足企业各项管理职能的需要。(　)

四、简答题

1. 简述管理会计的产生和发展历程。

2. 如何理解管理会计的含义?

3. 管理会计具有哪些职能?

4. 如何理解管理会计和财务会计的关系?

五、案例分析题

长江公司有一个新近从财务会计工作转入管理会计工作的会计人员张某，对于管理会计知识不太了解。以下是他对管理会计提出的个人观点。

1. 管理会计与财务会计的职能一样，主要是核算和监督。

2. 管理会计和财务会计是截然分开的，无任何联系。

3. 管理会计吸收了经济学、管理学和数学等方面的研究成果，在方法上灵活多样。

4. 管理会计报告要在会计期末以报表的形式呈现。

5. 贯串管理会计的理论是本量利分析理论。

6. 管理会计服务于企业外部，受会计法规的约束。

7. 管理会计的职能主要是满足企业各项管理职能的需要。

8. 管理会计的信息质量特征与财务会计的信息质量特征完全不同。

9. 在提供管理会计信息时可以完全不用考虑成本效益原则。

10. 一个管理会计师可以将手中掌握的信息资料随意提供给他人。

11. 与财务会计相比，管理会计不能算是一个独立的职业，它的职业化发展会受到限制。

思考:

(1) 请判断张某的观点是否正确。

(2) 请谈谈你对管理会计的认知。

专题二 成本与成本性态

专题概述

为了更好地进行成本管理，管理会计引入了新的成本分解方法，本专题将回顾成本的含义及分类方法，介绍成本性态的含义、变动成本和固定成本的概念，进而介绍混合成本的分解方法。

目标导航

知识目标

1. 了解成本的含义及分类方法。
2. 理解成本性态的含义。
3. 掌握变动成本和固定成本的概念。
4. 掌握混合成本的高低点分解方法。

能力目标

1. 能够按照成本性态对成本进行分类。
2. 能够对混合成本进行分解。

素质目标

养成多角度思考成本的管理会计思维。

案例导入

光明公司的成本耗费分析

光明公司是一家中型企业，生产一种电子产品。2021 年 5 月的生产量为 400 件，总耗费 3000 元。由于销售效果欠佳，6 月的产量减少了一半，即为 200 件，总耗费为 1800 元，其中，固定设备的月折旧额为 1000 元。针对该公司的成本费用问题，主要部门的领导观点如下。

（1）厂长认为，产量为 400 件时，单位产品成本为 7.5 元；产量为 200 件时，产品的单位成本为 9 元，成本增长 20%。这是成本管理不严造成的结果，提出要对车间负责人和相关的生产人员给予惩罚。

（2）车间主任认为，不是成本增加了，实际上是成本降低了。因为除折旧费用外，每件产品的材料消耗和人工费用等耗费已经下降了 1 元 / 件，应该给予奖励才对。

思考讨论：请问你是怎样理解这个问题的？你认为企业的总耗费包含哪些内容？

项目1 成本的含义及类型

一、成本的含义

成本是为生产一定产品而发生的各种生产耗费的货币表现，包括产品生产中耗费的活劳动和物化劳动的价值。

在传统的财务会计核算中，成本通常被定义为：为了取得某些财产（如材料）或劳务（如人力资源）而牺牲的一些经济资源。由于这种成本主要是为确定企业的财务状况和经营成果所用，因而也称之为财务成本。

管理离不开信息，而从会计的角度看，成本方面的信息又是企业管理当局极为关注和应高度重视的信息。产品成本指标是反映企业生产经营管理工作质量的综合性指标。这一指标对于加强企业经营管理、降低成本、提高经济效益有重要意义。

二、成本的类型

（一）按经济职能分类

成本是为了取得经济效益而耗费的支出。传统财务会计通常按照经济职能将成本划分为制造成本和非制造成本两大类。

1. 制造成本

制造成本是指企业为生产一定种类和一定数量的产品所发生的直接材料、直接人工和间接制造费用的总和，也称生产成本，包含直接材料、直接人工和制造费用。

（1）直接材料是指在制造过程中直接用于构成产品主要实体的各种材料成本。这里所说的材料对具体企业而言，是指构成其产品的各种物资，不仅仅指各种天然的、初级的原材料，也包括外购半成品。如汽车制造厂所用的汽车轮胎购自橡胶厂，对橡胶厂而言，轮胎当然是产成品，而对汽车厂来说，轮胎只不过是汽车这一产品的原材料之一。

（2）直接人工是指在制造过程中直接对制造对象施以影响以改变其性质或形态所耗费的人工成本。核算上即为生产工人的工资。

直接人工与直接材料的共同特征是都可以将其成本准确地归属于某一种产品上，最能体现成本“归属性”这一传统上的本质属性。

（3）制造费用是指为制造产品或提供劳务而发生的各项间接费用。从核算的角度讲，包括直接人工、直接材料以外的为制造产品或提供劳务而发生的、无法直接归属某一产品的全部支出。

制造费用内容繁杂，人们通常将其细分为三种：间接人工，是指为生产提供劳务而不直接进行产品制造的人工成本，如设备养护、维修人员的工资；间接材料，是指在产品制造过程中被耗用、但不容易归入某一特定产品的材料成本，或是没必要单独选择分配标准以确定其归属某一特定产品份额的材料成本，如各种工具、物料的消耗成本；其他制造费用，是指不属于直接人工和直接材料的其他各种间接费用，如固定资产的折旧费、维修费、保险费，车间用动力费、照明费等。

当制造费用按一定的标准在各受益对象即产品中分配完毕，制造成本也就演化成为所谓的“产品成本”，即以产品品种来识别的成本。

2. 非制造成本

非制造成本也称非生产成本或期间费用，是指不能直接归属于某个特定产品而应归属于一定会计期间的非生产性耗费，通常可分为销售成本和管理成本。

（1）销售成本是指为销售产品而发生的各项成本，如专职销售人员的工资、津贴和差旅费，专门销售机构固定资产的折旧费、保险费，广告费，运输费等。

（2）管理成本是指制造成本和销售成本以外的所有办公和管理费用，如董事经费，行政管理人员的工资、办公费，行政管理部门固定资产的折旧费及相应的保险费和财产税等。

销售成本与管理成本的共同特点是其成本支出可以使企业整体受益，但难以描述这项支出与特定产品之间的关系。销售成本中某些支出如运输费、差旅费可能与某种产品有直接关系，但由于这种关系涉及客户与供应商两方，本次支出对未来关系的影响需要评估，因此这种关系仍难以描述。因此，销售成本和管理成本在财务上被处理为期间费用，直接计入了当期损益。国际惯例如此，我国《企业会计准则》中也做出了明确规定。

成本按经济职能分类的优点：成本结构清晰；有利于产品成本和期间费用的划分；有利于直接成本和间接成本的划分。

成本按经济职能分类的缺点：没有与企业生产能力挂钩，不利于事前控制成本和进一步挖掘成本节约的潜力；没有分清成本和业务量之间的关系；分配过程模糊。

（二）按决策相关性分类

成本按是否与决策相关可以分为相关成本和无关成本两类。

相关成本是与决策有关联关系的成本，是在进行决策分析时必须认真考虑并加以计量的各种形式的未来成本，包括付现成本、差量成本、机会成本、边际成本、专属成本、可递延成本等。

无关成本是指过去已经发生，或者虽未发生但对决策没有影响，因而在进行决策分析时无须加以考虑的各种成本，包括沉没成本、历史成本、不可递延成本、共同成本等。

某项成本到底属于相关成本还是无关成本，必须结合具体的决策来分析，抛开决策的内容来讨论成本的相关性是没有意义的。

（三）按可控性分类

成本按是否可控分为可控性成本与不可控性成本。

从一个单位或部门看，凡成本的发生，属于这个单位或部门权责范围内，能为这个单位（部门）所控制的成本称可控成本。

不属于某一单位或部门的权责范围内，不能为这个单位（部门）加以控制的成本称不可控成本。

成本按其可控性分类，目的在于明确成本责任，以便评价或考核其工作成绩的好坏，促使可控成本不断降低。

（四）按可追踪性分类

成本根据是否可直接计入或者归属某种产品（劳务或作业）可以分为直接成本和间接成本。

直接成本是指能直接计入或归属于各种产品（劳务或作业）成本的费用。

间接成本是指不能直接计入，而须先进行归集，然后按照一定标准分配计入各种产品（劳务或作业）成本的费用。

（五）按经营决策的不同要求分类

1. 差别成本

广义的差别成本是指不同方案之间的预计成本的差额。狭义的差别成本则指由于生产能力利用程度的不同而形成的成本差别。

2. 机会成本

企业在选择一个方案时所放弃的在其他方案上的最大收益就是这个方案的机会成本。决策时必须从多种可供选择的方案中选取一种最优方案，这时必须有一些次优方案要被放弃，因此，要把已放弃的次优方案的可计量价值看作被选取的最优方案的“机会成本”加以考虑，这样才能对最优方案的最终利益做出全面的评价。

3. 边际成本

边际成本是指成本对产量无限小变化的变动部分，就是产量增加或减少一个单位所引起的成本变动。

4. 付现成本

付现成本是指在某项确定的决策方案中，需要以现金支付的成本。在经营决策中，特别是当企业的资金处于紧张状态，支付能力受到限制的情况下，往往会选择付现成本最小的方案来代替总成本最低的方案。

5. 重置成本

重置成本是指按照现在的市场价值购买目前所持有的某项资产所需支付的成本。

6. 沉没成本

沉没成本是指过去发生、无法收回的成本，这种成本与当前决策是无关的。

7. 可避免成本和不可避免成本

可避免成本是指通过某项决策行动可改变其数额的成本。不可避免成本是指某项决策行动不能改变其数额的成本，也就是同某一特定决策方案没有直接联系的成本。

8. 可延缓成本和不可延缓成本

某一方案已经决定要采用，但如推迟执行，对企业全局影响不大，同这一方案相关联的成本就被称为可延缓成本。如已选定的某个决策方案必须马上实施，否则会影响企业的生产经营的正常进行，那么与这一方案有关的成本被称为不可延缓成本。

9. 相关成本与非相关成本

相关成本指与决策有关的未来成本，如差别成本、机会成本、边际成本、应负成本、重置成本、可避免成本。非相关成本指过去已发生、与某一特定决策方案没有直接联系的成本，如不可避免成本、沉没成本（原始成本）。

项目2 成本性态

【例 2-1】

丽致公司是一个生产服装的中型企业，若生产T恤衫，每件用直接材料30元，每件支付计件工资10元，则在不同产量水平下直接材料和直接人工总额、单位直接材料和直接人工成本对产量的依存关系如表2-1所示。

表 2-1 不同产量水平下直接材料和直接人工总额、单位直接材料和直接人工成本

产量 / 件	直接材料和直接人工总额 / 元	单位直接材料和直接人工成本 / 元
1000	40000	40
1500	60000	40
2000	80000	40
2500	100000	40
3000	120000	40

生产T恤衫的机器设备，其年最大生产量为3000件。按直线法计提折旧，每年计提的固定资产折旧额为60000元。在不同产量水平下，固定资产折旧总额和单位产品分摊折旧的折旧额如表2-2所示。

表 2-2 不同产量水平下固定资产折旧总额和单位产品分摊折旧的折旧额

产量 / 件	固定资产折旧总额 / 元	单位产品分摊折旧的折旧额 / 元
1000	60000	60
1500	60000	40
2000	60000	30
2500	60000	24
3000	60000	20

试分析，在上述案例中，直接材料和直接人工的总额与产量的关系以及固定资产折旧额与产量的关系，并想想两者有什么不同。

一、成本性态的含义

所谓成本性态，是指成本总额与业务量（如产量、销售量和劳务量等）的依存关系，

即业务量变动与其相应的成本变动之间的内在联系。这种依存关系和内在联系是客观存在的，是成本固有的性质，故称“性态”，亦称成本特性或成本习性。

在管理会计中，进行成本性态分析，亦即分析成本对业务量的依存关系，有助于管理者从数量上具体掌握成本与业务量之间的规律性联系，为充分挖掘内部潜力，实行最优化管理，提高经济效益，提供有价值的资料。成本性态分析是管理会计对企业经济活动进行规划和控制的先决条件。

二、成本按其成本性态分类的类型

按照成本性态，通常可将成本划分为变动成本、固定成本和混合成本三大类。

（一）变动成本

1. 变动成本的含义

变动成本是指在一定期间和一定业务量范围内其总额随业务量的增减变动而成正比例变动的成本，包括直接材料、直接人工和变动制造费用等。

2. 变动成本的基本特征

变动成本具有如下特征：①变动成本总额随业务量变动而呈正比例变动，用 bx 表示；②但若就单位业务量的变动成本来看，变动成本又是固定的，用 b 表示，即单位产品的变动成本不受业务量增减变动的影响。

变动成本的成本性态模型如图 2-1 所示。

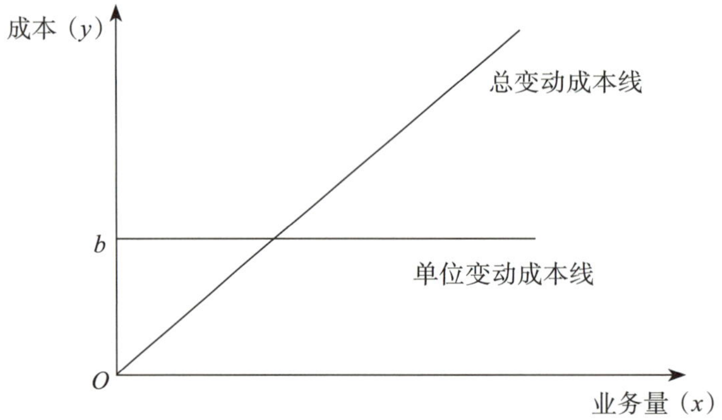

图 2-1　变动成本的成本性态模型

【例 2-2】

仍按例 2-1 中的丽致公司数据，分析直接材料和直接人工总额对产量的数量依存关系，即成本习性。

分析：从表 2-1 的数据可以判断，直接材料和直接人工属于变动成本。当产量从 1000 件增加到 3000 件时，直接材料和直接人工的总额即变动成本总额也随之从 40000 元增加到 120000 元，但T恤衫的单位成本（单位产品的直接材料和直接人工成本）始终保持不变，均为 40 元。

在本例中，单位变动成本 b=40 元，变动成本合计为 $40x$。

值得注意的是，在实际工作中，变动成本总额与业务量总数之间的正比例增减变动关系可能只在一定的业务量范围内存在，超过这个业务量范围就可能表现为非正比例增减变动关系。我们把这个业务量范围称为“相关范围”。也就是说，在相关范围内，变动成本总额与业务量总数之间保持严格的、完全的线性关系；但在相关范围之外，可能表现为非线性的关系。

（二）固定成本

1. 固定成本的含义

固定成本是指成本总额在一定时期和一定业务量范围内，与业务量的增减变动没有直接的关系，即不随业务量增减变动而变动的成本，如管理人员薪金、按使用年限法计提的固定资产折旧等。

2. 固定成本的基本特征

固定成本具有如下基本特征：①在一定的业务量范围内，固定成本总额不随业务量变动而变动，用 a 表示；②但就单位固定成本而言，它又是变动的，即单位产品分摊的固定成本随业务量的增减而呈反比例变动，可用 a/x 表示。

固定成本的成本性态模型如图 2-2 所示。

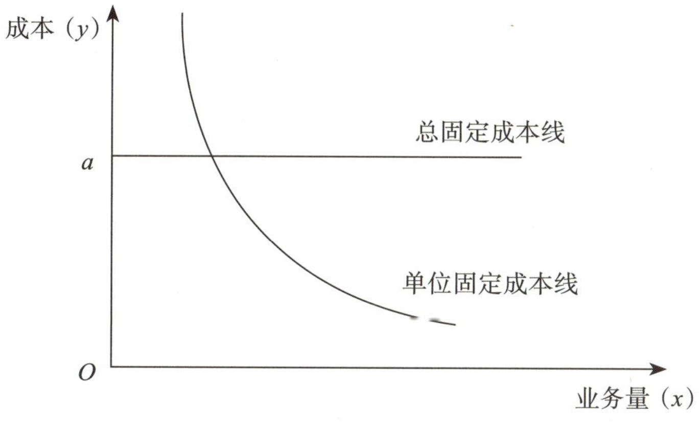

图 2-2　固定成本的成本性态模型

【例 2-3】

仍按例 2-1 中的丽致公司数据，分析固定资产折旧对产量的数量依存关系，即成本习性。

分析：从表 2-2 的数据可以判断，固定资产折旧属于固定成本。从表 2-2 的计算中可以看出，当产量从 1000 件增加到 3000 件时，固定成本总额始终保持不变，均为 60000 元，但单位业务量的固定成本却随着产量的增加从 60 元下降到 20 元。

需要强调的是，固定成本通常是在一定时期和一定业务量范围内亦即相关范围内保持不变的。如果业务量超越了相关范围（如本例中为3000件），固定成本总额也会发生相应的变动。因为，当需要完成的业务量突破了现有生产能力时，势必需要扩建厂房、增添设备和扩充必要的人员，从而使原固定成本中的折旧费和管理人员工资等相应增加。

思考

为什么固定成本高的企业，经营风险高？哪些行业的企业固定成本会比较高？

3. 固定成本的分类

固定成本按其是否受管理当局短期决策行为的影响，通常又可分为以下几类。

（1）酌量性固定成本，是企业根据经营方针由高阶层领导确定一定期间的预算额而形成的固定成本，主要包括研究开发费、广告宣传费、职工培训费等，也称可调整的固定成本或抉择性固定成本。

（2）约束性固定成本，主要属于经营能力成本，它是和整个企业经营能力的形成及其正常维护直接相联系的，如固定资产折旧、保险费、财产税等，也称生产经营成本。

需要说明的是，虽然酌量性固定成本的支出额是由企业高层管理者决定的，但绝不是意味着这种成本可有可无。酌量性固定成本关系到企业的竞争能力，究其实质，是一种为企业的生产经营提供良好条件的成本，而非生产产品的成本。所以从较短期看，其发生额同企业的业务量水平并无直接关系。就这点而言，它同约束性固定成本是一致的，故两者共同组成固定成本。

上述所谓变动成本的“变动”和固定成本的“固定”，都是在一定时期和一定业务量的范围内而言的。也就是说，变动成本总额随业务量变动而变动和固定成本总额不受业务量变动的影响，都是有条件的，是有一定的相关范围的。超过一定的范围，这种成本与业务量的依存关系也会发生变动。

相关范围是个很重要的概念，离开相关范围的约束，固定成本、变动成本便不复存在。相关范围的存在，使各类成本的习性具有相对性、暂时性和可转化性，其中，成本习性的相对性，是指在同一时期内同一成本项目在不同企业之间可能具有不同的性态；成本性态的可能转化性，是指在同一时空条件下，某些成本项目可以在固定成本和变动成本之间实现相互转化。

（三）混合成本

1. 混合成本的含义

混合成本是指介于固定成本与变动成本之间的各项成本，是兼有变动成本和固定成本双重成本习性的成本。

前面所说的变动成本和固定成本，实际上在现实经济生活中是诸多成本形态中的两种极端类型。大多数成本是处于两者之间的混合体。在实际生产经营活动中，还有一种既不与产量成正比例变化，也不是固定不变，而是随业务量的增减变动而适当变动的成本，它们兼有变动成本和固定成本两种不同的性质，被统称为混合成本，如机器设备的维护保养费、辅助生产费用、管理费用等。

2. 混合成本的基本特征

混合成本成本总额随业务量的变动而变动，但其变动幅度并不保持严格的比例关系。

混合成本按其变动部分与业务量的依存关系可进一步细分为以下四种类型。

（1）直线型混合成本。直线型混合成本是指在一定初始基数的基础上随着业务量的变动而成正比例变动的成本。

这类混合成本的特征是：通常以一定的初始量为基础，类似于固定成本；在这个基数上面，随着业务量的增长，成本相应地成比例增长，又类似于变动成本。

以一定的初始量为基础的变动成本是混合成本中较为普遍的一种类型。例如企业购置生产设备，即使不使用，也须为保证它处于完好状态而进行最低限度的维修和保养，从而发生必不可少的固定性维护保养费；一旦设备投入运行，随着产量的增加和运转时数的增长，维护保养费就会相应地按比例增长。此外，租用生产设备的租金、水电、蒸汽、冷气、电话等公用事业服务费都属于这种类型，总之，此种类型的混合成本总额由直线型变动成本和固定成本构成，直线型混合成本性态模型如图 2-3 所示。

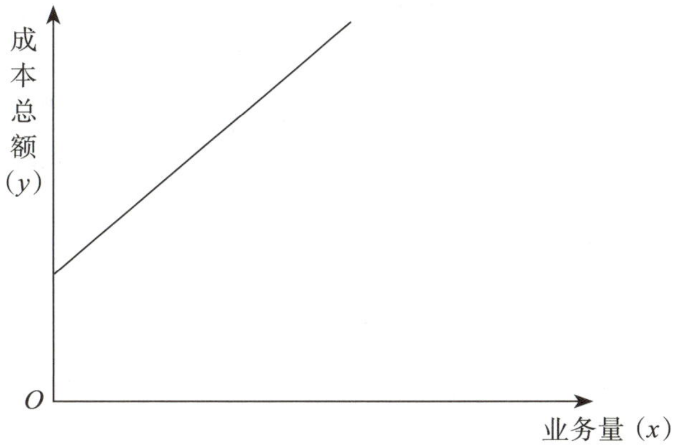

图 2-3 直线型混合成本性态模型

在管理会计中，总成本与混合成本有着相同的习性，即两者都同时包含着固定成本与变动成本两种因素。为了满足企业经营管理的需要，便于进行定量分析，常常用一个简单的线性方程式来描述总成本与混合成本的性态，即成本 $y=a+bx$。

由于这一通用模式适用于管理会计的所有职能，包括决策会计、控制会计和责任会计，因而这是一种基本的管理成本模式。

（2）阶梯型混合成本。阶梯型混合成本亦称阶梯式变动成本或步增式变动成本，是指其成本总额会随业务量的变动而呈阶梯式变动的成本。

这类混合成本的特征是：业务量在一定范围内变化，其成本总额固定不变；当业务量变化超过一定限度时，其成本总额会突然跳跃到一个新的水平，然后在业务量增长的一定限度内又保持不变，直到出现另一个新的跳跃为止。

例如：企业的产量在 2000 件以内时，只需要配备一名质量检验员。如果产量每超过 2000 件，就必须增加一名质量检验员。假设质检员的月工资都是 800 元，则质检员的工资支出在不同业务量水平下呈阶梯式的增长。此种质检员工资即属阶梯型混合成本。此外，化验员、运货员等的工资也属此种类型。阶梯型混合成本性态模型如图 2-4 所示。

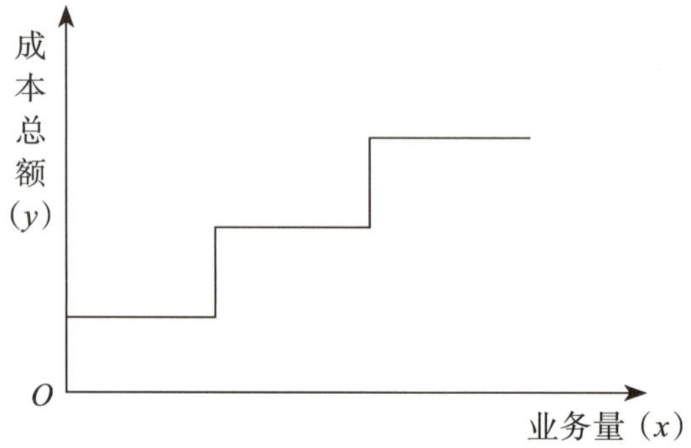

图 2-4　阶梯型混合成本性态模型

（3）延期型混合成本。延期型混合成本是指其成本总额在一定业务量范围内固定不变，一旦超过这一特定业务量范围，便会随业务量的增加成比例增长的成本。

此类混合成本的特征为：在某一业务量以下表现为固定成本，超过这一业务量即成为变动成本。例如：在一般情况下，企业支付给员工的月薪作为固定成本，但当业务量超过预定水平，则需对员工支付加班薪金或津贴，这种加班薪金、津贴被视为延期变动成本，该成本总额随业务量变化而相应成比例变化。延期型混合成本性态模型如图 2-5 所示。

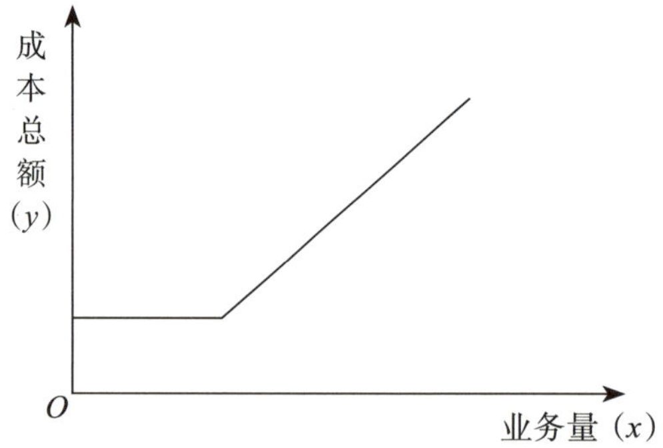

图 2-5　延期型混合成本性态模型

（4）曲线型混合成本。曲线型混合成本是成本总额与业务量之间表现为非线性关系的成本。

这类混合成本的特征是：通常有一个初始量，一般不变，相当于固定成本；在这个初始量的基础上随着业务量的增长，成本也逐步增长，但其增长幅度并不与业务量保持严格比例的线性关系，而是呈抛物线上升，属于变动成本性质。曲线型混合成本又可分为增加率递增和增加率递减两种类型。例如各种违约罚金、累进计件工资等，其成本总额随业务量的增加而增加，且其上升越来越快，其变化率是递增的。又如热处理的电炉设备，每班需要预热，因预热而耗电的成本属于固定成本性质；而预热后随着业务量的增加，耗电成本逐步增加，但其变化率却相对递减。曲线型混合成本性态模型如图 2-6 所示。

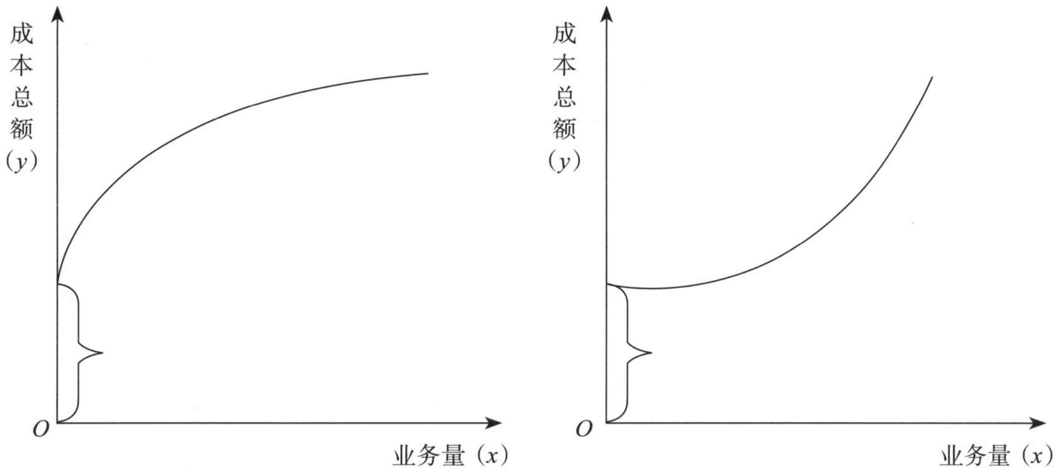

图 2-6 曲线型混合成本性态模型

项目3 混合成本的分解

在管理会计中，为了掌握成本与业务量的依存关系，规划和控制企业的经济活动，必须将全部成本划分为变动成本和固定成本两大类。因此，对于同时具有变动成本和固定成本双重习性的混合成本必须采用适当的方法将其分解，以区分出其中的变动成本和固定成本因素，再分别纳入变动成本和固定成本中，计算出变动成本和固定成本总额，这就是混合成本的分解，即将成本表示为固定成本和变动成本两部分，即 $y=a+bx$。

由于企业的总成本实质上也是一种混合成本，因此，在进行混合成本分解时，也可以对总成本加以分解。混合成本的分解方法有很多，如历史资料法、账户分析法、工程分析法和合同确认法。

一、历史资料法

历史资料法的基本做法就是根据以往若干时期（若干月或若干年）的数据所表现出来的实际成本与业务量之间的依存关系来描述成本的习性，并以此来确定决策所需要的未来成本数据。历史资料法的基本原理是在既定的生产流程和工艺设计条件下，历史数据可以比较准确地表达成本与业务量之间的依存关系，而且，只要生产流程和工艺不变，还可以比较准确地预计未来成本将随业务量的变化而发生怎样的变化。

历史资料法通常又分为高低点法、散布图法和回归直线法三种。

（一）高低点法

高低点法是对混合成本进行分解的一种简单方法。这种方法是根据历史资料中最高业务量与最低业务量的相应混合成本，测算混合成本中的固定成本和变动成本各占多少的方法。这里，高点是指资料中业务量最大值对应的混合成本；低点是指资料中业务量最小值对应的混合成本。

高低点法的基本原理，从几何意义上讲是两点决定一条直线。从经济意义上讲，是因为混合成本历史资料属于相关范围，这样，高点的混合成本与低点的混合成本都包含相同的固定成本和单位变动成本，二者的差别仅仅是由于业务量不同而引起的变动成本之差。

由于任何一项混合成本都包含变动成本与固定成本两个部分，因而它的数学模型用直线方程式表示为

$$y=a+bx \tag{2-1}$$

式中：

y——混合成本总额；

a——混合成本中的固定成本总额；

b——混合成本中依一定比率随业务量而变动的成本，即单位变动成本；

x——业务量。

这种方法是以一定时期内的最高点业务量的混合成本与最低点业务量的混合成本之差，除以最高点业务量与最低点业务量之差，先计算出单位变动成本，再据此把混合成本中的变动成本部分和固定成本部分分解出来的一种方法。具体操作如下。

根据历史资料，找出历史数据中的最高业务量和最低业务量，带入式（2-1）得

$$y_{高}=a+bx_{高} \tag{2-2}$$

$$y_{低}=a+bx_{低} \tag{2-3}$$

两式相减得

$$y_{高}-y_{低}=b(x_{高}-x_{低})$$

$$\therefore b=(y_{高}-y_{低})\div(x_{高}-x_{低})$$

再将 b 代入高点（或低点）的混合成本模型得

$$y_{高}=a+bx_{高}$$

或

$$y_{低}=a+bx_{低}$$

求得

$$a=y_{高}-bx_{高}$$

或

$$a=y_{低}-bx_{低}$$

从而得到 $y=a+bx$。

【例 2-4】

假定光明公司2021年1—6月份相关范围内的机器设备维修工时和维修费如表2-3所示。

表 2-3 机器设备维修费表

月份	维修工时（x）/ 小时	维修费（y）/ 元
1	6520	735
2	6700	740
3	6000	700
4	6620	730
5	6900	745
6	7000	755

机器设备维修费是一项混合成本，现要求用高低点法对维修费用进行分解。

解：根据表2-3中的资料可知，

高点业务量 $x_{高}=7000$

高点混合成本 $y_{高}=755$

低点业务量 $x_{低}=6000$

低点混合成本 $y_{低}=700$

则 $b=(y_{高}-y_{低})\div(x_{高}-x_{低})=(755-700)\div(7000-6000)=0.055$。

将b代入高点混合成本模型，得

$$700=a+0.055\times 6000$$

$$\therefore\ a=700-0.055\times 6000=370$$

混合成本维修费模型为 $y=370+0.055x$

高低点法的优点在于简便易行，易于理解；缺点是由于它只选择了历史资料中的两组数据作为计算依据，建立起来的成本性态模型很可能不具代表性，容易导致较大的计算误差。因此，这种方法只适用于成本变动趋势比较稳定的企业。

运用高低点法分解混合成本应注意以下几个问题。

（1）高点和低点的选择以业务量的高低为标准，而不是以成本的高低为标准。

（2）高低点法是以高点和低点的数据来描述成本性态的，其结果会带有一定的偶然性，这种偶然性会对未来成本的预计产生影响。这两点的成本数据当然就更不能含有任何不正常情况下的成本了。

（3）当高点和低点业务量不止一个（即期间内有多个业务量相同且同属高点或低点），而成本又不同时，则只需按高低点法的原理，属于高点者取成本高者，属于低点者取成本低者，也即高者从高，低者从低。

（二）散布图法

散布图法是一种目测法，这种方法是将一定时期的混合成本历史数据逐一地在坐标图上标明以形成散布图，然后通过目测，在各个成本点之间做出一条反映成本变动平均趋势的直线，借以确定半变动成本中变动成本和固定成本的方法。

散布图法的基本步骤如下。

（1）建立平面坐标系，以纵轴 y 代表混合成本，横轴 x 代表业务量。

（2）将有关混合成本的历史数据在所建立的平面坐标系中加以描绘，以形成散布图。

（3）考察散布图中各点的分布规律，从各点中目测确定一条直线，并保证散布图中各点均在此直线上或离该直线的距离最近。

（4）确定混合成本中的固定成本 a 与变动成本的变动率 b。通过目测确定的直线在纵轴上的截距即为 a，直线的斜率即为 b。

由 $y=a+bx$ 得 $b=(y-a)\div x$。

用散布图法分解混合成本的步骤如图 2-7 所示。

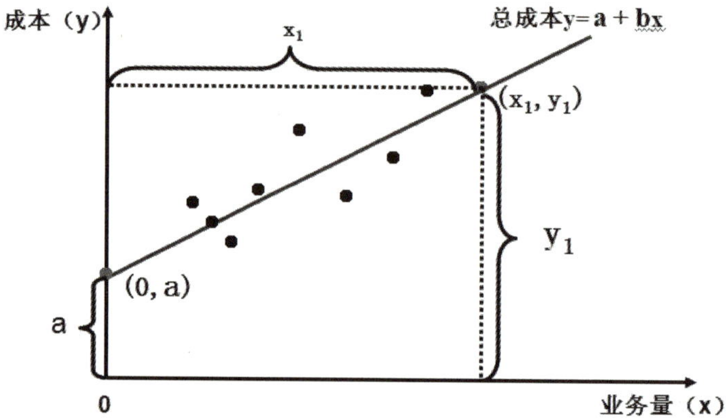

图 2-7　散布图法分解混合成本

【例 2-5】

假定大众公司 2021 年 1—6 月份相关范围内的机器设备维修工时和维修费如表 2-4 所示。

表 2-4　机器设备维修费表

月份	维修工时（x）/ 小时	维修费（y）/ 元
1	5500	745
2	7000	850
3	5000	700
4	6500	820
5	7500	960
6	8000	1000

用散布图法对维修费用进行分解。

解：将历史资料的数据点在坐标图上表示出来，如图 2-8 所示。

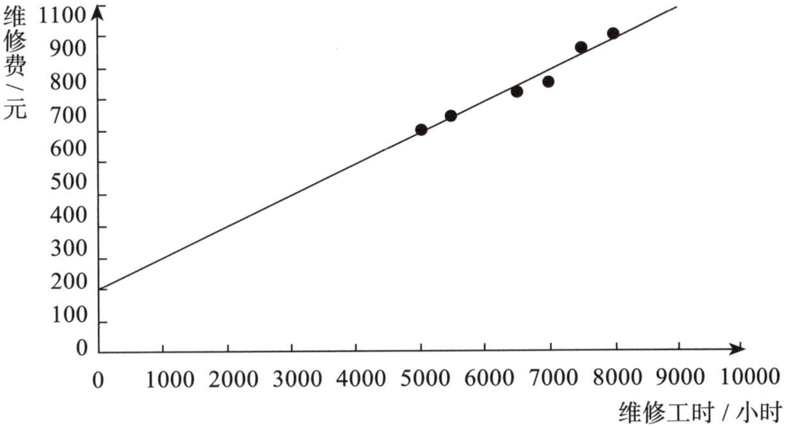

图 2-8 散布图法分解维修费用

由图 2-8 可知，直线与纵轴相交处的金额为 200 元，即固定成本总额 a=200 元。图中成本趋势线的斜率为单位变动成本 b，可用下列公式计算：$b=(y-a)\div x$。

该公式可代入直线上任意一点数值，如代入 x=8000，y=1000，

则 $b=(1000-200)\div 8000=0.1$，

混合成本的模型为 $y=200+0.1x$。

采用散布图法分解混合成本，能够考虑所提供的全部历史成本资料，其图像可反映成本的变动趋势，同时可排除偶然因素的影响，是对高低点法的一种改进，而且形象直观、容易掌握。但是，由于仅凭目测画线，人为随意性太大，难免存在误差。所以，散布图法只适用于对混合成本的分解精确度要求不高的情况。

（三）回归直线法

回归直线法是根据一定期间业务量和混合成本的历史资料，运用最小二乘法原理确定一条最能反映业务量与混合成本关系的回归直线，借以分析确定混合成本中变动成本和固定成本的方法。

采用回归直线法进行混合成本分解时，也需要若干组观察数据，但与散布图法不同的是，它用计算来代替目测，确定出 a 和 b 值以及直线方程式。回归直线法要求各个观察点与这条直线上相对应点的误差的平方和达到最小，因此，这种方法又称“最小二乘法”或“最小平方法”。回归直线法的基本原理仍以直线方程式 $y=a+bx$ 为基础。其中 a，b 被称为回归参数。它是根据已知资料（x_i，y_i），按误差平方和为最小值的条件计算出来的参数。

应该说明的是，回归直线法不仅可用于混合成本分解，也可以用它去建立其他的经济数学模型。但这里有一个条件，即自变量 x 与因变量 y 必须存在线性相关关系，否则，所建的模型没有意义。为此，采用回归直线法建立模型前，要检验已知资料中 x 与

y 是否存在线性相关关系。除画散点图外，更多的可通过计算线性相关系数加以判断检验，尤其是资料个数偏少时会出现虚假相关现象。所以，必须进行上述这种检验。其线性相关系数计算公式如下。

$$r=\frac{(n\sum xy-\sum x\sum y)}{\sqrt{[n\sum x^2-(\sum x^2)\ ][\mathrm{n}\sum y^2-(\sum y)^2]}} \tag{2-4}$$

计算结果讨论：

一般情况 $0<|r|<1$ 表示 x 与 y 在一定程度上存在线性相关关系。但由于会计中一般不用负相关，故 r 的取值范围就在 0 与 1 之间。当 $r=0$ 时，说明混合成本总额与业务量之间没有关系；当 $r=1$ 时，说明两者完全相关。在管理会计中，一般当 $r\geq 0.8$ 时，就表明混合成本与业务量有着密切联系，这样就可运用回归直线法进行分解。

我们可以根据下列步骤来确定直线方程式中 a、b 的值。

首先，将上述的基本方程式用 n 个观察值合计数（$\sum$）的形式表示，即得

$$\sum y=na\div b\sum x$$

再将左右两边各项用业务量 x 进行加权，即得

$$\sum xy=a\sum x+b\sum x^2$$

移项化简，即得混合成本中固定成本及混合成本中的单位变动成本计算公式：

$$a=\frac{\sum y-b\sum x}{n}$$

$$b=\frac{n\sum xy-\sum x\sum y}{n\sum x^2-\left(\sum x\right)^2}$$

【例 2-6】

光明公司 2021 年前 6 个月的混合成本与业务量的对应资料如表 2-5 所示。

表 2-5　混合成本与业务量资料表

月份	业务量 x	混合成本 y/ 元
1	30	270
2	40	330
3	50	450
4	40	370
5	60	460
6	80	520

要求：用回归直线法将混合成本进行分解，并写出混合成本制造费用的数学模型。

解：首先将表 2-5 中的已知资料进行整理，如表 2-6 所示。

表 2-6 资料整理表

单位：元

月份	x	y	x^2	xy	y^2
1	30	270	900	8100	72900
2	40	330	1600	13200	108900
3	50	450	2500	22500	202500
4	40	370	1600	14800	136900
5	60	460	3600	27600	211600
6	80	520	6400	41600	270400
n=6	$\sum x=300$	$\sum y=2400$	$\sum x^2=16600$	$\sum xy=127800$	$\sum y^2=1003200$

然后，计算线性相关系数如下：

$$r=\frac{(n\sum xy-\sum x\sum y)}{\sqrt{[n\sum x^2-(\sum x^2)\ ][n\sum y^2-(\sum y)^2]}}=0.9382$$

$r=0.9382\geq 0.8$，表明相关系数较高，因此可使用回归直线法分解混合成本。故可以认为这里 x（业务量）与 y（混合成本）存在线性相关关系，再将有关数据代入回归系数 a、b 计算公式得

$$b=(n\sum xy-\sum x\sum y)\div[n\sum x^2-(\sum x)^2]=4.875\text{（元 / 时）}$$
$$a=y-bx=156.25\text{（元）}$$

维修费混合成本的分解模型为

$$y=156.25+4.875x$$

用回归分析法分解混合成本，计算结果较为准确，但计算过程比较复杂，如能借助电子计算机工具，则可扬长避短。

上述无论是高低点法、散布图法，还是回归直线法，均包含有估计的成分而带有一定程度的假定性，因而分解的结果不可能绝对精确。

二、账户分析法

账户分析法是根据各个成本、费用账户（包括明细账户）的内容，直接判断其与业务量之间的依存关系，从而确定其成本性态的一种成本分解方法。

账户分析法的基本做法是根据各有关成本账户的具体内容，判断其特征是更接近于固定成本，还是更接近于变动成本，进而直接将其确定为固定成本或变动成本。例如："管理费用"账内大部分项目发生额的大小在正常产量范围内与产量变动没有关系，至少没有明显关系，那么就将管理费用全部视为固定成本；"制造费用"账中的车间管理部门办公费、按折旧年限计算的设备折旧费等虽与产量的关系较"管理费用"密切一些，

但基本特征仍属“固定”，所以也应被视为固定成本；而“制造费用”账内的燃料动力费、维修费等，虽然不似直接材料费那样与产量成正比例变动，但其发生额的大小与产量变动的关系很明显，因而可以将其视为变动成本。

【例 2-7】

假设以大众公司某一生产车间作为分析对象的某一月份的成本数据如表 2-7 所示。

表 2-7　成本数据表

账户	总成本 / 元
生产成本——直接材料	240000
——直接工资	30000
制造费用——燃料、动力	12000
——修理费	4000
——间接工资	8000
——折旧费	20000
——办公费	6000
合计	320000

如果该车间只生产单一产品，那么本月产生的 320000 元费用将全部构成该产品的成本。如为非单一产品，那么我们假定上述属共同费用性质的数据是在已经合理地进行了分配的基础上得到的。有关成本的分解过程如表 2-8 所示。

表 2-8　成本费用分解表

账户	总成本 / 元	固定成本 / 元	变动成本 / 元
生产成本——直接材料	240000	—	240000
——直接工资	30000	—	30000
制造费用——燃料、动力	12000	—	12000
——修理费	4000	—	4000
——间接工资	8000	—	8000
——折旧费	20000	20000	—
——办公费	6000	6000	—
合计	320000	26000	294000

上表的分解理由是：直接材料和直接工资（即生产成本账户项目）通常分为变动成本；燃料动力费、修理费、间接人工费虽然不与产量的变动成正比例变动关系，但有明显的变动关系，所以也确定为变动成本；折旧费和办公费与产量变动没有明显关系，因而确定为固定成本。不难看出，上述分解过程是在一定的假设设条件下进行的：如假设生产工人的工资实行计件工资制，那么直接人工就是变动成本；再如假设生产设备的折旧额不是按加工量或加工时间计算的，那么折旧费就属于固定成本。如果情况不是这样，那么分解的结果当然就不一样。只不过对特定的分解对象而言，“假定”已经成为既定的了。

根据表 2-8，该车间的总成本被分解为固定成本和变动成本两部分，其中 a=26000(元)。

如设该车间当月产量为 1000 件，那么，

$$b=\frac{294000}{1000}=294\text{（元/件）}$$

以数学模型来描述该车间的总成本，即

$$y=26000+294x$$

账户分析法是混合成本分解诸多方法中最为简便的一种，同时也是相关决策分析中应用比较广泛的一种。但由于其分析结果的可靠性在很大程度上取决于有关分析人员的判断能力，因而不可避免地带有一定程度的片面性和局限性。

就账户分析法的对象而言，这一方法通常用于特定期间总成本的分解，而且对成本习性的确认通常也只限于成本习性相对而言比较典型的成本项目，而对于成本习性不那么典型的成本项目，则应该选择其他的成本分解方法。

三、工程分析法

工程分析法是运用工业工程的研究方法来研究影响各有关成本项目数额大小的每个因素，并在此基础上直接估算出固定成本和单位变动成本的一种成本分解方法。

工程分析法分解成本的基本步骤如下。

（1）确定研究的成本项目。

（2）对导致成本形成的生产过程进行观察和分析。

（3）确定生产过程的最佳操作方法。

（4）以最佳操作方法为标准方法，测定标准方法下成本项目的每一构成内容，并按成本性态分别确定固定成本和变动成本。

【例 2-8】

设全球公司粉末冶金车间对精密金属零件采取一次模压成型、电磁炉烧结的方式加工。如果我们以电费作为成本研究对象，经观察，电费成本开支与电磁炉的预热和烧结两个过程的操作有关。按照最佳的操作方法，电磁炉从开始预热至达到可烧结的温度需耗电 1500 千瓦时，烧结每千克零件耗电 500 千瓦时。每一工作日加工一班，每班电磁炉预热一次，全月共 22 个工作日。电费价格为 0.7 元／千瓦时。

解：设每月电费总成本为 y，每月固定电费成本为 a，单位电费成本为 b，x 为烧结零件重量，则有

$$a=22\times1500\times0.7=23100\text{（元）}$$

$$b=500\times0.7=350\text{（元／千瓦时）}$$

该车间电费总成本分解的数学模型即为 $y=23100+350x$。

工程分析法适用于任何可以从客观立场上进行观察、分析和测定的投入产出过程，如对直接材料、直接人工等制造成本的测定，也可以用于仓储、运输等非制造成本的测定。

与历史成本法和账户分析法相比，工程分析法的优点是十分突出的。

（1）历史成本法和账户分析法都只适用于有历史成本数据可供分析的情况，而工程分析法是种独立的分析方法，即使在缺乏历史成本数据的情况下也可以被采用。同时，当需要对历史成本分析的结论进行验证时，工程分析法也是最有效的方法。

（2）和历史成本法或账户分析法一样，工程分析法同样必须排除那些发生在分析期间的无效或者不正常的支出，否则将直接影响估计成本的准确性。工程分析法从投入与产出之间的关系入手，通过观察和分析，直接测定在一定的生产流程、工艺水平和管理水平条件下应该达到的各种消耗标准，也就是一种较为理想的投入与产出关系，这种关系是企业的各种经济资源利用最优化的结果。所以，不仅那些明显无效或者不正常的支出会被排除，直观上属于正常支出中的那些带有隐蔽性的无效或者非正常的部分也很自然地被排除了。

（3）企业在制定标准成本和编制预算时，采用工程分析法较之其他方法，分析结果更具有客观性、科学性和先进性。

当然，工程分析法的分析成本较高，因为是对投入产出过程进行观察、分析和测定，所以往往要耗费较多的人力、物力和时间。而且，对于那些不能直接将其归属于特定投入与产出过程的成本，或者属于不能单独进行观察的联合过程中的成本，如各种间接成本，就不能使用工程分析法。

四、合同确认法

合同确认法是根据企业与供应单位签订的各种合同、契约，以及企业内部既定的各种管理和核算制度中所明确规定的计费方法，分别确认哪些费用属于固定成本，哪些费用属于变动成本的一种成本分解方法。

合同确认法特别适用于有明确计算方法的各种初始量变动成本，如电费、水费、煤气费、电话费等各项公用事业费。其账单上的基数即为固定成本，而按耗用量多少计价的部分则属于变动成本。这个方法经常配合账户分析法使用。

从混合成本分解的各种方法的讲述中不难看出，成本分解的过程，实际上就是一个对成本性态进行研究的过程，而不仅仅是一个计算过程。就成本分解的各种方法而言，应该说是短长互见。应该根据不同的分解对象，来选择适当的分解方法，分解结果出来后，还应当尽可能地采用其他方法进行印证，以期获得比较准确的成本性态数据。

拓展阅读

创新引领时代

资料一：

实践没有止境，理论创新也没有止境。不断谱写马克思主义中国化时代化新篇章，是当代中国共产党人的庄严历史责任。继续推进实践基础上的理论创新，首先要把握好新时代中国特色社会主义思想的世界观和方法论，坚持好、运用好贯穿其中的立场观点方法。

…………

——必须坚持守正创新。我们从事的是前无古人的伟大事业，守正才能不迷失方向、不犯颠覆性错误，创新才能把握时代、引领时代。我们要以科学的态度对待科学、以真理的精神追求真理，坚持马克思主义基本原理不动摇，坚持党的全面领导不动摇，坚持中国特色社会主义不动摇，紧跟时代步伐，顺应实践发展，以满腔热忱对待一切新生事物，不断拓展认识的广度和深度，敢于说前人没有说过的新话，敢于干前人没有干过的事情，以新的理论指导新的实践。

来源：中国共产党第二十次全国代表大会报告

资料二：

“海外每卖出3辆中国车，就有1辆是上汽制造”。中国汽车正在用急剧增长的海外销量，向全球车市展示自己的实力。2022年9月13日，上汽集团正式宣布，“全球纯电超能跨界车”MG MULAN（海外定名为MG4 ELECTRIC）上市，至2023年新车将在全球六大洲80余个国家全面发售。同日，万辆MG MULAN在上海海通码头正式启动发运，远渡重洋、前往欧洲，它们将助力上汽年内实现首个10万辆级海外区域市场。

基于庞大的海外市场规模和完整的新能源产品型谱，上汽集团准确把握海外消费者对安全、环保、智能、操控等方面的多样化需求，充分结合“星云”纯电专属系统化平台、智能座舱、智能驾驶等创新技术，集成全球优势资源打造了一款满足全球高标准，让全球用户用得惯、开得好的智能电动车——MG MULAN。

MG MULAN瞄准国际主流安全评价体系的五星标准研究开发，满足世界造车体系中的REACH环保、E—MARK认证等欧标，达到全球六大洲80余个国家的市场准入标准。今年8月份，上汽海外销量高达10.1万辆，同比增长65.7%，成为中国汽车工业历史上首个海外市场单月销量突破10万辆的企业。

作为中国汽车龙头企业，上汽一直坚持“有系统、有规划、成建制”推进国际经营，已经建立了集研发、营销、物流、零部件、制造、金融、二手车等于一体的汽车产业链，在海外拥有硅谷、伦敦、特拉维夫三大研发创新中心，伦敦、慕尼黑、东京三大设计中心，泰国、印尼、印度、巴基斯坦4座生产基地及KD工厂，100余个零部件生产研发基地和1800多个营销服务网点，并开通了东南亚、墨西哥、欧洲等7条自营国际航线。

2021年，上汽在创新领域投资超过600亿元，近3000项专利获得授权，建成万人级的软件人才队伍。“十四五”期间，上汽将在智能电动车等创新领域投入3000亿元，全力加快自主创新步伐，全面向高科技企业转型。

上汽全面整合旗下五大信息技术中心、乘用车技术中心和海外创新中心，2022

年3月成立的上汽集团创新研究开发总院进一步加快新能源智能网联汽车前瞻技术及创新工艺的布局和落地。目前，包括三大整车技术底座、四大关键系统技术底座在内的七大技术底座正在加速落地。

当前，MG品牌正在海外热卖，这个延续了百年历史的品牌，一直在机械能力上展现年轻、运动姿态。被上汽收购后，经过多年发展，MG品牌的设计能力、智能科技和三电技术显著增强，在国际市场上绽放出更强光芒，这是中国汽车领域技术能力的展现，也体现了上汽在智能科技、潮流设计上的卓越表现。

来源：人民日报（2022年12月07日20版）

专题回顾

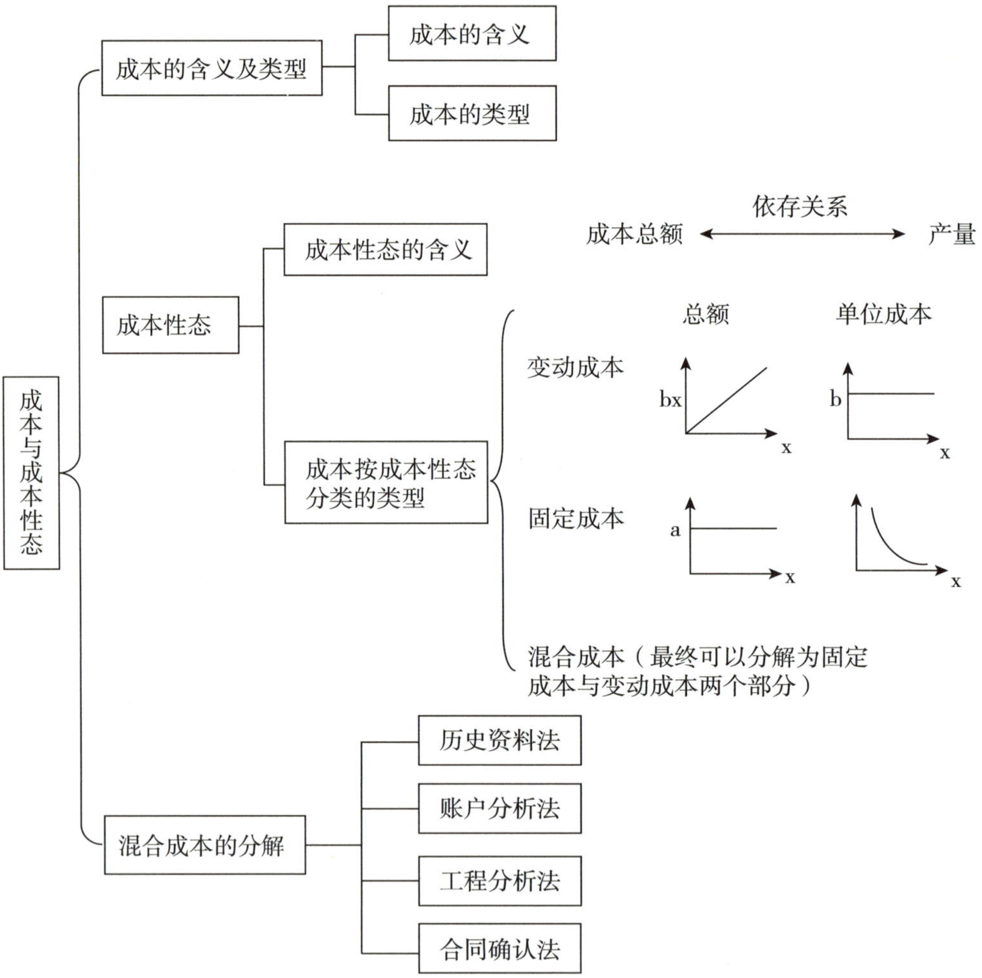

思考与练习

一、单项选择题

1. 在管理会计中，混合成本可用直线方程 $y=a+bx$ 来模拟，其中 bx 表示（　）。

A. 单位变动成本　　B. 单位固定成本
C. 变动成本总额　　D. 固定成本总额

2. 在管理会计中，混合成本可用直线方程 $y=a+bx$ 来模拟，其中 a 表示（　）。

A. 单位变动成本　　B. 单位固定成本
C. 变动成本总额　　D. 固定成本总额

3. 分解混合成本的方法中，相对而言，得到的结果较准确的是（　）。

A. 高低点法　　B. 目测法
C. 散布图法　　D. 回归直线法

4. 下列各项中，受管理当局短期决策行为影响的是（　）。

A. 广告费　　B. 不动产保险费
C. 管理人员薪金　　D. 生产设备折旧费

5. 属于约束性固定成本的是（　）。

A. 广告费　　B. 职工培训费
C. 厂房折旧费　　D. 新产品开发费

6. 高低点法与回归直线法在进行成本预测时所体现的差异是（　）。

A. 区分成本性质　　B. 考虑历史数据时间范围
C. 成本预测假设　　D. 选用历史数据的标准

7. 一般来说，计件工资制下的直接人工费属于（　）。

A. 固定成本　　B. 变动成本
C. 混合成本　　D. 半变动成本

8. 某保险公司的推销员每月固定工资为 800 元，在此基础上，推销员还可按推销保险金额的 1‰ 领取奖金，那么推销员的工资费用属于（　）。

A. 阶梯型混合成本　　B. 直线型混合成本
C. 延期型混合成本　　D. 曲线型混合成本

9. 设某企业有固定搬运工 10 名，工资总额为 5000 元；当产量超过 3000 件时，就需雇用临时工。临时工采用计件工资制，单位工资为每件 1 元，则该企业搬运工工资属于（　）。

A. 阶梯型混合成本　　B. 直线型混合成本
C. 延期型混合成本　　D. 曲线型混合成本

10. 某企业产量和总成本情况见下表。

年度	产量 / 万件	总成本 / 万元
2017	58	50
2018	55	46
2019	50	48
2020	60	53
2021	65	54

采用高低点法确定的单位变动成本为（　）万元。

A.0.40　B.0.53　C.0.42　D.0.55

二、多项选择题

1. 下列成本项目中，属于约束性固定成本的有（　）。

A. 保险费　B. 厂房、机器设备的折旧费

C. 财产税　D. 财务费用

2. 分解混合成本的方法有（　）。

A. 高低点法　B. 散布图法　C. 线性规划法　D. 最小二乘法

3. 以下属于酌量性固定成本的有（　）。

A. 厂房租赁费　B. 差旅费　C. 职工培训费　D. 研究开发费

4. 在相关范围内保持不变的有（　）。

A. 变动成本总额　B. 单位变动成本

C. 固定成本总额　D. 单位固定成本

5. 在相关范围内，固定成本的特点包括（　）。

A. 成本总额的不变性　B. 单位成本的不变性

C. 成本总额的正比例变动性　D. 单位成本的正比例变动性

6. 关于固定成本的表述正确的是（　）。

A. 在坐标图中，固定成本总额线是一条平行于横轴的直线

B. 在相关范围内，固定成本总额不随业务量变动而变动

C. 固定成本总额永远固定不变

D. 在相关范围内，单位固定成本不随业务量变动而变动

7. 下列属于固定成本的有（　）。

A. 差旅费　B. 厂房租赁费

C. 设备保险费　D. 检验人员工资

8. 下列属于变动成本的有（　）。

A. 原材料费用　B. 厂房租赁费

C. 设备保险费　D. 计件生产工人工资

9. 下列表述正确的有（　）。

A. 单位变动成本随着产量增加递增

B. 变动成本总额随着产量增加递增

C. 固定成本总额随着产量增加递增

D. 固定成本在一定的产量范围内保持不变

10. 下列表述正确的有（　）。

A. 单位变动成本在一定的产量范围内保持不变

B. 变动成本总额随着产量增加递增

C. 单位固定成本随着产量增加递减

D. 固定成本在一定的产量范围内保持不变

三、判断题

1. 固定成本是指在特定的产量范围内不受产量变动的影响，在一定时期内总额保持固定不变的成本。(　)

2. 采用高低点法进行成本性态分析时，若业务量最高点、最低点与成本最高点、最低点不一致，高低点坐标的选择以业务量为准。(　)

3. 利用回归直线法进行成本性态分析的计算结果最精确，但计算工作量最大。(　)

4. 账户分析法是根据各个成本、费用账户（包括明细账户）的内容，直接判断其与业务量之间的依存关系，从而确定其成本性态的一种成本分解方法。(　)

5. 工程分析法是一种独立的分析方法，即使在缺乏历史成本数据的情况下也可以采用。(　)

四、计算分析题

1. 留和公司的2021年维修费及业务量数据如下表。

月份	业务量 / 小时	维修费 / 元
1	950	75000
2	800	78000
3	1250	95000
4	900	82000
5	1050	85000
6	1150	84000
7	1300	91000
8	700	72000
9	800	73000
10	1200	90000
11	1400	93000
12	1100	89000

要求：

（1）根据上述资料，用高低点法把维修成本分解为变动成本部分和固定成本部分，并写出维修成本的分解模型；

（2）假如计划月份的预计业务量为1800小时，维修成本预计将达到多少？

2. 某公司根据历史资料统计的产量与实际总成本的有关情况如下。

年份	2019 年	2020 年	2021 年
产量 / 万件	15	18	23
实际总成本 / 万元	120	138	156

要求：

（1）采用高低点法预测该公司总成本的分解模型；

（2）采用回归直线法预测该公司 2022 年的总成本。

五、案例分析题

光明公司新购入一套热处理设备，电费属于混合成本，没有历史资料。技术测定显示，该设备每天使用前需预热，耗电 10 千瓦时；每使用一小时耗电 30 千瓦时。设电费为 0.5 元 / 千瓦时，一个月 22 个工作日。

要求：

（1）请选择合适的方法进行设备电费分解；

（2）请简单评述此方法的优缺点及适用性。

第2篇 管理会计的应用

本篇讲述了管理会计在实践中的应用，包括一系列管理会计的特有方法——本量利分析、变动成本法、标准成本法和作业成本法，揭示了从成本性态视角如何进行成本管控，实现企业效益提升；同时介绍了短期经营决策和项目投资决策，帮助企业有效地进行长短期决策。

专题三 本量利分析

专题概述

本量利分析从成本、利润和业务量之间的对应关系出发，对企业的成本管理、经营情况进行分析管控。本专题将主要介绍本量利分析的概念、边际贡献及相关概念、盈亏平衡分析和安全边际分析、保利点分析，进而介绍因素变动对盈亏平衡点和目标利润的影响，以及概率分析下的本量利分析。

目标导航

知识目标

1. 理解本量利分析的概念。
2. 掌握边际贡献及相关概念。
3. 掌握盈亏平衡分析和安全边际。
4. 掌握保利点分析。
5. 掌握因素变动对盈亏平衡点和目标利润的影响。
6. 了解概率分析下的本量利分析。

能力目标

1. 能够对单一品种和多品种产品进行盈亏平衡分析。
2. 能够描绘本量利分析的三种图形。
3. 能够分析因素变动对盈亏平衡点和保利分析的影响。

素质目标

培养利用管理会计工具认知生活问题的思维。

案例导入

民办学校的成本费用分析

杨琳经营着一个民办学校，主要培养满足企业现实生产经营需要的专业技术人才，主要包括会计、证券、商务英语等从业人员。在经营过程中，有一件事情让杨琳感到困惑不解，那就是如何确定或估算最低招生人数，即当年拥有的学生达到什么数量时学校才能保证不亏损。杨琳自己也曾根据经验估计过，但是总觉得不是很准确。咨询过专业会计师后，杨琳知道了一个专门的方法——本量利分析方法，这个方法就是为了解决这类问题而设计的。但是，通过成本性态分析后，杨琳发现学校的成本同基本的本量利分析模型还有一定的差异。为了更好地解决这个问题，假定杨琳的民办学校只招收机械加工专业的学生。

学校的收入来源于学生缴纳的学费和食宿费，其变动成本来自学生宿舍的租金、伙食成本，固定成本来自行政人员的工资、招生资料费、相关的行政办公室的租金和其他管理费用。还有一些特殊的成本：

（1）教室的租金，由于教室容量和教学效果的要求，每个教室只能容纳40人，超过40人就需要租一间新的教室；

（2）教师的授课费用，按教室数配备教师的数量，如果教室数增加，相应的教师人数也会增加。

该学校的年收入和成本信息如下。

收入与成本	项目	金额
收入	学生学费 /（元 / 人·年）	4000
	学生住宿费 /（元 / 人·年）	1000
	学生伙食费 /（元 / 人·年）	2600
变动成本	学生宿舍租金 /（元 / 人·年）	800
	学生伙食成本 /（元 / 人·年）	1800
固定成本	行政人员的工资 /（元 / 年）	60000
	招生资料费 /（元 / 年）	200000
	行政办公室的租金 /（元 / 年）	30000
	其他管理费用 /（元 / 年）	30000
混合成本	教室的租金 /（元 / 间·年）	10000
	教师授课费用 /（元 / 间·年）	50000

计算：

（1）如果当年在校学生为200人，计算该校的利润；

（2）计算该学校盈亏临界点的在校生人数。

项目1 认识本量利分析

一、本量利分析的含义

本量利分析是成本—业务量—利润依存关系分析的简称，也称CVP分析，是指在变动成本计算模式的基础上，以数学化的会计模型与图文来揭示固定成本、变动成本、业务量、单价、销售额、利润等变量之间的内在规律性的联系，掌握盈亏变化的规律，指导企业选择能够以最小的成本生产最多产品并可使企业获得最大利润的经营方案。本量利分析是管理会计的重要方法，其基本内容包括将总成本划分为变动成本和固定成本、计算产品的边际贡献、确定产品生产销售的盈亏临界点、分析产品销售的安全边际等。

二、本量利分析的意义

本量利分析着重研究业务量、价格、成本和利润之间的数量关系，它所提供的原理、方法在管理会计中有着广泛的用途，同时它又是企业进行决策、计划和控制的重要工具。

本量利分析方法是在成本习性分析和变动成本法的基础上发展起来的，主要研究成本、业务量、价格和利润之间的数量关系的方法。它是企业进行预测、决策、计划和控制等经营活动的重要工具，也是管理会计的一项基础内容。

三、本量利分析的基本假设

（1）假定所有成本都已划分为固定成本和变动成本两部分，成本习性模型已经存在。

（2）假定在一定时期内，业务量总是在相关范围内变动，它的变动不会改变固定成本和变动成本的所有特征。

（3）假定在多数情况下，企业只生产和销售一种产品；若企业组织多种产品的生产经营，则假定其品种结构不变。

（4）假定计算期内产品的生产量和销售量一致，企业能够自动实现产销平衡。

四、本量利分析的基础公式

本量利分析是以成本性态分析和变动成本法为基础的，其基本公式是变动成本法下计算利润的公式，该公式反映了价格、成本、业务量和利润各因素之间的相互关系。

税前利润＝销售收入总额－总成本＝销售单价 × 销售量－（变动成本＋固定成本）

＝销售单价 × 销售量－单位变动成本 × 销售量－固定成本，即

$$F=px-bx-a=(p-b)x-a \tag{3-1}$$

式中：

F——税前利润；

p——销售单价；

b——单位变动成本；

a——固定成本；

x——销售量。

该公式是本量利分析的基本出发点，以后的所有本量利分析可以说都是在该公式基础上进行的。

五、边际贡献及其计算公式

边际贡献是指产品的销售收入扣除变动成本之后的金额，表明该产品为企业做出的贡献，又称“边际收益”“创利额”，是用来衡量产品盈利能力的一项重要指标。由于变动成本又分为制造产品过程中发生的变动生产成本和非制造产品过程中发生的变动非生产成本，所以边际贡献也可以分为制造边际贡献和营业边际贡献两种，本书中如无特别

说明，边际贡献就是指扣除了全部变动成本的营业边际贡献。

边际贡献可以用总额形式表示，也可以用单位边际贡献和边际贡献率形式表示。

（一）边际贡献总额

边际贡献总额（Tcm）是指产品销售收入总额与变动成本总额之间的差额。用公式表示为“边际贡献总额 = 销售收入总额 – 变动成本总额”，即

$$\mathrm{Tcm}=px-bx \tag{3-2}$$

由于税前利润 = 销售收入总额 – 变动成本总额 – 固定成本 = 边际贡献总额 – 固定成本，所以也可以写为

$$\mathrm{F}=\mathrm{Tcm}-a$$

所以边际贡献总额 = 税前利润 + 固定成本，即

$$\mathrm{Tcm}=\mathrm{F}+a$$

（二）单位边际贡献

单位边际贡献（cm）是指单位产品售价与单位变动成本的差额。用公式表示为

单位边际贡献 = 销售单价 – 单位变动成本

即

$$\mathrm{cm}=p-b \tag{3-3}$$

该指标反映每销售一件产品所带来的边际贡献。

（三）边际贡献率

边际贡献率（cmR）是指边际贡献总额占销售收入总额的百分比，或单位边际贡献占单价的百分比。用公式表示为

边际贡献率 = 边际贡献总额 ÷ 销售收入总额 ×100%= 单位边际贡献 ÷ 销售单价 ×100%

即

$$\mathrm{cmR}=\mathrm{Tcm}\div px\cdot 100\% =\mathrm{cm}\div p\cdot 100\%=(p-b)\div p\cdot 100\% \tag{3-4}$$

该指标反映每百元销售收入所创造的边际贡献。

与边际贡献率相关的另一个指标是变动成本率（bR）。变动成本率是指变动成本总额占销售收入总额的百分比或单位变动成本占单价的百分比。用公式表示为

变动成本率 = 变动成本总额 ÷ 销售收入总额 ×100%= 单位变动成本 ÷ 销售单价 ×100%

即

$$b\mathrm{R}=bx\div px\cdot 100\%=b\div p\cdot 100\%$$

将变动成本率与边际贡献率两个指标联系起来，可以得出

边际贡献率 + 变动成本率 =1

由此可以推出

边际贡献率 =1– 变动成本率

或

变动成本率 =1– 边际贡献率

可见，变动成本率与边际贡献率两者是互补的。企业变动成本率越高，边际贡献率就越低；变动成本率越低，其边际贡献率必然就越高。

【例 3–1】

大众公司生产的 T 恤衫，每件售价 100 元，每件变动成本 65 元，固定成本总额 60000 元，全年业务量（产销一致）为 2000 件。T 恤衫的单位边际贡献、边际贡献总额以及边际贡献率分别是多少？

解：单位边际贡献 =100–65=35（元）

边际贡献总额 =35 × 2000=70000（元）

边际贡献率 =35 ÷ 100 × 100%=35%

项目2 盈亏临界点分析

盈亏临界点（BEP）又称盈亏临界、盈亏平衡点、损益两平点等，是指刚好使企业经营达到不盈不亏状态的销售量（额）。此时，企业的销售收入恰好弥补全部成本，企业的利润等于零。确定盈亏临界点是进行本量利分析的关键。

盈亏临界点分析就是根据销售收入、成本和利润等因素之间的函数关系，分析企业如何达到不盈不亏状态。也就是说，销售价格、销售量以及成本因素都会影响企业的不盈不亏状态。通过盈亏临界点分析，企业可以预测售价、成本、业务量以及利润情况并分析这些因素之间的相互影响，从而加强经营管理。企业可以根据所销售产品的实际情况，计算盈亏临界点。

一、盈亏临界点计算

（一）单一产品的盈亏临界点

企业只销售单一产品，则该产品的盈亏临界点计算比较简单。根据本量利分析的基本公式：

税前利润 = 销售收入总额 – 总成本 = 销售价格 × 销售量 –（变动成本 + 固定成本）

= 销售单价 × 销售量 – 单位变动成本 × 销售量 – 固定成本

即

$$F=px-bx-a=(p-b)x-a \quad (3\text{-}5)$$

企业不盈不亏时，利润为零，利润为零时的销售量就是企业的盈亏临界点销售量。即

销售单价 × 盈亏临界点销售量 – 单位变动成本 × 盈亏临界点销售量 – 固定成本 =0

$$(p-b)x_0=\mathrm{Tcm}_0=a$$

盈亏临界点销售量 = 固定成本 ÷（销售单价 – 单位变动成本）= 固定成本 ÷ 单位边

际贡献，可以写为：

$$x_0=a\div(p-b)$$

相应的，盈亏临界点销售收入总额＝盈亏临界点销售量 × 销售单价＝固定成本 ÷ 边际贡献率，即

$$px_0=p\cdot[a\div(p-b)]=a\div[(p-b)\div p]=a\div \text{cmR}。$$

【例 3-2】

假设某企业只生产和销售一种产品，该产品的市场售价预计为 100 元，该产品单位变动成本为 20 元，固定成本为 32000 元，求盈亏临界点的销售量和销售收入总额。

解：盈亏临界点的销售量为

$$x_0=a\div(p-b)=32000\div(100-20)=400（件）$$

相应的，可以算出盈亏临界点的销售收入总额：$px_0=100\times400=40000$（元）或者 $px_0=a\div[(p-b)\div p]=a\div\text{cmR}=32000\div[(100-20)\div100]=40000$（元）。

（二）多产品的盈亏临界点

在现实经济生活中，大部分企业生产经营的产品不止一种。在这种情况下，企业的盈亏临界点就不能用实物单位表示了，因为不同产品的实物计量单位是不同的，把这些计量单位不同的产品销量加在一起是没有意义的。所以，企业在产销多种产品的情况下，只能用金额来表示企业的盈亏临界点，即只能计算企业盈亏临界点的销售收入总额。

计算多品种企业盈亏临界点的方法有综合边际贡献率法、联合单位法、主要品种法和分算法等，下面将逐一介绍。

1. 综合边际贡献率法

所谓综合边际贡献率法是指将各种产品的边际贡献率按照其各自的销售比重这一权数进行加权平均，得出综合边际贡献率，然后再据此计算企业的盈亏临界点销售额和每种产品的盈亏临界点的方法。具体来说，企业盈亏临界点 = 企业固定成本总额 ÷ 综合边际贡献率。

企业盈亏临界点的具体计算步骤如下。

（1）计算综合边际贡献率。

首先，计算各种产品的销售比重。

某种产品的销售比重 = 该种产品的销售收入总额 ÷ 全部产品的销售总额 ×100%

销售比重是销售收入总额（销售额）的比重而不是销售量的比重。

其次，计算综合边际贡献率。

综合边际贡献率 =$\sum$（各种产品边际贡献率 × 该种产品的销售比重）

该公式也可以写作综合边际贡献率 = 各种产品边际贡献总额之和 ÷ 销售收入总额。

（2）计算企业盈亏临界点销售额。

企业盈亏临界点销售额 = 企业固定成本总额 ÷ 综合边际贡献率。

（3）计算各种产品盈亏临界点销售额。

某种产品盈亏临界点销售额 = 企业盈亏临界点销售额 × 该种产品的销售比重。

【例 3–3】

大众公司销售甲、乙、丙三种产品，全年预计固定成本总额为 210000 元，预计销售量分别为 8000 件、5000 台和 10000 件，预计销售单价分别为 25 元、80 元、40 元，单位变动成本分别为 15 元、50 元、28 元。该企业的盈亏临界点是多少？

解：（1）计算综合边际贡献率。

第一步，计算全部产品销售总额。

全部产品销售总额 =8000×25+5000×80+10000×40=1000000（元）

第二步，计算每种产品的销售比重。

甲产品的销售比重 =8000×25÷1000000=20%

乙产品的销售比重 =5000×80÷1000000=40%

丙产品的销售比重 =10000×40÷1000000=40%

第三步，计算综合边际贡献率。

甲产品的边际贡献率 =（25–15）÷25=40%

乙产品的边际贡献率 =（80–50）÷80=37.5%

丙产品的边际贡献率 =（40–28）÷40=30%

综合边际贡献率 =40%×20%+37.5%×40%+30%×40%=35%

（2）计算企业盈亏临界点销售额。

企业盈亏临界点销售额 = 企业固定成本总额 ÷ 综合边际贡献率

=210000÷35%=600000（元）

（3）将企业盈亏临界点销售额分解为各种产品盈亏临界点销售额和销售量。

甲产品盈亏临界点销售额 =600000×20%=120000（元）

乙产品盈亏临界点销售额 =600000×40%=240000（元）

丙产品盈亏临界点销售额 =600000×40%=240000（元）

相应的，可以计算出每种产品盈亏临界点销售量。

甲产品盈亏临界点销售量 =120000÷25=4800（件）

乙产品盈亏临界点销售量 =240000÷80=3000（台）

丙产品盈亏临界点销售量 =240000÷40=6000（件）

综合边际贡献率的大小反映了企业全部产品的整体盈利能力的高低，企业若要提高全部产品的整体盈利水平，可以调整各种产品的销售比重，或者提高各种产品自身的边际贡献率。

2. 联合单位法

所谓联合单位法是指企业各种产品之间存在相对稳定的产销量比例关系，这一比例关系的产品组合可以视同为一个联合单位，然后确定每一联合单位的售价和单位变动成本，以进行多品种的盈亏临界点分析。如企业的 A、B、C 三种产品，其销量比为 1∶2∶3，

则这三种产品的组合就构成了一个联合单位；然后按照这种销量比来计算各种产品共同构成的联合单价和联合单位变动成本。即

联合单价 =A 产品单价 ×1+B 产品单价 ×2+C 产品单价 ×3

联合单位变动成本 =A 产品单位变动成本 ×1+B 产品单位变动成本 ×2+C 产品单位变动成本 ×3

然后就可以计算出联合保本量，即

联合保本量 = 固定成本 ÷（联合单价 – 联合单位变动成本）

某产品保本量 = 联合保本量 × 该产品销量比

这种方法主要适用于有严格产出规律的联合产品生产企业。

【例 3–4】

仍按例 3-3 的资料。

确定产品销量比为甲：乙：丙 =1：0.625：1.25。

联合单价 =1×25+0.625×80+1.25×40=125（元 / 联合单位）

联合单位变动成本 =1×15+0.625×50+1.25×28=81.25（元 / 联合单位）

联合保本量 =210000÷（125–81.25）=4800（联合单位）

计算各种产品保本量和保本额：

甲产品保本量 =4800×1=4800（件）　甲产品保本额 =4800×25=120000（元）

乙产品保本量 =4800×0.625=3000（台）　乙产品保本额 =3000×80=240000（元）

丙产品保本量 =4800×1.25=6000（件）　丙产品保本额 =6000×40=240000（元）

3. 分算法

分算法是指在一定条件下，企业可以将全部固定成本按一定标准在各种产品之间进行分配，然会再对每一个品种分别进行盈亏临界点分析的方法。全部固定成本中的专属固定成本直接划归某种产品负担，而共同固定成本则要按照一定标准（如产品重量、体积、长度、工时、销售额等）分配给各种产品。

【例 3–5】

仍按例 3-3 的资料。假设固定成本按各种产品的销售额比重来分配。

甲产品分配的固定成本 =210000×20%=42000（元）

乙产品分配的固定成本 =210000×40%=84000（元）

丙产品分配的固定成本 =210000×40%=84000（元）

甲产品保本量 =42000÷10=4200（件）

甲产品保本额 =4200×25=105000（元）

乙产品保本量 =84000÷30=2800（件）

乙产品保本额 =2800×80=224000（元）

丙产品保本量 =84000÷12=7000（件）

丙产品保本额 =7000×40=280000（元）

综合保本额 =105000+224000+280000=609000（元）

分算法可以提供各产品计划与控制所需要的详细资料，但对固定成本分配标准的合理性和科学性的要求比较高，并且当企业产品品种较多时，工作量较大。在实际应用中，由于固定成本是由边际贡献来补偿的，因此，一般按照各种产品的边际贡献比重来分配固定成本。

4. 主要品种法

如果企业生产经营的多种产品中，有一种产品给企业提供的边际贡献占企业全部边际贡献总额的比重很大，而其他产品给企业提供的边际贡献比重较小，则可以将这种产品认定为主要品种。此时，企业的固定成本几乎由主要品种来负担，所以，可以根据这种产品的边际贡献率计算企业的盈亏临界点。当然，用这种方法计算出来的企业盈亏临界点可能不是十分准确。如果企业产品品种主次分明，则可以采用这种方法。

二、盈亏临界点作业率计算和分析

盈亏临界点作业率也称保本作业率、危险率，是指企业盈亏临界点销售量（额）占现有或预计销售量（额）的百分比。该指标越小，表明用于保本的销售量（额）越低；反之越高。其计算公式为

盈亏临界点作业率 = 盈亏临界点销售量（额）÷ 现有或预计销售量（额）× 100%（3-6）

如在例 3-2 中，假定企业预计销售量是 1000 件，则盈亏临界点的作业率为 40%（400 ÷ 1000 × 100%）。这说明，企业的作业率只有超过 40% 时，才能获得盈利，否则就会发生亏损。某些西方企业通常用该指标来评价企业经营的安全程度。

三、安全边际的计算和分析

所谓安全边际是指现有或预计销售量（额）超过盈亏临界点销售量（额）的部分。

安全边际越大，即超出部分越大，企业发生亏损的可能性越小，发生盈利的可能性越大，企业经营就越安全。安全边际越大，企业经营风险越小。

衡量企业安全边际大小的指标有两个，它们是安全边际销售量（额）和安全边际率。

安全边际销售量（额）= 现有或预计销售量（额）– 盈亏临界点销售量（额），

安全边际率 = 安全边际销售量（额）÷ 现有或预计销售量（额）× 100%。

安全边际率与盈亏临界点作业率之间的关系为

安全边际率 + 盈亏临界点作业率 =1

如在例 3-2 中，假定企业预计销售量是 1000 件，则

安全边际销售量 =1000–400=600（件）

安全边际销售额 =600 × 100=60000（元）

安全边际率 =600 ÷ 1000 × 100%。=60%

一些国家通常用安全边际率来评价企业经营的安全程度。安全边际的经验数据如表 3-1 所示。

表 3-1 安全边际的经验数据

安全边际率	10% 以下	10%~20%	20%~30%	30%~40%	40% 以上
安全程度	危险	值得注意	比较安全	安全	很安全

安全边际能够为企业带来利润。我们知道，盈亏临界点的销售额除了弥补产品自身的变动成本外，刚好能够弥补企业的固定成本，不能给企业带来利润。只有超过盈亏临界点的销售额，才能在扣除变动成本后，不必再弥补固定成本，而是直接形成企业的税前利润，用公式表示如下。

税前利润 = 销售单价 × 销售量 − 单位变动成本 × 销售量 − 固定成本

= （安全边际销售量 + 盈亏临界点销售量）× 单位边际贡献 − 固定成本

= 安全边际销售量 × 单位边际贡献

= 安全边际销售额 × 边际贡献率

将两边同时除以销售额可以得出：

销售利润率 = 安全边际率 × 边际贡献率

四、本量利分析的基本关系

（1）在销售总成本已定的情况下，盈亏临界点的高低取决于单位售价的高低。单位售价越高，盈亏临界点越低；单位售价越低，盈亏临界点越高。

（2）在销售收入已定的情况下，盈亏临界点的高低取决于固定成本和单位变动成本的高低。固定成本越高，或单位变动成本越高，则盈亏临界点越高；反之，盈亏临界点越低。

（3）在盈亏临界点不变的前提下，销售量越大，企业实现的利润便越多（或亏损越少）；销售量越小，企业实现的利润便越少（或亏损越多）。

（4）在销售量不变的前提下，盈亏临界点越低，企业能实现的利润便越多（或亏损越少）；盈亏临界点越高，企业能实现的利润便越少（或亏损越多）。

项目3 实现目标利润的本量利分析

前面盈亏临界点分析是研究企业利润为零时的情况，而企业的目标是获取利润，所以，下面将分析企业实现目标利润时的情况。

一、保利点及其计算

所谓保利点，是指企业为实现目标利润而要达到的销售量或销售额。

保利点具体可用保利量和保利额两个指标表示。

根据本量利分析的基本公式，

目标利润 = 销售单价 × 保利量 − 单位变动成本 × 保利量 − 固定成本

可得

保利量 = （固定成本 + 目标利润）÷（销售单价 − 单位变动成本）

= （固定成本 + 目标利润）÷ 单位边际贡献

相应的，可得

保利额 = 销售单价 × 保利量 =（固定成本 + 目标利润）÷ 边际贡献率

=（固定成本 + 目标利润）÷（1– 变动成本率）

这里的目标利润是指尚未扣除所得税的利润。

【例 3–6】

假设某企业只生产和销售一种产品，该产品售价为 80 元，单位变动成本为 30 元，固定成本为 30000 元，目标利润为 20000 元。求该企业的保利量和保利额。

解：保利量 =（固定成本 + 目标利润）÷（销售单价 – 单位变动成本）

=（30000+20000）÷（80–30）=1000（件）

保利额 =（固定成本 + 目标利润）÷ 边际贡献率

=（30000+20000）÷62.5%=80000（元）

二、保净利点及其计算

由于税后利润（即净利润）是影响企业生产经营现金流量的真正因素，所以，进行税后利润的规划和分析更能满足企业生产经营的需要。因此，应该进行保净利点的计算。保净利点是指实现目标净利润的业务量。其中，目标净利润就是目标利润扣除所得税后的利润。保净利点可以用保净利量和保净利额两个指标表示。

由于

目标净利润 = 目标利润 ×（1– 所得税税率）

所以，可以得出

目标利润 = 目标净利润 ÷（1– 所得税税率）

相应的保净利点公式可以写成

保净利量 = [固定成本 + 目标净利润 ÷（1– 所得税税率）] ÷（销售单价 – 单位变动成本）

保净利额 = [固定成本 + 目标净利润 ÷（1– 所得税税率）] ÷ 边际贡献率

【例 3–7】

仍按例 3-6 中的资料。假定目标净利润为 15000 元，所得税税率为 25%。

解：保净利量 = [30000+15000÷（1–25%）] ÷（80–30）=1000（件）

保净利额 = [30000+15000÷（1–25%）] ÷62.5%=80000（元）

从盈亏临界点、保利点和保净利点公式可以看出，它们的共同之处在于，计算销售量指标时，分母都是单位边际贡献；计算销售额指标时，分母都是边际贡献率。它们的不同之处在于，各公式的分子项目不完全相同。

项目4 本量利关系图

将成本、业务量、销售单价之间的关系反映在平面直角坐标系中就形成了本量利关系图。这种关系图可以非常清楚且直观地反映出固定成本、变动成本、业务量、销售额、盈亏临界点、利润区、亏损区、边际贡献和安全边际等。根据数据的特征和目的，本量利关系图可以分为传统式、边际贡献式和利量式三种。

一、传统式本量利关系图

传统式本量利关系图是最基本、最常见的本量利关系图，其绘制方法如下。

（1）在直角坐标系中，以横轴表示销售量，以纵轴表示成本和销售收入。

（2）绘制固定成本线。在纵轴上找出固定成本数值，以此为起点，绘制一条与横轴平行的固定成本线。

（3）绘制总成本线。以固定成本数值为起点，以单位变动成本为斜率，绘制总成本线。

（4）绘制销售收入线。以坐标原点为起点，以销售单价为斜率，绘制销售收入线。

这样，绘制出的总成本线和销售收入线的交点就是盈亏临界点。

传统式本量利关系图如图 3-1 所示。

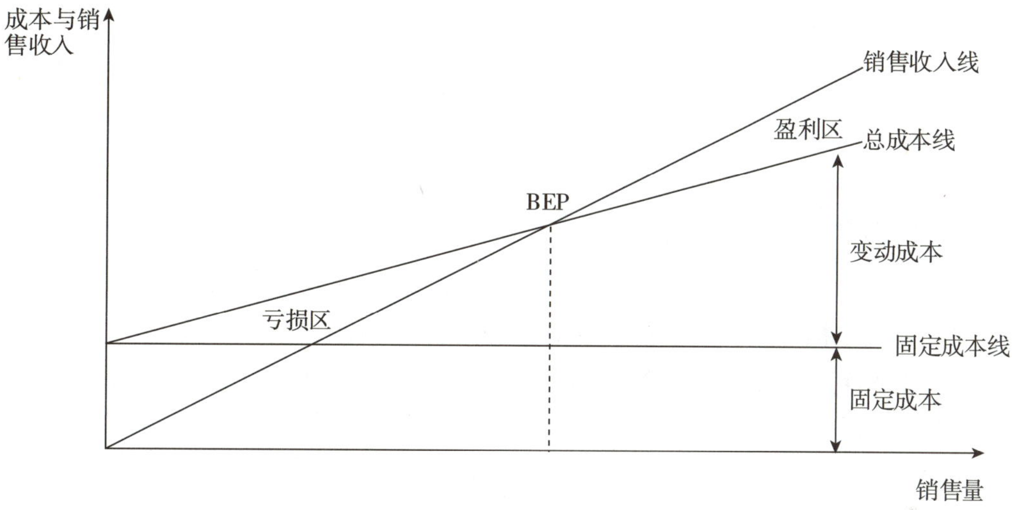

图 3-1　传统式本量利关系图

图 3-1 直观、形象而又动态地反映了销售量、成本和利润之间的关系。

在传统式本量利关系图的基础上，根据企业管理的不同目的，又派生出边际贡献式和利量式本量利关系图。

二、边际贡献式本量利关系图

边际贡献式本量利关系图是一种将固定成本置于变动成本之上，能够反映边际贡献形成过程的关系图，这是传统式本量利关系图所不具备的。该图的绘制程序是：先从原点出发分别绘制销售收入线和变动成本线；然后从纵轴上的固定成本数值点为起点绘制一条与变动成本线平行的总成本线。这样，总成本线和销售收入线的交点就是盈亏临界点，如图 3-2 所示。

图 3-2 能够清楚地反映出边际贡献的形成过程。销售收入线与变动成本线之间所夹区域为边际贡献区域。当边际贡献正好等于固定成本时，企业达到不盈不亏状态；当边际贡献超过盈亏临界点并大于固定成本时，企业获得了利润；当边际贡献没有达到盈亏

临界点时，企业发生了亏损。该图更能反映“利润 = 边际贡献 – 固定成本”的含义，而且也更符合变动成本法的思路。

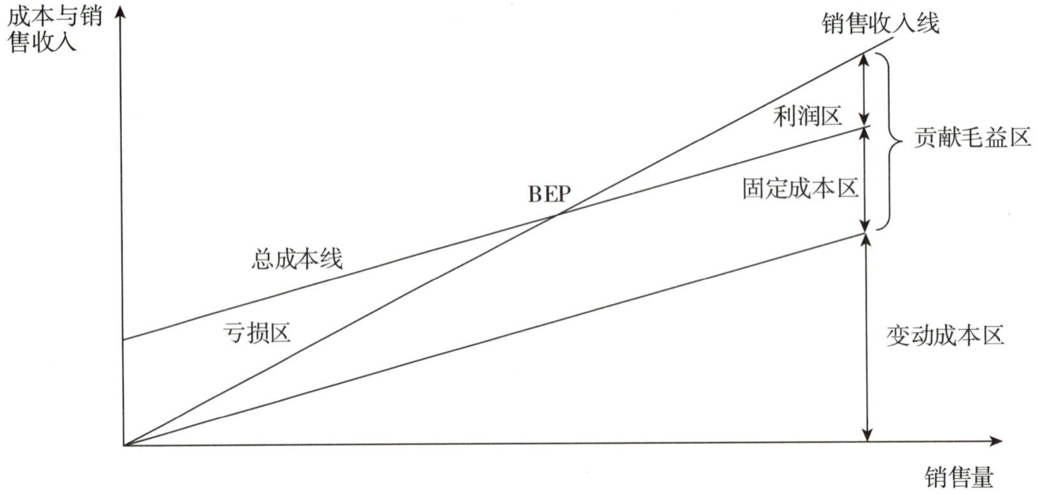

图 3–2　边际贡献式本量利关系图

三、利量式本量利关系图

利量式本量利关系图是反映利润与销售量之间依存关系的关系图。该图绘制的程序是：在平面直角坐标系中，以横轴代表销售量，以纵轴代表利润（或亏损）；然后在纵轴原点以下部分找到与固定成本总额相等的点（0，固定成本数值），该点表示业务量等于零时，亏损额等于固定成本；最后，从点（0，固定成本数值）出发画出利润线，该线的斜率是单位边际贡献。利润线与横轴的交点即盈亏临界点，如图 3-3 所示。

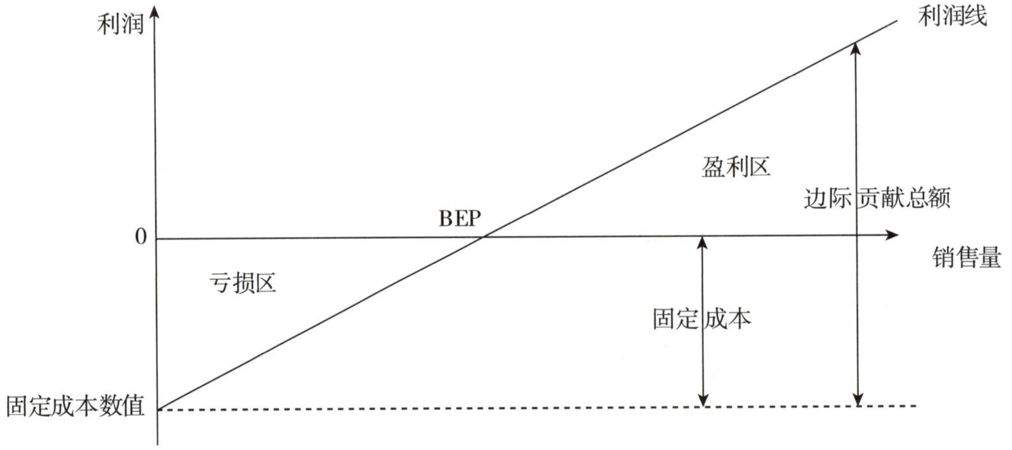

图 3–3　利量式本量利关系图

图 3-3 能直观反映业务量与利润、边际贡献和固定成本之间的关系。当销售量为零时，企业的亏损就等于固定成本，随着销售量的增长，亏损越来越少，当销售量超过盈

亏临界点时，企业开始出现利润，而且销售量越大，利润越多。可见，这种简单明了的关系图更容易为企业管理人员理解。

项目5 相关因素变动的影响分析

前面进行本量利分析时，销售单价、固定成本、单位变动成本、目标利润都是不变的，当这些因素变动时，对盈亏临界点和保利点会产生很大影响。

一、销售单价单独变动的影响

产品销售价格的变动是影响盈亏平衡点的一个重要因素。从盈亏临界点和保利点的计算公式来看，如果其他因素不变，销售单价提高会使单位边际贡献和边际贡献率上升，也就是盈亏临界点和保利点的计算公式的分母增大，因此，销售单价提高会降低盈亏临界点和保利点；销售单价降低，则情况相反。

从传统式和边际贡献式本量利关系图来看，销售单价提高表明销售收入线斜率增大，而总成本线不变，所以两线交点的高度下降，即盈亏临界点和保利点降低；销售单价降低，则情况相反。销售单价变动对盈亏临界点和保利点的影响如图 3-4 所示。

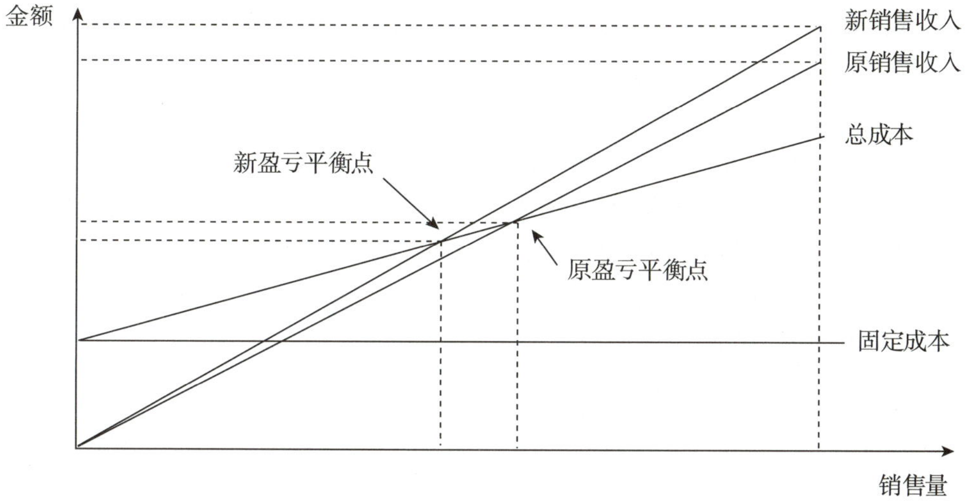

图 3-4 销售单价变动对盈亏临界点和保利点的影响

二、单位变动成本单独变动的影响

产品单位变动成本的变动会引起单位边际贡献和边际贡献率变动，从而改变盈亏平衡点。从盈亏临界点和保利点的计算公式来看，如果其他因素不变，单位变动成本上升会使单位边际贡献和边际贡献率下降，也就是盈亏临界点和保利点计算公式的分母变小，因此，单位变动成本上升会提高盈亏临界点和保利点；单位变动成本下降，则情况相反。

从传统式和边际贡献式本量利关系图来看，单位变动成本提高表明销售成本线斜率增大，而总收入线不变，所以，两线交点的高度上升，即盈亏临界点和保利点提高；单位变动成本降低，则情况相反。单位变动成本变动对盈亏临界点和保利点的影响如图 3-5 所示。

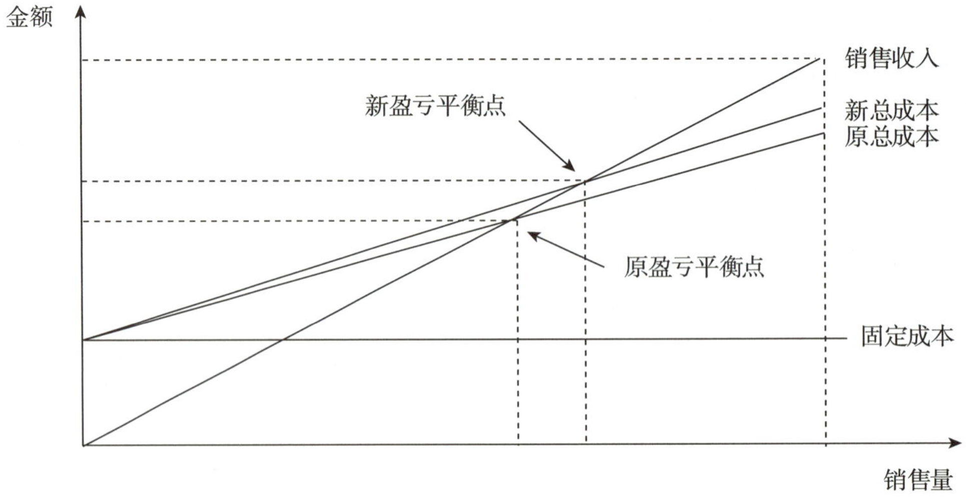

图 3-5　单位变动成本变动对盈亏临界点和保利点的影响

三、固定成本单独变动的影响

固定成本的大小与企业经营规模直接相关，企业的经营规模越大，固定成本就越高，由亏损到盈利的路越长。如果其他因素不变，从盈亏临界点和保利点的计算公式来看，固定成本上升会使盈亏临界点和保利点的计算公式的分子增大，因此，固定成本上升会提高盈亏临界点和保利点；固定成本下降，则情况相反。

从传统式和边际贡献式本量利关系图来看，固定成本提高表明销售成本线在 Y 轴上的截距提高，而总成本线斜率不变，销售收入线也不变，所以，两线交点的高度上升，即盈亏临界点和保利点提高；固定成本降低，则情况相反。固定成本变动对盈亏临界点和保利点的影响如图 3-6 所示。

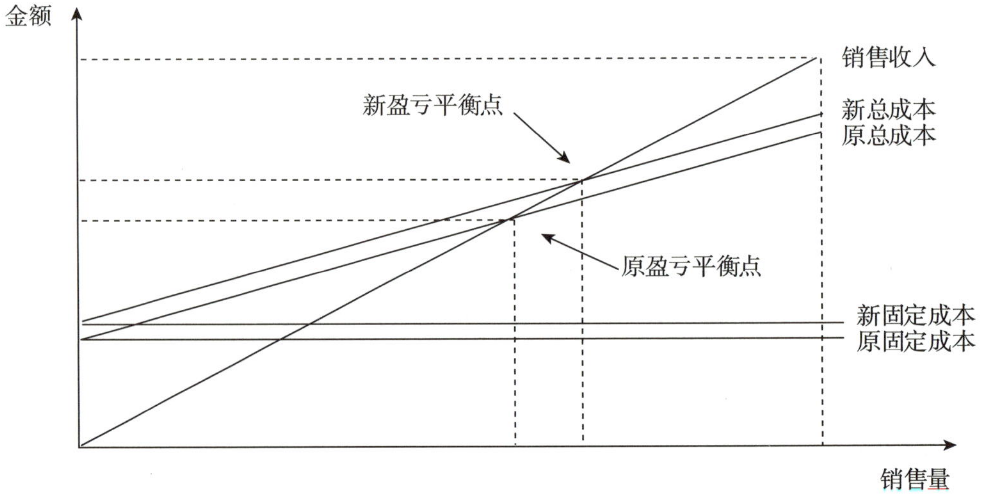

图 3-6　固定成本变动对盈亏临界点和保利点的影响

四、目标利润单独变动的影响

目标利润的变动只影响保利点而不影响盈亏平衡点。企业预计达到的目标利润提高时，保利点提高；预计达到的目标利润降低时，保利点降低。

五、多因素同时变动的影响

上述分析都是以假定某一因素变动时其他因素不变为前提条件的，而在实际工作中，企业可能会通过采取多种措施，同时改变多个因素来调整盈亏平衡点，以达到增加利润的目的。多因素变动对盈亏平衡点和保利点的影响如图 3-7 所示。

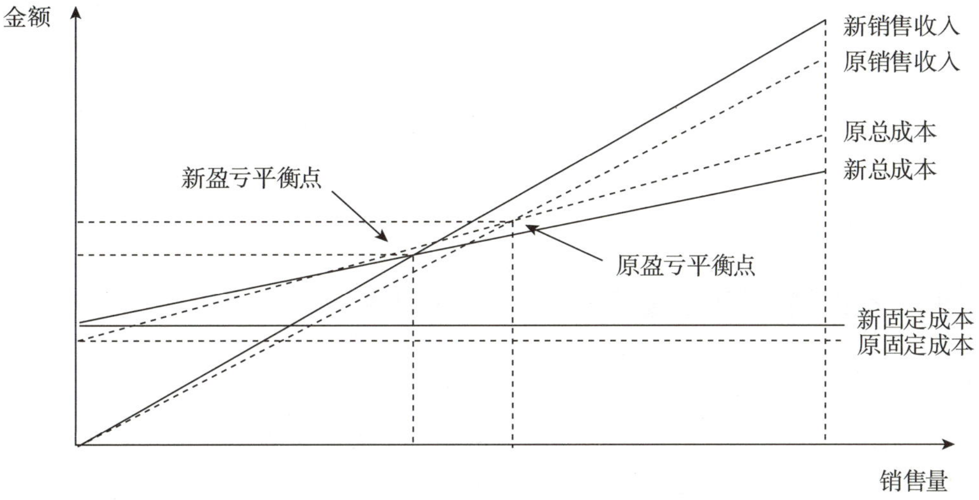

图 3-7 多因素变动对盈亏平衡点和保利点的影响

【例 3-8】

某公司产品销售单价为 400 元，单位变动成本为 325 元，固定成本为 45000 元，假设公司进行市场调查，总结出以下三个备选方案。

方案一：如果广告费用增加 8000 元，销售量将从 1600 台增加到 1725 台。

方案二：如果每台产品价格从 400 元降到 375 元，销售量将从 1600 台增加到 1900 台。

方案三：如果价格从 400 元降到 375 元，增加广告费用 8000 元，销售量将从 1600 台增加到 2600 台。

企业应该维持目前的广告和价格政策还是从备选方案中选择？

解：考虑方案一，已知产品的单位边际贡献为 75 元，销售量增加 125 台，则边际贡献增加 75×125=9375 元，固定成本增加 8000 元，则利润增加 1735 元。

考虑方案二，固定成本没有增加，因此只要计算边际贡献总额的变动即可。目前单位边际贡献为 75 元，销售量为 1600 台，边际贡献总额为 75×1600=120000 元；如果价格降至 375 元，则单位边际贡献降为 50 元，新价格下销售量为 1900 台，边际贡献总额为 50×1900=95000 元，即利润降低了 120000−95000=25000 元。

考虑方案三，目前边际贡献总额为 1600×75=120000 元，新的边际贡献总额为 50×2600=130000 元，固定费用增加 8000 元，因此利润增加 10000−8000=2000 元。

三个方案中，方案三将使公司获得的利益最大，因此，企业可以考虑使用该方案。

六、产品品种结构变动的影响

企业在生产和销售多种产品的情况下，由于不同产品的盈利能力不同，因而不同产品的边际贡献率也各不相同。因此，不同产品的销售收入占总销售收入的比重将直接影响加权平均边际贡献率。也就是说，所销售产品的品种结构（销售品种组合）发生变动，会导致加权平均边际贡献率发生变化，从而影响盈亏平衡点综合销售额。具体来说，当边际贡献率较低的产品的销售额占全部产品总销售额的比重上升时，企业的加权平均边际贡献率会下降，从而导致盈亏平衡点综合销售额上升，在同样的销售收入总额情况下，企业的利润就会下降；反之，当边际贡献率较高的产品的销售额占全部产品总销售额的比重提高时，企业的加权平均边际贡献率会上升，从而导致盈亏平衡点综合销售额下降，在同样的销售收入总额情况下，企业的利润就会上升。

项目6 不确定情况下的本量利分析法——概率分析

一、概率分析的含义

前面所述及的本量利分析都是在假定销售单价、单位变动成本和固定成本总额是一个定值的情况下进行的，但是在实际工作中，这些因素往往是不确定的，对他们的变动很难预先估计。在这种情况下，就应采用不确定情况下的本量利分析法。下面介绍不确定情况下的本量利分析法中的概率分析。

概率分析又称风险分析，是通过研究各种不确定性因素发生不同变动幅度的概率分布及其对利润指标的影响，合理确定盈亏临界点的方法。概率分析是运筹学中专门针对风险型决策的不确定性因素进行分析的一种方法。

二、概率分析的应用

将概率引进本量利分析模式，其目的就是通过考虑各种因素的变化情况以及各种情况出现的概率大小，来合理地确定盈亏临界点，使盈亏临界点的预估更加科学，从而减少风险。

【例 3-9】

长征公司计划生产 A 产品，有关售价、成本以及可能出现的概率如表 3-2 所示，采用概率分析的方法进行盈亏临界的分析。

表 3-2 A 产品售价、成本概率表

项目	可能出现的情况 / 元	概率
售价	250 300	0.4 0.6
单位变动成本	200 220	0.2 0.8
固定成本总额	30000 450000	0.9 0.1

根据资料，进行盈亏临界点的概率分析。

解：盈亏临界点概率分析如表 3-3 所示。

表 3-3 盈亏临界点概率分析表

单价 / 元	单位变动成本 / 元	固定成本 / 元	盈亏临界点销售额 / 元	联合概率	期望值 / 元
250（P=0.4）	200（P=0.2）	30000（P=0.9）	150000	0.072	10800
		45000（P=0.1）	225000	0.008	1800
	220（P=0.8）	30000（P=0.9）	250000	0.288	72000
		45000（P=0.1）	375000	0.032	12000
300（P=0.6）	200（P=0.2）	30000（P=0.9）	90000	0.108	9720
		45000（P=0.1）	135000	0.012	1620
	220（P=0.8）	30000（P=0.9）	112500	0.432	48600
		45000（P=0.1）	168750	0.048	8100
合计	—	—	—	1.00	164640

从表 3-3 中可以看出，由于销售单价、单位变动成本、固定成本各有 2 种情况出现，所以各种情况的组合就有 2×2×2=8 种，每一种组合都有一个盈亏临界点销售额。因此，可以将每种组合的盈亏临界点销售额与联合概率相乘，求得组合的期望值，最后将 8 种组合的期望值求和，即可求得 A 产品盈亏临界点的销售额为 164640 元。

拓展阅读

生活中的本量利分析

横坐标Q：表示男女双方在一起的年数。纵坐标TC：表示男女双方在一起投入的物质和精神成本。

曲线TC：表示男女双方在一起投入成本的多少。曲线TR：表示男女双方在一起的获益程度。

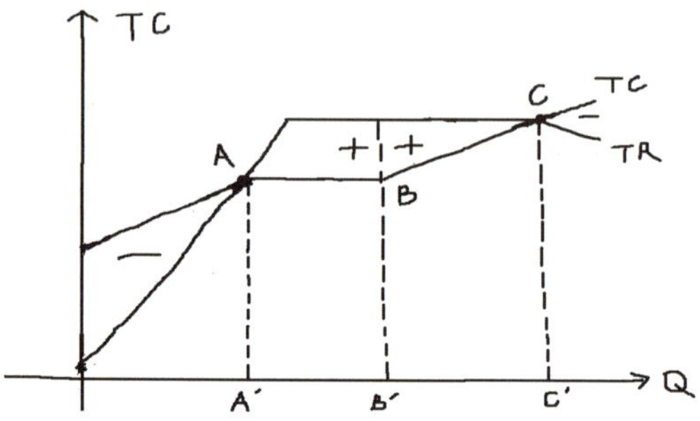

图中第一个盈亏平衡点A点之前（即横坐标A’点之前）是男女双方谈恋爱的时间段，根据两个人的情况，多则10年左右，少则1~3年，当然也有闪婚的。在这期间，双方投入感情、金钱等成本较多，甚至还面临失恋的风险，所以获益程度是负数，即投入成本大于获益程度。

图中A点到B点之间（即横坐标A’到B’之间）是男女双方结婚后的一段时间，虽然两个人对共同生活仍需投入，但是投入成本相对平稳，不吵不闹（或有小吵小闹），生子敬老，双方在婚姻中身心健康、快乐幸福，所以这一个阶段的获益程度有所上升，且是正的。

图中B点（即横坐标B’点）可以视为婚后第7年，俗话说“七年之痒”，或在孩子的教育问题上产生分歧，或为其他生活琐事多发争执，两个人难免磕磕碰碰，甚至吵架不断。为了维护这段感情，或是维持一个家庭，出现以上情况的家庭的男女双方不得不加大对婚姻生活的投入，投入较7年之前的生活或有所增加，但获益程度还是正的。

图中*C*点（即横坐标*C*’点，*B*’到*C*’之间的年数可长可短）是一个可悲的点，一定比例的夫妻在这时走向婚姻的终结。共同财产一分为二，一方还要向另一方支付孩子成长的生活费，根据新出台的婚姻法，一方可能对共同居住的房产失去所有权……如果试图寻找新的生活，男女双方又要开始新的投入（重复*A*点之前的阶段），所以从盈亏平衡点角度分析，双方在这点后，在感情中的获益程度趋向于零，甚至变为负数。

很多时候，专业知识的学习除了提升专业理论水平，还有助于专业思维的养成，能让大家对实际的问题有更加深刻的认识和理解，这样的理解也能让我们以更加清醒和乐观的态度面对生活，这又是专业学习的另一种收获。

专题回顾

- 本量利分析
  - 认识本量利分析
    - 本量利分析的含义
    - 本量利分析的意义
    - 本量利分析的基本假设
    - 本量利分析的基础公式
    - 边际贡献及其计算公式
  - 盈亏临界点分析
    - 盈亏临界点计算
    - 盈亏临界点作业率计算和分析
    - 安全边际的计算和分析
    - 本量利分析的基本关系
  - 实现目标利润的本量利分析
    - 保利点及其计算
    - 保净利点及其计算
  - 本量利关系图
    - 传统本量利关系图
    - 边际贡献式本量利关系图
    - 利量式本量利关系图
  - 相关因素变动的影响分析
    - 销售单价单独变动的影响
    - 单位变动成本单独变动的影响
    - 固定成本单独变动的影响
    - 目标利润单独变动的影响
    - 多因素同时变动的影响
    - 产品品种结构变动的影响

表 3-4　本量利分析的主要公式

基本公式	目标利润＝销售收入－（固定成本＋变动成本）即 $F=px-(a+bx)$
边际贡献	边际贡献是指销售收入减去变动成本后的余额
	表示边际贡献的方法有三种： 一是用总额来表示，即边际贡献总额； 二是用单位金额来表示，即单位边际贡献； 三是用相对数表示，即边际贡献率
	①边际贡献总额＝销售收入总额－变动成本总额 ＝（销售单价－单位变动成本）× 销售数量 ＝单位边际贡献 × 销售数量 ＝固定成本总额＋税前利润 $Tcm=px-bx=(p-b)x=cm\cdot x=a+F$ ②单位边际贡献＝销售单价－单位变动成本 $cm=p-b$ ③边际贡献率＝边际贡献总额 ÷ 销售收入总额 ×100% ＝单位边际贡献 ÷ 单价 ×100% $cmR=cm\div p\cdot 100\%$，$bR=b\div p\cdot 100\%$ 【注意】边际贡献率＋变动成本率 $=cmR+bR=1$
	当企业只产销一种产品时，才能用单位边际贡献和单位变动成本计算；当企业产销多种不同产品时，只能通过边际贡献总额和变动成本总额计算
盈亏临界点	盈亏临界点是指企业处于不盈不亏、利润为零的状态。表示盈亏临界点的方法有三种： 一是用实物数量来表示，即盈亏临界点销售量； 二是用货币金额来表示，即盈亏临界点销售额； 三是用相对数表示，即盈亏临界点作业率
	盈亏临界点销售量＝固定成本总额 ÷（销售单价－单位变动成本） ＝固定成本 ÷ 单位边际贡献 $x_0=a\div(p-b)=a\div cm$
	盈亏临界点销售额＝盈亏临界点销售量 × 单价 ＝固定成本总额 ÷（1－变动成本率） ＝固定成本总额 ÷ 边际贡献率 $px_0=a\div(1-1-bR)=1\div cmR$
	盈亏临界点作业率＝盈亏临界点销售量 ÷ 预计销售量 ×100% ＝盈亏临界点销售额 ÷ 预计销售额 ×100%
安全边际	安全边际是指正常销售超过盈亏临界点销售的差，表示销售下降多少企业仍不会亏损。表示安全边际的方法有三种： 一是用实物数量来表示，即安全边际量； 二是用货币金额来表示，即安全边际额； 三是用相对数表示，即安全边际率
	①安全边际量＝正常销售量－盈亏临界点销售量 ②安全边际额＝正常销售额－盈亏临界点销售额 ③安全边际率＝安全边际量 ÷ 正常销售量 ×100% ＝安全边际额 ÷ 正常销售额 ×100% 【注意】 安全边际量＋盈亏临界点销售量＝预计销售量 安全边际额＋盈亏临界点销售额＝预计销售额 安全边际率＋盈亏临界点作业率 =1

续表

税前利润	税前利润＝单价 × 销售量－单位变动成本 × 销售量－固定成本
	①税前利润＝边际贡献总额－固定成本 ＝单位边际贡献 × 正常销售量－单位边际贡献 × 盈亏临界点销售量 ＝单位边际贡献 ×（正常销售量－盈亏临界点销售量） ＝单位边际贡献 × 安全边际量 ②税前利润＝边际贡献总额－固定成本 ＝边际贡献率 × 正常销售额－边际贡献率 × 盈亏临界点销售额 ＝边际贡献率 ×（正常销售额－盈亏临界点销售额） ＝边际贡献率 × 安全边际额 ③销售利润（税前利润）率＝税前经营利润 ÷ 正常销售额 ×100% ＝边际贡献率 × 安全边际额 ÷ 正常销售额 ＝边际贡献率 × 安全边际率

思考与练习

一、单项选择题

1. 产品边际贡献是指（　）。

A. 销售收入与产品变动生产成本之差

B. 销售收入与销售和管理变动成本之差

C. 销售收入与安全边际之差

D. 销售收入与产品变动生产成本加销售和管理变动成本之差

2. 下列因素中不会引起盈亏临界点发生变动的是（　）。

A. 单价　B. 销量　C. 固定成本　D. 单位变动成本

3. 销售利润率等于（　）。

A. 安全边际率乘变动成本率　B. 盈亏临界点作业率乘安全边际率

C. 安全边际率乘边际贡献率　D. 边际贡献率乘变动成本率

4. 若销售利润率为 30%，变动成本率为 40%，则安全边际率应为（　）。

A.100%　B.50%　C.24 %　D.36%

5. 某公司生产 B 产品，单价为 10 元，单位制造变动成本为 6 元，单位销售和管理费变动成本为 1 元，销售量为 1000 件，则产品边际贡献总额为（　）元。

A.4000　B.3000　C.2000　D.5000

6. 若安全边际率为 20%，正常销售量为 1000 件，则盈亏临界点销售量为（　）件。

A.200　B.800　C.600　D. 400

7. 某企业生产甲产品，已知该产品的单价为 10 元，单位变动成本为 4 元，销售量为 500 件，固定成本总额为 1000 元，则边际贡献率和安全边际率分别为（　）。

A.60% 和 66．67%　B.60% 和 33.33%

C.40% 和 66．67%　D.40% 和 33.33%

8. 根据本量利分析原理，只能提高安全边际（即可以降低经营风险）而不会降低盈亏临界点的措施是（　）。

A. 提高单价　　B. 增加产销量

C. 降低单位变动成本　　D. 压缩固定成本

9. 下列关于安全边际和边际贡献的表述中，错误的是（　）。

A. 边际贡献的大小，与固定成本支出的多少无关

B. 边际贡献率反映产品给企业做出贡献的能力

C. 提高安全边际或提高边际贡献率，可以提高利润

D. 降低安全边际率或提高边际贡献率，可以提高销售利润率

10. 下列关于多种产品加权平均边际贡献率的计算公式中，错误的是（　）。

A. $加权平均边际贡献率 = \frac{\sum 各产品边际贡献}{\sum 各产品销售收入} \times 100\%$

B 加权平均边际贡献率 = $\sum$（各产品安全边际率 × 各产品销售利润率）

C. $加权平均边际贡献率 = \frac{利润 + 固定成本}{\sum 各产品销售收入} \times 100\%$

D. 加权平均边际贡献率 =$\sum$（各产品边际贡献率 × 各产品占总销售比重）

11. 在生产多种产品的条件下，影响加权平均边际贡献率大小的因素是（　）。

A. 企业固定成本总额和各产品的销售比重

B. 目标利润和固定成本总额

C. 各种产品的销售比重和各种产品的边际贡献率

D. 目标利润和各产品的边际贡献率

12. 某企业生产甲、乙、丙三种产品，已知三种产品的单价分别为 25 元、18 元和 16 元，单位变动成本分别为 15 元、10 元和 8 元，销售量分别为 1000 件、5000 台和 300 件。固定成本总额为 20000 元，则加权平均边际贡献率为（　）。

A.43%　　B.40%　　C.44.44%　　D.50%

13. 单一产品的固定成本增加，在其他因素不变的前提下，盈亏临界点销售量一定会（　）。

A. 上升　　B. 下降　　C. 不变　　D. 不一定

14. 在销售量水平一定的条件下，盈亏临界点的销售量越小，说明企业的（　）。

A. 经营风险越小　　B. 经营风险越大

C. 财务风险越小　　D. 财务风险越大

15. 盈亏临界点作业率与安全边际率之间的关系是（　）。

A. 两者相等　　B. 前者一般大于后者

C. 后者一般大于前者　　D. 两者之和等于 1

16. 产品售价和单位变动成本变化对盈亏临界点的影响是（ ）。

A. 单价升高使盈亏临界点升高 B. 单位变动成本降低使盈亏临界点上升

C. 销量降低使盈亏临界点上升 D. 固定成本上升使盈亏临界点上升

17. 若某一企业的经营处于盈亏临界状态，错误的说法是（ ）。

A. 此时销售额正处于销售收入线与总成本线的交点

B. 此时的经营安全程度高

C. 此时的营业销售利润率等于零

D. 此时的边际贡献等于固定成本

二、多项选择题

1. 提高企业经营安全性的途径有（ ）。

A. 提高产品市场占有率 B. 降低材料成本

C. 降低人工成本 D. 增加广告费用

2. 企业生产一种产品，单价为 12 元，单位变动成本为 8 元，固定成本为 3000 元，销量为 1000 件，所得税税率为 40%。欲实现目标税后利润 1200 元，可采取的措施有（ ）。

A. 单价提高至 13 元 B. 单位变动成本降低为 7 元

C. 销量增加至 1200 件 D. 固定成本降低 500 元

3. 下列因素中，（ ）呈上升趋势变化时，目标利润所需的销售量升高。

A. 单位边际贡献 B. 单价

C. 固定成本 D. 单位变动成本

4. 下列可以提高销售利润率的措施是（ ）。

A. 提高安全边际率 B. 提高边际贡献率

C. 降低变动成本率 D. 降低盈亏临界点作业率

5. 在其他因素不变的情况下，产品单价上升会带来的结果有（ ）。

A. 单位边际贡献上升 B. 变动成本率上升

C. 盈亏临界点作业率下降 D. 安全边际率上升

6. 下列表述正确的有（ ）。

A. 边际贡献率和变动成本率之和为 1

B. 边际贡献率和安全边际率之和为 1

C. 安全边际率与盈亏临界点作业率之和为 1

D. 利润 = 安全边际量 × 单位边际贡献

7. 下列有关销售利润率的计算，正确的有（ ）。

A. 销售利润率 = 安全边际率 × 边际贡献率

B. 销售利润率 = 安全边际率 ×（1 − 变动成本率）

C. 销售利润率 = 盈亏临界点作业率 × 边际贡献率

D. 销售利润率 = (1- 盈亏临界点作业率) × 边际贡献率

8. 降低盈亏临界点作业率的办法有（　）。

A. 降低销售量　　B. 减少固定成本

C. 提高售价　　D. 提高预计利润

9. 某企业只生产一种产品，单价为 10 元，单位变动成本为 6 元，固定成本为 5000 元，销量为 1000 件。欲实现目标利润 1000 元，可采取的措施有（　）。

A. 单价提高到 12 元

B. 单位变动成本降低至 4 元

C. 单价下降至 9 元，同时增加销量至 2000 件

D. 销量增加至 1500 件

三、判断题

1. 所谓盈亏平衡即保本是指企业的边际贡献总额与固定成本相等。（　）

2. 企业的销售利润率 = 边际贡献 × 安全边际率。（　）

3. 在传统本量利关系图中，总成本线的斜率是指单位变动成本。（　）

4. 通常，边际贡献又称边际收益，即销售收入减去生产制造过程中的变动成本和销售、管理费中的变动费用之后的差额。（　）

5. 如果产品的单价与单位变动成本同方向同比例变动，则盈亏临界点的销售量不变。（　）

6. 生产某种产品的固定成本为 5000 元，单位变动成本为 10 元，所得税税率为 30%，若计划销售 1000 件并实现净利润 2100 元，产品的单价应定为 16 元。（　）

7. 已知固定成本、盈亏临界点销售额、销售单价，即可计算出单位变动成本。（　）

8. 因为安全边际是正常销售额超过盈亏临界点销售额的差额，并表明销售额下降多少企业仍不致亏损，所以安全边际部分的销售额也就是企业的利润。（　）

9. 在生产多种产品的条件下，若整个企业的利润为零，则说明各产品均已达到盈亏临界点状态。（　）

10. 某企业只生产一种产品，单价为 2 元，单位变动成本为 1.80 元，固定成本为 40000 元，销量为 100000 件，当前亏损达 20000 元，若企业拟采取提高单价的方法扭转亏损，在其他参数不变的情况下，单价的最小值应为 4.20 元。（　）

11. 安全边际中的边际贡献等于企业利润。（　）

四、计算分析题

1. 某一产品销售价格为 100 元，单位变动成本为 70 元，全年产销量为 1000 件，假设该企业的全年固定成本总额为 15000 元。

要求：

（1）计算单位边际贡献、边际贡献率、变动成本率、边际贡献总额、盈亏临界点、

安全边际量、安全边际额、安全边际率、盈亏临界点作业率、销售利润及销售利润率。

（2）该公司如果税前目标利润为15000元，试计算保利点销售量和销售额。

2. 长河工厂拟投产新产品，预计其单位变动成本为30元，固定成本总额为27000元，现要求该产品的销售利润率达到8%，安全边际率达到20%。

要求：

（1）计算该产品的售价。

（2）计算该产品的保本销售量和保本销售额。

3. 某厂生产和销售A、B两种产品，产品的单位售价分别为A产品5元，B产品2.5元；边际贡献率分别为A产品40%，B产品30%；全月固定成本为72000元。假设本月各产品的预计销售量分别为A产品30000件，B产品40000件。

要求：

（1）计算综合边际贡献率。

（2）计算综合盈亏临界销售额。

（3）计算A、B两种产品的盈亏临界销售量。

4. 某公司产品单价为300元，单位变动成本为225元，固定成本为35000元，假设公司进行市场调查，得出以下三个备选方案。

方案一：如果广告费用增加9000元，销售量将从1500台增加到1700台。

方案二：如果单价从300元降到275元，销售量将从1500台增加到1800台。

方案三：如果单价从300元降到275元，广告费用增加9000元，销售量将从1500台增加到2500台。

要求：

企业应该维持目前的广告和价格政策还是从备选方案中选择？请帮助企业做出选择。

五、案例分析题

美丽服装公司生产和销售女装，以下是其最近一期的信息。

产量	10000件	销售量	7000件
单位售价	40元	—	—
变动产品成本	80000元	变动销售和管理费用	2元/件
固定制造费用	51000元	固定销售和管理费用	70000元

要求：

（1）单位边际贡献是多少？公司可以采取哪些措施来提高其单位边际贡献？边际贡献率是多少？

（2）公司当期的利润是多少？

（3）简述本量利分析在企业经营管理中的意义。

专题四 变动成本法

专题概述

变动成本法是基于成本性态下的成本分解。与传统的完全成本法不同，变动成本法能够有效促进企业成本管控。本专题将主要介绍变动成本法的核算程序、变动成本法和完全成本法的区别，进而解释变动成本法和完全成本法在计算税前利润上产生差异的原因以及对企业管理的作用。

目标导航

知识目标

1. 了解变动成本法的核算程序。
2. 理解变动成本法和完全成本法的区别。
3. 掌握变动成本法和完全成本法在计算税前利润上产生差异的原因。

能力目标

1. 清楚变动成本法的实质和特点。
2. 能够运用变动成本法和完全成本法进行税前利润的计算。
3. 能够解释变动成本法和完全成本法在计算税前利润上产生差异的原因。

素质目标

培养以不同成本视角看问题的管理会计思维。

案例导入

长江公司关于扭亏为盈的决策思考

长江公司生产某织毛衣机，设计生产能力为每年1000台，由于市场竞争加剧，过去2年每年只能生产和销售500台。市场销售价为每台2500元，该公司的单位产品制造成本为2600元，其资料如下。

（1）单位变动生产成本为1000元。

（2）固定制造费为800000元。

（3）固定推销及管理费为250000元。

该公司总经理特为此召集各部门经理开会商讨对策。

总经理说："公司已连续2年亏损，去年亏损300000元，若今年不能扭亏转盈，银行将不再贷款给公司，公司势必停产，形势非常严峻，请各位献计献策。"

销售经理说："问题的关键在于每台的制造成本太高，为2600元，但由于竞争的关系，我们不能提高售价，只能按2500元的价格每年售销500台，且公司没有钱做广告促销，出路只有请生产部门的工程技术人员想办法，改进工艺，减少消耗，降低制造成本。”

生产经理说：“问题关键在于设计生产能力只用了一半，如能充分利用生产能力，就可把单位固定成本降低，单位产品成本自然会下降。对策是要请推销人员千方百计地去搞促销活动，如能每年售出1000台，就一定能转亏为盈。”

总会计师说：“生产经理的意见对我很有启发，根据目前企业统一会计制度的规定，利润表是采用完全成本法。这为我们提供了一个扭亏转盈的捷径，即充分利用我们的现有生产能力，一年生产织毛衣机1000台，尽管市场上只销售一半，但可将固定成本的半数转入存货成本。这样我们即使不增加销售量，也能使利润表上‘扭亏为盈’。”

思考讨论：在我们已经学过的会计中，成本是如何组成的？生产经理和销售经理的意见是否正确？企业在内部管理中是否对成本的分解不同于财务会计？而这在企业税前利润的计算上是否有差别呢？

项目1 变动成本法概述

一、完全成本法的含义

完全成本法是指在计算产品成本时，其生产成本和存货成本中既包括变动部分又包括固定部分的一种成本计算方法。

在完全成本法下，产品成本包括直接材料、直接人工、变动制造费用、固定制造费用。也就是说，产品成本既包括直接成本，又包括间接成本，所以完全成本法又被称为“吸收成本法”或“归纳成本计算法”。完全成本法下，变动成本与固定成本都是产品生产必须支出的费用，所以不把固定制造费用作为期间费用来处理，而要把当期发生的固定费用分摊到完工产品和在产品中。

【例4-1】

假定长江公司2020年到2021年的相关资料如表4-1所示。

表4-1 长江公司2020—2021年产销情况表

项目	2020年	2021年
期初存货量/件	0	0
本期产量/件	1000	2000
本期销售量/件	1000	900
期末存货量/件	0	500
销售单价/元	20	20
单位变动成本/元	4	4
固定成本总额/元	10000	10000

按照完全成本法计算的税前利润如表 4-2 所示。

表 4-2　按完全成本法计算的长江公司 2020-2021 年税前利润表

单位：元

项目	2020 年	2021 年
销售收入	1000×20=20000	900×20=18000
销售成本： 期初存货成本 本期生产成本	 0 4×1000+10000=14000	 0 4×2000+10000=18000
可供销售产品的成本 减：期末存货成本	14000 0	18000 9×1100=9900
销售成本合计	14000	8100
税前利润	6000	9900

分析：表 4-2 的数据表明，虽然 2020 年销量下降，其他条件均无变化，但是 2021 年的税前利润比 2020 年居然还增加了 3900 元，这很令人费解。

从很多实际的案例中可以发现，在完全成本法下，经常会出现销量增加，利润反而下降；销量下降，利润又有时候提高的情况。这样显然不利于企业进行正确的经营管理决策。

思考

1. 每年的销量一样，销售单价、单位变动成本和固定成本总额均无变化，但是只要产量不同，产品单位成本和税前利润是否有差别？

2. 当年销量远远超过往年，销售单价、单位变动成本和固定成本总额均无变化，但是只要期末存货比往年减少，税前利润会有哪些变化？

二、变动成本法的产生及含义

从例 4-1 中可以看到，传统的完全成本法在对税前利润计算中会出现许多让人疑惑的结果，因而会误导管理层的决策。但是，随着经济及科学技术的迅猛发展以及市场竞争的日趋激烈，决策日益重要，企业管理的科学性也要求会计为企业内部管理提供信息资料，以便加强对经济活动的事前规划与日常控制。传统的完全成本核算法显然很难适应竞争日益加剧的市场经济。二战后，变动成本法在西方企业中诞生，逐渐得到广泛重视并普及性地应用于西方企业的内部管理中，成为管理会计的一项重要内容。

变动成本法，也称直接成本法或边际成本法，它是在组织产品成本计算过程中，先将成本按其性态划分为变动成本和固定成本，只将变动生产成本作为产品成本的构成内容，而将全部固定成本以及非生产成本作为期间费用直接计入当期损益的一种成本计算方法。

完全成本法和变动成本法的成本构成如图 4-1 所示。

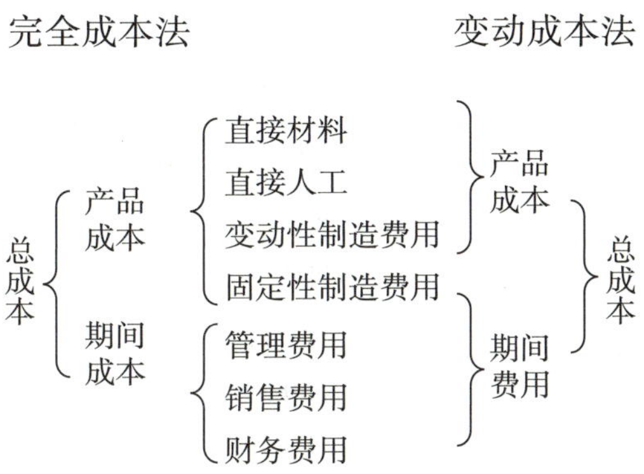

图 4-1 完全成本法和变动成本法的成本构成

项目2 变动成本法和完全成本法的差异分析

一、成本确认差异

（一）产品生产成本确认的差异

变动成本法和完全成本法最大的差异在对固定性制造费用的归类上。不同的成本管理视角导致了产品生产成本确认上的差异，如图 4-2 所示。

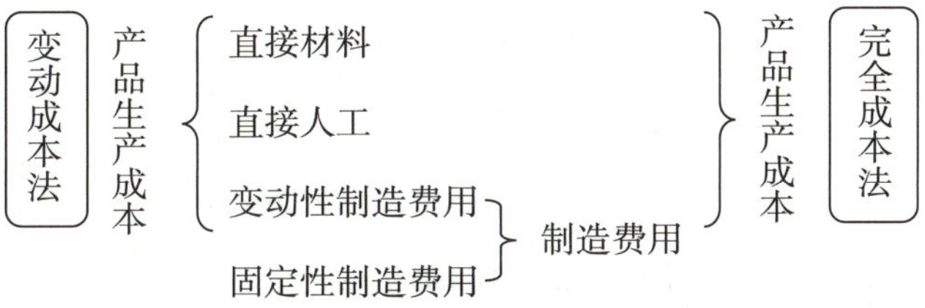

图 4-2 两种成本法下生产成本的确认

【例 4-2】

长江公司 2021 年只生产甲产品，其产销量和成本资料如表 4-3 所示。根据资料，分别计算两种成本法下的产品生产成本。

表 4-3 甲产品产销量和成本资料表

产销量 / 件		成本资料 / 元		
期初存货	0	直接材料	8000	
本期产量	1000	直接人工	2000	
本期销量	900	制造费用	变动：2000	固定：3000
期末存货	100	销售费用	变动：500	固定：1000
销售单价	20/ 元 · 件	管理费用	变动：200	固定：300

根据上述资料，两种成本法下的产品生产成本计算如表 4-4 所示。

表 4-4　两种成本法下产品生产成本计算表

项目	变动成本法 / 元	完全成本法 / 元
直接材料	8000	8000
直接人工	2000	2000
变动性制造费用	2000	2000
固定性制造费用	—	3000
产品生产成本	12000	15000
单位产品生产成本	12	15

分析：对表 4-4 进行分析可以发现，变动成本法下的单位生产成本比完全成本法下的单位生产成本少 3 元，其差额的产生正是因为变动成本法下的生产成本不吸纳固定性制造费用。

（二）期间费用确认的差异

两种成本法下期间费用的确认如图 4-3 所示。

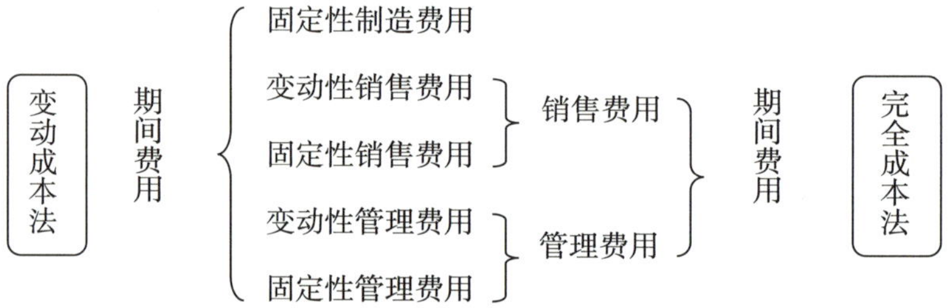

图 4-3　两种成本法下期间费用的确认

变动成本法将固定性制造费用、固定性销售费用和固定性管理费用合计为固定期间费用，将变动性销售费用和变动性管理费用合计为变动期间费用，从当期收益中一次性减除。完全成本法将非生产成本——销售费用和管理费用，直接作为期间费用，从当期收益中一次性减除。

【例 4-3】

假设某车间共有管理人员 2 名，工资按年薪制，每人每年 3 万元。2009 年该车间共生产 1000 件产品，销售 600 件，期初无存货。

分析：车间管理人员工资 6 万元计入制造费用，不管 2009 年生产产品多或少，均需要支出此部分费用。此费用属于固定性制造费用。固定性制造费用只与期间相关。

根据配比原则，当期收入与当期成本应相匹配。

在此例中，按照变动成本法，6 万元直接计入期间费用；而按照完全成本法，6 万元中 3.6 万元（6÷1000×600）计入产品生产成本，剩余 2.4 万元（6÷1000×400）会随着 400 件库存产品转入下期。

从收入和成本配比的角度来看，哪种成本法更合理呢？

【例 4-4】

仍按例 4-2 的资料，可计算出两种成本法下的期间费用，如表 4-5 所示。

表 4-5 两种成本法下的期间费用计算表

项目	变动成本法 / 元	完全成本法 / 元
固定性制造费用	3000	—
变动性销售费用	500	500
固定性销售费用	1000	1000
变动性管理费用	200	200
固定性管理费用	300	300
期间费用	5000	2000

分析：对表 4-5 进行分析可以发现，变动成本法下的期间费用比完全成本法下的期间费用多 3000 元，其差额的产生正是因为变动成本法认为固定性制造费用只与期间相关，应将固定性制造费用全部计入本期的期间费用。

（三）存货成本确认的差异

通过对产品生产成本和期间费用的分析，我们可以看到两种成本法对成本的考察角度是不一样的，两者最本质的区别在于固定制造费用是不是包含产品的生产成本。在变动成本法下，固定性制造费用作为期间费用当期全部转入损益中，不会随着存货转入下期；而在完全成本法下，固定性制造费用是计入产品成本的，因此，如果期末有存货，一部分固定性制造费用会随着存货成本转入下期。

【例 4-5】

仍按例 4-2 的资料，可以计算出两种成本法下的存货成本，如表 4-6 所示。

表 4-6 两种成本法下的存货成本计算表

项目	期末存货 / 件	单位产品生产成本 / 元 · 件	总成本 / 元
变动成本法下的存货成本	100	12	1200
完全成本法下的存货成本	100	15	1500

分析：对表 4-6 进行分析可以发现，变动成本法下的存货成本比完全成本法下的存货成本少 300 元（3000 ÷ 1000 × 100），其差额的产生正是因为变动成本法下生产成本不吸纳固定性制造费用，而完全成本法下，由于 1000 件产品中只有 900 件销售出去，因此剩余的 100 件中包含的固定性制造费用是 300 元（3000 ÷ 1000 × 100）。

两种成本法下的存货成本和销货成本构成示意图如图 4-4 所示。

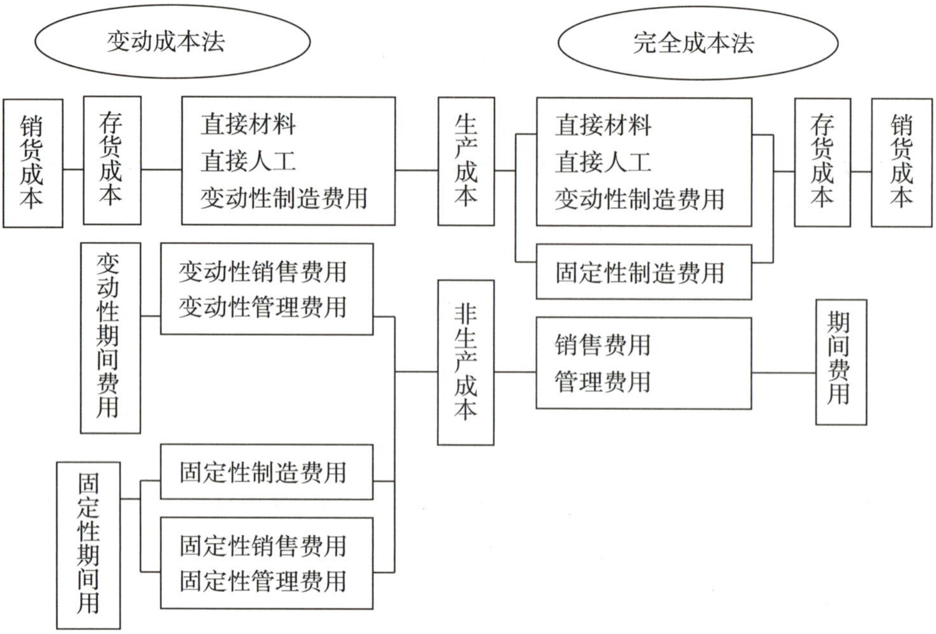

图 4–4　两种成本法下的存货成本和销货成本构成示意图

（四）销货成本确认的差异

由于两种成本法对产品生产成本、期间费用、存货成本的理解不同，导致了对销货成本的理解不同。图 4-4 说明了两种成本法下销货成本的构成。

销货成本的计算公式如下。

变动成本法下的销货成本 = 直接材料 + 直接人工 + 变动性制造费用　　（4-1）

完全成本法下的销货成本 = 直接材料 + 直接人工 + 全部制造费用

= 期初存货成本 + 本期生产成本 - 期末存货成本　　（4-2）

思考

变动成本法下的存货成本是否包含变动性销售费用和变动性管理费用？

【例 4–6】

仍按例 4-2 的资料，假设产销平衡，两种成本法下的销货成本如表 4-7 所示。

表 4–7　两种成本法下销货成本计算表

项目	变动成本法 / 元	完全成本法 / 元
直接材料	8 × 900=7200	8 × 900=7200
直接人工	2 × 900=1800	2 × 900=1800
变动性制造费用	2 × 900=1800	2 × 900=1800
固定性制造费用	—	3000 ÷ 1000 × 900=2700

续表

项目	变动成本法 / 元	完全成本法 / 元
变动性销售费用	—	—
变动性管理费用	—	—
销货成本	10800	13500

通过对两种成本法下产品生产成本、期间费用、存货成本和销货成本的比较分析，可以发现两种方法最本质的差别就在于两种方法是基于不用的成本视角。在变动成本法下，从成本性态的视角，将固定制造费用从传统视角下的生产成本中剥离出来，直接作为期间费用处理，认为只有与产品产量相关的成本才是产品生产成本，固定性制造费用与产量无关，因此不计入产品生产成本；而在完全成本法下，只要是生产车间发生的费用，都计入生产成本，非生产车间发生的费用就是期间费用。两种方法下关于成本的分解如图 4-5 所示。

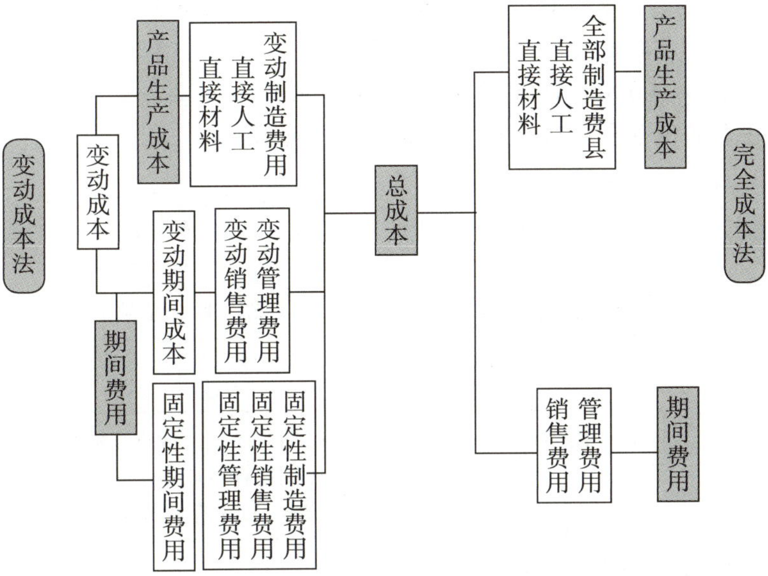

图 4-5　两种方法下的成本构成图

二、损益确认差异

（一）完全成本法确定损益的程序

首先，确认销售毛利总额：销售毛利总额 = 销售收入总额 - 已销产品生产成本总额，式中：

已销产品生产成本总额 = 期初存货成本 + 本期生产成本 – 期末存货成本

其次，确定税前利润：税前利润 = 销售毛利总额 – 销售费用 – 管理费用。

【例 4–7】

仍按例 4-2 的资料，确定在完全成本法下的税前利润。

解：已销产品生产成本总额 = 期初存货成本 + 本期生产成本 – 期末存货成本

=15000−1500=13500（元）

销售毛利总额 = 销售收入总额 − 已销产品生产成本总额

=20×900−13500=4500（元）

税前利润 = 销售毛利总额 − 销售费用 − 管理费用

=4500−（500+1000）−（200+300）=2500（元）

（二）变动成本法确定损益的程序

首先，确认边际贡献总额：边际贡献总额 = 销售收入总额 − 已销产品生产成本总额 − 变动期间费用总额。

其次，确定税前利润：税前利润 = 边际贡献总额 − 固定期间费用总额。

【例 4−8】

仍按例 4-2 的资料，确定在变动成本法下的税前利润。

解：边际贡献总额 = 销售收入总额 − 已销产品生产成本总额 − 变动期间费用总额

=20×900−12×900−（500+200）=6500（元）

税前利润 = 边际贡献总额 − 固定期间费用总额

=6500−（3000+1000+300）=2200（元）

两种成本法下的税前利润确认程序图如图 4-6 所示。

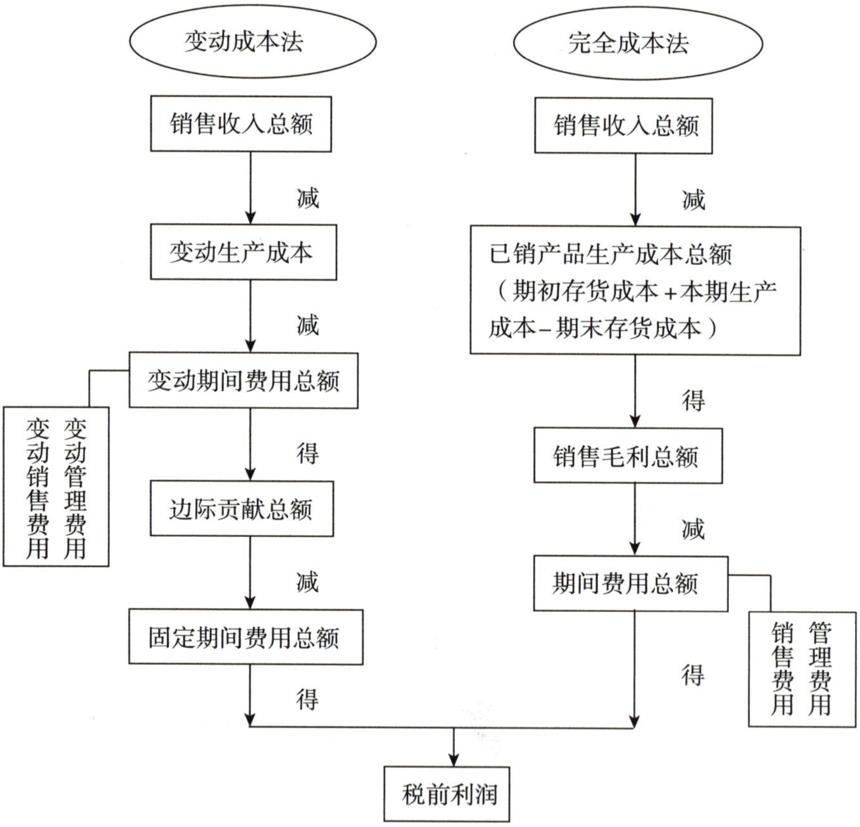

图 4−6　两种成本法下的税前利润确认程序图

三、利润表编制及差异调整

（一）变动成本法和完全成本法的利润表编制差异

在变动成本法下，按照其损益确认程序，编制“贡献式”的利润表，在完全成本法下，编制“职能式”的利润表。

【例 4-9】

仍按例 4-2 的资料，分别按变动成本法编制“贡献式”的利润表和按完全成本法编制“职能式”的利润表。

解：按两种成本法编制的“贡献式”和“职能式”利润表如表 4-8 所示。

表 4-8　按两种成本法编制的利润表

单位：元

“贡献式”利润表		“职能式”利润表	
销售收入（20×900）　18000		销售收入（20×900）　18000	
减：变动成本		减：销货成本	
变动生产成本（12×900）	10800	期初存货成本	0
变动销售费用	500	本期生产成本（15×1000）	15000
变动管理费用	200	可供销售的产品成本（0+15000）	15000
变动成本合计	11500	减：期末存货成本（15×100）	1500
边际贡献	6500	本期销货成本合计	13500
减：固定成本		销货毛利	4500
固定制造费用	3000	减：期间费用	
固定销售费用	1000	销售费用	1500
固定管理费用	300	管理费用	500
固定成本合计	4300	期间费用合计	2000
税前利润	2200	税前利润	2500

比较表 4-8 所示的两张利润表，可以看出两种成本计算法在编制利润表方面有显著的差别。

（1）成本项目的排列方式不同。

管理会计体系下的变动成本法编制的“贡献式”利润表把所有成本项目按成本性态排列，主要是为了便于获得边际贡献信息，满足内部管理当局规划和控制经营活动的需要。在财务会计体系下的完全成本法编制的职能式利润表把所有成本项目按生产、销售、管理等经济用途（职能）进行排列，主要是为了满足企业外界有经济利害关系的团体和个人的需要。

（2）对固定性制造费用的处理不同。

变动成本法把本期发生的全部固定性制造费用作为期间费用在边际贡献总额中减去。这样，它的销货成本就不包括固定性制造费用，只包括已出售产品的变动成本，只要用单位变动生产成本乘以本期实际销售量，即可求得；再加上变动性销售费用和管理费用，即构成变动成本总额。因此，在变动成本法下，固定性制造费用与期末存货的有无或多少无关。而完全成本法把固定性制造费用作为产品成本的一部分，因此，每销售一批产品（本例是 900 件），其固定性制造费用就构成销货成本，而未售出的期末存货（本例是 100 件）与产品成本一样，每件存货成本内也包含固定性制造费用（本例是 3 元），它们必须结转至下一会计年度（本例结转至下一会计年度的是 3×100=300 元）。

（3）计算出来的税前利润可能不同。

由于两种方法对本期发生的固定性制造费用的处理不同，从而导致计算出来的税前利润也可能有所不同。本例中，变动成本法下计算的税前利润比完全成本法下少 300 元，就是因为在用完全成本法计算时，因为本期有 100 件库存，所以本期的固定性制造费用只有 2700 元转入销货成本，其余的 300 元随着存货成本转入下一期，而在变动成本法下，3000 元固定性制造费用被全部计入期间费用，当期扣除。

两种成本法下的差异逻辑关系图如图 4-7 所示。

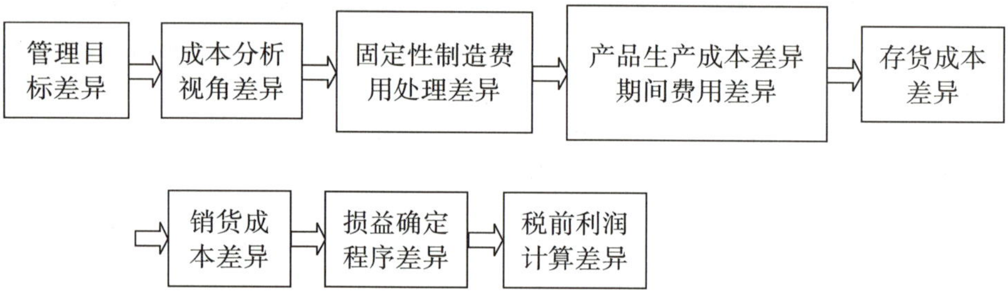

图 4-7　两种成本法下的差异逻辑关系图

思考

两种方法对固定生产成本的处理不同仅是有可能导致计算的税前利润不同，而并非在任何条件下都必然导致计算的税前利润不同。那么请你思考一下，在什么情况下两种方法计算的税前利润会相同呢？

（二）变动成本法和完全成本法损益计算差异分析及调整

在前面的学习中，我们已经通过简单的例子说明了两种方法下税前利润的计算，并指出，变动成本法和完全成本法计算的税前利润可能不同。下面我们根据不同的产销量关系举例来详细分析两种方法对各期税前利润的影响。

1. 各期产量稳定，销量变动

在分析不同的产销量关系下两种方法对各期税前利润的影响时，我们首先假定各期成本消耗水平不变。这样，在产量稳定的条件下，就意味着各期产品单位成本不变，而销量变动表明各期期初、期末的存货量不同。

【例 4–10】

长江公司过去连续三年的产销业务量、成本及售价等的资料如表 4-9 所示。

要求：根据资料，分别按两种方法计算确定各期税前利润。

表 4-9 长江公司产销情况表

年份	产量 / 件	销量 / 件	单价 / 元	单位变动性生产成本 / 元	固定性制造费用 / 元	单位变动性销售及管理费用 / 元	固定性销售及管理费用 / 元
第 1 年	1000	1000	80	40	8000	4	2000
第 2 年	1000	800	80	40	8000	4	2000
第 3 年	1000	1200	80	40	8000	4	2000
单位产品成本							
变动成本法				完全成本法			
单位变动生产成本 单位产品成本			40 元 / 件 40 元 / 件	单位变动生产成本 单位固定性制造费用 单位产品成本			40 元 / 件 8 元 / 件 48 元 / 件
几项假设： （1）每年产量指当年投产且全部完工产量（即无期初、期末在产品）； （2）第 1 年初没有存货； （3）每年的销量中不存在销售退回、折让和折扣问题； （4）各期成本水平（单位变动成本和固定成本总额）不变； （5）存货计价采用先进先出法							

解：按两种方法计算确定的税前利润如表 4-10 所示。

表 4-10 长江公司税前利润表

单位：元

项目	第 1 年	第 2 年	第 3 年	合计
（按变动成本法编制）				
销售收入	80000	64000	96000	240000
减：变动成本				
变动生产成本（按销量计算）	40000	32000	48000	120000
变动性销售及管理费用	4000	3200	4800	12000
变动成本合计	44000	35200	52800	132000
边际贡献	36000	28800	43200	108000
减：固定成本				
固定性制造费用	8000	8000	8000	24000
固定性销售及管理费用	2000	2000	2000	6000
固定成本合计	10000	10000	10000	30000
税前利润	26000	18800	33200	78000
（按完全成本法编制）				
销售收入	80000	64000	96000	240000
减：销货成本				
期初存货成本	0	0	9600	9600
本期生产成本（按产量计算）	48000	48000	48000	144000
可供销售的产品成本	48000	48000	57600	153600
减：期末存货成本	0	9600	0	9600
销货成本总额	48000	38400	57600	144000
销售毛利	32000	25600	38400	96000
减：销售及管理费用	6000	5200	6800	18000
税前利润	26000	20400	31600	78000

比较两种方法下计算的利润，可以有以下发现。

在变动成本法下，销量影响利润，销量增加，利润就增加；销量减少，利润就减少。产量对利润没有影响，产销关系对利润也没有影响。

在完全成本法下，在产量稳定的情况下，各期的单位固定制造费用不变，因而各期的单位产品成本不变。

第1年，产销相等，两种成本法下计算的税前利润是相等的。第1年期初没有存货，本期生产的产品当期全部售完，因此在完全成本法下，当期的制造费用全部转入销货成本，从销售收入中扣除；而变动成本法下，制造费用被当作期间费用全部在当期扣除，因此两种方法下扣除的制造费用金额是一样的。因此，在期初没有存货，本期产销相等的情境下，两种方法下的利润不会有差异。

第2年，期初没有存货，但是当期生产了1000件，仅销售了800件，有200件库存。因此在完全成本法下，产品成本中包含制造费用，当期8000元制造费用分摊到生产的1000件产品上，每件就是8元，则当期销售的800件产品中包含了6400元的制造费用，期末库存的200件产品中包含了1600元的制造费用，包含在存货中的1600元制造费用就随着存货转入了下一期，因此本期影响利润的制造费用是6400元；而变动成本法下，不管销量如何，当期的制造费用都是被当作期间费用处理的，因此变动成本法下影响利润的制造费用是8000元，所以在期初没有存货，当期产量大于销量的情境下，变动成本法下的利润会比较低，而利润差额就是完全成本法下期末库存商品所包含的制造费用。

第3年，期初有存货，当期不仅销售了当期的产品1000件还销售了期初的存货200件。此时，在完全成本法下，销售的产品成本中不仅包含当期的制造费用，还包含上期转入的200件库存产品所包含的1600元的制造费用，因此本期影响的利润的制造费用是本期的8000元加期初存货中包含的上期的制造费用1600元；而变动成本法下，始终扣的是当期的固定性制造费用8000元，因此在当期产量小于销量的情境下，完全成本法的利润会比较低，而利润差额就是完全成本法下期初库存商品所包含的制造费用。

但是，从3年的总利润可以看到，两种方法计算的税前利润的总额是相等的。因为，两种方法下3年的总成本是一样的，只是在完全成本法下，因为产品成本中包含制造费用，所以制造费用会随着存货在各个期间迁移，从而导致完全成本法下，有时候当期没有扣除全部的制造费用，又有时候当期除了扣除当期的固定性制造费用还要扣除上期的制造费用，从而使制造费用和期间并不完全配比，也就影响了利润的真实反映。但是制造费用的迁移并没改变制造费用的总额，所以长期的总利润还是一样的。

在产量不变、销量变化的情况下：

（1）产量 = 销量，税前利润相等；

（2）产量 > 销量，变动成本法下税前利润 < 完全成本法下税前利润；

（3）产量＜销量，变动成本法下税前利润＞完全成本法下税前利润。

两者差异＝按变动成本法计算的税前利润－按完全成本法计算的税前利润

＝按完全成本法计算的单位固定性制造费用 ×（期初存货－期末存货）。

2. 各期销量稳定，产量变动

销量稳定意味着各年的销售收入不变，而产量变动表明在完全成本法下各期的单位成本不同。因此，即使各期的固定性制造费用不变，产量变动的话，单位产品的固定性制造费用也不同。

【例 4-11】

长江公司过去连续三年的产销业务量、成本及售价等的资料如表 4-11 所示。

要求：根据资料，分别按两种方法计算确定各期税前利润。

表 4-11　长江公司产销情况表 2

<table>
<tr><th>年份</th><th>产量 / 件</th><th>销量 / 件</th><th>单价 / 元</th><th>单位变动性生产成本 / 元</th><th>固定性制造费用 / 元</th><th>单位变动性销售及管理费用 / 元</th><th>固定性销售及管理费用 / 元</th></tr>
<tr><td>第 1 年</td><td>1600</td><td>1000</td><td>80</td><td>40</td><td>8000</td><td>4</td><td>2000</td></tr>
<tr><td>第 2 年</td><td>1000</td><td>1000</td><td>80</td><td>40</td><td>8000</td><td>4</td><td>2000</td></tr>
<tr><td>第 3 年</td><td>400</td><td>1000</td><td>80</td><td>40</td><td>8000</td><td>4</td><td>2000</td></tr>
<tr><td colspan="8">单位产品成本</td></tr>
<tr><td colspan="4">变动成本法</td><td colspan="4">完全成本法</td></tr>
<tr><td colspan="4" rowspan="4">单位变动生产成本　40 元 / 件
单位产品成本　40 元 / 件</td><td>年度</td><td>第 1 年</td><td>第 2 年</td><td>第 3 年</td></tr>
<tr><td>单位变动生产成本 / 元</td><td>40</td><td>40</td><td>40</td></tr>
<tr><td>单位固定性制造性费用 / 元</td><td>5</td><td>8</td><td>20</td></tr>
<tr><td>单位产品成本 / 元</td><td>45</td><td>48</td><td>60</td></tr>
<tr><td colspan="8">儿项假设：
（1）每年产量指当年投产且全部完工产量（即无期初、期末在产品）；
（2）第 1 年初没有存货；
（3）每年销量中不存在销售退回、折让和折扣问题；
（4）各期成本水平（单位变动成本和固定成本总额）不变；
（5）存货计价采用先进先出法</td></tr>
</table>

解：按两种方法计算确定的税前利润如表 4-12 所示。

表 4-12　长江公司税前利润表 2

单位：元

项目	第 1 年	第 2 年	第 3 年	合计
（按变动成本法编制）				
销售收入	80000	80000	80000	240000
减：变动成本				
变动生产成本（按销量计算）	40000	40000	40000	120000
变动性销售及管理费用	4000	4000	4000	12000
变动成本合计	44000	44000	44000	132000
边际贡献	36000	36000	36000	108000
减：固定成本				
固定性制造费用	8000	8000	8000	24000
固定性销售及管理费用	2000	2000	2000	6000
固定成本估计	10000	10000	10000	30000
税前利润	26000	26000	26000	78000
（按完全成本法编制）				
销售收入	80000	80000	80000	240000
减：销货成本				
期初存货成本	0	27000	28800	55800
本期生产成本（按产量计算）	72000	48000	24000	144000
可供销售的产品成本	72000	75000	52800	199800
减：期末存货成本	27000	28800	0	55800
销货成本总额	45000	46200	52800	144000
销售毛利	35000	33800	27200	96000
减：销售及管理费用	6000	6000	6000	18000
税前利润	29000	27800	21200	78000

比较两种方法下计算的税前利润，可以有以下发现。

（1）变动成本法下，只要销量稳定，各期的利润就不会有变化。由此可见，变动成本法下，产量变动对利润不会有任何影响，因此也就不可能出现通过改变产量调整利润的情况。

（2）在完全成本法下，由于 3 年的产量不一样，因此 3 年单位产品分摊到的固定制造费用也不一样，因此各期都要重新计算单位产品成本。因为各期的单位产品成本不一样，各期的销货成本也就不一样，因此在销量稳定的情境下，各年的利润都不一样。

（3）第 1 年，产量大于销量，完全成本法下期末有存货 600 件，期末存货中包含制造费用 3000 元，这 3000 元没有在当期被扣除，而是随着存货转入了下期，但变动成本法下始终将当期的固定性制造费用全部扣除，因此，完全成本法下的利润多 3000 元。

（4）第 2 年，产销相等，但是期初有存货，根据假设的先进先出法，期初的存货先行销售，因此第 2 年库存的是当期生产的 600 件存货，期初转入的存货包含 3000 元上期的制造费用，而本期库存的 600 件存货中又包含了 4800 元本期的制造费用，这 4800 元制造费用将随存货转入下期，这样第 2 年既有上期转入的 3000 元制造费用，又要将本期的 4800 元制造费用转入下期，因此本期真正影响利润的制造费用是 6200 元，而变动成本法下是 8000 元，因此完全成本法下的利润多 1800 元。

（5）第3年，产量大于销量，但是期初有600件存货，本期产品又全部售出，因此在完全成本法下，除了扣除本期的制造费用，还要扣除上期转入的4800元的制造费用；而变动成本法下始终扣除的是当期的固定性制造费用，因此完全成本法下的利润少4800元。

（6）在完全成本法下，有期初存货就意味着有上期的制造费用转入本期，而本期如果有期末存货就说明本期有制造费用转出。因此只要有存货，就会有制造费用在各期进行迁移，使各期的利润不能被客观准确地反映，不方便企业考核和评价。

两者差异 = 按变动成本法计算的税前利润 – 按完全成本法计算的税前利润

= 完全成本法期初存货固定性制造费用 – 完全成本法期末存货固定性制造费用。

3. 产量变动，销量也变动，并且产销不相等

【例4–12】

长江公司过去连续三年的产销业务量、成本及售价等的资料如表4-13所示。

要求：根据资料，分别按两种方法计算确定各期税前利润。

表4–13　长江公司产销情况表3

<table>
<tr><th>年份</th><th>产量 / 件</th><th>销量 / 件</th><th>单价 / 元</th><th>单位变动性生产成本 / 元</th><th>固定性制造费用 / 元</th><th>单位变动性销售及管理费用 / 元</th><th>固定性销售及管理费用 / 元</th></tr>
<tr><td>第1年</td><td>1600</td><td>1000</td><td>80</td><td>40</td><td>8000</td><td>4</td><td>2000</td></tr>
<tr><td>第2年</td><td>1000</td><td>800</td><td>80</td><td>40</td><td>8000</td><td>4</td><td>2000</td></tr>
<tr><td>第3年</td><td>400</td><td>600</td><td>80</td><td>40</td><td>8000</td><td>4</td><td>2000</td></tr>
<tr><td colspan="8">单位产品成本</td></tr>
<tr><td colspan="4">变动成本法</td><td colspan="4">完全成本法</td></tr>
<tr><td colspan="4" rowspan="4">单位变动生产成本　40元 / 件
单位产品成本　40元 / 件</td><td>年度</td><td>第1年</td><td>第2年</td><td>第3年</td></tr>
<tr><td>单位变动生产成本 / 元</td><td>40</td><td>40</td><td>40</td></tr>
<tr><td>单位固定性制造性费用 / 元</td><td>5</td><td>8</td><td>20</td></tr>
<tr><td>单位产品成本 / 元</td><td>45</td><td>48</td><td>60</td></tr>
<tr><td colspan="8">几项假设：
（1）每年产量指当年投产且全部完工产量（即无期初、期末在产品）；
（2）第1年初没有存货；
（3）每年销量中不存在销售退回、折让和折扣问题；
（4）各期成本水平（单位变动成本和固定成本总额）不变；
（5）存货计价采用先进先出法</td></tr>
</table>

解：按两种方法计算确定的税前利润如表4-14所示。

表 4-14　长江公司税前利润表 3

单位：元

项目	第 1 年	第 2 年	第 3 年	合计
（按变动成本法编制）				
销售收入	80000	64000	48000	192000
减：变动成本				
变动生产成本（按销量计算）	40000	32000	24000	96000
变动性销售及管理费用	4000	3200	2400	9600
变动成本合计	44000	35200	26400	105600
边际贡献	36000	28800	21600	86400
减：固定成本				
固定性制造费用	8000	8000	8000	24000
固定性销售及管理费用	2000	2000	2000	6000
固定成本估计	10000	10000	10000	30000
税前利润	26000	18800	11600	56400
（按完全成本法编制）				
销售收入	80000	64000	48000	192000
减：销货成本				
期初存货成本	0	27000	38400	65400
本期生产成本（按产量计算）	72000	48000	24000	144000
可供销售的产品成本	72000	75000	62400	209400
减：期末存货成本	27000	38400	33600	99000
销货成本总额	45000	36600	28800	110400
销售毛利	35000	27400	19200	81600
减：销售及管理费用	6000	5200	4400	15600
税前利润	29000	22200	14800	66000

比较两种方法下计算的利润，可以有以下发现。

（1）变动成本法下，利润始终和销量相关，销量减少，利润就降低，产量如何变动对利润没有影响。

（2）完全成本法下，利润既受销量影响又受产量影响，而产量变动导致各年的单位产品成本变化。第 1 年库存 600 件产品转入下期，因此第 2 年在存货采用先进先出法下，先出售期初的存货再出售本期的产品；第 2 年库存的 800 件全部是第 2 年生产的产品，第 2 年既有第 1 年 3000 元的制造费用转入又有第 2 年 6400 元的制造费用转出，最后扣除的制造费用是 4600 元，比变动成本法下少 3400 元；第 3 年，在存货采用先进先出法下出售的全是第 2 年库存的存货，因此，第 3 年扣除的制造费用都是第 2 年转入的固定制造费用 3800 元，比变动成本法下少 3200 元。

（3）产量变动，销量也变动，并且在产销不相等的情境下，两种方法各年的利润有差异，而且不同于前面两种情境，两种方法下 3 年的利润总和也不一样。前两种情境下，3 年生产的产品全部都已销售完，期末没有存货，所以尽管 3 年中完全成本法下固定制造费用在各期间有迁移，但是 3 年下来因为全部产品都销售了，最终 3 年的固定制造费用全部都被扣除了，因此 3 年下来扣除的固定制造费用和变动成本法下的是一样的。在本情境下，因为最后第 3 年期末有存货，所以在完全成本法下，有一部分固定制造费用随着存货转入第4年，第3年末库存产品既有第2年生产的200件又有第3年生产的400件，其中包含了第2年的制造费用1600元和第3年的制造费用8000元，所以在完全成本法下比变动成本法下3年少扣固定制造费用9600元，因此总利润高9600元，而这个利润并不是企业成本控制得力而是完全成本法下固定制造费用因为存货转入下期，没有在当期被扣除导致的。

4. 产量变动，销量也变动，产销相等

【例4–13】

长江公司过去连续三年的产销业务量、成本及售价等的资料如表4-15所示。

要求：根据资料，分别按两种方法计算确定各期税前利润。

表4–15 长江公司产销情况表4

<table>
<tr><th>年份</th><th>产量 / 件</th><th>销量 / 件</th><th>单价 / 元</th><th>单位变动性生产成本 / 元</th><th>固定性制造费用 / 元</th><th>单位变动性销售及管理费用 / 元</th><th>固定性销售及管理费用 / 元</th></tr>
<tr><td>第1年</td><td>1600</td><td>1600</td><td>80</td><td>40</td><td>8000</td><td>4</td><td>2000</td></tr>
<tr><td>第2年</td><td>1000</td><td>1000</td><td>80</td><td>40</td><td>8000</td><td>4</td><td>2000</td></tr>
<tr><td>第3年</td><td>400</td><td>400</td><td>80</td><td>40</td><td>8000</td><td>4</td><td>2000</td></tr>
<tr><td colspan="8">单位产品成本</td></tr>
<tr><td colspan="4">变动成本法</td><td colspan="4">完全成本法</td></tr>
<tr><td colspan="4" rowspan="4">单位变动生产成本 40元 / 件
单位产品成本 40元 / 件</td><td>年度</td><td>第1年</td><td>第2年</td><td>第3年</td></tr>
<tr><td>单位变动生产成本 / 元</td><td>40</td><td>40</td><td>40</td></tr>
<tr><td>单位固定性制造费用 / 元</td><td>5</td><td>8</td><td>20</td></tr>
<tr><td>单位产品成本 / 元</td><td>45</td><td>48</td><td>60</td></tr>
<tr><td colspan="8">几项假设：
（1）每年产量指当年投产且全部完工产量（即无期初、期末在产品）；
（2）第1年初没有存货；
（3）每年销量中不存在销售退回、折让和折扣问题；
（4）各期成本水平（单位变动成本和固定成本总额）不变；
（5）存货计价采用先进先出法</td></tr>
</table>

解：按两种方法计算确定的税前利润如表4-16所示。

表 4-16　长江公司税前利润表 4

单位：元

项目	第 1 年	第 2 年	第 3 年	合计
（按变动成本法编制）				
销售收入	128000	80000	32000	240000
减：变动成本				
变动生产成本（按销量计算）	64000	40000	16000	120000
变动性销售及管理费用	6400	4000	1600	12000
变动成本合计	70400	44000	17600	132000
边际贡献	57600	36000	14400	10800
减：固定成本				
固定性制造费用	8000	8000	8000	24000
固定性销售及管理费用	2000	2000	2000	6000
固定成本合计	10000	10000	10000	30000
税前利润	47600	26000	4400	78000
（按完全成本法编制）				
销售收入	128000	80000	32000	240000
减：销货成本				
期初存货成本	0	0	0	0
本期生产成本（按产量计算）	72000	48000	24000	144000
可供销售的产品成本	72000	48000	24000	144000
减：期末存货成本	0	0	0	0
销货成本总额	72000	48000	24000	144000
销售毛利	56000	32000	8000	96000
减：销售及管理费用	8400	6000	3600	18000
税前利润	47600	26000	4400	78000

比较两种方法下计算的利润，可以有以下发现。

产量变动，销量也变动。在产销相等的情境下，两种方法计算的利润始终相等，这是因为期初没有存货，产销相等的话，在完全成本法下，当期的产品全部售出，所以当期的固定制造费用也被全部扣除，这样和变动成本法下扣除的固定制造费用一样，因此两种方法下的利润完全一样。

根据上面的分析，我们可以得出下列变动成本法与完全成本法计算的税前利润之间相互转换的公式。

变动成本法计算的税前利润 = 完全成本法计算的税前利润 +（完全成本法期初存货固定性制造费用 – 完全成本法期末存货固定性制造费用）　（4-3）

完全成本法计算的税前利润 = 变动成本法计算的税前利润 –（完全成本法期初存货固定性制造费用 – 完全成本法期末存货固定性制造费用）　（4-4）

由上面的分析可以归纳出五条规律。

（1）采用变动成本法，不管生产量如何变动，只要销量稳定不变，其各期的税前利润都一样。

（2）如果期末存货成本 = 期初存货成本，则变动成本法下的税前利润 = 完全成本法下的税前利润。

（3）如果期末存货成本 > 期初存货成本，则变动成本法下的税前利润 < 完全成本法下的税前利润，其差额 = 期末存货 × 当期单位制造费用 − 期初存货 × 上期单位制造费用。

（4）如果期末存货成本 < 期初存货成本，则变动成本法下的税前利润 > 完全成本法下的税前利润，其差额 = 期初存货 × 上期单位制造费用 − 期末存货 × 当期单位制造费用。

（5）从较长时间来看，两种方法所计算的税前利润是相同的。

两个公式可以使我们由已知一种成本法下的税前利润，推算出另一种成本法下的税前利润。由于在会计实务中，企业日常一般仅采用完全成本法进行产品成本核算，所以这两个公式不仅有理论意义，而且还可以指导实践。可以运用公式在日常实践中进行两种方法下利润的转换，从而在实践中将两个方法进行结合使用，既能满足企业成本控制管理的需要，又能满足对外报表申报的需要。

项目3 完全成本法和变动成本法的优缺点及两种方法的结合运用

一、完全成本法的优缺点

（一）完全成本法的优点

1. 促使人们重视生产环节，鼓励企业增强产品生产的积极性

在完全成本法下，由于固定性制造费用也被归集于产品，并随着产品的流动而流动，所以，生产量越大，单位产品负担的固定性制造费用就越低，从而使单位产品生产成本下降，在销售价格一定的情况下，超额利润就越大。

2. 符合公认会计准则的要求，是企业编制对外报表的主要依据

完全成本法下计算的产品成本是企业定价的基础，所确定的产品成本符合人们对产品成本的认识以及传统的成本概念，便于编制财务报表，也是财务会计核算中确定盈亏的重要依据，因此它在会计实务中具有不可替代的地位。

（二）完全成本法的缺点

1. 掩盖或夸大生产业绩

采用完全成本法计算出来的单位产品成本不仅不能反映生产部门的真实成果，反而会掩盖或夸大它们的生产业绩。在完全成本法下，多生产即可多得利润，这有悖于逻辑，产品的销售才是企业实现收入和利润的充要条件。

2. 计算的分期损益结果难以为管理部门所理解

按照经济学原理，产品只有被销售以后，其价值才能得到实现，企业才能获得利润。在价格、固定成本、单位产品变动成本不变的条件下，多销售就应该多获得利润。但是，按完全成本法确定的各期税前利润，利润的多少和销售量的增减不能保持相应的

比例，往往被人误解，不利于企业短期决策，致使企业片面追求高产量、高产值，盲目生产社会不需要的产品，造成仓库积压，财政虚收，不利于成本的控制与考核。

3. 不利于成本管理

由于完全成本法将固定性制造费用计入产品成本，而固定性制造费用的分配十分烦琐，这就增加了成本计算的工作量，从而影响到成本计算的及时性和准确性。

二、变动成本法的优缺点

（一）变动成本法的优点

1. 变动成本法更符合配比原则的要求

变动成本法将当期确认的费用按照成本性态分为两大部分。一部分是与产品生产数量直接相关的成本（即变动成本）。这部分成本由已销售产品负担的相应部分（即当期销售成本）需要与销售收入（即当期收益）相配比；未销售产品负担的相应部分（即期末存货成本）则需要与未来收益相配比。另一部分则是与产品生产数量无直接关系的固定制造费用，这部分成本全部被列为期间费用与当期的收益相配比。

2. 能促进企业重视市场，以销定产

在变动成本法下，产量的高低与存货量的增减对利润都没有影响。在销售价格、成本水平、销售组合不变的情况下，利润将随销售量同步增长。

3. 便于强化成本分析控制，促进成本降低

在变动成本法下，产品成本取决于各项变动生产成本的多少，因此可直接分析因成本控制工作本身的好坏而造成的成本升降；同时，有助于将固定成本和变动成本指标分解落实到各个责任单位，分清各部门责任，调动各部门降低成本的积极性。

4. 简化成本核算，增强日常管理

在变动成本法下，把固定制造费用作为期间费用，从边际贡献中扣除，可以省掉许多间接费用分配的手续。这样可以减少产品的核算工作，避免间接费用分配过程中的主观随意性，提高成本核算的准确性。

5. 能提供有用的管理信息，进行科学预测和经营决策

采用变动成本法取得的单位变动成本、边际贡献和其他有关的信息（变动成本率、边际贡献率、安全边际率等），对管理人员十分有用，揭示了业务量与成本变动的内在规律，明确生产、销售、成本和利润之间的关系，为开展本量利分析奠定了基础。所有这些，均能帮助管理人员深入地进行本量利分析、边际贡献分析，用来预测前景（预测销售量或销售额、预测成本、预测利润等），进行经营决策。

（二）变动成本法的缺点

1. 成本的划分并不准确

采用变动成本法的前提是按成本的习性将成本划分为变动成本和固定成本，但由于

企业的大部分成本费用都是混合成本，这样就必须先按一定的方法分解混合成本。对混合成本的分解是一种粗糙的计算，根据不准确的变动成本数据计算出来的产品成本自然是不准确的。

2. 变动成本法对存货计价不包括固定成本

一般认为，固定成本是为了制造产品而支出的，应该由有关的产品负担，产品成本中如果不包括这部分成本，显然是不完整的。

3. 不适应对外财务报告的要求

财务会计要求所计量的财务状况和经营成果保持公正、真实。变动成本法下固定制造费用不计入产品成本而作为期间费用，一方面，这样期末存货的成本构成中排除了固定制造费用，使资产负债表上的资产价值偏低；另一方面，期间费用偏高，又造成损益表上的净收益偏低。所以，变动成本法的这种处理方法，将影响到股东等投资者的利益。

4. 不便于长期投资和定价决策

从长期来看，单位变动成本和固定成本总额很难固定不变，因此，按成本习性要求编制的损益表资料，无法用于增减生产能力等的长期决策。

三、变动成本法和完全成本法的结合运用

变动成本法与完全成本法计算的税前利润是可以相互转化的。为了使企业的成本核算既能满足内部管理需要，又兼顾对外报告的要求，在成本核算时，我们可以集两种核算方法的优点，将两种方法结合起来运用，使成本核算方法能够满足各方面会计信息使用者的需求。要集合两种核算方法的优点，使会计信息系统更加完善，从逻辑上来讲，主要有以下三种方式。

（一）变动成本法与完全成本法作为两种成本核算方法同时使用

使用这种方式就是在现有的完全成本法的基础上，再另外以变动成本法为基础新设一个核算系统，两种成本核算方式同时使用。这种方式的优点是显而易见的，它集合了两种方法的所有优点，可以用完全成本法产生的财务信息作为对外提供报告的依据，用变动成本法产生的财务信息作为对内部管理层提供信息的依据，各取所需。但是它的缺点也十分明显，比起单独使用一种成本核算方式，对于所有的经济业务，会计人员都要按照两种成本核算方法核算两次。这大大增加了会计人员的工作量，增加了企业的财务成本，违反了成本效益原则。如果考虑到同时实施这两种方法的成本费用，那么这种结合方式并不是十分可取。

（二）两种成本核算方法的结合使用

条件允许的企业可以采用变动成本法进行日常核算，用以满足企业内部的经营管理要求；在此基础上，到编制期末报表时，再采用一定的方法将其中的有关项目调整为完全成本法下的利润和成本，来满足对外报送财务报表的要求。这种方法能够有效地兼顾

财务信息的对内和对外需求，既可以将变动成本法的优点发挥出来，也照顾到了我国现行的会计制度和成本计算模式。两种成本方法对具体成本项目的处理大体一致，只是对固定性制造费用的处理区别对待。这些都为两种方法的结合使用提供了条件和可能，需要管理决策时就采用变动成本法计算，对外报送时就简单转化为完全成本法的信息，不需要进行两种成本计算方法的平行核算。

1. 科目设置

将完全成本法核算体系下的“生产成本”科目分设为“变动生产成本”和“固定生产成本”；“制造费用”科目分设为“变动制造费用”和“固定制造费用”；在“销售、管理费用”科目下分设“变动销售、管理费用”和“固定销售、管理费用”。平时按变动成本法核算，将变动性和固定性费用分别记入上述相关账户中，到期末可先得出一份变动成本法下的核算资料供企业管理内部参考。然后将“固定制造费用”调入产品成本，将变动性与固定性销售、管理费用合计即得到完全成本法下的期间费用。如此可得到能对外报送的完全成本法下的报告。

2. 实例说明

【例 4–14】

长江公司本月发生的主要经济业务如下。

本月投产 100 件产品，领用原材料 10000 元；支付生产工人工资 10000 元；生产车间支付水电费 7000 元；本月计提固定资产折旧费 9000 元；支付固定性管理费用 1000 元，固定性销售费用 1000 元。本月完工入库产成品 80 件，期末在产产品 20 件，完工程度 50%。本月对外销售产品 50 件，单位售价为 800 元（假设期初存货为 0）。

要求：基于变动成本法用两种成本法进行核算。

解：（1）借：变动生产成本——直接材料	10000	
贷：原材料	10000	
（2）借：变动生产成本——直接人工	10000	
贷：应付职工薪酬		10000
（3）借：变动制造费用	7000	
贷：银行存款		7000
（4）借：固定制造费用	9000	
贷：累计折旧		9000
（5）借：固定管理费用	1000	
固定销售费用	1000	
贷：银行存款		2000
（6）结转变动制造费用		
借：变动生产成本——制造费用	7000	
贷：变动制造费用		7000

变动成本法：

销售收入 =50×800=40000（元）

变动生产成本 =10000+10000+7000=27000（元）

单位变动生产成本 =27000÷（80+20×50%）=300（元）

销货成本 = 单位变动生产成本 × 销量 =300×50=15000（元）

变动成本 = 本期销货成本 + 变动销售和管理费用

=15000+0=15000（元）

固定成本 = 固定制造费用 + 固定销售和管理费用

=9000+1000+1000=11000（元）

税前利润 = 销售收入 – 变动成本 – 固定成本

=40000–15000–11000=14000（元）

长江公司贡献式利润如表 4-17 所示。

表 4–17 贡献式利润表

单位：元

项目	金额
销售收入	40000
减：变动成本	15000
其中：销货成本	15000
变动销售和管理费用	0
边际贡献	25000
减：固定成本	11000
其中：固定性制造费用	9000
固定性销售和管理费用	2000
税前利润	14000

完全成本法：

销售收入 =40000 元

销货成本 = 期初存货成本 + 本期生产成本（变动生产成本 + 固定制造费用）

– 期末存货成本

=0+27000+9000–（27000+9000）÷（80+20×50%）×40=20000（元）

期间费用 = 变动销售和管理费用 + 固定销售和管理费用

=0+2000=2000（元）

税前利润 = 销售收入 – 销货成本 – 期间费用

=40000–20000–2000=18000（元）

变动成本法和完全成本法是企业成本核算中使用的两种基本方法。通过对两种成本法的比较可知，两种成本方法有很大的差异，主要表现在成本划分及构成的不同、收益计算方法的不同、所提供的信息用途不同等方面。两种成本法也有着各自的优缺点，在企业的经营管理中都起着非常重要的作用。完全成本法主要满足对外提供会计信息的需要，而变动成本法主要满足内部加强管理的需要，两者的作用是不能相互替代的，要兼顾两者。企业在运用时，可以采用最佳的结合使用方式，以满足企业未来发展的需求。

拓展阅读

中国历史上的会计文化

《管子·七法》："财不盖天下，不能正天下。""不明于计数而欲举大事，犹无舟楫而欲经于水险也。""明法审数。"

《史记·货殖列传》："财币欲其行如流水。"

《盐铁论·贫富》："量入为出，节俭以居之。"

辛弃疾："早趁催科了纳，更量出入收支。"

黄庭坚："旧管新收几妆镜，流行坎止一虚舟。"

现代会计之父潘序伦先生为立信会计学院所立的校训：信以立志、信以守身、信以处事、信以待人、毋忘立信、当必有成。

专题回顾

- 变动成本法
  - 变动成本法概述
    - 完全成本法的含义
    - 变动成本法的产生及含义
  - 变动成本法和完全成本法的差异分析
    - 成本确认差异
    - 损益确认差异
    - 利润表编制及差异调整
  - 完全成本法和变动成本法优缺点及两种方法的结合运用
    - 完全成本法的优缺点
    - 变动成本法的优缺点
    - 变动成本法和完全成本法的结合运用

思考与练习

一、单项选择题

1. 在变动成本法中，产品成本是指（　）。

A. 制造费用　　B. 生产成本

C. 变动生产成本　　D. 变动成本

2. 在变动成本法下，销售收入减去变动成本等于（　）。

A. 销售毛利　　B. 税后利润

C. 税前利润　　D. 边际贡献

3. 如果本期销售量比上期增加了，则可断定按变动成本法计算的本期营业利润（　）。

A. 一定等于上期　　B. 应当大于上期

C. 应当小于上期　　D. 可能等于上期

4. 如果完全成本法期末存货吸收的固定性制造费用大于期初存货释放的固定性制造费用，则两种方法营业利润的差额（　）。

A. 一定等于零　　B. 可能等于零

C. 一定大于零　　D. 一定小于零

5. 在变动成本法下，固定性制造费用应当被列作（　）。

A. 非生产成本　　B. 期间费用

C. 产品成本　　D. 直接成本

6. 下列项目中，不能被列入变动成本法下产品成本的是（　）。

A. 直接材料费用　　B. 直接人工费用

C. 变动性制造费用　　D. 固定性制造费用

7. 已知2020年某企业按变动成本法计算的营业利润为13500元，假定2021年销量与2020年相同，产品单价及成本水平都不变，但产量有所提高。则2021年按变动成本法计算的营业利润（　）。

A. 必然大于13500元　　B. 必然等于13500元

C. 必然小于13500元　　D. 可能等于13500元

8. 如果某企业连续三年按变动成本法计算的营业利润分别为10000元、12000元和11000元，则下列表述正确的是（　）。

A. 第三年的销量最小　　B. 第二年的销量最大

C. 第一年的产量比第二年少　　D. 第二年的产量比第三年多

9. 从数额上看，广义营业利润差额应当等于按完全成本法计算的（　）。

A. 期末存货成本与期初存货成本中的固定生产成本之差

B. 期末与期初的存货量之差

C. 利润超过按变动成本法计算的利润的部分

D. 生产成本与销货成本之差

10. 如果某期按变动成本法计算的营业利润为 5000 元，该期产量为 2000 件，销售量为 1000 件，期初存货为零，固定性制造费用总额为 2000 元，则按完全成本法计算的营业利润为（　）。

A.0 元　　B.1000 元　　C.5000 元　　D.6000 元

11. 如果完全成本法下的期末存货成本比期初存货成本多 10000 元，而变动成本法下的期末存货成本比期初存货成本多 4000 元，则可断定两种成本法的营业利润之差为（　）。

A.14000 元　　B.10000 元　　C.6000 元　　D.4000 元

12. 下列各项中，能反映变动成本法具有局限性的说法是（　）。

A. 导致企业盲目生产　　B. 不利于成本控制

C. 不利于短期决策　　D. 不符合传统的成本观念

13. 用变动成本法计算产品成本时，对固定性制造费用的处理是（　）。

A. 不将其作为费用

B. 将其作为期间费用，全额列入利润表

C. 将其作为期间费用，部分列入利润表

D. 在各单位产品间分摊

14. 完全成本法的期间费用是指（　）。

A. 直接材料费　　B. 非生产成本

C. 制造费用　　D. 直接人工费

15. 应用变动成本法的前提条件是（　）。

A. 把全部成本划分为生产成本和非生产成本

B. 把全部成本划分为固定成本和变动成本

C. 把全部成本划分为固定成本、变动成本和混合成本

D. 把全部成本划分为销货成本和存货成本

16. 某产品本期按完全成本法计算的本期单位产品成本是 14 元，本期产量为 500 件，销售量为 400 件，固定生产成本为 2000 元，则按变动成本法计算的本期单位产品成本为（　）。

A.14 元　　B.10 元　　C.9 元　　D.18 元

17. 具体应用时，变动成本法损益表的中间指标是（　）。

A. 边际贡献　　B. 边际贡献率　　C. 营业毛利　　D. 营业成本

18. 变动成本法提供信息的主要用途是（　）。

A. 满足对外提供报表的需要

B. 满足决策、强化企业内部管理的需要

C. 使营业净利润的计算更加科学

D. 使得销货成本及存货成本的计算更为合理

19. 分析完全成本法和变动成本法利润差额产生的根本原因，必须从分析（ ）入手。

A. 销售收入
B. 非生产成本
C. 固定性制造费用
D. 变动性制造费用

20. 若完全成本法下期末存货吸收的固定生产成本大于期初存货释放的固定生产成本，则（ ）。

A. 两种方法计算的利润差额小于零
B. 完全成本法计算的利润较多
C. 变动成本法计算的利润较多
D. 两种方法的利润相等

21. 当期末存货量为零，按变动成本法计算的本期营业净利润大于按完全成本法计算的营业净利润时，则期初存货量必须（ ）。

A. 为零
B. 不为零
C. 小于零
D. 与期末存货量相等

22. 期初存货中的固定生产成本为5000元，期末存货中的固定生产成本为7000元，本期按变动成本法计算的利润为–1200元，则按完全成本法计算的利润为（ ）。

A.–3200元 B.3200元 C.800元 D.5800元

23. 当某期销售量比上期增加时，该期按变动成本法确定的营业净利润比上期（ ）。

A. 减少 B. 不变 C. 可增可减 D. 增加

24. 在变动成本法下，（ ）。

A. 变动生产成本是产品成本，固定生产成本与非生产成本均是期间费用
B. 固定生产成本与变动生产成本构成产品成本，而非生产成本被当作期间费用
C. 固定生产成本是产品成本，变动生产成本与非生产成本构成期间费用
D. 固定生产成本、变动生产成本与非生产成本都属于产品成本

25. 在完全成本法下，（ ）。

A. 变动生产成本构成产品成本，固定生产成本与非生产成本构成期间费用
B. 固定生产成本与变动生产成本构成产品成本，非生产成本构成期间费用
C. 固定生产成本构成产品成本，变动生产成本与非生产成本构成期间费用
D. 固定生产成本、变动生产成本与非生产成本一起构成产品成本

二、多项选择题

1. 完全成本法下，期间费用包括（ ）。

A. 管理费用
B. 变动制造费用
C. 固定性制造费用
D. 销售费用

2. 变动成本法下，期间费用包括（ ）。

A. 管理费用
B. 销售费用
C. 非生产成本
D. 固定生产成本

3. 变动成本法与完全成本法的区别表现在（　）。

A. 产品成本的构成内容不同
B. 存货成本水平不同
C. 损益确定程序不同
D. 编制的损益表格形式不同

4. 成本按习性进行分类，变动成本包括（　）。

A. 变动生产成本
B. 直接材料
C. 变动性制造费用
D. 变动性销售及管理费用

5. 变动成本法下，确定销售产品变动成本主要依据（　）进行计算。

A. 销售产品变动生产成本
B. 期末存货成本
C. 期初存货成本
D. 销售产品变动销售及管理费用

6. 成本按习性分类，（　）不随产量的变化而变化。

A. 固定制造费用总额
B. 单位变动成本
C. 单位销售成本
D. 单位固定制造费用

7. 如果两种方法下的营业利润差额不等于零，则完全成本法期末存货吸收的固定性制造费用与期初存货释放的固定性制造费用的数量关系可能是（　）。

A. 两者不为零
B. 前者大于后者
C. 前者小于后者
D. 两者为零

8. 在管理会计中，变动成本法也称（　）。

A. 直接成本法
B. 边际成本法
C. 吸收成本法
D. 制造成本法

9. 下列各项中，不可能导致狭义营业利润差额发生的因素包括（　）。

A. 单价
B. 销售量
C. 变动生产成本
D. 推销成本

10. 完全成本法下计入当期利润表的期间费用包括（　）。

A. 固定性制造费用
B. 变动性制造费用
C. 固定性销售和管理费用
D. 变动性销售和管理费用

11. 变动成本法的优点包括（　）。

A. 能够促进企业重视市场，做到以销定产
B. 便于简化成本核算
C. 便于强化成本分析控制，促进成本降低
D. 便于开展本量利分析，进行科学的预测和经营决策

12. 变动成本法与完全成本法相比，其特点有（　）。

A. 应用时必须把成本分为固定成本和变动成本
B. 产品成本只包括变动生产成本
C. 期间费用包括固定生产成本和非生产成本
D. 计算的销货成本较完全成本法低

13. 完全成本法与变动成本法的明显区别主要有（　）。

A. 名称不同　　B. 应用的前提条件不同

C. 期间费用的构成内容不同　　D. 损益确定程序不同

14. 完全成本法和变动成本法共同的生产成本是（　）。

A. 直接材料费用　　B. 直接人工费用

C. 销售费用　　D. 变动制造费用

15. 完全成本法下的营业净利润与变动成本法下的营业净利润之间的关系是（　）。

A. 可能大于　　B. 可能小于

C. 可能等于　　D. 有规律可循

16. 变动成本法是按贡献式损益确定程序计量损益的一种成本计算模式，它的依据是（　）。

A. 产品成本只包括变动生产成本

B. 产品成本包括固定生产成本和变动生产成本

C. 固定生产成本应当作为期间费用处理

D. 变动生产成本应当作为期间费用处理

17. 变动成本法与完全成本法在损益确定程序上不相同，而这导致的区别有（　）。

A. 营业净利润的计算公式不同

B. 销货成本的计算公式不同

C. 所编制的损益表格形式及提供的中间指标不同

D. 提供的信息用处不同

18. 完全成本法与变动成本法对（　）费用的处理方法相同，只是计入损益表的位置和补偿途径方面有形式上的区别。

A. 销售　　B. 管理

C. 财务　　D. 制造

19. 按完全成本法确定的营业净利润指标有时难以被管理者理解，因而不便于正确决策的原因在于（　）。

A. 当某期销售量较上期增加时，营业净利润比上期少

B. 当某期销售量比上期减少时，营业净利润却比上期多

C. 当某期销售量最高时，营业净利润却不是最高

D. 当某期销售量最低时，营业净利润却不是最低

20. 采用完全成本法时，在期初存货不为零的情况下，要使期初单位存货成本、本期单位存货成本、本期单位完全成本和期末单位存货成本相等，必须（　）。

A. 前后期存货计价方法不变　　B. 生产成本水平不变

C. 前后期产量不变　　D. 产量等于销量

三、判断题

1. 客观上，变动成本法有刺激销售的作用，也就是说，从一定意义上讲，变动成本法强调了固定性制造费用对企业利润的影响。(　)

2. 如果期末存货中的固定成本小于期初存货中的固定成本，用完全成本法计算出的税前利润一定大于用变动成本法计算出的税前利润。(　)

3. 变动成本法取代完全成本法不符合现行会计制度的统一要求。(　)

4. 设备折旧费是约束性固定成本。(　)

5. 变动成本法是指只将变动生产成本作为产品成本的构成内容，而将固定生产成本及非生产成本作为期间费用的一种成本计算方法。(　)

6. 两种成本法在编制损益表时所计算的期间费用是相同的。(　)

7. 只要有固定生产成本存在，按完全成本法计算的销货成本及存货成本就一定大于按变动成本法计算的销货成本及存货成本。(　)

8. 营业净利润的变动趋势应该直接与销售量的变动趋势相联系，而这一规律只有在变动成本法下才能得到充分体现。(　)

9. 在完全成本法下，销售和生产量对利润计算均有影响。在变动成本法下，产量对利润计算无影响，只有销售量对利润计算有影响。(　)

10. 当期末存货量不为零，而期初存货量为零时，完全成本法确定的营业净利润小于变动成本法确定的营业净利润。(　)

11. 当期末存货量和期初存货量均为零时，两种成本法确定的营业净利润相等。(　)

12. 当期末存货量大于期初存货量时，完全成本法确定的营业净利润一定大于变动成本法确定的营业净利润。(　)

13. 变动成本法建立在成本性态分析的基础上，它以相关范围假定为存在前提，因此，变动成本法所提供的资料不适用于长期决策。(　)

14. 制造费用在两种成本计算法下都属于产品成本的内容。(　)

15. 两种成本计算法编制的损益表所提供的中间指标不同，变动成本法所提供的中间指标是“边际贡献”，完全成本法提供的中间指标是“销售毛利”。(　)

四、计算分析题

1. 某企业本期有关成本资料如下：单位直接材料成本为 10 元，单位直接人工成本为 5 元，单位变动性制造费用为 7 元，固定性制造费用总额为 4000 元，单位变动性销售管理费用为 4 元，固定性销售管理费用为 1000 元。期初存货量为零，本期产量为 1000 件，销量为 600 件，单位售价为 40 元。

要求：分别按变动成本法和完全成本法的有关公式计算下列指标。

(1) 单位产品成本。

(2) 期间费用。

（3）存货成本。

（4）销货成本。

（5）税前利润。

2. 长城公司2021年只生产甲产品，其销售单价为20元/件。其产销量和成本资料如下表所示。

产销量/件		成本资料/元		
期初存货	0	直接材料	40000	
本期产量	5000	直接人工	12000	
本期销量	4000	制造费用	变动：8000	固定：20000
期末存货	1000	销售费用	变动：4000	固定：5000
—	—	管理费用	变动：2000	固定：4000

要求：

（1）分别采用变动成本法和完全成本法计算单位产品生产成本；

（2）分别采用变动成本法和完全成本法计算2021年度的税前利润。

3. 长征公司最近两年只生产和销售一种产品，有关该产品的产销基本情况以及按完全成本法编制的两年税前利润表的数据如表1和表2所示。

表1 产品的基本情况表

项目	第1年	第2年
产量/件	8000	10000
销售量/件	8000	8000
销售单价/元	15	15
单位变动生产成本/元	8	8
固定成本/元	24000	

表2 利润表（完全成本法）

单位：元

项目	第1年	第2年
销售收入	120000	120000
销售成本	88000	83200
销售毛利	32000	36800
销售及管理费用	20000	20000
营业利润	12000	168000

假设长征公司的固定制造费用是以生产量为基础分摊于该产品，另设每件该产品分摊变动销售及管理费用为1元。

要求：

（1）按完全成本法分别计算第 1 年、第 2 年该产品的产品单位成本；

（2）第 1 年和第 2 年的产品销售量相同，销售单价和成本水平均无变动，为什么第 2 年的营业利润较第 1 年高出 4800 元？

（3）按变动成本法编制第 1 年和第 2 年的利润表；

（4）通过对两种不同方法编制的利润表进行对比，你认为哪种方法更为合适？为什么？

4. 甲企业只产销一种产品，2021 年产量为 500 件，销量为 300 件，期末结存 200 件，售价为 100 元 / 件，当期有关资料如下。

成本项目	直接材料 / 元	直接人工 / 元	制造费用 / 元	销售费用 / 元	管理费用 / 元	财务费用 / 元
变动成本	6000	4000	1000	600	300	—
固定成本	—	—	5000	1000	2500	500
合计	6000	4000	6000	1600	2800	500

要求：

计算变动成本法和完全成本法下产品的生产成本合计、单位生产成本、期间费用、已销售商品的成本（不含管理和销售费用）、期末存货成本和利润。

五、案例分析

辉煌电器公司只生产一种插座，2016 年、2017 年、2018 年各年的生产量（基于其正常生产能力）都是 8000 件；由于各年的市场情况不同，销售量则分别为 8000 件、7000 件和 9000 件。单位产品的售价为 12 元。生产插座的成本：每件变动成本（包括直接材料、直接人工和变动性制造费用）5 元，固定性制造费用基于正常生产能力 8000 件，共计 24000 元。每件产品应分摊 3 元（24000 ÷ 8000）。销售与行政管理费全部都是固定成本，每年发生额为 25000 元。

由于市场变化，2019 年、2020 年、2021 年各年的销售量都是 6000 件，由于公司生产计划的调整，三年的产量分别为 6000 件、8000 件和 4000 件。每单位产品的售价为 10 元。生产成本：每件变动成本为 4 元，固定性制造费用每年的发生额为 24000 元，采用完全成本法计算，每单位产品分摊的固定性制造费用，第一年为 4 元（24000 ÷ 6000），第二年为 3 元（24000 ÷ 8000），第三年为 6 元（24000 ÷ 4000）。销售与行政管理费用全部都是固定性费用，每年发生额为 5000 元。

要求：

（1）根据上述资料，分别采用两种成本计算方法，据以确定各年的税前利润；

（2）请解释两种方法下利润产生差异的原因；

（3）谈谈你对变动成本在成本管理中的作用的认识。

专题五 经营决策

专题概述

经营决策主要是企业的日常经营活动决策。本专题主要介绍企业决策的含义、分类、基本程序和内容，以及经营决策所涉及的成本概念、经营决策的基本方法。

目标导航

知识目标

1. 了解企业决策的含义、分类、基本程序及内容。
2. 理解经营决策所涉及的成本概念。
3. 掌握经营决策的基本方法。

能力目标

1. 清楚哪项成本是经营决策的相关成本，哪项成本是经营决策的无关成本。
2. 能够灵活运用各种经营决策方法进行分析。
3. 能够根据各种分析结果做出正确的决策。

素质目标

通过学习成本的相关内容感悟人生的取舍。

案例导入

赔本的生意怎么能做

ABC公司黄经理有个口头禅："赔本的生意不做。"最近有件事情令黄经理感到困惑：ABC公司生产A产品，目前生产任务不足，有30%的剩余生产能力，而这剩余生产能力又不能移作他用。这时，销售部收到一个客户的订单，要订购200件A产品，每件出价80元，比公司A产品正常的销售价格（120元）要低40元，此出价也比A产品的单位产品成本（98元）要低18元。"赔本的生意不做。"黄经理坚持自己的原则，但财务科长章小明却说这是一笔可赚钱的买卖，应该接受这个订单，不能放过这次机会。

思考讨论：对于这笔生意，你认为能赚钱吗？

项目1 经营决策概述

决策会计是管理会计的核心内容，主要包括经营决策和长期投资决策。

一、决策的含义及其分类

（一）决策的含义

决策是为了达到一个既定的目标，从两个或两个以上方案中选择最优方案的分析判断过程。经营决策就是企业管理者按照预期的经营目标，利用现有的生产经营条件，依据过去和现在的分析资料，对未来实际生产经营活动做出决定的过程。

在企业的生产经营过程中，决策渗透在企业的各个领域、各个环节和各个管理层次。在市场经济环境中，决策直接关系企业的生存与发展。

（二）决策的分类

1. 按决策的重要程度分类

（1）战略决策。战略决策是指对影响企业未来发展方向、关系企业全局的重大问题所进行的决策，如新产品的研发、经营规模的扩大等。

（2）战术决策。战术决策是指对企业日常经营管理活动所进行的决策。这类决策主要考虑如何使现有的人力、物力和财力资源得到合理充分的利用，如零部件自制还是外购的决策，半成品是否进一步加工的决策等。

2. 按决策条件的可确定程度分类

（1）确定型决策。确定型决策是指决策所涉及的各种备选方案的各种条件都是已知并且确定的，而且一个方案只会有一个确定的结果，只需要对不同方案的结果进行比较，然后从中做出选择。

（2）风险型决策。风险型决策是指与决策有关的客观条件与自然状态不能完全确定，每个方案会出现两种或两种以上的预期结果，但可根据有关数据大致估算出其概率。由于这类决策的结果有一定的不确定性，决策存在一定的风险。

（3）不确定型决策。不确定型决策是指与决策有关的客观条件与自然状态不仅不能完全确定，而且预期结果的概率也无法进行可靠的估计。不确定型决策的决策难度较大，需要决策者具有较高的理论水平和丰富的实践经验，决策存在较大的风险。

3. 按决策时期的长短分类

（1）经营决策。经营决策是对一年以内的生产经营活动所进行的决策，其特点是一般不需要投资，不改变企业现有的生产经营能力。这类决策的主要目的是使现有的资源得到最合理的配置，以获得最佳的经济效益。

（2）长期投资决策。长期投资决策是指企业对未来较长期间的重大投资活动所进行的决策。这类决策投入的资金量大，方案影响期较长，投入的资金需要较长的时间才能收回。

二、经营决策所涉及的成本概念

企业在进行经营决策时，可供选择的多种方案中所涉及的各种成本，有些与方案的抉择有关，而有些则无关。因此，根据成本与决策方案的关系可将其分为相关成本和无关成本。

相关成本是指对决策有影响的各种形式的未来成本，如机会成本、差量成本、边际成本、付现成本、专属成本、可选择成本等。这类成本对决策方案影响重大，因而在决策时是必须考虑的成本。

无关成本是指对决策没有影响的成本，如沉没成本、联合成本、约束性成本等。这类成本过去已经发生，对未来决策没有影响，因而在决策时可不予考虑。

相关成本与无关成本的区分并不是绝对的。有些成本在某一决策方案中是相关成本，而在另一决策方案中则可能是无关成本。

（一）相关成本

相关成本一般包括以下五种。

1. 机会成本

企业在选择一个方案时所放弃的在其他方案上的最大收益就是这个方案的机会成本。

企业在进行经营决策时，必须从多个备选方案中选择一个最优方案，放弃其他方案。此时，被放弃的次优方案可能获得的潜在利益就被称为已选中的最优方案的机会成本。也就是说，不选其他方案而选最优方案的代价，就是失去已放弃方案的获利可能。

选择方案时，考虑机会成本的影响有利于对所选方案的最终效益进行全面评价。

机会成本产生于公司的某项资产的用途选择。具体来讲，如果一项资产只能用来实现某一职能而不能用于实现其他职能，则不会产生机会成本。如公司购买的一次还本付息债券，只能在到期时获得约定的收益，因而不会产生机会成本。如果一项资产可以同时用来实现若干职能，则可能会产生机会成本。如公司购买的可转让债券，既可以到期获得约定收益，又可以在未到期前中途转让以获得转让收益，这样可能会产生机会成本。

由于机会成本只是被放弃方案的潜在利益，而非实际支出，因而机会成本不是账面成本。机会成本在经营决策中非常重要，选择方案时，必须考虑机会成本，否则很可能“得不偿失”。

2. 差量成本

差量成本是指企业在进行经营决策时，根据不同备选方案计算出来的成本差异。

差量成本一般用于反映不同的生产能力利用率在成本上发生的差别，也就是由于在原来基础上因追加批量产品的生产所增加的成本数额。另外，差量成本还经常用于进行其他方面的决策。

3. 边际成本

边际成本也就是产量每增加或减少一个单位所引起的成本变动数额。

从理论上讲，边际成本是指产量（业务量）向无限小变化时，成本的变动数额，这是从纯经济学角度上讲的。事实上，产量不可能向无限小变化，至少应为一个单位的产量。因此，边际成本也就是产量每增加或减少一个单位所引起的成本变动数额。

由此看来，边际成本和变动成本是有区别的，变动成本反映的是增加单位产量所追加成本的平均变动，而边际成本是反映每增加一个单位产量所追加的成本的实际数额。所以，只有在相关范围内，增加一个单位产量的单位变动成本才能和边际成本一致。

此外，如果把不同产量作为不同方案来理解，边际成本实际就是不同方案形成的差量成本。

延伸阅读　边际成本大幅降低下，共享经济走向共享时代

在"互联网+"背景下应运而生的共享经济作为源于实践的全新经济模式，其共享的理念一经获得共识，就迅速在美国、欧洲等信息技术发达的国家演变成了声势浩大的社会实践。从时下的共享单车、共享汽车到共享充电宝、共享民宿等项目，共享经济声势浩大，显示出了强大的发展趋势和潜力。

正如杰里米·里夫金（Jeremy Rifkin）在其著作《零边际成本社会》中所指出的"这种共享式的经济范式将在很长一段时间内，和过去的资本主义、社会主义交换经济形式，并行不悖地共同走下去"，这是技术和基础设施的嬗变进一步重塑市场经济体制性的必然。人们将走向一个超脱于市场的全新经济领域。

15世纪，资本主义的出现将人类生活的方方面面都带入了经济领域，使人类社会生产的所有物品都以商品的形式在市场中交换。几乎所有日常所需都被纳入资本主义范畴，包括食物、饮用水、手工制品、社会关系，甚至是时间。自此，人类文明被打下了商业的烙印，市场定义了我们。

然而在今天，资本主义时代正在逐渐成为过去，资本主义的悖论凸显。竞争市场固有的活力，让商业成本大幅下降，以至于许多商品和服务几乎变成免费的，不再受制于市场供求关系的力量。尽管经济学家永远喜欢降低边际成本，但他们从未预见到，一场技术革命可能会让这些成本接近到零的水平。

以网络化、信息化与智能化的深度融合为核心的第四次工业革命正在重塑人们的生产和生活。以移动互联网、第三方支付、大数据、云计算等技术为代表的大量新型科技成果进入人们的日常生产生活，深刻影响着人类的思想、文化、生活和对外交流模式，进而深度影响到政治、经济、科技、外交、社会等层面。

在过去的几年里，无数消费者开始转变为互联网产消者，在网上以接近免费的方式制作和分享音乐、视频、新闻和知识，从而削减了音乐产业和出版行业的收入。现在，从虚拟空间中的软件和电子商品到现实世界中的实体商品，零边际成本现象已经随处

可见。

比如，1999年，音乐网站Napster开发了一个能让数百万人不向制作人和艺术家付一分钱，就可共享音乐的平台，重创了音乐产业。随后，类似现象也严重打击了报业和图书出版业。消费者开始通过视频、音频和文本，共享他们的信息和娱乐内容，并且，是以不用花钱的方式，完全绕过了传统市场。

边际成本的大幅降低还重塑了能源业、制造业和教育行业。尽管太阳能和风能技术的固定成本不菲，但获得每单位能量的成本较低；数以千计的业余爱好者已经在用3D打印机、开源软件，并作为再生材料自己制造产品，边际成本几乎为零；越来越多的学生参加免费的大型在线公开课程，这些课程内容发布的边际成本也几乎为零。

与此同时，从“互联网”到“物联网”，后者“连接一切”的属性引发了新时代的数据核爆。虽然从连接的对象来看，物联网只是加入了各种“物”，但它对连接内涵的拓展和升华带来了极其深远的影响。物联网不再以“人”为单一的连接中心，物与物无需人的操控即可实现自主连接。

物联网环境下，一方面，万物皆为入口。除了用户主动交互产生的数据外，用户的许多被动数据将被实时、无感地记录下来。企业因此可以全面、立体、动态地了解用户需求；另一方面，物联网时代的智能工厂可以通过柔性生产线、透明供应链等模式，快速地满足用户不断迭代的定制化需求。

多维数据驱动的物联网可以做到对需求侧的精准把握，使得“物与物”可以直接地互联互通，不再需要依靠人作为连接的中心。因此，物联网时代的共享平台可以通过与物品的直接对话，及时掌握各物品的使用状态。只要有良好的商业化手段，所有物品都可以实现资源的实时优化配置。

这意味着，人与物之间的供需将会变得更可预测，并且是精准的预测。供给、生产、仓储、配送等都可以提前根据用户的大数据进行有效精准的计算，这将会在最大程度上杜绝物资浪费的现象以及分配错位的现象。

于是，一方面，充分的利润率是资本主义市场继续增长的关键，但愿意为额外的优质商品和服务付钱的消费者人数毕竟有限；另一方面，物联网使得人们逐渐发现实体物品无需拥有即可按需索取，物品的“使用权”将代替物品的“所有权”。因此，通过协同共享以接近免费的方式，同时分享绿色能源和一系列基本商品和服务，就成为最具生态效益的发展模式，也是最佳的经济可持续发展模式。

（资料来源：澎湃新闻，有删减）

4. 付现成本

付现成本是指由现在或将来任何决策所能够改变其支出数额的成本，也称现金支出成本或付现的营运成本。可见，付现成本是决策必须考虑的重要影响因素。

5. 专属成本

专属成本是指可以明确归属于企业生产的某种产品，或为企业设置某个部门而发生的固定成本。没有这些产品或部门，就不会发生这些成本，所以专属成本是与特定的产品或部门相联系的特定的成本，如专门生产某种产品的专用设备折旧费、保险费等。

（二）无关成本

无关成本包括沉没成本和联合成本。

1. 沉没成本

沉没成本是指过去已经发生并无法由现在或将来的任何决策改变的成本。

沉没成本是企业在以前的经营活动中已经支付现金，而在现在或将来经营期间摊入成本费用的支出。因此，固定资产、无形资产、递延资产等均属于企业的沉没成本。

沉没成本是对现在或将来的任何决策都无影响的成本。

2. 联合成本

联合成本是与专属成本相对应的成本概念，是指为多种产品的生产或多个部门的设置而发生的，应由这些产品或这些部门共同负担的成本，如在企业生产过程中，几种产品共同的设备折旧费、辅助车间成本等，都是联合成本。

在进行方案选择时，专属成本是与决策有关的成本，必须予以考虑；而联合成本则是与决策无关的成本，可以不考虑。

应注意的是，专属成本与联合成本的划分是就固定成本而言的，所有的变动成本都是与决策相关的成本，无所谓专属成本或联合成本。

项目2 经营决策的基本方法

在企业经营决策中，需要采用不同的决策方法对各备选方案进行比较和判断，以选择最优方案。在实际工作中，经常采用的经营决策的基本方法有边际贡献分析法、差量分析法和成本无差别点分析法。

一、边际贡献分析法

边际贡献分析法是在成本性态分类的基础上，通过比较各备选方案边际贡献的大小来确定最优方案的分析方法。

经营决策一般是在原有生产能力的范围内进行的，多数情况下不改变现有的生产能力，所以固定成本通常为无关成本。在各方案的固定成本均相同的前提下，边际贡献最大的方案实质上就是利润最大的方案。

“贡献”是指企业的产品或劳务对企业利润目标的实现所做的贡献。传统会计认为只有当收入大于完全成本时，才形成贡献；而管理会计则认为只要收入大于变动成本，就会形成贡献。因为，固定成本总额在相关范围内并不随业务量（产销量）的增减变动而变动，因此，收入扣除变动成本后的差额（即边际贡献）越大，则减去不变的固定成本后的余额（即利润）也就越大。也就是说，边际贡献的大小，反映了备选方案对企业利润目标所做贡献的大小。

在运用边际贡献法进行备选方案的择优决策时，应注意以下几点。

（1）在不存在专属成本的情况下，通过比较不同备选方案的边际贡献总额，就能正确地进行择优决策。

（2）在存在专属成本的情况下，首先应计算备选方案的剩余边际贡献（边际贡献总额减专属成本后的余额），然后比较不同备选方案的剩余边际贡献总额，这样才能正确地进行择优决策。

（3）在企业的某项资源（如原材料、人工工时、机器工时等）受到限制的情况下，通过计算、比较各备选方案的单位资源边际贡献额，才能正确地进行择优决策。

（4）由于边际贡献总额的大小，既取决于单位产品边际贡献额的大小，也取决于该产品的产销量，因此，单位边际贡献额大的产品，未必提供的边际贡献总额也大。也就是说，我们不能只根据单位边际贡献额的大小来择优决策，而应该选择边际贡献总额最大的方案作为最优的方案。

【例 5-1】

某企业现有设备的生产能力是 40000 个机器工时，现有生产能力的利用程度为 80%，即 32000 个机器工时，剩余生产能力为 8000 个机器工时。现准备用剩余生产能力开发新产品甲、乙或丙。新产品甲、乙、丙的有关资料如表 5-1 所示。

表 5-1　新产品生产资料表

项目	甲产品	乙产品	丙产品
单位产品定额工时 / 小时	2	3	4
单位销售价格 / 元	30	40	50
单位变动成本 / 元	20	26	30

由于现有设备加工精度不足，在生产丙产品时，需要增加专属设备费用 5000 元。在甲、乙、丙产品市场销售不受限制的情况下，进行方案选择时可以采用边际贡献法。

根据已知数据编制分析表，如表 5-2 所示。

表 5-2　新产品分析表

项目	生产甲产品	生产乙产品	生产丙产品
最大产量 / 件	8000 ÷ 2=4000	8000 ÷ 3=2666	8000 ÷ 4=2000
单位销售价格 / 元	30	40	50
单位变动成本 / 元	20	26	30
单位边际贡献 / 元	10	14	20
专属成本 / 元	–	–	5000
边际贡献总额 / 元	40000	37324	40000
剩余边际贡献总额 / 元	–	–	35000

由以上计算结果可知，开发新产品甲最为有利。因为甲产品的边际贡献总额为40000元，比乙产品的边际贡献总额多2676元，比丙产品的剩余边际贡献总额多5000元。

边际贡献分析法适用于收入成本型（收益型）方案的择优决策，尤其适用于多个方案的择优决策。

二、差量分析法

企业进行不同方案的比较、选择的过程，实质上是选择最大收益方案的过程，最大收益是在各个备选方案的收入、成本比较中产生的。当两个备选方案具有不同的预期收入和预期成本时，根据这两个备选方案间的差量收入、差量成本计算的差量损益进行最优方案选择的方法，就称为差量分析法。

在运用差量分析法时，应明确以下几个概念。

（1）差量：两个备选方案同类指标之间的数量差异。

（2）差量收入：两个备选方案预期收入之间的数量差异。

（3）差量成本：两个备选方案预期成本之间的数量差异。

（4）差量损益：差量收入与差量成本之间的数量差异。当差量收入大于差量成本时，其数量差异为差量收益；当差量收入小于差量成本时，其数量差异为差量损失。差量损益实际上是两个备选方案预期收益之间的数量差异。

差量损益确定后，我们就可以进行方案的选择：如果差量损益为正（即为差量收益），说明比较方案可取；如果差量损益为负（即为差量损失），说明被比较方案可取。

差量分析法的决策过程如表5-3所示。

表5-3　差量分析决策表

A方案	B方案	差量
预期收入	预期收入	差量收入
预期成本	预期成本	差量成本
预期损益	预期损益	差量损益

当差量损益 >0 时，A方案可取；当差量损益 <0 时，B方案可取。

差量分析法并不严格要求哪个方案是比较方案，哪个方案是被比较方案，只要遵循同一处理原则，就可以得出正确的结论。

应注意的是，差量分析法仅适用于两个方案之间的比较，如果有多个方案可供选择，在采用差量分析法时，只能两两比较、分析，逐步筛选，选择出最优方案。

差量分析法可以应用于企业的各项经营决策。例如是出售半成品还是出售完工产品、亏损或不盈利的产品是否继续生产、不需用的机器设备是出售还是出租等。

【例5-2】

某企业计划生产A产品或生产B产品，A、B两种产品预期的销售数量、销售单价和单位变动成本资料如表 5-4 所示。

表 5-4 产品生产和销售资料表

项目	A 产品	B 产品
预期销售数量 / 件	5000	2000
预期销售单价 / 元	20	25
单位变动成本 / 元	12	10

要求：根据以上资料，采用差量分析法决策生产哪种产品对企业较为有利。

解：计算两种产品的差量收入：

差量收入 =（20×5000）-（25×2000）=100000-50000=50000（元）

计算两种产品的差量成本：

差量成本 =（12×5000）-（10×2000）=60000-20000=40000（元）

计算两种产品的差量损益：

差量损益 =50000-40000=10000（元）

以上计算结果表明，生产 A 产品比生产 B 产品多收益 10000 元，生产 A 产品对企业较为有利。

三、成本无差别点分析法

前面讲述的边际贡献分析法和差量分析法都是适用于收入成本型（收益型）方案的选择。在企业的生产经营中，会面临许多只涉及成本而不涉及收入即成本型方案的选择，如零部件自制还是外购的决策、不同生产工艺进行加工的决策等。这时可以考虑采用成本无差别点分析法进行方案的择优选择。在成本按性态分类的基础上，任何方案的总成本都可以用 $y=a+bx$ 表述。

成本无差别点是指两个不同方案的总成本相等时的业务量。当预期业务量高于或低于该业务量水平时，不同方案就具有了不同的业务量优势区域。利用不同方案的不同业务量优势区域进行最优化方案选择的方法，被称为成本无差别点分析法。

设：x 为成本无差别点业务量；

a_1、a_2 分别代表方案 I 和方案 II 的固定成本总额；

b_1、b_2 分别代表方案 I 和方案 II 的单位变动成本；

y_1、y_2 分别代表方案 I 和方案 II 的总成本。

于是

$$y_1=a_1+b_1x$$

$$y_2=a_2+b_2x$$

根据成本无差别点时，两个方案总成本相等的原理，令

$$y_1=y_2$$

则

$$a_1+b_1x=a_2+b_2x$$

变形得

$$x=\frac{a_1-a_2}{b_2-b_1}$$

这时，整个业务量被分割为两个区域：0~x 及 x~+ ∞，其中 x 为成本无差别点，如图 5-1 所示。

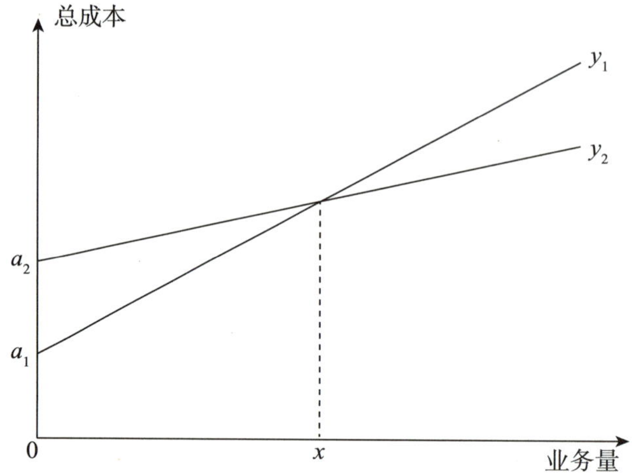

图 5-1　成本无差别点分析法

在成本无差别点上，方案 I 和方案 II 的总成本相等，也就是说两个方案都可取；而低于或高于该点，方案 I 和方案 II 就具有了不同的选择价值。至于在哪个区域哪个方案更可取，则应通过代入 y_1、y_2 公式来确定。

【例 5-3】

某企业生产一种产品，有两种设备可供选择。一种是采用传统的机械化设备，每年的专属固定成本为 20000 元，单位变动成本为 12 元。另一种是采用先进的自动化设备，每年的专属固定成本为 30000 元，单位变动成本为 7 元。试分析计算企业应采用哪种设备生产该产品。

解：计算成本无差别点：

$y_1=20000+12x$

$y_2=30000+7x$

令

$y_1=y_2$

则

$$x=\frac{30000-20000}{12-7}=2000\text{（件）}$$

即成本无差别点产量为2000件。

当预期产量 >2000 件时，假定为3000件，则两个方案的总成本分别为

$$y_1=20000+12\times3000=56000\text{（元）}$$

$$y_2=30000+7\times3000=51000\text{（元）}$$

当预期产量 <2000 件时，假定为1000件，则两个方案的总成本分别为

$$y_1=20000+12\times1000=32000\text{（元）}$$

$$y_2=30000+7\times1000=37000\text{（元）}$$

通过以上计算结果可以看出，当计划年度预期产量大于2000件时，企业应选择先进的自动化设备进行生产；当计划年度预期产量小于2000件时，企业应选择传统的机械化设备进行生产。

项目3 生产决策

生产决策是企业经营决策的主要内容，是企业经常遇到的决策问题。通过进行生产决策，选择最佳生产方案，就能有效地利用企业的各项资源，提高企业的经济效益。

一、开发新产品决策

企业必须不断地开发新产品，促使产品更新换代，这样才能满足社会需要，维护和扩大市场占有率，取得经营主动权。新产品开发决策是指可以利用现有剩余生产能力开发在市场上有销路的某种新产品。

如果企业有剩余的生产能力可供使用，在有几种新产品可供选择而每种新产品都不需要增加专属固定成本时，应选择提供边际贡献总额最多的方案。

如果新产品投产将发生不同的专属固定成本，在决策时就应以各种产品的剩余边际贡献额作为判断方案优劣的标准。剩余边际贡献额等于边际贡献额减专属固定成本。剩余边际贡献额越大，表明该方案提供的收益越多。

【例5–4】

某企业原来只生产A产品，现有剩余生产能力可开发新产品B或C。有关资料如表5-5所示。

表5–5 新产品生产成本表

项目	B产品	C产品
最大产量/件	2000	5000
单价/元	40	30
单位变动成本/元	21	18

预计B、C产品的销路不成问题，但是必须购置专属设备，其价格分别为10000元和50000元。请问应生产哪种新产品？

解：根据上述资料，可以采用边际贡献分析法或差量分析法进行决策。

（1）边际贡献分析法，如表 5-6 所示。

表 5-6　新产品边际贡献分析表

项目	生产 B 产品	生产 C 产品
最大产量 / 件	2000	5000
单价 / 元	40	30
单位变动成本 / 元	21	18
单位边际贡献 / 元	19	12
边际贡献总额 / 元	38000	60000
专属成本 / 元	10000	50000
剩余边际贡献总额 / 元	28000	10000

（2）差量分析法，如表 5-7 所示。

表 5-7　新产品差量分析表

单位：元

项目	B 产品	C 产品	差量
相关收入	80000	150000	-70000
相关成本	52000	140000	-88000
其中：变动成本	42000	90000	
专属成本	10000	50000	
差量损益			18000

由以上计算结果可知，开发 B 产品比开发 C 产品多获益 18000 元，应生产 B 产品。

二、零部件自制还是外购的决策

随着生产专业化及产业分工协作程度的提高，企业常常面临着零部件自制还是外购的决策问题。由于所需零配件的数量对自制方案或外购方案都是一样的，因而通常只需要比较自制方案和外购方案的成本高低，在相同质量并保证及时供货的情况下，选择成本较低的方案。

影响自制或外购的因素很多，因而所采用的决策分析方法也不尽相同，但一般都采用增量成本（实行某方案而增加的成本）分析法。下面分三种情况加以论述。

（一）外购不减少固定成本的决策

在由自制转为外购，且其剩余生产能力不能利用的情况下，固定成本不因停产外购而减少，自制时的单位变动成本就是自制方案的单位增量成本。

正确的分析方法是将外购的单位增量成本，即购买零配件的价格（包括买价、单位零配件应负担的订购、运输、装卸、检验等费用），与自制时的单位增量成本进行对比，单位增量成本低的即为最优方案。

（二）自制增加固定成本的决策

在企业所需零配件由外购转为自制时需要增加一定的专属固定成本（如购置专用设备而增加的固定成本），或由自制转为外购时可以减少一定的专属固定成本的情况下，自制方案的单位增量成本不仅包括单位变动成本，而且还应包括单位专属固定成本。

由于单位专属固定成本随产量的增加而减少，因此自制方案单位增量成本与外购方案单位增量成本的对比将在某个产量点产生优劣互换的现象，即产量超过某一限度时自制有利，产量低于该限度时外购有利。这时，就必须首先确定该产量限度点（利用成本分界点的分析方法），并将产量划分为不同的区域，然后确定在哪个区域内哪个方案最优。

（三）外购时有租金收入的决策

在零配件外购、腾出的剩余生产能力可以转移的情况下，由于出租剩余生产能力能获得租金收入，转产其他产品能提供边际贡献额，因此将自制方案与外购方案进行对比时，就必须把租金收入或转产产品的边际贡献额作为自制方案的一项机会成本，并构成自制方案增量成本的一部分。

正确的分析方法是将自制方案的变动成本与租金收入（或转产产品的边际贡献额）之和，与外购成本相比，择其较低者。

【例 5-5】

某公司全年需要甲零件 5000 件，该零件既可以自制也可以外购。若从市场购买，买价和运杂费为每件 8 元，自制的单位成本资料如下。

直接材料	4 元
直接人工	2 元
变动制造成本	1 元
固定制造成本	2 元
单位生产成本	9 元

判断在下列情况下，企业应自制还是外购该零件。

解：（1）企业具有生产甲零件 5000 件的剩余生产能力，且企业剩余生产能力无法转移。

（2）企业剩余生产能力只够生产甲零件 3500 件，为了自制 5000 件甲零件，企业需购入一台专用设备，预计该设备的年使用成本为 2800 元。

（3）企业具有生产甲零件 5000 件的剩余生产能力，但生产所利用的空置厂房可对外出租，年租金预计为 8000 元。

根据上述资料，分析如下。

（1）企业的剩余生产能力无法转移，因而利用剩余生产能力不会增加企业的固定制造费用。自制甲零件的单位变动成本为直接材料、直接人工和变动制造费用之和，即甲零件自制的单位变动成本为 7 元，小于外购的单位成本 8 元，所以企业应选择自制该零件。

（2）企业最多可自制甲零件 3500 件。这种情况下，企业有三种方案可供选择：①自制 5000 件；②自制 3500 件，外购 1500 件；③外购 5000 件。

三种方案的相关成本计算如下。

①自制 5000 件的相关成本 =7×5000+2800=37800（元）。

②自制 3500 件，外购 1500 件的相关成本 =7×3500+8×1500=36500（元）。

③外购甲零件的相关成本 =8×5000=40000（元）。

根据上述计算可知，企业应自制 3500 件，外购 1500 件，此方案相关成本最低（36500 元）。

（3）若企业选择自制甲零件，便无法获得空置厂房对外出租的租金，即年租金 8000 元应作为自制甲零件的机会成本，则

自制甲零件的相关成本 =7×5000+8000=43000（元）

外购甲零件的相关成本 =8×5000=40000（元）

企业应选择外购甲零件，可节约成本 3000 元。

（四）零部件需要量为未知数的决策

由于单位专属固定成本随产量的增加而减少，因此自制方案单位增量成本与外购方案单位增量成本的对比将在某个产量点产生优劣互换的现象，即产量超过某一限度时自制有利，产量低于该限度时外购有利。这时，就必须首先确定该产量限度点（利用成本无差别点的分析方法），并将产量划分为不同的区域，然后确定在哪个区域内哪个方案最优。即当需要量小于无差别点时，应外购；当需要量大于无差别点时，应自制；当需要量等于无差别点时，两种方案均可。

【例 5–6】

某企业生产产品需要某种零件，其购进单价为 60 元，如果企业自制该零件需要追加固定成本 70000 元，该零件自制的单位变动成本为 25 元，该企业应自制还是外购？

解：设自制成本为 y_1，外购成本为 y_2，零件的生产数量为 x 件，则有

$y_1=70000+25x$

$y_2=60x$

当 $y_1=y_2$ 时，

$x=2000$（件）

即成本无差别点生产数量为 2000 件，如图 5-2 所示。

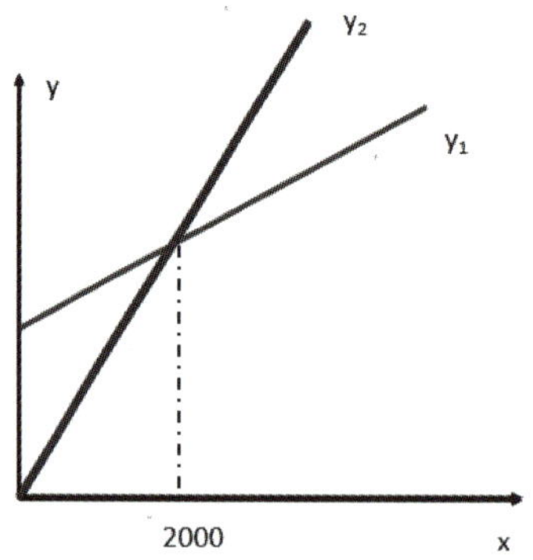

图 5–2　成本无差别点生产数量图

结论：

当该零件的需要量大于2000件时，自制方案的支出少于外购方案，因而以自制方案为宜；

当该种零件的需要量小于2000件时，自制方案的支出大于外购方案，此时以外购方案为佳；

当零件的需要量恰好为2000件时，两种方案均可。

思考

为什么很多小的线上商户会选择快递公司运送商品，而有的大的商家却要成立自己的物流公司？为什么小企业往往选择会计业务外包？

三、半成品（或联产品）是否进一步加工的决策

加工使产品增值，那么加工到何种程度再出售对企业最为有利，这是企业经营管理过程中遇到的又一个决策问题。一般来说，是否进一步加工的决策包括半成品和联产品两种情况。无论哪一种情况，进一步加工前的成本都是沉没成本，与决策无关，属无关成本，只需通过分析进一步加工后增加的收入是否能抵补为此而增加的成本来判断。

（一）半成品是否进一步加工的决策

半成品是否进一步加工，可按下列公式计算确定。

1. 应进一步加工的条件

进一步加工后的销售收入 – 半成品的销售收入 > 进一步加工后的成本 – 半成品的成本

2. 应直接出售半成品的条件

进一步加工后的销售收入 – 半成品的销售收入 < 进一步加工后的成本 – 半成品的成本

这里“进一步加工后的销售收入 – 半成品的销售收入”为差量收入；“进一步加工后的成本 – 半成品的成本”为差量成本，包括追加的变动成本和专属固定成本。

【例 5–7】

某公司年产甲产品10000件，每件的变动成本为20元，固定成本为5元，销售价格为35元。若对甲产品继续进行加工，每件需支付追加变动成本8元；另需租入一台设备，年租金5000元，因此售价会提高到50元。试对甲产品是否应进一步加工做出决策。

解：分析计算如下。

进一步加工后的销售收入 =50×10000=500000（元）

半成品的销售收入 =35×10000=350000（元）

进一步加工的追加成本 =8×10000+5000=85000（元）

差量收入 =500000–350000=150000（元）

因为差量收入150000元 > 差量成本85000元，所以该公司应进一步加工甲产品。

（二）联产品是否进一步加工的决策

联产品是指在同一生产过程中生产出来的若干种经济价值较大的产品。有些联产品可在分离后就出售，有的则可以在分离后继续加工出售。

联产品分离前的成本是联合成本，属于非相关成本，要按售价等标准分配给各种联产品。联产品在分离后继续加工的追加变动成本和专属固定成本被称为可分成本，属于相关成本，决策时应予以考虑。联合成本是沉没成本，决策时不予考虑。

1. 应进一步加工的条件

进一步加工后的销售收入 – 分离后的销售收入 > 可分成本

2. 分离后即出售的条件

进一步加工后的销售收入 – 分离后的销售收入 < 可分成本

【例 5–8】

某公司在同一生产过程中生产出甲、乙两种产品，有关资料如表 5-8 所示。试对甲、乙两种产品是否应进一步加工做出决策。

表 5–8　产品生产和销售情况表

项目	产量 / 件	联合成本 / 元	分离后即销售的价格 / 元	分离后进一步加工的成本 / 元	加工后售价 / 元
甲产品	500	18000	120	10000	150
乙产品	300	9600	150	5600	165
合计	800	27600	—	15600	—

分别编制甲、乙两种产品的差量分析表，如表 5-9、表 5-10 所示。

表 5–9　甲产品差量分析表

单位：元

项目	进一步加工	分离后即出售	损益比较
差量收入	150 × 500=75000	120 × 500=60000	15000
差量成本	10000	0	10000
差量损益	65000	60000	5000

表 5–10　乙产品差量分析表

单位：元

项目	进一步加工	分离后即出售	损益比较
差量收入	165 × 300=49500	150 × 300=45000	4500
差量成本	5600	0	5600
差量损益	43900	45000	–1100

从以上分析可知，甲产品继续加工后出售比分离后立即出售多获利 5000 元，乙产品继续加工后出售比分离后立即出售少获利 1100 元，所以该公司应对甲产品进一步加工，对乙产品分离后即出售。

四、生产工艺决策

生产工艺是指加工制造产品或零件所使用的机器、设备及加工方法的总称。同一种产品或零件，往往可以按不同的生产工艺进行加工。采用某一种生产工艺，可能固定成本较高，但单位变动成本较低；而采用另一种生产工艺，可能固定成本较低，但单位变动成本较高。于是，采用何种工艺能使该产品或零件的总成本最低，就成为实际工作中必须解决的问题。

一般而言，生产工艺越先进，其固定成本越高，单位变动成本越低；而生产工艺比较落后时，其固定成本较低，单位变动成本较高。在固定成本和单位变动成本的变动组合中（体现为单位成本），产量成为最佳的判断标准。这时，只要确定不同生产工艺的成本分界点（不同生产工艺总成本相等时的产量点），就可以根据产量确定选择何种生产工艺最有利。

【例 5–9】

企业过去一直使用半自动化设备生产甲产品，最大生产能力为 20000 件，单件变动成本为 5 元，固定成本总额为 100000 元，产品销售单价为 8 元。现为提高产品的质量和产量，准备购置全自动化设备，这样将使固定成本总额增加 60%，生产能力提高 50%，单位变动成本降低到 2 元。请进行生产工艺决策。

解：计算成本无差别点，

$y_1=100000+5x$

$y_2=160000+2x$

令

$$y_1=y_2$$

则

$$x=\frac{160000-100000}{5-2}=20000\text{（件）}$$

即成本无差别点产量为 20000 件，如图 5-3 所示。

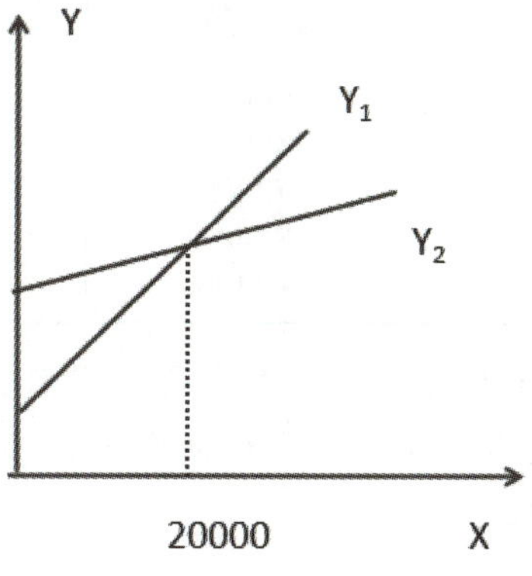

图 5–3 成本无差别点产量图

通过以上计算结果可以看出，旧设备最大产能为 20000 件，企业应选择先进的自动化设备进行生产。

思考

为什么很多小的企业在产量低的时候不愿意采用先进设备和工艺，而一些大企业更愿意采用先进设备和工艺呢?

五、亏损产品的决策

在企业生产经营过程中，某种产品发生亏损是经常遇到的问题。对于亏损产品，绝不能简单地予以停产，而应该综合考虑企业各种产品的经营状况、生产能力的利用及有关因素的影响，采用变动成本法进行分析后，做出停产、继续生产、转产或出租的选择。下面举例说明此问题。

【例 5–10】

某公司生产 A、B、C 三种产品，其中 B 产品是亏损产品。若让 B 产品停产，则其生产能力将闲置。该公司盈亏计算结果表明，A 产品获利 28000 元，B 产品亏损 14400 元，C 产品获利 38400 元，公司净利润总额为 52000 元。三种产品的有关资料如表 5-11 所示。

表 5–11　产品生产和销售情况表

项目	A 产品	B 产品	C 产品
销售量 / 件	1000	4500	8000
销售单价 / 元	300	80	30
单位变动成本 / 元	200	64	18
固定成本总额 / 元	216000（按各种产品销售金额比例分摊）		

停产前的利润如表 5-12 所示。

表 5–12　停产前利润表

单位：元

项目	A 产品	B 产品	C 产品	合计
销售收入	300000	360000	240000	900000
销售变动成本	200000	288000	144000	632000
边际贡献	100000	72000	96000	268000
固定成本	72000	86400	57600	216000
利润	28000	–14400	38400	52000

由于固定成本总额 216000 元无论 B 产品是否停产都要发生，因此如果 B 产品停产，则它所负担的 86400 元固定成本就应由 A、C 两种产品负担（B 产品的变动成本随停产而消失）。停产后的利润如表 5-13 所示。

表 5-13 停产后利润表

单位：元

项目	A 产品	C 产品	合计
销售收入	300000	240000	540000
销售变动成本	200000	144000	344000
边际贡献	100000	96000	196000
固定成本	120000	96000	216000
利润	-20000	0	-20000

以上计算结果表明，亏损产品B产品不能停产，因为如果停产将造成目前盈利的A、C产品变成亏损产品和保本产品，从而导致整个企业由盈利转为亏损。

亏损产品的决策是一个复杂的多因素综合考虑过程，一般应注意以下几点。

（1）如果亏损产品能够提供边际贡献额，弥补一部分固定成本，除特殊情况外（如存在更加有利可图的机会），一般不应停产；但如果亏损产品不能提供边际贡献额，通常应考虑停产。

（2）亏损产品能够提供边际贡献额，并不意味着该亏损产品一定要继续生产。如果存在更加有利可图的机会（如转产其他产品或将停止亏损产品生产而腾出的固定资产出租），使企业获得更多的边际贡献额，那么该亏损产品应停产。

（3）在生产、销售条件允许的情况下，大力发展能够提供边际贡献额的亏损产品，也会扭亏为盈，并使企业的利润增加。

（4）对不提供边际贡献额的亏损产品，不能不加区别地予以停产。首先应在努力降低成本上做文章，以期转亏为盈；其次应在市场允许的范围内通过适当提高售价来扭亏为盈；最后，应考虑企业的产品结构和社会效益的需要。

六、根据单位变动成本分配增产任务的决策

在实际工作中，生产同一种产品的各个车间（或分厂）的成本水平是有差异的，当生产任务增加而各车间的生产能力又有剩余时，就存在着如何将增产任务分配在各车间的问题。为了达到使总成本最低的目的，应以单位变动成本作为判断标准，将增产任务分配给单位变动成本最低的车间。

需要强调的是，不应以单位成本作为判断标准，将增产任务分配给单位成本最低的车间。因为按完全成本法计算的单位成本中包括各车间的固定成本，作为与决策无关的成本不应予以考虑，否则可能导致做出错误的决策。

【例 5-11】

设某公司的A、B两个车间生产同一种产品，去年各生产了1800件，今年计划增产600件，A、B两个车间均有能力承担增产任务。A、B两个车间的其他资料如表5-14所示。

表 5-14　A、B 两车间生产情况表

项目	A 车间	B 车间	全公司
产量 / 件	1800	1800	3600
单位变动成本 / 元	4	5	—
变动成本 / 元	7200	9000	16200
固定成本 / 元	8200	6000	14200
总成本 / 元	15400	15000	30400
单位成本 / 元	8.56	8.33	8.44

从表 5-14 可以看出，如果以单位成本作为标准分配增产任务，则 B 车间应该承担增产任务（B 车间单位成本 8.33 元 <A 车间单位成本 8.56 元）。增产 600 件产品前后的成本资料如表 5-15 所示。

表 5-15　B 车间生产情况表

项目	增产前	增产后	差额
产量 / 件	1800	2400	600
单位变动成本 / 元	5	5	—
变动成本 / 元	9000	12000	3000
固定成本 / 元	6000	6000	—
总成本 / 元	15000	18000	3000

而如果以变动成本作为标准分配增产任务，则 A 车间应承担增产任务（A 车间的单位变动成本 4 元 < B 车间的单位变动成本 5 元）。增产 600 件产品前后的成本资料如表 5-16 所示。

表 5-16　A 车间生产情况表

项目	增产前	增产后	差额
产量 / 件	1800	2400	600
单位变动成本 / 元	4	4	—
变动成本 / 元	7200	9600	2400
固定成本 / 元	8200	8200	—
总成本 / 元	15400	17800	2400

从 A、B 两个车间增产 600 件产品前后成本资料的对比可以看出：B 车间增产 600 件产品需要增加总成本 3000 元，而 A 车间只需增加总成本 2400 元，A 车间与 B 车间相比总成本少 600 元。所以应以单位变动成本的高低作为分配增产任务的标准，而不应以单位成本的高低作为标准，因为单位成本中的固定成本分摊额就总额来讲是固定不变的，属无关成本。

项目4 定价决策

定价决策是企业经营决策的重要内容，企业能否制定合理的产品价格，将直接决定产品的市场竞争地位和市场占有率。一般来说，售价的高低与销售数量、单位成本以及销售利润之间存在着错综复杂的关系。在其他条件不变的情况下，提高销售价格将提高企业的销售利润，但提高价格的同时势必降低产品的销售数量，而生产数量的降低将提高产品的单位成本，这又导致了企业销售利润的降低。

一、影响价格的基本因素

企业进行定价决策时应主要考虑以下因素。

（一）产品价值因素

产品价值是产品价格的基础，产品价格是产品价值的货币表现。产品价值量的大小很大程度上影响着产品价格的高低，是影响产品价格发生变动的重要因素，但这并不是说产品价格在数量上必然等于产品价值。由于生产供求关系的变动，产品的价格围绕着产品价值上下波动。

（二）产品的市场供求状况

市场供求是指一定时期产品供应与需求的关系。市场供求影响产品价格，是买卖双方之间竞争的结果。一般来说，市场供应量超过需求量时，产品价格降低；市场需求量超过供应量时，产品价格上升。同时产品价格降低会反过来刺激需求，使产品的需求量上升；产品价格上升会抑制对产品的需求，使产品需求量下降，最终的结果是使产品的供应与需求趋于平衡。

（三）价格政策因素

价格政策是国家管理价格的有关政策和措施，是国家经济政策的组成部分。每个国家对商品价格的高低和变动都有限制和法律规定，同时国家还利用生产市场、金融市场、海关等间接调节价格，调节资源配置，优化产业结构，实现一定的宏观经济目标。因此，企业在遵守国家价格政策的基础上自主决定产品价格。

（四）产品的市场竞争因素

产品竞争的激烈程度不同，对定价的影响也不同。不同的市场竞争状况将决定企业在定价时的自由程度。在市场经济条件下，一般存在着完全自由竞争、垄断竞争、寡头垄断和垄断四种市场类型。在完全的竞争市场，企业几乎没有定价的主动权，买卖双方之间的供求竞争决定产品的市场均衡价格。在不完全的竞争市场，由于企业提供的产品存在一定的差异性，企业对自己产品的价格有一定的控制力，企业可自主进行产品定价。

二、定价决策的基本方法

（一）成本加成定价法

成本加成定价法是以产品成本为基础，加上一定的目标利润等因素制定产品价格的方法，主要有以下两种。

1. 全部成本加成定价法

全部成本加成定价法是在完全成本法计算的单位产品成本的基础上，加上一定的目标利润所确定的产品价格。这是一种只考虑企业成本的传统定价方法。其计算公式如下。

$$销售价格 = 单位产品全部成本 + 单位目标利润 \qquad (5\text{-}1)$$

或

$$销售价格 = 单位产品全部成本 \times (1+ 成本加成率) \qquad (5\text{-}2)$$

【例 5-12】

某公司生产 A 产品，预计年产销量为 15000 件，目标利润为 300000 元，有关成本资料如表 5-17 所示。

表 5-17　A 产品生产成本表

单位：元

成本项目	单位成本	总成本
直接材料	20	300000
直接人工	10	150000
变动制造费用	10	150000
固定制造费用	20	300000
推销及管理费用	10	150000

试采用全部成本加成定价法确定产品价格。

解：单位产品全部成本 =20+10+10+20+10=70（元）

单位目标利润 $= \dfrac{300000}{15000} = 20$（元）

销售价格 =70+20=90（元）

2. 变动成本加成定价法

变动成本加成定价法是以单位变动成本为基础，加上一定数额的边际贡献来确定产品价格的方法。这种方法实质上就是把单位变动成本作为定价下限的基础。其计算公式如下。

$$销售价格 = 单位变动成本 + 单位边际贡献 \qquad (5\text{-}3)$$

或

$$销售价格 = \frac{单位变动成本}{1- 贡献毛利率} \qquad (5\text{-}4)$$

【例 5-13】

仍按例 5-12 的资料，试采用变动成本加成定价法确定产品价格。

解：单位变动成本 =20+10+10=40（元）

$$单位边际贡献 = \frac{300000+150000+300000}{15000} =50（元）$$

销售价格 =40+50=90（元）

成本加成定价法计算简便，特别是在市场诸因素基本稳定的情况下，可以保证企业获取正常的预期利润。但成本加成定价法只考虑产品本身成本的补偿和获取预期利润，忽视了产品的社会价值、市场需求和竞争情况，也没有考虑消费者的心理因素等，仅仅是从保证卖方利益出发而去保本求利。这种方法适用于制定新产品的价格。

（二）利润平衡点定价法

利润平衡点定价法是运用损益平衡原理制定产品价格，适用于既有产品价格的调整。这种方法实质上就是通过计算调价后的利润能否增加来决定是否调价。如果调价后的利润能够增加，就可以调价；反之就不能调价。为了了解调价后利润是否能够增加，就要计算为了确保原有利润，调价后应至少达到的销售量指标，这个销售量指标就是利润平衡点销售量。利润平衡点销售量的计算公式如下。

$$利润平衡点销售量 = \frac{固定成本 + 调价前可获利润}{拟调单价 - 单位变动成本} \quad (5\text{-}5)$$

若调价后预期销售量大于利润平衡点销售量，表明调价后利润增加，可以调价；反之不可调价。

【例 5-14】

某企业生产 A 产品，市场售价为 250 元，销售量为 500 件，单位变动成本为 130 元，每年固定成本为 40000 元，年最大生产能力为 600 件。该产品价格每变动 1% 可使销售量变动 4%，当年产量超过企业最大生产能力时，扩大生产在 200 件以内将增加固定成本 20%。要求采用利润平衡点定价法评价以下各条件下调价方案的可行性。（1）单价降低 5%，（2）单价降低 10%；（3）单价提高 8%。

解：（1）单价降低 5%，可使销售量提高 5%×4=20%，则

调价后预期销售量 =500×（1+20%）=600（件）

调价前利润 =（250−130）×500−40000=20000（元）

拟调单价 =250×（1−5%）=237.5（元）

$$利润平衡点销售量 = \frac{40000+20000}{237.5-130} \approx 558（件）$$

因为调价后预期销售量 600 件大于利润平衡点销售量 558 件，又不超过企业最大生产能力 600 件，所以该调价方案可行。

（2）单价降低 10%，可使销售量提高 10%×4=40%，则

调价后预期销售量 =500×（1+40%）=700（件）

调价后预期销售量700件超过企业最大生产能力600件，要扩大生产，则固定成本为

固定成本 =40000×（1+20%）=48000（元）

拟调单价 =250×（1−10%）=225（元）

利润平衡点销售量 = $\frac{48000+20000}{225-130}$≈716（件）

因为调价后预期销售量700件小于利润平衡点销售量716件，所以该调价方案不可行。

（3）单价提高8%，可使销售量降低8%×4=32%，则：

调价后预期销售量 =500×（1−32%）=340（件）

拟调单价 =250×（1+8%）=270（元）

利润平衡点销售量 = $\frac{40000+20000}{270-130}$≈429（件）

因为调价后预期销售量340件小于利润平衡点销售量429件，所以该调价方案不可行。

（三）特别订货定价

特别订货是指在特定条件下，利用企业暂时闲置的生产能力接受的临时订货。特别订货的价格一般低于产品正常价格甚至低于单位产品成本。在企业尚有一定剩余生产能力的情况下，企业是否接受这种追加订货，应针对不同情况而定，主要分为以下几种情况。

（1）当特别订货量小于或等于剩余生产能力而不减少正常销售时，满足下列条件，就可以接受该特别订货。

$$\text{特别订货价格} > \text{单位变动成本}$$

这时特别订货所提供的边际贡献就是为企业带来的利润，计算公式为

$$\text{增加利润} = \text{特别订货单位边际贡献} \times \text{特别订货数量} \quad (5\text{-}6)$$

（2）当特别订货量大于剩余生产能力并暂时减少部分正常销售时，满足下列条件，就可以接受该特别订货。

$$\text{特别订货价格} > \text{单位变动成本} + \frac{\text{因减少正常销售而损失的边际贡献}}{\text{特别订货数量}}$$

这时因为接受特别订货而减少了正常销售的边际贡献，所以特别订货为企业带来的利润为

增加利润 = 特别订货单位边际贡献 × 特别订货数量 − 因减少正常销售而损失的边际贡献 （5-7）

（3）当利用暂时闲置生产能力转产其他产品，需增加专属固定成本时，满足下列条件，就可以转产其他产品。

$$\text{特别订货价格} > \text{单位变动成本} + \frac{\text{新增专属固定成本}}{\text{特别订货数量}}$$

转产其他产品增加利润的计算公式为

增加利润 = 特别订货单位边际贡献 × 特别订货数量 − 新增专属固定成本 （5-8）

【例 5–15】

某企业生产甲产品，年生产能力为 10000 件，每年有 35% 的剩余生产能力。固定成本为 12000 元，单位变动成本为 44 元，正常销售单价为 68 元。要求根据以下各种情况做出是否接受特别订货的决策。

（1）现有一用户提出订货 3000 件，每件单价 45 元，剩余生产能力无法转移，追加订货不需要追加专属成本。

（2）现有一用户提出订货 3500 件，每件单价 46 元，但该订货还有些特殊要求，需购置一台专用设备，年增加固定成本 2000 元。

（3）现有一用户提出订货 4000 件，每件单价 45 元，剩余生产能力无法转移。

解：（1）该企业每年的剩余生产能力为

$$10000 \times 35\% = 3500 \text{（件）}$$

特别订货量 3000 件小于剩余生产能力 3500 件，不减少正常销售，特别订货价格 45 元 > 单位变动成本 44 元。

增加利润 =（45−44）×3000=3000（元）

可以接受该特别订货。

（2）特别订货量 3500 件等于剩余生产能力 3500 件，不减少正常销售，特别订货价格 46 元 > 单位变动成本 44 元，但需追加专属成本 2000 元，剩余边际贡献即为增加的利润。

$$\text{增加利润} = (46-44) \times 3500 - 2000 = 5000 \text{（元）}$$

可以接受该特别订货。

（3）特别订货量 4000 件大于剩余生产能力 3500 件，并暂时减少部分正常销售，这时

$$\text{特别订货价格 45 元} < \text{单位变动成本 } 44 + \frac{(68-44) \times 500}{4000} = 47 \text{(元)}$$

因此不能接受该特别订货。

三、市场定价策略

在市场经济中，经济环境千变万化，企业面临的宏观经济环境、行业状况、市场供求和竞争对手的对策等方面都存在着很大的不确定性，企业往往很难用精确的定价理论模型进行定价决策，需要根据实际情况，在借助理论模型的同时，依靠自己的实践经验和判断能力对有关问题进行定性的分析，制定合理的定价策略。

（一）需求导向的定价策略

需求导向的定价策略是指根据消费者的不同消费心理制定价格，区别对待，采取不同的定价方法。

1. 需求价格弹性定价策略

需求价格弹性也称需求弹性或价格弹性，是指需求数量变动率与价格变动率之比，反映价格变动引起需求变动的方向和程度。市场各种产品的需求价格弹性是不同的，对于需求价格弹性较大的商品，适宜制定较低的价格，采取薄利多销的策略；对于需求弹性较小的商品，应制定相对较高的价格，以获取较高的利润；对于单一弹性的商品，这两种价格策略都不适用，应选择其他的价格策略。

2. 消费者心理定价策略

企业定价时，可利用消费者的某些心理特征制定合适的价格。

例如：对于某些常被消费者视为身份和地位象征的奢侈品，制定较高的价格更容易被消费者接受；对于中低档商品，常使用尾数定价法，即让价格的尾数为非整数，以零头结尾，如 9.99 元、2999 元。

（二）竞争导向的定价策略

竞争导向的定价策略是指根据竞争对手的情况制定价格，区别对待，采取不同的定价方法。

1. 根据竞争对手的实力定价

如果竞争对手实力较弱，一开始可以采取较低的价格挤走竞争对手后再进行提价；如果竞争对手实力较强，适宜制定稍低于竞争对手的价格紧紧跟随，即对手提价我提价，对手降价我降价；如果双方实力不相上下，双方宜协议定价，以免两败俱伤。

2. 根据双方产品的质量差异定价

如果竞争对手的产品质量较高，企业宜制定较低的价格，以低价格吸引消费者，采取薄利多销的策略；如果企业的产品质量较高，竞争对手望尘莫及，企业应利用这一竞争优势，制定较高的价格以获取丰厚的利润。此外，双方还可以在交货时间、售后服务等方面展开竞争。

（三）新产品的定价策略

思考

餐厅推出新品为什么总是会打折促销？手机企业推出新款手机呢？

企业推出新产品需要进行定价决策，但由于新产品存在诸多的不确定性，如在消费者对新产品的接受程度、生产销售量的多少、市场上已有产品对新产品的替代程度、新产品的推销成本等方面有很多的未知数，所以许多企业在推出一项新产品时，常常先选择在某些地区采取不同的价格进行试销，以获取新产品在不同的销售价格下销售量、销售价格与销售量的关系以及竞争对手的反应等信息，再根据试销阶段收集的这些信息，为新产品制定能给企业带来最大经济效益、最适宜企业长远发展的定价策略。

一般来说，新产品的定价策略有撇油性的定价策略和渗透性的定价策略两种。

1. 撇油性的定价策略

撇油性的定价策略是指在产品销售初期制定较高的价格，获取高额利润，迅速收回产品研发阶段的成本，并保障新产品在产销方面无法预知的成本得到弥补。随着新产品趋于成熟及高额利润导致的激烈竞争，新产品的高价难以维持，此时再逐步降低价格。总之，这是一种先高后低的定价策略。撇油性的定价策略是一种着眼于短期利益的定价策略，适宜市场上暂时没有类似的替代品，初期没有竞争对手，而且容易开拓市场的新产品。

2. 渗透性的定价策略

渗透性的定价策略是指在产品销售初期制定较低的价格招揽顾客，迅速开拓和占领市场，确定市场优势后再提价。这是一种先低后高的定价策略。这种定价策略尽管在销售初期利润不高，但其低价有利于排挤竞争对手，在市场确立长期的竞争优势，能持久地给企业带来长期利益，是一种着眼于企业长期利益的定价策略。

（四）薄利多销的定价策略

薄利多销是指采取主动降价的措施，通过扩大产品的销售量来争取实现更多的利润。因此薄利多销不是目的，而是手段。薄利是对单位产品而言的，多销是对整个企业而言的，其最终的目的是使企业实现更多的利润，所以薄利多销实质上是降价、多销、增利。

企业要想使薄利多销的定价策略取得好的效果，除了应该慎重考虑其产品的性质之外，还必须着重掌握好降价时机和降价幅度这两个关键的环节。实行薄利多销主要考虑的因素有以下三个方面。

1. 利润最优

薄利多销要求利润最优就是产品降价后销售量增加，因增加销售数量而增加的利润在抵偿降价带来的收入减少的损失后，还绰绰有余，从而使所得的利润比降价前高。

2. 风险因素

如果预期销售量能够实现，预期利润就能够保证，决策无疑是正确的。但是如果预期销售量不能达到，利润也就不能实现，决策就有问题。因此在决策中应该考虑预期销售量实现的可能性问题，即概率问题。

3. 企业现有生产能力

市场销售量的大小还受企业生产能力的约束，不是有多大的销售量，企业就有多大的生产能力。在实行薄利多销时，应该考虑企业的生产能力。

四、产品寿命周期与价格策略

对于产品的定价，除了选择上述方法进行合理定价外，还应结合产品所处的不同寿命阶段，采取不同的价格策略。

(一) 产品寿命周期及其测定方法

产品寿命周期是指某种产品从投入市场开始直到退出市场为止的整个过程。产品寿命周期一般分为四个阶段：投入期、成长期、成熟期和衰退期，如图 5-4 所示。

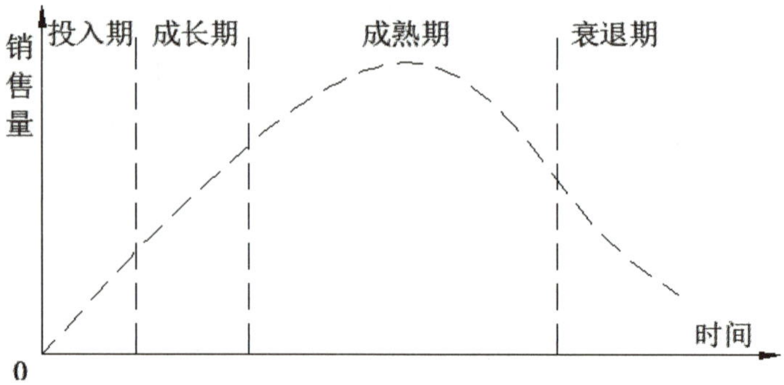

图 5-4　产品寿命周期图

在不同的寿命阶段，产品的质量、成本、产销量、竞争情况及需求者的评价等都存在着差异，会对价格的确定产生不同的影响，因而应该采用不同的价格策略。产品寿命周期的确定通常采用以下两种方法。

1. 绘图法

绘图法是将某产品的历史产销量资料按时间先后顺序逐一在直角坐标系中标点，然后连点成线，得出绘图时为止的寿命周期曲线。该曲线是整个寿命周期的某一段，可以根据曲线的走向趋势粗略判断该产品在寿命周期中所处的阶段。

2. 销售增长率测定法

销售增长率测定法是利用销售增长率判断产品在寿命周期中所处阶段的一种方法。产品寿命周期不同阶段的基本区别在于销售增长率的变化不同。在投入期，销售量增长缓慢，销售增长率较小；在成长期，销售量增长加快，销售增长率较大；在成熟期，销售量增长趋缓，销售增长率较小；在衰退期，销售量减少，销售增长率出现负数。通过计算，比较销售增长率的大小，可以粗略判断该产品在寿命周期中所处的阶段。

销售增长率的计算公式为

$$\text{销售增长率}=\frac{\text{销售量的增加量}}{\text{销售时期的增长率}}=\frac{\Delta Q}{\Delta t} \qquad (5\text{-}9)$$

0< 销售增长率 <0.1 时，为投入期或成熟期；销售增长率 >0.1 时，为成长期；销售增长率 <0 时，为衰退期。

(二) 产品寿命周期的阶段价格策略

不同阶段的价格策略必须根据各阶段的特征进行灵活确定。

1. 投入期的价格策略

作为刚刚投入市场的新产品，虽具有一定的技术、经济优势，甚至可能是独家生产经营，但由于产品结构和工艺尚未定型，质量不稳定，批量生产能力未形成，用户对新产品缺乏了解和信任，因而有待打开销路，可以采取上述新产品的撇油性定价策略和渗透性定价策略。

（1）撇油性定价策略。在投入期，以高价投放新产品和高促销手段，保证获得初期高额利润，之后随产品销售量的增加而降价。这样高价高利，可以迅速收回投资，为以后产品降价促销提供条件。

（2）渗透性定价策略。在投入期，以低价投放新产品和高促销手段，加快打开和扩大市场。在有效占领市场后，再逐渐提高价格。这种策略能有效地排斥竞争者，使企业持久地占有市场并获得更多的利润。

2. 成长期的价格策略

产品经过投入期后，技术逐步成熟，质量逐步稳定，销售量快速增加，进入成长期。在成长期，通过采取促销手段，产品被用户接受，市场需求量扩大，利润迅速增长。企业一方面要稳定和提高产品质量，扩大生产能力；另一方面应保证市场供应，通过采用目标价格策略，确定最优价格。具体做法是使该阶段的目标利润率高于整个寿命周期的平均利润率。这样可使成长期成为企业获利最多的时期，为企业以后降价促销做准备，实现产品寿命周期内利润最大化。

3. 成熟期的价格策略

产品进入成熟期，市场需求量逐步饱和，销售量基本稳定，市场竞争激烈。企业一方面应稳定和扩大用户，另一方面应加强管理，降低成本，为采取竞争价格策略创造条件。采用竞争价格策略，确定降价幅度时，应考虑以下三点。

（1）降价幅度必须考虑产品的价格弹性，弹性大，降价幅度应该小；弹性小，降价幅度应该大。

（2）降价幅度应能引起用户注意，并辅以各种宣传手段，效果会更好。

（3）降价幅度不宜太大，应保证产品能够使企业盈利。

4. 衰退期的价格策略

随着新技术的出现，新产品将替代老产品，产品进入衰退期。这时用户会购买新产品，老产品的销售量急剧下降，利润甚至出现亏损。企业应积极开发新产品，并采取价格策略，充分发挥老产品的创利能力。

（1）维持价格策略。基本维持产品原有价格，以保持产品在用户心目中的地位，并辅以促销手段，尽量延长产品寿命。

（2）变动成本策略。以单位变动成本作为最低价格，延缓销售量减少，从而以该产品提供的边际贡献来弥补部分固定成本，保证企业利润。

（三）其他价格策略

1. 心理价格策略

心理价格策略主要是零售企业针对顾客消费心理采取的定价策略，主要方法有尾数定价、整数定价、声望定价、心理折扣定价和习惯性定价等。

2. 折扣定价策略

折扣定价策略是指在一定条件下，以降低产品的销售价格刺激消费者，从而达到扩大销售量的定价策略，主要方法有数量折扣、现金折扣、交易折扣和季节性折扣等。

3. 综合定价策略

综合定价策略是指针对相关产品所采取的定价策略。根据相关产品在市场竞争中的不同情况，使各种产品的价格有高有低，既能适应市场竞争的需求，又能促进产品的销售。相关产品的定价主要方法有为具有互补关系的相关产品定价、为具有配套关系的相关产品定价和销售产品与服务维修的定价。

做一做

请以小组为单位，选择某一具体产品，运用产品寿命周期法对其各阶段的价格制定和变化进行分析。

项目5 存货决策

存货是指企业在生产经营过程中为销售或生产而储存的各种物资。在制造企业，存货通常包括各种原材料、在产品、产成品、包装物、低值易耗品、委托加工材料等。存货是关系产品生产与销售的重要环节，在企业流动资产中占有较大比重，所以持有适量的存货是企业进行正常生产经营活动的保证。但是存货的流动性差，若管理不善，会给企业带来巨大损失。存货决策就是确定最佳订货数量，控制存货水平，尽可能地降低存货成本。

一、存货的相关成本

存货成本是指企业由于储存材料、在产品、产成品等存货而发生的成本，反映供应、生产和储运三大环节的管理效益。从本质上讲，存货成本是存货在生产经营过程中停留和转移时所耗资源的货币表现。

存货成本主要包括采购成本、订货成本、储存成本和短缺成本四部分。

（一）采购成本

采购成本是指企业取得存货时付出的进货成本，包括存货的购买价款和运杂费，其总额取决于采购数量与单位采购成本。

由于单位采购成本一般不随采购数量的变动而变动，因此，在采购批量决策中，存货的采购成本通常属于与决策无关的成本，建立存货模型时对采购成本不加考虑，但存在数量折扣时则属于相关成本。其计算公式如下。

$$采购成本 = 采购数量 \times 单位采购成本 \tag{5-10}$$

（二）订货成本

订货成本是指企业为订购货物而发生的各项费用，包括采购人员的工资、采购部门的一般性费用（如办公费、水电费、折旧费等）和采购业务费（如差旅费、邮电费、检验费等）。

订货成本分为固定性订货成本和变动性订货成本。

固定性订货成本是指为维持一定的采购能力而发生的、各期金额比较稳定的成本，与订货次数的多少无关，属于无关成本。

变动性订货成本是指随订货次数的变动而成比例变动的成本，属于相关成本。

其计算公式如下。

$$\begin{aligned} 变动性订货成本 &= 每次变动订货成本 \times 订货次数 \\ &= 每次变动订货成本 \times \frac{一定时期的存货采购总量}{一次订货量} \end{aligned} \tag{5-11}$$

（三）储存成本

储存成本是指企业为储存货物而发生的各项费用，包括仓储费用、保险费、变质损耗费和利息费用等。存货量变化如图 5-5 所示。

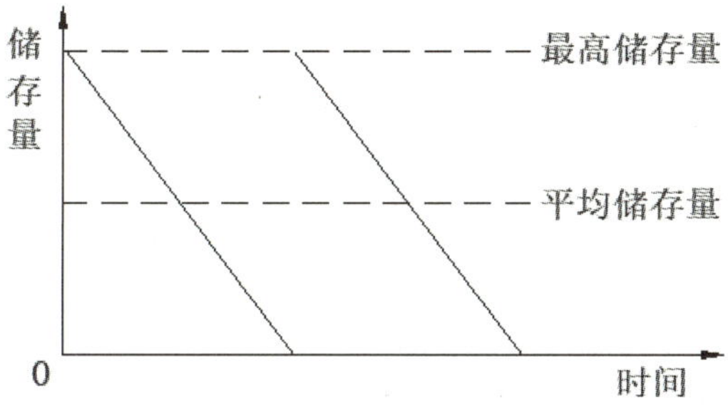

图 5-5　存货量变化图

储存成本分为固定储存成本和变动储存成本。

固定储存成本是指费用总额与储存存货数量的多少及储存时间长短无关的成本。

费用总额与存货决策相关的成本是变动储存成本，如存货保险费、合理损耗费、机会成本等。

其计算公式如下。

$$变动储存成本 = 单位存货变动储存成本 \times 平均储存量 \tag{5-12}$$

（四）缺货成本

缺货成本是指由于存货数量不能及时满足生产和销售的需要而给企业带来的损失。

例如：因停工待料而发生的损失；由于商品存货不足而失去的创利额；因采取应急措施补足存货而发生的超额费用等。

在允许缺货情况下，缺货成本是与决策相关的成本；但在不允许缺货的情况下，缺货成本是与决策无关的成本。缺货成本难以进行定量分析，一般采取一定的方法予以估计。

二、经济订购批量的基本模型

经济订购批量是指一定时期内存货的储存成本与订货成本之和最低的每次订购批量。若订购批量增大，储存成本就升高，但批量增大会使订货次数减少，订货成本也随之下降；反之，若订购批量减少，储存成本就降低，但批量减少会使订货次数增加，订货成本也随之上升。经济批量控制方法就是要寻求一点，使订货成本和储存成本之和达到最低的订购批量。存货成本项目与订货批量的变动关系，即经济订购批量的基本模型如图 5-6 所示。

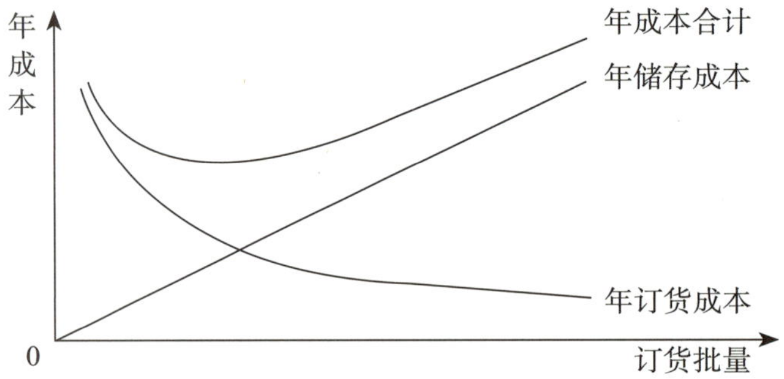

图 5-6　经济订购批量的基本模型

经济订购批量基本模型的假定条件如下。

（1）企业一定时期的存货总量能准确地预测。

（2）企业能够及时补充存货，即需要订货时便可立即取得存货。

（3）一次订购的货物一次全部到达，并可陆续使用。

（4）存货单价稳定，且不存在数量折扣。

（5）订单批量不受限制。

（6）仓库条件及所需现金不受限制。

（7）不允许出现缺货情形。

根据上述存货成本项目与订货批量的变动关系可得到：

$$\text{存货总成本} = \text{订货成本} + \text{储存成本}$$

$$= \text{单位订货成本} \times \frac{\text{一定时期的存货采购总量}}{\text{一次订货量}} + \text{单位存货储存成本} \times \frac{\text{一次订货量}}{2}$$

即

$$T = P \times \frac{A}{Q} + C \times \frac{Q}{2} \qquad (5\text{-}13)$$

式中：

T——存货总成本；

P——单位订货成本（即平均每次进货费用）；

A——一定时期的存货采购总量；

Q——一次订货量（一次进货批量）；

C——一定时期单位存货的（变动性）储存成本。

T是一条凹形曲线，当其一阶导数为零时，其值最低。以Q为自变量，求函数T的一阶导数并令其为零，得

$$经济订货批量\ Q^*=\sqrt{\frac{2AP}{C}} \tag{5-12}$$

$$最优订购批数\ N^*=\frac{A}{Q^*} \tag{5-13}$$

$$最低成本合计\ T^*=\sqrt{2PAC} \tag{5-14}$$

需要指出的是，上述介绍的经济进货批量模型是建立在严格的假设前提之上的，这些假设有些与现实并不相符，如实际工作中，通常存在数量优惠即价格折扣以及允许一定程度的缺货等情形，企业财务人员必须同时结合价格折扣及缺货成本等不同的情况具体分析，灵活运用经济进货批量模型。

上述各数学模型既能用来进行存货的数量控制，也能用来进行金额控制，但必须将有关符号重新定义：

A——全年需要额；

Q^*——经济订货批量金额，即经济订购批额；

C——每元存货年储存成本，即储存成本率。

【例 5–16】

某公司某种材料的全年需要量为100000吨，每次订货成本为500元，每吨材料年储存成本为16元，要求计算：

①经济订货批量；

②最优订购批数；

③全年最低成本合计。

解：经济订货批量 $Q^*=\sqrt{\frac{2\times100000\times500}{16}}=2500$（吨）

最优订购批数 $\frac{A}{Q^*}=\frac{100000}{2500}=40$（次）

全年最低存货成本 $T^*=\sqrt{2\times100000\times500\times16}=40000$（元）

三、存货决策基本数学模型的扩展

基本的经济批量模型建立在理想状态的前提下，在实际工作中，往往会碰到各种各样的问题，必须对上述模型进行调整，才能进行决策。下面就实际工作中的一些不同情况做简要说明。

（一）存在数量折扣情况下的经济订购批量

存在数量折扣的经济批量是指企业在采购材料物资时，采购批量达到一定标准，销售方将在采购价格上给予采购方一定数量折扣。在存在数量折扣的情况下，采购成本是存货决策的相关成本，在存货决策时，除了考虑订货成本和储存成本外，还应考虑采购成本，进而确定经济采购批量。

因此在有数量折扣的决策中，订货成本、储存成本以及采购成本都是订购批量决策中的相关成本。这时，上述三种成本的年成本合计最低的方案，才是最优方案。

相关成本 = 订货成本 + 储存成本 + 采购成本

$$T=P\times\frac{A}{Q}+C\times\frac{Q}{2}+S\times A \tag{5-15}$$

存在数量折扣时，经济订购批量的确定按以下决策程序进行。

（1）计算不考虑数量折扣时的经济批量，并求出此时的相关成本总额。

（2）按照数量折扣条款中其余各档次采购量与相应价格，求出每一档次下的相关总成本。

（3）比较所有情况的相关成本总额，相关成本最低时的采购批量即存在数量折扣时的经济批量。

【例 5–17】

假设【例 5-12】中该种材料单价为每吨 100 元，若一次订货达到 3000 吨以上，价格优惠 2%，计算该种材料的经济订购批量。

解：每次订货 2500 吨时，

$$存货总成本=500\times\frac{100000}{2500}+16\times\frac{2500}{2}+100\times100000=10040000（元）$$

每次订货 3000 吨时，

$$存货总成本=500\times\frac{100000}{3000}+16\times\frac{3000}{2}+100\times100000\times（1-2\%）\approx9840666.67（元）$$

每次订货 3000 吨，存货总成本较低，可节约存货成本 199333.33 元（10040000-9840666.67）。

（二）一次订货、存货陆续入库情况下的决策

在实际工作中，由于企业的储备空间有限或者为了降低存货的储存成本，企业可能采用一次订货、陆续到货的采购模式。陆续入库会使存货年均储存量发生变化，进而使储存成本模型有所改变。其库存情况如图 5-7 所示。其相关成本仍然为订货成本和储存成本。

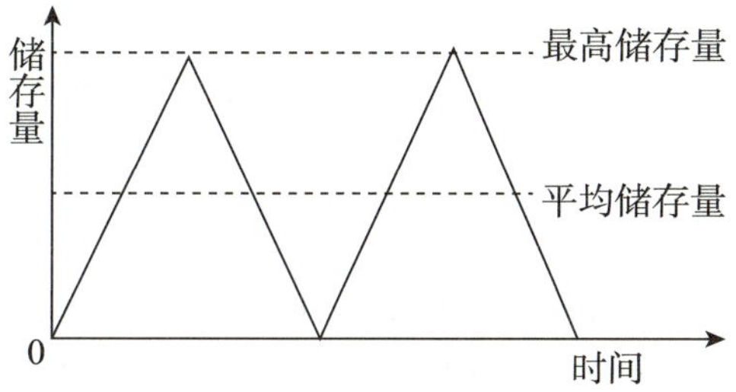

图 5-7 存货量变化图

补充设定符号：

X——每日到货量；

Y——每日耗用量。

则

$$一次订货全部到达所需天数=\frac{Q}{X}$$

$$入库期间存货耗用数量=\frac{Q}{X}\times Y$$

$$存货最高存储数量=Q-\frac{Q}{X}\times Y=Q\left(1-\frac{Y}{X}\right)$$

$$存货平均存储数量=\frac{1}{2}Q\left(1-\frac{Y}{X}\right)$$

由于存货总成本等于年储存成本与年订货成本之和，因此

$$T=\frac{1}{2}Q\left(1-\frac{Y}{X}\right)C+\frac{A}{Q}\times P$$

以 Q 为自变量，令 T′ =0，则陆续到货时

$$经济批量模型Q^*=\sqrt{\frac{2AP}{C(1-\frac{Y}{X})}}$$

$$全年最低存货成本T^*=\sqrt{2APC\left(1-\frac{Y}{X}\right)}$$

【例 5-18】

某公司全年需用某种材料 4000 千克，按经验数据每次订货的变动性订货成本为 500 元，单位材料年平均变动性储存成本为 400 元。企业订货陆续入库，每日入库量为 400 千克，每日耗用量为 300 千克。计算经济订货批量和最低存货成本。

解：根据上述公式得

$$经济订货批量Q^*=\sqrt{\frac{2\times4000\times500}{400\times(1-\frac{300}{400})}}=200（千克）$$

全年最低存货成本$T^*=\sqrt{2\times4000\times500\times400\times(1-\frac{300}{400})}=20000$（元）

（三）订单批量受限时的决策

在实际工作中，许多供应商只接受整数批量的订单，如按打、百件、吨等。在这种情况下，采购经济订购批量基本数学模型计算出来的经济订购批量 Q^*，如果不等于允许的订购量之一，就必须在经济订购批量 Q^* 的两边确定两种允许数量，通过计算各自的年度成本总额来比较优劣。

在这种情况下，经济订购批量的确定按以下决策程序进行。

（1）计算不考虑订单受限时的经济进货批量。

（2）如果不等于允许的订购量之一，就在经济订购批量 Q^* 的两边确定两种允许数量，求出每种允许数量的相关总成本。

（3）比较两种情况的相关成本总额，相关成本较低时的订购批量即订单批量受限时的经济进货批量。

【例 5–19】

某供应商销售 A 材料时，由于包装运输原因，只接受 200 件整数批量的订单（如 200 件、400 件、600 件等），不接受有零数的订单（如 500 件）。某公司全年需用 A 材料 1800 件，每次订货成本为 120 元，每件年储存成本为 2 元。要求做出订单批量受限制时的最佳决策。

解：（1）计算不考虑订单受限制时的经济订购批量。

经济订购批量 $Q^*=\sqrt{\frac{2\times1800\times120}{2}}\approx465$（件）

（2）计算 400 件时的相关成本总额。

订购成本 $=120\times\frac{1800}{400}=540$（元）

储存成本 $=2\times\frac{400}{2}=400$（元）

年成本合计 =540+400=940（元）

（3）计算 600 件时的相关成本总额。

订购成本 $=120\times\frac{1800}{600}=360$（元）

储存成本 $=2\times\frac{600}{2}=600$（元）

年成本合计 =360+600=960（元）

比较 400 和 600 件的年成本，940<960，所以最佳决策应为每次订购 400 件。

（四）存储量受限制时的决策

在实际工作中，每个企业的存储面积是有限的，因此存储量不能无限制扩大。在这种情况下，如果计算确定的经济订购批量大于存储约束性因素的数值（超过现有最大存储量），那么最佳的订购批量就是该约束性因素的值。

当存储量含有约束性因素时，也可以通过某些方法（如租用新的库房、建造新的仓库等）来增加存储量，以达到最佳存储量（经济订购批量）的要求。

【例 5–20】

某公司每年需要乙材料 360000 千克，每次订货成本为 1225 元，每千克全年存储成本为 0.5 元。该公司目前仓库最大存储量为 30000 千克，考虑到业务发展的需要，已向其他单位租用了一间可存储 20000 千克乙材料的仓库，年租金约为 4000 元。应如何进行存储决策？

解：（1）计算不受任何限制时的经济订购批量和年相关总成本。

$$\text{经济订购批量}Q^{\star}=\sqrt{\frac{2\times360000\times1225}{0.5}}=42000\text{（千克）}$$

$$\text{年相关总成本}T^{\star}=\sqrt{2\times360000\times1225\times0.5}=21000\text{（元）}$$

（2）计算一次定购 30000 千克的相关成本总额。

$$\text{订购成本}=1225\times\frac{360000}{30000}=14700\text{（元）}$$

$$\text{储存成本}=0.5\times\frac{30000}{2}=7500\text{（元）}$$

年相关总成本 T^{*}=14700+7500=22200（元）

由于不受任何限制时的最佳存货年成本合计为 21000 元，而不扩大仓储时的限制存货的年成本合计为 22200 元，因此从增加仓储方案角度看，预期可以节约 1200 元。但由于增加仓储需要多支付租金 4000 元，超过预期节约额，因而最好不要租赁，按 30000 千克的批量分批订购。

拓展阅读

身边不可忽视的成本
——机会成本、边际成本、沉没成本

机会成本

“世界上没有免费的午餐”，出自美国著名经济学家米尔顿·弗里德曼之口。你吃这顿饭的时间，可以用来做其他事情，如谈一笔 100 万的生意，你把时间用于吃这顿饭，就失去了这些本来能有的价值。这也是机会成本的概念。

有一个农民，他既想养猪，又想养鸡，还想养鸭，但家里的土地、资金和人力都有限，只能养一种，假设养猪可以获得9万元，养鸡可以获得7万元，养鸭可以获得8万元。他会如何选择呢？他又是怎么思考的呢？机会成本在这里面是如何体现的？

假如你的朋友送给你一张价值30元的电影票，你决定今天下午就拿着去看电影，那请问你的机会成本是多少呢？

假设这张电影票很紧销，现在市场上已经炒到了60元，但你决定还是要去看，请问你现在的机会成本又是多少呢？

假设这张电影票是实名制的，只能你本人凭身份证看，请问你现在的机会成本又是多少呢？

被我们忽略的，可能才是最贵的。

边际成本

边际成本就是产量每增加或减少一个单位所引起的成本变动数额。

互联网为什么在中国蓬勃发展？除了咱们踏实勤奋、热爱工作外，一个很重要的因素，就是中国的人口基数够大。一个手机软件做出来，服务1万人的成本和服务100万人的成本差不多。规模越大，收入越高，但边际成本趋向于零。

所有的新增收入等于净利润，这便是互联网能够蓬勃发展的一个重要原因。

不要小看小小的增量变化。

沉没成本

沉没成本是指过去已经发生并无法由现在或将来的任何决策改变的成本。

小而闹心的困扰：在餐厅排队，一小时之后发现自己前面刚从200桌变成100桌，觉得那还是再等一小时吧，不然白来了。

终于排进餐厅之后发现顾客们桌上的菜看起来并不像菜单上呈现的那样，性价比也不怎么样，但服务员把柠檬水都倒上了，这时候走感觉不太好。

不大不小的日常损失：旅行策划了一半，觉得这个地方可能不太好玩儿，但已经没有时间和心情再选一个新地方了。

大老远出国玩儿一趟，来都来了，好不好玩儿都总得再花钱买点儿特产带回去。

大型人生难题：从大一开始都在质疑自己当时选这个专业的时候不知道在想些什么，但到要找工作的时候又会对自己说“如果不找专业对口的工作过去几年就白学了”，“怕是我还没转行，一直在做本行业的同学都该升职了”。最后只能劝自己“学一行爱一行才是正道”。

放下过去往前看！与过去告别，才能迎来新的生活。

专题回顾

- 经营决策
  - 经营决策概述
    - 决策的含义及其分类
    - 经营决策所涉及的成本概念
  - 经营决策的基本方法
    - 边际贡献分析法
    - 差量分析法
    - 成本无差别点分析法
  - 生产决策
    - 开发新产品决策
    - 零部件自制还是外购的决策
    - 半成品（或联产品）是否进一步加工的决策
    - 生产工艺决策
    - 亏损产品的决策
    - 根据单位变动成本分配增产任务的决策
  - 定价决策
    - 影响价格的基本因素
    - 定价决策的基本方法
    - 市场定价策略
    - 产品寿命周期与价格策略
  - 存货决策
    - 存货的相关成本
    - 经济订购批量的基本模型
    - 存货决策基本数学模型的扩展

思考与练习

一、单项选择题

1. 某企业生产某种半成品2000件，完成一定加工工序后，可以立即出售，也可以深加工后再出售。如果立即出售，每件售价为15元，若深加工后出售，售价为24元，但要多付加工费9500元。继续进行深加工的机会成本为（　）元。

A.48000　　B.30000　　C.9500　　D.18000

2. 如上题条件，立即出售的机会成本为（　）元。

A.48000　　B.30000　　C.38500　　D.18000

3. 某人有现金10000元，若购买企业债券，年息为10%；若购买金融债券，则年息为12%。那么，他购买企业债券的机会成本是（　）元。

A.1000　　B.1200　　C.200　　D.800

4. 把不同产量作为不同方案来理解的话，边际成本实际上就是不同方案形成的（　）。

A. 相关成本　　B. 沉没成本　　C. 差量成本　　D. 付现成本

5. 某企业在六年前购置了一台机床，原价18000元，拟报废清理或修理后作价出售。假设报废后得残值1200元，进行修理则需花费4000元，修理后作价8000元，那么（　）元是沉没成本。

A.18000　　B.1200　　C.4000　　D.8000

6. 企业五年前购进了一台机器，现已折旧，拟购买一台价值40000元的更新式机器，卖方提出可以用旧机器作价14500元进行交换，其余的25500元以现金支付，则该方案的付现成本是（　）元。

A.40000　　B.14500　　C.25500　　D.11000

7. 付现成本是（　）需以现金支付的成本。

A. 过去　　B. 现在　　C. 将来　　D. 都不是

8. 某企业三年前用60000元购入一台专用机床，由于60000元的买价早已支付，因此它是（　）。

A. 相关成本　　B. 沉没成本　　C. 差量成本　　D. 机会成本

9. 在不存在专属成本的情况下，可以通过比较不同备选方案的（　）来进行择优决策。

A. 边际贡献总额　　B. 剩余边际贡献总额

C. 单位边际贡献　　D. 单位剩余边际贡献

10. 在存在专属成本的情况下，可以通过比较不同备选方案的（　）来进行择优决策。

A. 边际贡献总额　　B. 剩余边际贡献总额

C. 单位边际贡献　　D. 单位剩余边际贡献

11. 在企业某项资源受到限制的情况下，可以通过比较不同备选方案的（ ）来进行择优决策。

A. 边际贡献总额　　B. 剩余边际贡献总额

C. 单位产品边际贡献　　D. 单位资源边际贡献

12. 边际贡献与剩余边际贡献之差是（ ）。

A. 变动成本　　B. 固定成本

C. 专属成本　　D. 联合成本

13. 当企业利用剩余生产能力选择生产新产品，而且每种新产品都没有专属成本时，应将（ ）作为选择标准。

A. 销售价格　　B. 成本总额

C. 边际贡献总额　　D. 产销量

14. 假设某厂有剩余生产能力 1000 机器小时，有四种产品甲、乙、丙、丁，它们的单位边际贡献分别为 4 元、6 元、8 元和 10 元，生产一件产品所需的机器小时分别为 4 小时、5 小时、6 小时和 7 小时，则该厂应增产的产品是（ ）。

A. 甲产品　　B. 乙产品

C. 丙产品　　D. 丁产品

15. 一般情况下，在剩余生产能力没有其他用途时，亏损产品（ ）时不应停产。

A. 收入大于变动成本　　B. 成本较小

C. 边际贡献小于零　　D. 单价较高

16. 某亏损产品是否转产，主要取决于转产产品所产生的边际贡献与亏损产品所提供的边际贡献，若前者（ ）后者，则转产方案可行。

A. 小于　　B. 大于　　C. 等于　　D. 接近

17. 在固定成本不变的情况下，（ ）时应该采取外购的策略。

A. 自制单位变动成本 < 外购价格　　B. 自制单位变动成本 = 外购价格

C. 自制单位变动成本 > 外购价格　　D. 自制单位产品成本 > 外购价格

18. 企业所需零件既可外购入，又可自制，外购市场价为每件 20 元，自制所需的相关固定成本为 20000 元，单位变动成本为 10 元，则成本无差别点为（ ）件。

A.1000　　B.1500　　C.2000　　D.2500

19. 设某厂需要零件甲，其外购单价为 10 元。若自行生产，单位变动成本为 6 元，且需要为此每年追加 10000 元的固定成本，通过计算可知，当该零件的年需要量为（ ）件时，两种方案等效。

A.2500　　B.3000　　C.2000　　D.1800

20. 在联产品是立即出售还是进一步加工后出售的决策中，一般可将继续加工增加的收入与继续加工增加的成本进行比较，若前者（ ）后者，那么继续加工方案较优。

A. 小于　　B. 大于　　C. 等于　　D. 接近

21. 某公司生产一种化工产品甲，进一步加工可以生产高级化工产品乙。甲、乙两种产品在市场的售价分别是50元/千克和120元/千克，但乙的生产每年需要追加固定成本20000元，单位变动成本为10元/千克。若每千克甲产品可加工0.6千克乙产品，则该公司应该（　）。

A. 进一步加工生产产品乙

B. 当产品甲的年销售数量超过1250千克（或乙超过750千克）时，将产品甲进一步加工成产品乙

C. 将产品甲出售，不应进一步加工

D. 两种方案任选其一

22. 在将增产任务分配给车间时，应以（　）为标准选择车间。

A. 单位成本　　B. 单位变动成本

C. 单位边际贡献　　D. 单位机器工时边际贡献

二、多项选择题

1. 按照决策条件的肯定程度，可将决策划分为以下类型，即（　）。

A. 战略决策　　B. 不确定型决策

C. 确定型决策　　D. 风险型决策

2. 下列各项中，属于生产经营决策相关成本的有（　）。

A. 增量成本　　B. 机会成本

C. 沉没成本　　D. 联合成本

3. 在相关范围内，产量增加或减少一个单位的差量成本与（　）一致。

A. 沉没成本　　B. 边际成本

C. 变动成本　　D. 相关成本

4. 联合成本包括（　）。

A. 专门生产某种产品的专用设备的折旧费

B. 专门生产某种产品的专用设备的保险费

C. 几种产品共同使用的设备折旧费

D. 辅助车间成本

5. 属于企业沉没成本的是（　）。

A. 固定资产　　B. 无形资产

C. 长期持续费用　　D. 在建工程已付费用

6. 下列各项中，属于生产经营决策方法的有（　）。

A. 直接判断法　　B. 差量分析法

C. 边际贡献分析法　　D. 成本无差别点分析法

7. 下列各种决策分析中，可按成本无差别点分析法做出决策结论的有（　）。

A. 亏损产品的决策　　B. 是否增产的决策

C. 自制或外购的决策　　　　D. 生产工艺选择的决策

8. 在是否接受低价追加订货的决策中，如果发生了追加订货冲击正常销售的现象，则意味着（　）。

A. 会因此带来机会成本

B. 追加订货量大于正常订货量

C. 追加订货量大于剩余生产能力

D. 因追加订货有特殊要求，必须追加专属成本

9. 当剩余生产能力无法转移时，亏损产品不应停产的条件有（　）。

A. 该亏损产品的变动成本率大于1

B. 该亏损产品的变动成本率小于1

C. 该亏损产品的边际贡献大于0

D. 该亏损产品的单位边际贡献大于0

10. 在对亏损产品进行变动成本分析之后，可做出（　）其中之一的选择。

A. 停产　　　　B. 持续生产

C. 出租　　　　D. 转让

三、判断题

1. 短期决策是战略决策，长期决策是战术决策。（　）

2. 机会成本、沉没成本和可避免成本都是相关成本。（　）

3. 只要是决策方案直接引起的成本都是相关成本。（　）

4. 机会成本是指过去已经发生，无法由现在或将来的任何决策改变的成本。（　）

5. 如果一项资产只能用来实现某一职能而不能用于实现其他职能，就不会产生机会成本。（　）

6. 机会成本是一项实际支出，应该登记入账。（　）

7. 在任何情况下，边际成本都与变动成本一致。（　）

8. 付现成本与沉没成本的区别在于成本发生的时间不同。（　）

9. 联合成本是由多个产品或部门共同负担的成本，因此属于相关成本，决策时应予以考虑。（　）

10. 相关成本与无关成本的区分是绝对的。（　）

11. 成本无差别点分析法适用于进行收入成本型方案的最优选择决策。（　）

12. 在企业生产受到某一资源限制的情况下进行生产决策，应该选择产品单位资源边际贡献指标作为评价依据。（　）

13. 在进行联产品生产决策时，分离前的“联合成本”不必考虑。（　）

14. 亏损产品都应该立即停产，否则生产越多，亏损越多。（　）

15. 凡是利润小于零的产品均应停产。（　）

16. 只要亏损产品能够提供边际贡献额，就一定要继续生产；凡不能提供边际贡献额的亏损产品，都应予以停产。(   )

17. 自制或外购零部件的决策只能采用差量分析法。(   )

18. 由于外购零件而使剩余生产能力出租获取的租金收入，应作为自制方案的机会成本进行考虑。(   )

19. 一般而言，生产工艺越先进，其单位变动成本越高，固定成本越低。(   )

20. 当生产任务增加而各车间的生产能力又有剩余时，为达到总成本最低的目的，应将增产任务分配给单位成本最低的车间。(   )

21. 成本是构成产品价格的基本因素，也是价格的最低经济界限。(   )

22. 在产品投入期采用渗透策略，可以迅速收回投资，保证获得初期高额利润。(   )

四、计算分析题

1. C企业现有一些闲置设备，机器总工时为1600小时，拟用于开发一种新产品，现有甲、乙两个品种可以选择。甲产品的单价为100元，单位产品变动成本为60元，单位产品机器小时消耗定额为2小时。乙产品的单价为120元，单位产品变动成本为40元，单位产品机器小时消耗定额为8小时。

要求：做出开发哪个品种的新产品的决策，并说明理由。

2. B企业所需的甲零件可以自制，也可以外购。自制的单位变动成本为8元，专属固定成本总额为1600元。外购单价为12元，外购剩余生产能力无法转移。

要求：确定该零件全年需要量在何种情况下外购有利，在何种情况下自制有利。

3. 某炼油厂从原油中提炼出来的煤油，既可作为煤油出售，也可进一步加工成汽油或柴油出售。已知煤油经过加工后的回收率是汽油85%，柴油5%，另外10%在加工中损失。假定煤油加工费是每升0.3元。三种油每升的销售价格为煤油0.5元，汽油1元，柴油0.4元。该厂现有煤油9000升。

要求：对煤油是否进一步加工做出决策。

4. 某企业过去一直用半自动化设备生产甲产品，其最大生产能力为10000件，其单件变动成本为16元，固定成本总额为200000元，产品销售单价为26元。现为提高产品的质量和产量，准备购置全自动化设备，这样将使固定成本总额增加50%，生产能力提高30%，但单位变动成本可降低到4元。

要求：分析在什么规模产量条件下，采用全自动化设备才是有利的。

5. 某公司全年需要甲零件5000件，该零件既可以自制也可以外购。若从市场购买，购买价和运杂费为每件8元。自制的单位成本资料如下。

直接材料	4 元
直接人工	2 元
变动制造成本	1 元
固定制造成本	2 元
单位生产成本	9 元

要求：分别判断在下列情况下，企业应自制还是外购该零件。

（1）企业具有生产甲零件 5000 件的剩余生产能力，且企业剩余生产能力无法转移。

（2）企业剩余生产能力只够生产甲零件 3500 件，为了自制 5000 件甲零件，企业需购入一台专用设备，预计该设备的年使用成本为 2800 元。

（3）企业具有生产甲零件 5000 件的剩余生产能力，但生产所利用的空置厂房可对外出租，年租金预计为 8000 元。

五、案例分析题

A 公司是一家生产方便面的公司，多年前，当 A 公司开始上碗面生产线时，自己并不生产面碗，而是向当时全国仅有的一家方便面专用碗生产公司订购。不料在既定送货日，没有等到面碗，等来的却是该公司将这批面碗卖给了 A 公司的竞争对手的消息。尽管如此，A 公司仍不得不继续向该公司订货，但供货数量和供货日期却无法保障，导致生产时断时续。为了摆脱受制于供应商的困境，A 公司成立了自己的面碗厂。

多年后，随着包装行业的迅速发展，A 公司自己的包装公司和外部的包装公司相比，其在质量、技术、成本、时效方面的优势已经不明显了。后又因资金问题转让了部分股权，主业开始萎缩，配套厂开始因产能过剩而接受外部订单，配套事业部的贡献额降低，影响了总体投资报酬率。

要求：

（1）A 公司在自制或外购的决策中是否只考虑成本因素？是否还需要考虑其他因素？

（2）新形势下，关于自制或外购，A 公司又应如何做出决策？

专题六 项目投资决策

专题概述

项目投资决策，由于涉及的资金量大、时间长，因此相应的风险也大，企业在进行决策的时候往往要进行准确科学的评估。本专题将介绍项目投资决策的含义、特点、原则、种类、风险和程序；资金时间价值的概念、计算和项目投资风险价值的分析；项目计算期、项目投资额的含义，以及现金流量的内容和计算方法；项目投资决策的方法及分析。

目标导航

知识目标

1. 了解项目投资的含义、特点、原则、种类、风险和程序。
2. 掌握资金时间价值的概念、计算和项目投资风险价值的分析。
3. 熟悉项目计算期、项目投资额的含义，以及现金流量的内容和计算方法。
4. 掌握项目投资决策的方法及分析。

能力目标

1. 清楚货币时间价值的内容和计算方法。
2. 能解释现金流量的内容。
3. 能熟练计算各期现金流量。
4. 能灵活运用几种典型的项目投资决策方法。

素质目标

形成正确的时间观和风险观。

案例导入

晨鸣扩印机厂投资决策案例

晨鸣扩印机厂是生产扩印机的中型企业，该厂生产的扩印机质量优良、价格合理，长期以来供不应求。为了扩大生产能力，晨鸣扩印机厂准备新建一条生产线。于滔是该厂助理会计师，主要负责筹资和投资工作。总会计师张宽要求于滔搜集建设新生产线的有关资料，写出投资项目的财务评价报告，以供厂领导决策参考。

于滔经过十几天的调查研究，得到以下有关资料。该生产线的初始投资是12.5万元，建设期一年，分两次投入。第一次在建设期初投入10万元，第二次在建设期末投入2.5万元。第1年年末可完成建设并正式投产。投产后每年可生产扩印机1000台，每台销售价格是300元，每年可获销售收入30万元。投资项目可使用5年，5年后残值2.5万元。在投资项目经营期间要垫支流动资金2.5万元，这笔资金在项目结束时可如数收回。该项目生产的产品年总成本的构成情况如下。

原材料费用　　20万元

工资费用　　3万元

管理费（扣除折旧）　　2万元

折旧费　　2万元

于滔又对晨鸣厂的各种资金来源进行了分析研究，得出该厂加权平均的资金成本为10%。

于滔根据以上资料，计算出该投资项目的营业现金流量、现金流量、净现值（详见表6-1至表6-3，单位：元），并把这些数据资料提供给全厂各方面领导参加的投资决策会议。

表6-1　项目营业现金流量表

项目	第1年	第2年	第3年	第4年	第5年
销售收入	300000	300000	300000	300000	300000
付现成本	250000	250000	250000	250000	250000
其中：原材料	200000	200000	200000	200000	200000
工资	30000	30000	30000	30000	30000
管理费	20000	20000	20000	20000	20000
折旧费	20000	20000	20000	20000	20000
税前利润	30000	30000	30000	30000	30000
所得税（税率为40%）	12000	12000	12000	12000	12000
税后利润	18000	18000	18000	18000	18000
现金流量	38000	38000	38000	38000	38000

表6-2　项目现金流量表

项目	0	1	2	3	4	5	6
初始投资	-10000	-25000	—	—	—	—	—
流动资金垫支	—	-25000	—	—	—	—	—
营业现金流量	—	—	38000	38000	38000	38000	38000
设备残值	—	—	—	—	—	—	25000
流动资金回收	—	—	—	—	—	—	25000
现金流量合计	-10000	-50000	38000	38000	38000	38000	88000

表 6-3 项目净现值表

时间	现金流量	10% 的贴现系数	现值
0	-100000	1.0000	-100000
1	-50000	0.9091	-45455
2	38000	0.8264	31403
3	38000	0.7513	28549
4	38000	0.6830	25954
5	38000	0.6209	23594
6	88000	0.5644	49667
净现值 =13712			

在厂领导会议上，于滔对提供的有关数据做了必要的说明。他认为建设新生产线有13712 元净现值，故这个项目是可行的。

厂领导会议对于滔提供的资料进行了分析研究，认为于滔在搜集资料方面做了很大努力，计算方法正确，但却忽略了物价变动问题，这便使他提供的信息失去了客观性和准确性。

生产处长陈兵认为，由于物价变动的影响，原材料费用每年将增加 14%，工资费用也将增加 10%。

财务处长周康认为，扣除折旧以后的管理费用每年将增加 4%，折旧费用每年仍为20000 元。

厂长郑达要求于滔根据以上意见，重新计算投资项目的现金流量和净现值，提交下次会议讨论。

项目1 项目投资基础知识

项目投资作为企业长期投资的主要形式，是企业直接的、生产性的对内实物投资。重大项目决策的成功与否直接影响企业的成败，延缓决策会丧失企业的发展机会，而仓促决策也会使企业遭受灭顶之灾。可以说，项目决策的正确与否对企业的生死存亡具有决定性的影响，项目投资决策分析也就必然成为管理会计的重要研究内容之一。

管理会计意义上的项目投资决策是指企业固定资产的改建、扩建、更新等规划企业未来的发展方向、规模的决策，所以在投资决策分析中，为保证决策的正确性，需考虑货币时间价值、投资的风险价值及现金流量等因素。

一、项目投资概述

（一）项目投资的含义

项目投资是企业直接的、生产性的对内实物投资，它包括兴建工厂、建造新生产线、购置生产设备、改造设备等生产性资产的投资，其目的是保证企业生产经营过程的连续和生产经营规模的扩大。

（二）项目投资的特点

相对于经营决策，项目投资决策面对的是长期资产的取得问题，具有以下主要特点：投资项目的金额较大，甚至巨大；投资支出的收益需较长时间才能实现，也即投资的影响时间长；投资具有不可逆转性，因为资金投入特定对象后，实际的金额大、回收时间长，所以中途很难改变其用途；影响收益的因素很多且企业难以控制，所以投资的风险很大。

1. 投资数额多

项目投资，特别是战略性的扩大生产能力投资一般都需要较多的资金，如小企业上百万元、上千万元，大企业上千万元、上亿元的设备和建设项目，其投资数额往往是企业或其投资人多年的资金积累，在企业总资产中占有相当大的比重。因此，项目投资对企业未来的现金流量和财务状况都将产生深远的影响。

2. 影响时间长

作为长期投资的项目投资发挥作用的时间较长，几年、十几年甚至几十年才能收回投资。因此，项目投资对企业未来的生产经营活动和长期经济效益将产生重大影响，其投资决策的成败对企业未来的发展好坏将产生决定性作用。

3. 具有不可逆转性

与企业的短期投资和长期性金融投资相比，企业内部项目投资的发生次数不太频繁，特别是大规模的具有战略投资意义的扩大生产能力投资，一般几年甚至十几年才发生一次，实际的投资金额大、回收时间长，所以中途很难改变其用途。这就要求企业管理人员对此进行慎之又慎的可行性研究。

4. 风险大

作为长期投资的项目投资，不仅不准备在一年或超过一年的一个营业周期内变现，而且在一年或超过一年的一个营业周期内变现的能力也很差。因为项目投资一旦完成，要想改变其用途是相当困难的，不是无法实现，就是代价太大，所以投资的风险很大。

（三）投资的原则

企业资本投资必须坚持以下原则。

1. 资本增值原则

资本增值原则也是收益原则。企业在投资中，必须力争更多的利益，实现投资资本的不断增值。因此，充分利用企业拥有或控制的经济资源进行有效的投资，不仅会使企业取得收益，而且也会使企业资本在投资中不断升值，保证所有者权益的不断扩充。

2. 资本保全原则

资本保全原则也是安全性原则。企业投资，尤其是对外长期投资，具有金额大、期限长、风险高的特点，一旦决策失误，将会带来很大的损失。为确保投资的安全性、决策的正确性，必须建立严密的投资管理程序，认真进行市场调查，对市场因素、变化规律以及潜在风险因素进行合理预测，充分论证投资项目在技术上的可能性和在经济上的有效合理性，做好投资项目的可行性分析，努力保证在投资资本安全的条件下实现投资资本增值。

3. 投资合法性原则

投资合法性原则是指保证投资对象的合法性和投资行为的合法化。企业在选择投资时必须防止损害国家和社会利益。企业在投资过程中，首先要维护国家利益，遵纪守法，维护社会公共利益，保护生态平衡，合理使用资源，不能以破坏资源、污染环境为代价谋求企业经济利益。正确处理好经济利益与履行社会责任的关系是投资者必须遵守的原则。

4. 投资合理性原则

投资合理性原则即企业资金合理配置原则。企业应从长远利益出发，在保证正常生产的条件下，合理规划长期投资与短期投资的比例、对内投资与对外投资的比例，使企业资金处于最优比例结构状态，既能保证生产的顺利进行，又能实现企业财务管理目标。因此，资金合理配置是企业持续、高效经营的必不可少的条件。

5. 投资收益与风险均衡原则

企业在投资过程中，风险与收益是并存的。正因为风险中包含着收益，现实中又有收益越大，风险越大的成功案例，才有冒大风险投资以期谋取巨额利润的决策。但投资运行中，收益的增加是以投资风险增大为代价的，无论是对投资者还是对受资者，都要求收益与风险相适应。因此，只有在收益和风险达到最好均衡时，才能获得投资利益，才能不断增加企业价值。

（四）投资的种类

1. 按照投资的性质分

按照投资的性质，投资可以分为权益性投资、债权性投资和混合性投资。

权益性投资是指为获取其他企业的权益或净资产所进行的投资。如购买其他企业的普通股股票和进行以获取其他企业权益的联营投资，均属于权益性投资，目的是取得另一企业的控制权，或对其产生重大影响。

债权性投资是为了获取债权而进行的投资。如购买公司债券、购买国库券等，均属于债权性投资。该类投资是为了获取高于银行存款利率的利息。

混合性投资是指兼有权益性投资和债权性投资性质的投资。这种投资通常表现为混合性证券投资。如购买另一企业的优先股股票、购买可转换第三债券等。

2. 按照投资的对象分

按照投资的对象，投资可以分为易变现的投资和不易变现的投资。

易变现的投资是指能在证券市场上随时变现的投资。如企业持有能够上市交易的股票、债券等。

不易变现的投资是指不能轻易在证券市场上变现的投资。如企业持有非上市的公司股票、有限责任公司的股份以及不能上市交易的债券等。

3. 按照投资的目的分

按照投资的目的，投资可以分为短期投资和长期投资。

短期投资是指能够随时变现并且持有时间不准备超过一年的投资。这种投资以能给企业带来高于银行存款利率的利息或在转让时赚取价差为目的。短期投资既可以是权益性投资，也可以是债权性投资。

长期投资是指短期投资以外的投资。这种投资是为了积累整笔资金，以供特定用途的需要，或为了达到控制其他企业或对其实施重大影响，或出于长期性的战略思考。长期投资既可以是易变现的投资，也可以是不易变现的投资；既可以是权益性投资，也可以是债权性投资或混合性投资。

4. 按照投资内容和意图不同分

按照投资内容和意图不同，投资可以分为交易性金融资产投资、持有至到期投资、长期股权投资、可供出售金融资产投资和投资性房地产投资等五种。

交易性金融资产投资是指企业以赚取差价为目的，近期内准备出售而进行的金融资产投资。如企业从二级市场购入股票、债券、基金等。

持有至到期投资是指到期日固定、回收金额固定或可确定，且企业有明确意图和能力持有到期的非衍生金融资产。如国债和企业债券等。

长期股权投资是指能够取得并意图长期持有被投资单位股份的投资。包括企业持有的对其子公司、合作企业及联营企业的权益性投资，以及企业持有的对被投资单位不具有控制、共同控制或重大影响，且在活跃市场中没有报价、公允价值不能可靠计量的权益性投资。

可供出售金融资产投资是指初始确认时即被指定为可供出售的非衍生金融资产，以及除下列各类资产以外的金融资产：①贷款和应收账款；②持有至到期投资；③以公允价值计算且其变动计入当期损益的金融资产。例如企业购入在活跃市场上有报价的股票、债券和基金等，没有划分为以公允价值计算且其变动计入当期损益的金融资产或持有至到期投资等金融资产。

投资性房地产投资是指以赚取租金或资本增值为目的或两者兼有而进行的房地产投资。

5. 按照投资与经营之间的关系分

按照投资与生产经营之间的关系，投资可以分为直接投资和间接投资。

直接投资是指将资金直接投放于本企业经营性资产或其他企业，以获取利润的投资。

间接投资又称证券投资，是指将资金投放于证券等金融资产，以取得股利或利息的投资。

思考

你愿意投资什么样的投资项目？

（五）项目投资的风险

1. 技术可行性风险

技术可行性风险是指新技术（新产品）在研制进程中对某些不确定因素估计不足导致技术创新失败的可能性。这些因素是由设计构思不严密、技术研制时间过长、技术更新过快等因素构成的。

任何一项新技术（新产品）的研制都是在几经试验、几经失败中完成的，有些特殊产品即使研制成功，也要进行无数次破坏性试验，但如果这一时间过长，一旦替代产品出现或其他企业先一步研制成功，甚至已经投入市场，就会使企业无法收回该类投资的本金。

2. 投资额变化风险

投资额变化风险是指投资过程中，实际需要的投资额远远超过原预测的投资额而带来的风险。这种风险，不管在企业资金充裕时，还是在企业资金不足时，都将减少企业的未来收益或使企业存在亏损的可能。企业在投资前，合理准确地预测投资资金需要量，是财务管理工作的一项重要内容。

3. 资本成本风险

资本成本风险又称资金成本风险，是指投资项目未来的实际投资收益率（资金利润率）低于资本成本的可能性。资本成本是衡量投资经济效益的标准，只有当投资项目的收益率（资金利润率）高于资本成本时，才能表明使用资本取得了较好的经济效益。因此，在投资决策中，资金成本是企业用以评价投资项目可行性的主要经济指标。

4. 市场因素风险

市场因素风险是指投资过程中，面临的不断变化、不断发展的市场存在的各种已知因素变化规律以及潜在风险因素出现的范围的可能性和不确定性。

企业在进行某项目投资之前，必须对该项目所生产的产品要面对的市场供求现状和发展趋势进行细致的预测，包括新产品被市场接纳的时间、新产品市场容量的多少、新产品市场价格定位等，只有做好这项工作，才可能保证投资决策的正确性。

5. 投资环境风险

投资环境风险是指能够对投资效益产生影响的社会环境、法律环境、经济政策以及文化环境等给企业带来盈亏的可能性。投资环境内容十分广泛，也在不断变化，能够对企业投资产生影响的弹性空间很大，因此，不管是投资决策之前，还是投资项目运行之中，及时、准确地对投资环境做出分析判断，可以保证投资决策以及对投资项目运行进行指导的正确性、有效性和预见性。

6. 投资管理风险

投资管理风险是一项难以量化的风险，主要由企业管理层的素质、企业管理者的理念、决策者对风险的偏爱以及企业人力资源的状况等因素构成。品质优良的企业投资管理风险远远低于品质一般的企业，而品质优良的企业投资效益远远高于品质一般的企业。

（六）项目投资的程序

项目投资的特点决定了项目投资风险大、周期长、不可逆转、考虑因素复杂，因此，项目投资是一项复杂的系统工程。项目投资一旦决策失误，对企业未来的生产经营活动、长期经济效益和长期偿债能力都将产生重大而深远的影响，甚至会导致企业破产。因此，企业既要抓住投资机会，又要进行深入的调查研究和严密的可行性论证，按照特定的程序，运用科学的方法进行决策，目的是能够取得预期的收益。

根据项目周期，项目投资的程序主要包括以下环节。

1. 投资项目的提出

投资项目的提出是根据企业的长远发展战略、中长期投资计划和投资环境的变化，在把握良好投资机会的情况下提出的。投资项目的提出是项目投资程序的第一步，规模较大的投资项目一般由最高领导人提出，由各部门专家进行可行性研究；小规模的投资项目一般由中层或基层主管人员提出。

2. 投资项目的评价

投资项目的评价主要涉及以下几项工作：首先，对提出的投资项目进行适当分类，为分析评价做好准备；其次，计算有关项目的建设周期，测算有关项目投产后的收入、费用和经济效益，预测有关项目的现金流入和现金流出；第三，运用各种投资评价指标，将各项投资按可行程度进行排序；最后，写出详细的评价报告。

3. 投资项目的决策

投资项目完成评价后，应按分权管理的决策权限由企业高层管理人员或相关部门经理做出最后决策。投资额较小的战术性项目投资或维持性项目投资，一般由部门经理做出；金额较大的项目投资一般由企业最高管理当局或企业高层管理人员做出，特别重大的项目投资还需要报董事会或股东大会批准。不管由谁最后决策，其结论一般都可分成以下三种：①接受这个投资项目，可以进行投资；②拒绝这个投资项目，不能进行投资；

③发还给项目提出部门，重新论证后，再行处理。

4. 投资项目的执行

决定对某项目进行投资后，要积极筹措资金，实施项目投资。在投资项目的执行过程中，要对工程进度、工程质量、施工成本和工程概预算进行监督、控制和审核，杜绝工程建设中的舞弊行为，确保工程质量，保证按时完成。

5. 投资项目的再评价

在投资项目的执行过程中，应注意原来做出的投资决策是否合理，是否正确，一旦出现新的情况，就要随时根据变化的情况做出新的评价。如果情况发生重大变化，原来投资决策已变得不合理，那么，就要进行是否终止投资或怎样终止投资的决策，以避免更大的损失。

二、资金时间价值

项目投资决策程序中一个重要的步骤是对项目产生的现金流入和流出进行测算、比较，进而做出决策，而现金流入和流出发生在不同的时点上，缺乏可比性。时间价值原理揭示了资金在不同时点上的换算关系，是正确进行财务决策的基本依据，因此学习项目投资，必须了解和掌握资金时间价值的概念和计算方法。

思考

今天的1万元和10年后的1万元你会选择哪个?

（一）资金时间价值的概念

从经济学的角度来看，即使不考虑通货膨胀的因素，相同数量的货币在不同时点上的价值也是不相等的。一定数量的货币可以用于投资，一段时期后可获得一定的投资收益，使收回资金的总额大于当初投资的总额；而如果将钱储藏起来，时间再长也不会多出一分钱。总之资金只有投入再生产过程中才能增值，这是最简单的经济学常识。可见，资金只有转化为资本，投入生产经营活动中，与劳动相结合，才能创造价值。

我们可以把资金时间价值理解为一定量的资金在不同时点上价值量的差额，但必须同时满足以下两个条件，一是要经历一段时间，二要进行投资或再投资。

所谓资金的时间价值，是指资金经历一定时间的投资和再投资所增加的价值。通常用无风险、无通货膨胀条件下全社会的平均资金利润率来衡量。资金时间价值是贯穿于企业财务活动的一条红线，企业的任何一项预测、决策都要考虑资金的时间价值。

资金时间价值可以有两种表现形式，其相对数即时间价值率，指扣除风险报酬率和通货膨胀贴水率后的社会平均资金利润率；其绝对数即时间价值额，是资金在生产经营中带来的真实增值额，也就是一定数额的资金与时间价值率的乘积。

（二）资金时间价值的计算

不同时点上相同数量的货币价值是不相同的，必须将其换算到相同时间基础上才能进行比较，衡量其实际价值。

资金有两种价值，现在的价值和将来的价值。现在的价值，简称现值，是指未来收入或支出的一笔或一系列款项按给定的利息率计算所得到的现在的价值，又称本金或期初余额；将来的价值，简称终值，是指现在收入或支出的一笔钱按给定的利息率计算所得到的在未来某个时点上的价值，又称本利和或期末余额。

出于内容介绍方面的需要，我们统一设：

P——现在的价值，简称现值；

F——将来的价值，简称终值；

i——利率；

I——利息额；

n——期间；

A——年金。

1. 单利的计算

单利是计算利息的一种方法。按照这种方法，只要本金在贷款期限中获得利息，不管时间多长，所生利息均不加入本金重复计算利息。

（1）单利利息额的计算公式：

$$I=P\times i\times n \tag{6-1}$$

在计算利息额时，除非特别指明，给出的利率都指年利率。对于不足一年的利息，以一年等于 360 天来折算。

（2）单利终值的计算公式：

$$\begin{aligned}F&=P+I\\&=P+P\times i\times n\\&=P\times(1+i\times n)\end{aligned} \tag{6-2}$$

在现实经济生活中，有时需要根据终值来确定其现在的价值，即现值。

（3）单利现值的计算公式：

$$\begin{aligned}P&=F-I\\&=F-P\times i\times n\\&=\frac{F}{1+i\times n}\end{aligned} \tag{6-3}$$

2. 复利的计算

1）基本概念

复利是计算利息的另一种方法。按照这种方法，每经过一个计息期，要将所生利息加入本金再计利息，逐期滚算，故称“利滚利”。这里所说的计息期，是指相邻两次计息的时间间隔，如年、月、日等。除非特别指明，计息期一般为一年。

复利终值是指若干期以后包括本金和利息在内的未来价值，又称“本利和”。

复利现值是复利终值的对称概念，指未来一定时间的特定资金按复利计算的现在价值，或者说是取得将来一定本利和现在所需要的本金。由终值求现值，叫做贴现，在贴现时所用的利息率叫贴现率。

复利的计息期不一定总是一年，有可能是季度、月或日。当利息在一年内要复利几次时，给出的年利率叫名义利率。

2）复利终值

新盛公司一次性存入银行 100 万，定期 3 年，假定银行定期存款年利率为 5%，该企业 3 年后可取出多少钱？

$$100\times(1+5\%)^{3}=100\times1.157=115.7\text{（万元）}$$

从财务管理的视角看，存款其实是一项投资行为，如图 6-1 所示。

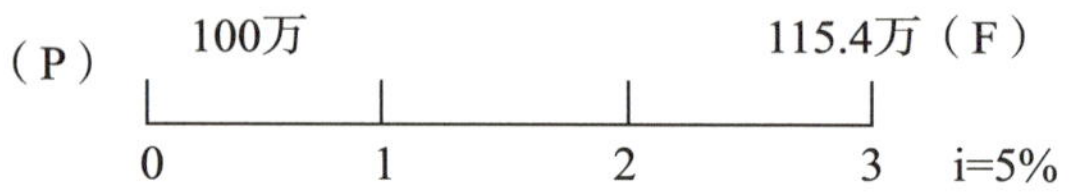

图 6-1　存款行为现金流量图

复利终值系数表

复利现值系数表

（1）一次性存入银行的 100 万元，我们称为这笔钱现在的价值（现值），现值一般用 P（现在的价值）表示。

（2）3 年后取出的 115.7 万元，我们称为这笔钱 3 年后最终的价值（终值），终值一般用 F（最终的价值）表示。

（3）银行定期存款利率称贴现率（对于存款人来说是一种投资收益率），一般用 i 表示。

（4）定期存款时间（投资时间），一般用 n 表示。

（5）在财务管理实务中（1+5%）×3 我们称其为复利终值系数，也可以表示为（F/P，5%，3），可以查复利终值系数表求得。

$$F=P\times(1+i)^{n}=P\times(F/P,\ i,\ n)$$

在上述公式中，（F/P，i，n）叫作复利终值系数。

【例 6–1】

小明将 40000 元用于某项投资，假设报酬率为 6%，按复利计算，则 6 年后能得到多少钱？

解：$F=P\times(F/P,\ i,\ n)$

$=40000\times$（F/P，6%，6）

$=40000\times1.419$

$=56760$（元）

3）复利现值

$$P=F\times(1+i)^{-n}=F\times(P/F,\ i,\ n)$$

在上述公式中，（P/F，i，n）叫作复利现值系数。

【例 6-2】

小明年初打算存入一笔资金，8 年后一次取出，准备购买价值 200000 元的家用小轿车，假设利息率为 4%，问现在应存入多少钱？

解：$P=F\times(P/F, i, n)$

$=200000\times0.731$

$=146200$（元）

3. 年金的计算

年金是指在一定时期内，每隔相等的时间连续收入或支出的等额的款项。

年金终值系数表

年金具有三个特点：系列收付、间隔时间相等、收或付的金额相等。

年金按照收付的次数和收付的时间不同，可分为普通年金（后付年金）、预付年金（先付年金）、递延年金和永续年金。

1）普通年金

普通年金又称后付年金，是指发生在各期期末等额的系列收付款项。

（1）普通年金终值。普通年金终值就是在一定时期内，一定利率情况下，每年年末的等额存款在期末的总价值，是每期期末等额收付款项的复利终值之和。

普通年金终值的计算如图 6-2 所示。

设：

A——年金数额；

F——年金终值。

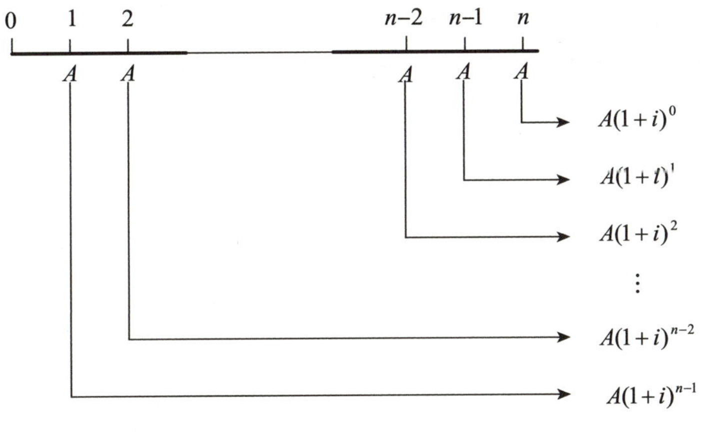

图 6-2　普通年金终值的计算示意图

由图 6-2 可以得出普通年金终值计算公式：

$F=A(1+i)^0+A(1+i)^1+A(1+i)^2+\cdots+A(1+i)_{n}^{-2}+A(1+i)^{n-1}$

$=A[(1+i)^0+(1+i)^1+(1+i)^2+\cdots+(1+i)^{n-2}+(1+i)^{n-1}]$

$$=A\sum_{n=1}^{n}(1+i)^{n}$$

$$=A\frac{(1+i)^{n}-1}{i} \qquad (6\text{-}4)$$

式（6-4）中的$\frac{(1+i)^{n}-1}{i}$，叫作年金终值系数，可写成（F/A，i，n），所以年金终值的计算公式可写成

$$F=A（F/A，i，n） \qquad (6\text{-}5)$$

【例 6–3】

假如某企业在 5 年中每年年末存入银行 200000 元，存款利率为 5%，求第 5 年年末能取出多少元？

解：$F=A$（F/A，5%，5）

$=200000\times5.526$

$=1105200$（元）

思考

李明是一名职业经理人，去长征公司应聘，公司提出两个薪酬方案：方案一，每月末支付 12000 元；方案二，年末一次性支付年薪 150000 元。如果职业经理人要求的最低报酬率为 4%，请帮他选择最好的付薪方式。

【例 6–4】

某企业拟在 6 年内每年末存入银行一笔资金，以便在第 6 年末归还一笔到期值为 250000 元的银行长期借款，为此设置偿债基金，年利率为 6%，求每年年末应存入银行多少钱？

这是一个为偿还将来到期债务而提前如何安排偿债资金的问题。将来需要偿还的债务实际是年金终值，每年提取的偿债基金实际是年金，所以偿债基金的计算实际就是年金终值的逆运算。

解：$F=A$（F/A，i，n）

$$A=\frac{F}{(F/A,i,n)}$$

$$=\frac{250000}{(F/A,6\%,6)}$$

$$=\frac{250000}{6.957}$$

≈35935（元）

因此，$\frac{1}{(F/A,i,n)}$被称为年偿债基金系数，其与普通年金终值系数互为相反数。

（2）普通年金现值。普通年金现值是指在每期期末取得的相等金额的款项，现在需要投入的金额。

普通年金现值的计算如图 6-3 所示。

设 P_v——年金现值。

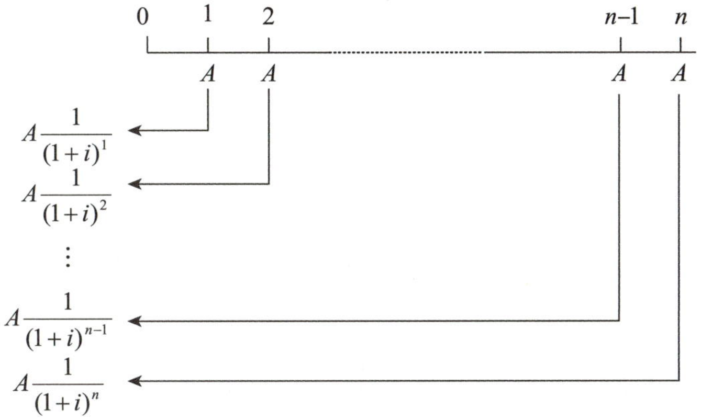

图 6-3 普通年金现值的计算示意图

由图 6-3 可以得出后付年金现值的计算公式：

$P=A(1+i)^{-1}+A(1+i)^{-2}+\cdots+A(1+i)^{-n+1}+A(1+i)^{-n}$

$=A[(1+i)^{-1}+(1+i)^{-2}+\cdots+(1+i)^{-n+1}+(1+i)^{-n}]$

$=A\sum_{t=1}^{n}(1+i)^{-t}$

$$=A\frac{1-(1+i)^{-n}}{i} \quad (6\text{-}6)$$

年金现值系数表

式 6-6 中的 $\frac{1-(1+i)^{-n}}{i}$ 叫作年金现值系数，可写成（P/A，i，n），所以年金现值的计算公式可写成

$$P=A(P/A,\ i,\ n) \quad (6\text{-}7)$$

【例 6-5】

假设某企业投资一个项目，期限 5 年，每年末可得到 200000 元收益，如果贴现率为 5%，现在应投资多少钱？

解：$P=A(P/A,\ i,\ n)$

=200000×（P/A，5%，5）

=200000×4.329

=865800（元）

【例 6-6】

某企业拟投资 1000000 元，建设一个预计寿命期为 6 年的更新改造项目，投资额全部通过银行借款取得，借款利率为 6%。试计算企业每年末至少要从这个项目上获得多少报酬才算是合理的？

这是一个计算年资本回收额的问题。年资本回收额实际就是年金现值的逆运算。

解：$P=A(P/A, i, n)$

$$A=\frac{P}{P/A,i,n}$$

$$=\frac{1000000}{(P/A,6\%,6)}$$

$$=\frac{1000000}{4.917}$$

≈ 203376（元）

因此，$\frac{1}{(P/A,i,n)}$被称为年资本回收额系数，其与普通年金现值系数互为相反数。

2）预付年金

预付年金也称先付年金、即付年金，是指在一定时期内，发生在各期期初等额的系列收付款项。预付年金与普通年金的区别仅在于付款的时间不同。

（1）预付年金终值。

预付年金终值就是在一定时期内，一定利率情况下，每年年初的等额存款在期末的总价值，是每期期初等额收付款项的复利终值之和。

【例 6–7】

为给儿子上大学准备资金，王先生连续 6 年每年年初存入银行 3000 元，若银行存款利率为 5%，则王先生在第 6 年末能一次取出多少钱？

解：方法 1 如图 6-4 所示：

$F=3000\times(F/A, 5\%, 6)\times(F/P, 5\%, 1)$

$=3000\times 6.8019\times 1.05$

≈ 21426（元）

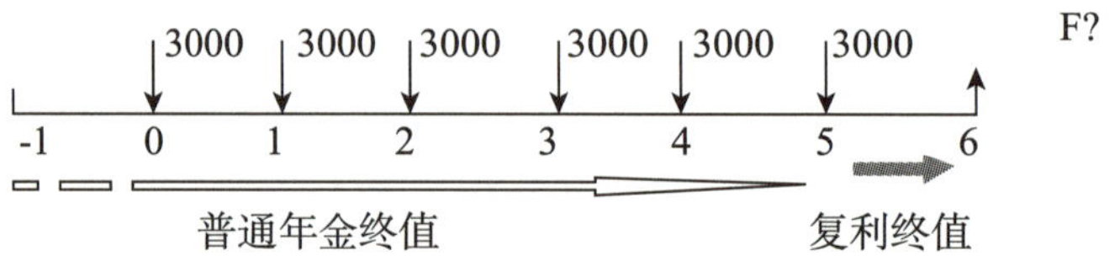

图 6–4　预付年金现值的计算示意图

所以，预付年金的终值计算公式可以写成

$$F=A(F/A, i, n)(1+i) \tag{6-8}$$

方法 2 如图 6-5 所示：

$F=3000\times(F/A, 5\%, 7)-3000$

$=3000\times 8.1420-3000$

$=21426$（元）

n 期预付年金与 n 期普通年金的付款次数相同，只是由于付款时间的不同，n 期先付年金终值比 n 期普通年金终值多计算一次利息，或者说比 $n+1$ 期普通年金少付一次

款，所以，其计算公式为

$$F=A(F/A, i, n)(1+i) \quad (6\text{-}9)$$

$$=A[(F/A, i, n+1)-1] \quad (6\text{-}10)$$

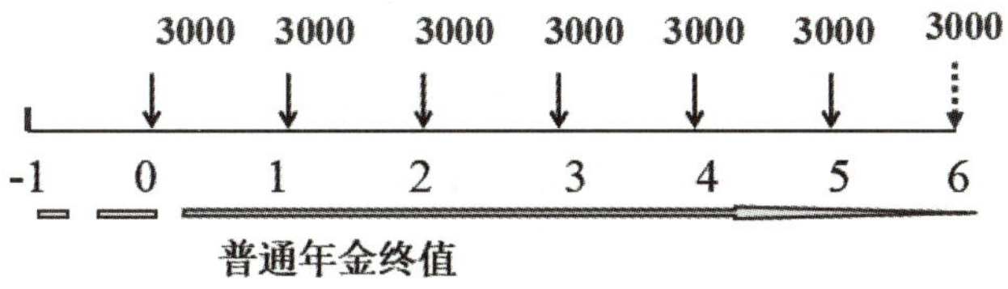

图 6–5　普通预付年金现值的计算示意图

【例 6–8】

长征公司连续 5 年于每年年初存入银行 50000 元，银行存款利率为 5%。问第 5 年年末可一次取出的本利和应为多少？

解：$F=A(F/A, i, n)(1+i)$

$=50000\times(F/A, 5\%, 5)(1+5\%)$

$=50000\times5.526\times1.05$

$=290115$（元）

或 $F=A[(F/A, i, n+1)-1]$

$=50000\times[(F/A, 5\%, 5+1)-1]$

$=50000\times(6.802-1)$

$=290100$（元）

（2）预付年金现值。

预付年金现值是指在每期初取得相等金额的款项，现在需要投入的金额。

【例 6–9】

李某分期购买住房一套，在 8 年内每年初支付 30000 元，当银行贷款利率为 7% 时相当于现在一次性付款多少元？

解：方法 1 如图 6 6 所示：将第 1 期先去掉，转化成普通年金终值计算。

$P=30000\times(P/A, 7\%, 7)+30000$

$=30000\times5.3893+30000=191679$（元）

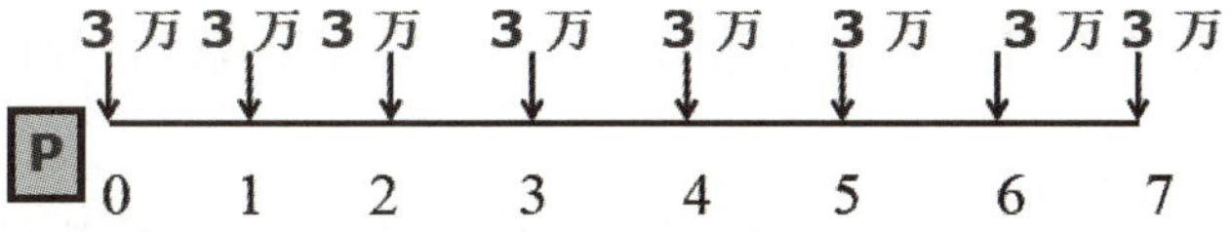

图 6–6　预付年金终值的计算示意图 1

所以，预付年金现值的计算公式为

$$P=A[(P/A, i, n-1)+1]$$

方法 2 如图 6-7 所示：往前加 1 期，转化成普通年金终值计算。

$$P=30000\times(P/A,\ 7\%,\ 8)(1+7\%)=191679\text{（元）}$$

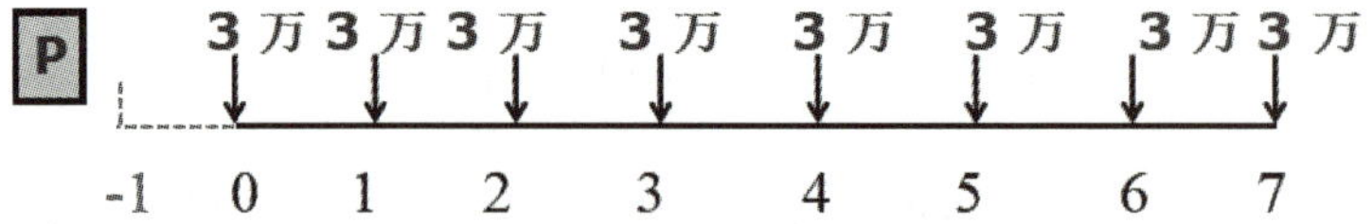

图 6-7　预付年金终值的计算示意图 2

所以，预付年金的现值计算公式也可以写成

$$P=A(P/A,\ i,\ n)(1+i)$$

n 期预付年金与 n 期普通年金的付款次数相同，但由于付款时间不同，n 期预付年金现值比 n 期普通年金现值少贴现一次，或者说比 n–1 期普通年金多一期不用贴现的付款 A，所以，预付年金现值的计算公式为

$$P=A(P/A,\ i,\ n)(1+i) \quad (6\text{-}11)$$

$$=A[(P/A,\ i,\ n-1)+1] \quad (6\text{-}12)$$

【例 6–10】

某单位欲租用厂房 5 年，在 5 年中每年年初要支付租金 80000 元，年利息率为 5%，假设现在一次付清 5 年房租，试计算应付多少钱？

解：$P=A(P/A,\ i,\ n)(1+i)$

$=80000\times(P/A,\ 5\%,\ 5)(1+5\%)$

$=80000\times4.329\times1.05$

$=363636$（元）

或 $P=A[(P/A,\ i,\ n-1)+1]$

$=80000\times[(P/A,\ 5\%,\ 4)+1]$

$=80000\times(3.546+1)$

$=363680$（元）

3）递延年金

递延年金也叫延期年金，是指在最初若干期没有收付款项的情况下，后面若干期等额的系列收付款项。

（1）递延年金终值。

递延年金终值的计算与普通年金终值的计算原理相同。前期未发生收付款的时期不计算，后面发生收付款的时期，按期数和贴现率分别计算，求和即可。

【例 6–11】

某公司向银行借入 500000 元，贷款的年利息率为 6%，约定前 10 年不用还本付息，但从第 11 年至第 20 年每年年末偿还 50000 元本息，问借款总本息是多少？

解：$F=A(F/A,\ i,\ n)$

$=A\times(F/A,\ 6\%,\ 10)$

$=50000\times13.181$

=659050（元）

（2）递延年金现值。

设递延期数为 m，连续支付年金次数为 n，则递延年金现值的计算如图 6-8 所示。

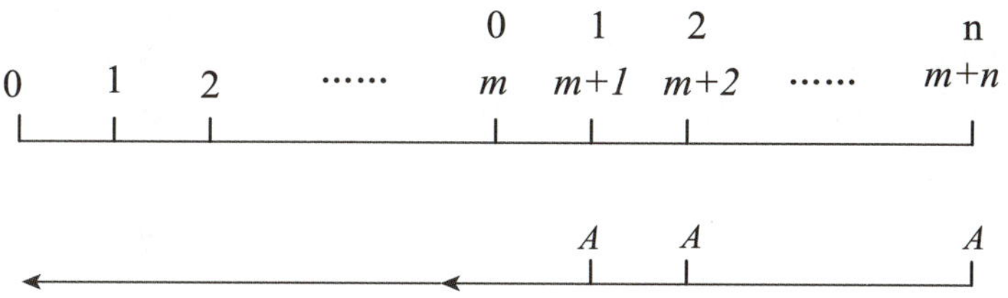

图 6-8 递延年金现值的计算示意图

【例 6-12】

长征公司拟购一房产，有两种分期付款方案可供选择。

方案一：从现在起，每年年初付 20 万，连续付 10 次，共 200 万元。

方案二：从第五年起，每年年初付 25 万，连续付 10 次，共 250 万元。

若银行贷款利率为 5%，应如何选择？

解：比较两个方案哪个好，应该将付款额折算在同一时点上进行比较，那么转换到哪个时点进行比较更好呢？现值更为方便。

方案一：预付年金的现值计算。

方案二：将递延年金转换成普通年金现值计算，然后通过复利现值计算最终计算出递延年金现值。

$$P=250000\times(P/A,\ 5\%,\ 10)\times(P/F,\ 5\%,\ 3)$$

所以，递延年金的现值计算公式也可以写成

$$P=A\,(F/A,\ i,\ n)(P/F,\ i,\ m+n) \qquad (6\text{-}13)$$

思考

1. 如果是从第 5 年年末开始支付，则现金流量图和现值计算有什么差异呢？

2. 如果是从第 4 年年末开始支付，则现金流量图和现值计算又有什么差异呢？

【例 6-13】

某企业年初向银行存入一笔款项，打算从第 6 年年末起每年取出 50000 元，至第 10 年年末取完，银行存款的年利息率为 6%，计算最初一次存入的款项为多少？

$P=A\,(P/A,\ i,\ n)(P/F,\ i,\ m)$

$=50000\times(P/A,\ 6\%,\ 5)(P/F,\ 6\%,\ 5)$

$=50000\times4.212\times0.747$

=157318.2（元）

但是，通过对具体问题的解答，大家会发现递延年金现值公式并不能直接用于解题，要想正确地算出递延年金的现值，画出正确的现金流量图是关键。

4）永续年金

永续年金是无限期支付的年金。如某些国家的债券为无期限债券，其债券的利息可被认为是永续年金；某些国家的优先股，有固定的股利又无明确的到期日（除非企业破产），优先股股利也可被视为永续年金。永续年金持续期是无限的，所以它没有终值，只有现值。

【例 6–14】

长征公司欲在某学院设立一项永久性奖学金，预计每年奖学金需要 50000 元，请问如果银行一年定期存款利率为 4%，要一次性投入多少钱？

解：$P=50000\times\dfrac{1-\dfrac{1}{(1+i)^{n}}}{i}$

当 $n\rightarrow\infty$ 时，$\dfrac{1}{(1+i)^{n}}\rightarrow 0$，

$$P=50000\times\frac{1-\dfrac{1}{(1+i)^{n}}}{i}=50000\times\frac{1-0}{i}=50000\times\frac{1}{i}$$

故

$$P=50000\times\frac{1}{4\%}=1250000\text{（元）}$$

所以，永续年金现值的计算公式为

$$P=A\frac{1}{i} \tag{6-14}$$

【例 6–15】

A 企业持有 D 公司优先股股票，每股每年末的股息为 20 元，假定企业不准备在近期转让该股票，D 公司的预期效益良好，已知贴现率为 5%。试对该项股票投资进行估价。

解：$P=20\times\dfrac{1}{5\%}=400$（元）

4. 复利与年金的混合运用

1）不等额现金流量现值的计算

前面所讲的年金计算是每次收入或支出的金额都相等的情况，但是在实际生活和企业管理中经常遇到每次收入或支出的金额不相等的情况，需要计算其现值之和。

【例 6–16】

A 企业有一笔现金流量如表 6-4 所示，贴现率为 5%，求这笔不等额现金流量的现值。

解：$P=A_0(1+i)^{-0}+A_1(1+i)^{-1}+A_2(1+i)^{-2}+A_3(1+i)^{-3}+A_4(1+i)^{-4}$

$=10000\times(P/F,5\%,0)+20000\times(P/F,5\%,1)+15000\times(P/F,5\%,2)+35000\times(P/F,5\%,3)+40000\times(P/F,5\%,4)$

$=10000\times1.000+20000\times0.952+15000\times0.907+35000\times0.864+40000\times0.823$

=105805（元）

表 6-4　A 企业系列现金流量表

单位：元

年	现金流量
1	10000
2	20000
3	15000
4	35000
5	40000

2）年金和不等额现金流量混合情况下的现值

在年金和不等额现金流量混合的情况下，能用年金公式计算现值便用年金公式计算，不能用年金计算的部分便用复利公式计算。

【例 6–17】

B 企业有系列现金流量如表 6-5 所示，贴现率为 4%，求这一系列现金流量的现值。

表 6-5　B 企业系列现金流量表

单位：元

年	1	2	3	4	5	6	7	8	9	10
现金流量	5000	5000	5000	5000	8000	8000	8000	8000	8000	6000

解：先求出 5~9 年年金的现值系数，有以下两种方法。

$(P/A,4\%,5\sim9)=(P/F,4\%,5)+(P/F,4\%,6)+(P/F,4\%,7)+(P/F,4\%,8)+(P/F,4\%,9)$

=0.822+0.790+0.760+0.731+0.703

=3.806

或 $(P/A,4\%,5\sim9)=(P/A,4\%,9)-(P/A,4\%,4)$

=7.435–3.630

=3.805

再求这一现金流量的现值。

$P=5000\times(P/A,4\%,4)+8000\times(P/A,4\%,5\sim9)+6000\times(P/F,4\%,10)$

$=5000\times3.630+8000\times3.806+6000\times0.676$

$=52654$（元）

或

$=5000\times3.630+8000\times3.805+6000\times0.676$

$=52646$（元）

3）计息期短于 1 年时时间价值的计算

当计息期短于 1 年，而使用的利率又是年利率时，计息期数和计息率均应按下列公式进行换算。

$$r=\frac{i}{m}$$
$$t=m\times n \tag{6-15}$$

式中：

r——期利率；

i——年利率；

m——每年的计息期数；

t——换算后的计息期数；

n——年数。

【例 6–18】

某人想要在 5 年末攒够 100000 元购买小轿车，年利息率为 6%。试计算：①如果每年计息一次，问现在应存多少钱？②如果每半年计息一次，现在应存多少钱？

解：①如果每年计息一次，则 $n=5$，$i=4\%$，$Fv_5=100000$，

$P=F\times(P/F,i,n)$

$=F\times(P/F,6\%,5)$

$=100000\times0.747$

$=74700$（元）

②每半年计息一次，则 m=2，

$r=\frac{i}{m}=\frac{4\%}{2}=2\%$

$t=m\times n=5\times2=10$

则 $P=F\times(P/F,i,n)$

$=F\times(P/F,3\%,10)$

$=100000\times0.744$

$=74400$（元）

4）贴现率与计息期的计算

计算现值和终值时，一般都假定利率是已知的。但在企业管理实践中也经常遇到已知计息期数、现值和终值而求利率（贴现率），或已知现值、终值和利率而求计息期数的

情况，因此有必要掌握贴现率和计息期计算的程序和方法。

（1）贴现率的计算。一般来说，求贴现率可分为两步：第一步求出换算系数；第二步根据换算系数和有关系数表求贴现率。

常用的换算系数计算公式如下。

$$F=P(1+i)n=P(F/P,\ i,\ n) \rightarrow (F/P,\ i,\ n)=\frac{F}{P}$$

$$P=\frac{Fv}{(1+i)}=F(P/F,\ i,\ n) \rightarrow (P/F,\ i,\ n)=\frac{P}{F}$$

$$F=A\sum_{t=1}^{n}(1+i)^{t-1}=A(F/A,\ i,\ n) \rightarrow (F/A,\ i,\ n)=\frac{F}{A}$$

$$Pv=A\sum_{t=1}^{n}(1+i)^{-t}=A(P/A,\ i,\ n) \rightarrow (P/A,\ i,\ n)=\frac{P}{A} \qquad (6\text{-}16)$$

根据换算系数和有关系数表求贴现率和计息期的方法有两种：插值法和逐次测试法。

【例 6–19】

某人把 20000 元存入银行，按复利计算，10 年后可获本利和为 29585.78 元，问银行存款的利率是多少？

解：$(P/F,\ i,\ n)=\frac{P}{F}=\frac{20000}{29585.78}\approx 0.676$

查复利现值系数表，与 $n=10$ 相对应的贴现率中，4% 的系数为 0.676，因此，利息率应为 4%。

【例 6–20】

某企业于第 1 年年初借款 50000 元，每年年末还本付息额为 6000 元，连续 10 年还清。借款利率是多少？

解：$(P/A,\ i,\ n)=\frac{P}{A}=\frac{50000}{6000}\approx 8.333$

查年金现值系数表，利率为 3% 时，系数为 8.530；利率为 4% 时，系数为 8.111。所以利率应在 3% 到 4% 之间，假设 x% 为超过 3% 的利息率，则可用插值法计算 x 的值。

利率			年金现值系数		
3%	x%	1%	8.530	0.197	0.419
?			8.333		
4%			8.111		

$$\frac{x}{1}=\frac{0.197}{0.419}$$

$x\approx 0.470$

则 i=3%+0.470%=3.47%

（2）计息期的计算。计息期的计算原理与贴现率的计算相同，其基本步骤如下（以普通年金为例）。

第一，计算出普通年金现值系数$\frac{P}{A}$，即（P/A，i，n），设其为 a。

第二，查普通年金现值系数表。沿着 i 所在的列，纵向查找，若系数值等于 a，则该系数所对应的 n 值就是所求的计息期。

第三，查普通年金现值系数表。沿着 i 所在的列，纵向查找，若系数值没有等于 a 的，则查找最为接近 a 的左右临界系数 a_1、a_2，以及相对应的临界期间 n_1、n_2，然后用内插法求计息期 n。

计算公式为

$$n=n_1+\frac{(a_1-a)(n_2-n_1)}{(a_1-a_2)} \tag{6-17}$$

【例 6-21】

某人投资 600000 元，借款利率为 6%，按复利计算，预计该项目每年净收回投资 100000 元，多少年能收回投资的本息？

解：已知 P=600000，A=100000，i=6%

则$\frac{P}{A}=a=\frac{600000}{100000}=6$

即（P/A，6%，n）=a=6

查普通年金现值系数表，沿着 i=6% 所在的列，纵向查找，系数值没有等于 6 的，则查找最为接近 6 的左右临界系数 a_1=6.210、a_2=5.582，以及相对应的临界期间 n_1=8、n_2=7，然后用内插法求计息期 n。

$$n=n_1+\frac{(a_1-a)(n_2-n_1)}{(a_1-a_2)}$$
$$=8+\frac{(6.210-6)(7-8)}{6.210-5.582}$$
$$\approx 7.67(年)$$

三、项目风险价值

在阐述时间价值时，我们假定资金的时间价值是在没有风险和通货膨胀条件下的投资报酬率。但是风险是客观存在的，管理会计工作不能不考虑风险问题。从计算技术上讲，时间价值计算中贴现率的选择，就是对企业风险大小的评价。一般来说，贴现率反映了投资者对企业经营收益的最低要求，是企业选择投资项目的重要标准。在其他条件不变时，贴现率越低，企业价值就越高；贴现率越高，企业价值就越低。根据风险程度对项目的贴现率进行调整是非常重要的。

关于风险，你能想到什么？你是冒险家吗？你是厌恶风险，趋于安逸的人吗？对于“企业家首先要有冒险精神”的说法，你怎么看？

(一) 风险的概念

风险是指在一定条件下和一定时期内可能发生的各种结果的变动程度。风险是事件本身的不确定性，具有客观性。风险和不确定性是有区别的，风险是指事前可以知道所有可能的后果，以及每种后果的概率；不确定性指事前无法知道所有可能的后果，更不清楚每种后果的概率。

特定投资的风险大小是客观的，是否去冒风险及冒多大风险，是可以选择的，是主观决定的。风险可能给投资人带来超出预期的收益，也可能带来超出预期的损失。但从财务的角度讲，风险主要指无法达到预期报酬的可能性。

按风险的程度，我们可把企业财务决策分为三种类型：确定性决策、风险性决策和不确定性决策。

决策者对未来的情况是完全确定的或已知的决策，称确定性决策。决策者对未来的情况不能完全确定，但它们出现的可能性——概率的具体分布是已知的或可以估计的，这种情况下的决策称风险性决策。决策者对未来的情况不仅不能完全确定，而且对其可能出现的概率也不清楚，这种情况下的决策称不确定性决策。

(二) 风险报酬的概念

财务活动经常是在有风险的情况下进行的。投资者由于冒风险进行投资而获得的超过资金时间价值的额外收益，称投资的风险报酬或风险收益。

风险报酬也有两种表示方法：风险报酬额和风险报酬率。所谓风险报酬额，是指投资者因冒风险进行投资而获得的超过资金时间价值的额外报酬；所谓风险报酬率，是指投资者因冒风险进行投资而获得的超过时间价值率的那部分额外报酬率，即风险报酬额与原投资额的比率。如果把通货膨胀因素抽象掉，投资报酬率就是时间价值率和风险报酬率之和。

(三) 资产的风险报酬

做好资产的风险报酬的计算是科学进行投资决策的基础，单项资产的风险报酬的计算，是复杂的风险报酬的计算的基础，是管理会计工作的一个基础性工作，我们必须掌握其计算方法和程序。

1. 确定概率分布

(1) 概率。在经济活动中，某一事件在相同的条件下可能发生也可能不发生，这类事件被称为随机事件。概率就是用来表示随机事件发生可能性大小的数值。如某企业投资可能有 70% 的机会获利，30% 的机会亏损。

(2) 概率分布类型。如果把所有可能的事件或结果都列出来，且每一事件都给予一个概率，也把它们列在一起，便构成了概率分布。如果随机变量（如报酬率）只取有限个值，并且对应于这些值有确定的概率，则称随机变量是离散型分布。如果随机变量（如报酬率）有无限个值，并且对应于这些值有确定的概率，则称随机变量是连续型分布。

（3）概率分布要求。所有的概率都在 0 和 1 之间，所有结果的概率之和等于 1。

2. 计算期望报酬率

所谓期望报酬率是指各种可能的报酬率按其概率进行加权平均得到的报酬率，它反映事件集中趋势的程度。期望报酬率按下列公式进行计算

$$\overline{K}=\sum_{i=1}^{n}K_iP_i \quad (6\text{-}18)$$

式中：

K_i——第 i 种可能结果的报酬率；

P_i——第 i 种可能结果的概率；

n——可能结果的个数。

【例 6-22】

假设美成电气公司和佳兴制造公司股票的报酬率及概率分布情况如表 6-6 所示，试计算两个公司的期望报酬率。

表 6-6 美成电气公司和佳兴制造公司股票报酬率的概率分布

经济情况	该种经济情况发生的概率（P_i）	报酬率（P_i）	
		美成电气公司	佳兴制造公司
繁荣	0.20	40%	70%
一般	0.60	20%	20%
衰退	0.20	0%	−30%

解：根据期望报酬率公式 $\overline{K}=\sum_{i=1}^{n}K_iP_i$ 分别计算美成电气公司和佳兴制造公司的期望报酬率如下。

美成电气公司 $\overline{K}=K_1P_1+K_2P_2+K_3P_3$

$=40\%\times0.20+20\%\times0.60+0\%\times0.20$

$=20\%$

佳兴制造公司 $\overline{K}=K_1P_1+K_2P_2+K_3P_3$

$=70\%\times0.20+20\%\times0.60+(-30\%)\times0.20$

$=20\%$

两个公司股票的期望报酬率都是 20%，无法比较风险大小。

3. 计算标准离差

标准离差是各种可能的报酬率偏离期望报酬率的综合差异，是反映离散程度的一种

量度。

标准离差可按下列公式进行计算。

$$\delta=\sqrt{\sum_{i=1}^{n}(K_i-\overline{K})^2\cdot P_i} \tag{6-19}$$

式中：

δ——期望报酬率的标准离差；

K_i——第 i 种可能结果的报酬率；

$\overline{K}$——期望报酬率；

P_i——第 i 种可能结果的概率 ；

n——可能结果的个数。

从式（6-18）我们可得出标准离差的计算程序：①计算期望报酬率$\overline{K}$；②计算每种可能结果与期望报酬率$\overline{K}$的差异；③计算标准离差。

【例 6-23】

求例 6-22 中两个公司的标准离差。

解：美成电气公司，

$$\delta=\sqrt{\sum_{i=1}^{n}(K_i-\overline{K})^2\cdot P_i}$$

$$=\sqrt{(40\%-20\%)^2\times0.20+(20\%-20\%)^2\times0.60+(0\%-20\%)^2\times0.20}$$

$$\approx12.65\%$$

佳兴制造公司，

$$\delta=\sqrt{\sum_{i=1}^{n}(K_i-\overline{K})^2\cdot P_i}$$

$$=\sqrt{(70\%-20\%)^2\times0.20+(20\%-20\%)^2\times0.60+(-30\%-20\%)^2\times0.20}$$

$$\approx31.62\%$$

由两个公司的标准离差可以看出，佳兴制造公司股票的风险大于美成电气公司股票的风险。

标准离差是一个绝对数，在期望报酬率相同的情况下，标准离差越大，风险越大；标准离差越小，风险越小。它可用来进行期望报酬率相同的各项投资的风险程度的比较。

4. 计算标准离差率

对期望报酬率相同的各项投资的风险程度的比较一般可用标准离差，但要对比期望报酬率不同的各项投资的风险程度，就应该用标准离差同期望报酬率的比值，即标准离差率。标准离差率是一个相对数，标准离差率越大，风险越大；标准离差率越小，风险越小。

标准离差率的计算公式为

$$V=\frac{\delta}{\overline{K}}\times 100\% \qquad (6\text{-}20)$$

【例 6-24】

求例 6-22 中两个公司的标准离差率。

解：美成电气公司，

$V=\frac{\delta}{\overline{K}}\times 100\%$

$=\frac{12.65\%}{20\%}\times 100\%$

$=63.25\%$

佳兴制造公司，

$V=\frac{\delta}{\overline{K}}\times 100\%$

$=\frac{31.62\%}{20\%}\times 100\%$

$=158.10\%$

5. 计算风险报酬率

虽然我们可以用标准离差率来评价投资风险的大小，但风险报酬率更能综合、直观地反映风险状况下投资的收益水平，便于风险状况下投资方案的比较，因此，有必要介绍风险报酬率的计算。

风险报酬率的计算公式为

$$R_R=b_V \qquad (6\text{-}21)$$

式中：

R_R——风险报酬率；

b_V——风险报酬系数。

那么，投资的总报酬率可表示为

$$K=R_F+R_R=R_F+b_v \qquad (6\text{-}22)$$

式中：

K——投资的报酬率；

R_F——无风险报酬率（即通货膨胀贴水和货币时间价值之和）。

【例 6-25】

如果美成电气公司的风险报酬系数为 5%，佳兴制造公司的风险报酬系数为 8%，无风险报酬率为 10%，求两个公司股票的投资报酬率。

解：美成电气公司：$R_R=b_V=5\%\times 63.25\%\approx 3.16\%$

$K=R_F+R_R=10\%+3.16\%=13.16\%$

佳兴制造公司：$R_R=b_V=8\% \times 158.1\% \approx 12.65\%$

$$K=R_F+R_R=10\%+12.65\%=22.65\%$$

风险报酬系数的确定有如下几种方法：①根据以往的同类项目加以确定；②由企业领导或企业组织有关专家确定；③由国家有关部门组织专家确定。

6. 资产资本定价模型

1）资产资本定价模型的概念

资本资产定价模型（capital asset pricing model，CAPM）是由美国学者夏普、林特尔、特里诺和莫辛等人于 1964 年在资产组合理论和资本市场理论的基础上发展起来的，主要研究证券市场中资产的预期收益率与风险资产之间的关系，以及均衡价格是如何形成的，是现代金融市场价格理论的支柱，广泛应用于投资决策和公司理财领域。资本资产定价模型假设所有投资者都按马克维茨的资产选择理论进行投资，对期望收益、方差和协方差等的估计完全相同，投资人可以自由借贷。基于这样的假设，资本资产定价模型研究的重点在于探求风险资产收益与风险的数量关系，即为了补偿某一特定程度的风险，投资者应该获得多少的报酬率。

2）资本资产定价模型的基本原理

$$R=R_f+\beta \times (R_m-R_f) \tag{6-23}$$

式中：

R——某资产的必要收益率；

β——该资产的系统风险系数；

R_f——无风险收益率，通常以短期国债的利率来近似替代；

R_m——市场组合收益率，通常用股票价格指数收益率的平均值或所有股票的平均收益率来代替。

市场风险溢酬（R_m-R_f）：市场整体对风险越是厌恶和回避，要求的补偿就越高，因此，市场风险溢酬的数值就越大。

风险收益率：风险收益率 $=\beta \times (R_m-R_f)$。

3）资本资产定价模型的应用

（1）资本资产定价模型在单项资产上的应用。

【例 6-26】

长征公司持有 A 股票，市场组合收益率为 10%，目前短期国债的利率是 3%，系统风险系数是 0.6，求 A 股票的必要收益率。

解：$R=R_f+\beta \times (R_m-R_f)=3\%+0.6 \times (10\%-3\%)=7.2\%$

（2）资本资产定价模型在组合资产上的应用。

【例 6-27】

长征公司持有甲、乙、丙三种股票组成的证券组合，三种股票的 β 系数分别是 2.0、1.3 和 0.7；它们的投资额分别是 60 万元、30 万元和 10 万元。市场上所有股票的平均收益率为 10%，无风险收益率为 5%。假定资本资产定价模型成立。

要求：确定证券组合的必要收益率。

解：①首先计算各股票在组合中的比例。

甲股票的比例：60÷（60+30+10）=60%

乙股票的比例：30÷（60+30+10）=30%

丙股票的比例：10÷（60+30+10）=10%

②计算证券组合的 β 系数。

证券组合的 β 系数 =2.0×60%+1.3×30%+0.7×10%=1.66

③计算证券组合的风险收益率。

证券组合的风险收益率 =1.66×（10%−5%）=8.3%

④计算证券组合的必要收益率。

证券组合的必要收益率 =5%+8.3%=13.3%

课堂讨论：

若公司为了降低风险，出售部分股票，使得甲、乙、丙三种股票在证券组合中的投资额分别为 10 万元、30 万元和 60 万元，其余条件不变，试计算此时的风险收益率和必要收益率。

【例 6–28】

长征公司原持有甲、乙、丙三种股票构成证券组合，它们的 β 系数分别为 2.0、1.5、0.5；它们在证券组合中所占比重分别为 60%、30% 和 10%，市场上所有股票的平均收益率为 14%，无风险收益率为 10%。该公司为降低风险，售出部分甲股票，买入部分丙股票，甲、乙、丙三种股票在证券组合中所占的比重变为 20%、30% 和 50%，其他因素不变。

要求：

（1）计算原证券组合的 β 系数；

（2）判断原证券组合的收益率达到多少时，投资者才会愿意购买；

（3）判断新证券组合的收益率达到多少时，投资者才会愿意购买。

解：

（1）计算原证券组合的 β 系数：$\beta_P=\sum x_i\beta_i$=60%×2.0+30%×1.5+10%×0.5=1.7。

（2）计算原证券组合的风险收益率 $R_p=\beta_P\times(R_m-R_f)$=1.7×（14%−10%）=6.8%，

原证券组合的必要收益率 =10%+6.8%=16.8%

只有原证券组合的收益率达到或者超过 16.8% 时，投资者才会愿意购买。

（3）计算新证券组合的 β 系数和风险收益率：$\beta_P=\sum x_i\beta_i$=20%×2.0+30%×1.5+50%×0.5=1.1。

新证券组合的风险收益率 $R_P=\beta_P\times(R_m-R_f)$=1.1×（14%−10%）=4.4%

新证券组合的必要收益率 =10%+4.4%=14.4%

只有新证券组合的收益率达到或者超过 14.4% 时，投资者才会愿意购买。

4）资本资产定价模型的评价

资本资产定价模型的最大优点在于简单、明确。它把任何一种风险证券的价格都划分为三个因素：无风险收益率、风险的价格和风险的计算单位，并把这三个因素有机结合在一起。它的另一优点在于它的实用性。它使投资者可以根据绝对风险而不是总风险来对各种竞争报价的金融资产做出评价和选择。这种方法已经被金融市场中的投资者广泛采纳，用来解决投资决策中的一般性问题。

当然，资本资产定价模型也不是尽善尽美的，它本身存在着一定的局限性。首先，资本资产定价模型的假设前提是难以实现的。其假设之一是市场处于完善的竞争状态，但是实际操作中完全竞争的市场是很难实现的，“做市”时有发生。其假设之二是投资者的投资期限相同且不考虑投资计划期之后的情况，但是市场上的投资者数目众多，他们的资产持有期间不可能完全相同，而且现在进行长期投资的投资者越来越多，所以假设二也就变得不那么现实了。再次，资本资产定价模型中的 β 值难以确定。某些证券由于缺乏历史数据，其 β 值不易估计。此外，由于经济不断发展变化，各种证券的 β 值也会产生相应的变化，因此，依靠历史数据估算出的 β 值对未来的指导作用也要打折扣。由于资本资产定价模型的上述局限性，金融市场学家仍在不断探求比资本资产定价模型更为准确的资本市场理论。目前，已经出现了另外一些颇具特色的资本市场理论（如套利定价模型），但尚无一种理论可与资本资产定价模型相匹敌。

项目2 项目计算期及现金流计算

一、项目计算期

项目计算期是指投资项目从投资建设开始到最终清理结束整个过程的全部时间，包括建设期和运营期，运营期具体又包括投产期和达产期，如图 6-9 所示。项目计算期 = 建设期 + 运营期（投产期 + 达产期）。

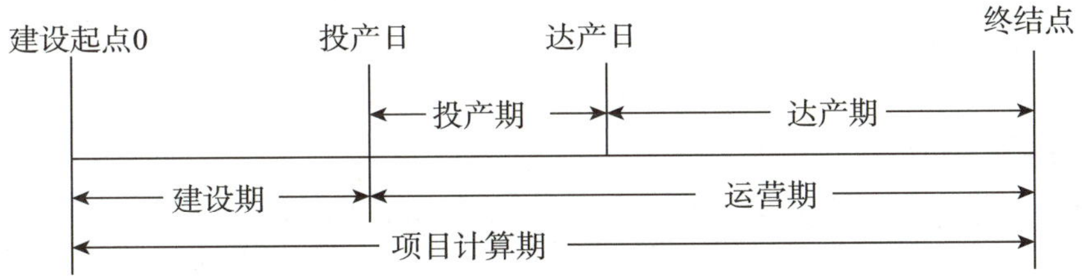

图 6-9 项目计算期

【例 6-29】

某企业拟建一项固定资产，预计使用寿命为 10 年。

要求：就以下各种不相关情况分别确定该项目的项目计算期。

（1）在建设起点投资并投产。

（2）建设期为 1 年。

解：（1）项目计算期（n）=0+10=10（年）

（2）项目计算期（n）=1+10=11（年）

二、项目投资额

从项目投资的角度看，原始投资（又称初始投资）等于企业为使该项目完全达到设计生产能力、开展正常经营而投入的全部现实资金，原始投资 = 建设投资 + 流动资金投资，项目投资额 = 原始投资 + 建设期资本化利息。各因素关系如图 6-10 所示。

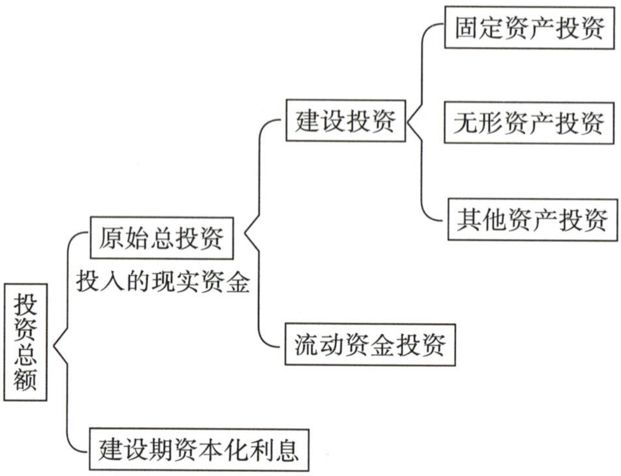

图 6-10　项目投资额

注意：

（1）原始投资不受企业投资资金来源的影响，但项目投资额受企业投资资金来源的影响。比如：原始投资 100 万，全部来自银行借款，利率 10%，建设期 1 年，则投资总额为 110 万元；如果自有资金 50 万，银行借款 50 万，则投资总额就是 105 万元。

（2）固定资产投资中不包括资本化利息费用，但是，固定资产投入使用后，需要计提折旧，计提折旧的依据是固定资产原值，而不是固定资产投资。二者的关系是：固定资产原值 = 固定资产投资 + 建设期资本化借款利息（和财务会计一致）。

思考

什么情况下固定资产原值等于固定资产投资？

三、项目现金流量的计算

（一）现金流量的含义

项目投资中所说的现金流量是指与项目投资决策有关的现金流入和流出的数量。在项目投资决策中，“现金”是一个广义的概念，它不仅包括货币资金，也包含与投资项目有关的非货币资源的变现价值。比如：在投资某项目时，投入企业的原有固定资产的价值，这时的“现金”就包含了该固定资产的变现价值，或其重置成本。必须注意的是，这里的现金流量，与财务会计中编制的现金流量表所使用的现金流量相比，无论是具体内容还是计算口径，可能都存在较大差异，不能混为一谈。现金流量是项目投资的决策依据，是评价项目投资方案是否可行时必须事先计算的一个基础性指标。

（二）现金流量的假设

1. 投资项目的类型假设

假设投资项目只包括单纯固定资产投资项目、完整工业投资项目和更新改造投资项目三种类型。

2. 财务可行性分析假设

在实际工作中，评价一个项目是否可行，不仅仅要考虑财务可行性，也要考虑环境是否产生污染、技术上是否可行、人力能否跟上等各方面。在财务管理中，评价一个项目是否可行只考虑财务可行性问题。

3. 全投资假设

全投资假设是指即使实际存在借入资金，也将其作为自有资金对待。不区分自有资金或借入资金，而将所需资金都视为自有资金。

4. 经营期与折旧年限一致假设

项目的经营年限与非固定资产折旧年限统一，不存在固定资产会在项目经营终结前或终结后提完折旧。

5. 时点指标假设

为便于利用资金时间价值的形式，不论现金流量具体内容所涉及的价值指标实际上是时点指标还是时期指标，均按照年初或年末的时点指标处理。

其中对于建设投资在建设期内有关年度的年初或年末发生；流动资金投资则在经营期期初发生；经营期内各年的收入、成本、折旧、摊销、利润、税金等项目的确认均在年末发生；项目最终报废或清理均发生在终结点（但更新改造项目除外）。

（三）现金流量的种类

长期投资决策中所说的现金流量是指与长期投资决策有关的现金流入和流出的数量。现金流量可以根据不同的标准，划分为不同的种类。

1. 按现金流动的方向划分

按现金流动的方向划分，项目投资中的现金流量可分为现金流出量、现金流入量和现金净流量。

（1）现金流出量。一个项目投资的现金流出量是指该项目投资引起的企业现金支出的增加量。一个项目投资的现金流出量主要包括以下四个部分。

①建设投资。建设投资指在建设期内按投资设计方案进行的固定资产、无形资产和开办费等投资的总和。这是建设期发生的主要现金流出量。

②垫支流动资金。流动资金投资是项目投产后为保证其生产经营活动得以正常进行所必需的周转资金。如项目投资会引起现金、应收账款、原材料、在产品、半成品等流动资产和应付账款、应付费用等流动负债的变化。

③营业成本。营业成本是指需要每年支付现金的营业成本，又称付现成本，它是项目投产后最主要的现金流出项目。企业生产经营费用并不一定都要在当期用现金支付，如固定资产折旧费。因此在计算现金流出量时应将其剔除，以便客观地反映现金流出的实际情况。

④所得税支出。所得税支出指项目投产后依法缴纳的所得税。企业缴纳的所得税也属于现金流出的一部分。

（2）现金流入量。一个项目投资的现金流入量是指该项目投资引起的企业现金收入的增加额。一个项目投资的现金流入量主要包括以下三个部分。

①营业现金收入。营业现金收入是指项目投产后所取得的全部现金销售收入或业务收入，既包括收到当期现金收入，还包括收到前期的赊销收入，而当期营业收入中的赊销部分则递延到以后各期收回，所以应对营业收入进行调整，从而得出营业现金收入。这是投资项目最主要的现金流入。

②回收固定资产残值。回收固定资产残值是指投资项目的固定资产中途转让或清理报废时的变价收入扣除清理费用后的净额。

③回收垫支的流动资金。投资项目转让或报废时，原垫支的流动资金可收回用于其他目的。为简化计算，在发生营运资金垫支时，作为现金流出，而在项目营运期内循环发生的营运资金收回和再垫支，既不作为现金流入，也不作为现金流出，而将项目终结时收回的营运资金作为现金流入的构成内容。

（3）现金净流量即投资项目周期内现金流入量和现金流出量的差额（以 *NCF* 表示）。

$$NCF=\text{现金流入量}-\text{现金流出量}$$

当现金流入量大于现金流出量时，现金净流量为正值；反之，现金净流量为负值。

2. 按现金流动的时间划分

按现金流动的时间划分，项目投资中的现金流量可分为建设期现金流量、运营期现金流量和终结现金流量。

（1）建设期现金流量。建设期现金流量是指与投资项目相关的在项目开始时发生的现金流量，也称初始投资，主要都是现金流出。具体包括以下内容。

①固定资产投资额，包括固定资产的构建成本、运杂费、安装调试费等现金流出。

②垫支流动资产投资，指由于项目投入生产而发生的购置原材料、半成品等流动资产而发生的现金流出。

（2）运营期现金流量。运营期现金流量是指投资项目投入生产后，寿命期内，从正常的生产经营活动中发生的现金流入和流出的数量，一般以年为单位进行计算。

（3）终结现金流量。终结现金流量是指项目终结时发生的各种现金流量，主要都是现金流入。具体包括以下内容。

①项目终结时处置固定资产的变价净收入或净残值。

②收回期初垫支的流动资金。

（四）与现金流量相关的几个成本概念

1. 相关成本

（1）差额成本是分析对象的成本与目标成本（或标准成本）之间的差额。如果前者大于后者，称逆差，前者小于后者则称顺差。

（2）未来成本又称预计成本，是历史成本的对称，是指尚未发生的成本，是在特定条件下可以合理地预测在未来某个时期或未来某几个时期将会发生的成本。未来成本的表现形式很多，如目标成本、计划成本和定额成本等，要在测定时做出一些必要的假定，如我们预测未来一年内由于节约某种材料，成本可降低多少；相反也可能由于某种材料或人工下年度预计要上升，而使成本上升等。所以，我们在预测未来成本时，应将主要精力放在检查和论证那些不确定因素和一切假设是否科学合理上，而不用花太多的精力去计算过分精细的数字，因为这样是得不偿失的。未来成本在现代企业经营决策中有重要意义，它使成本管理从事后走向事先，是提高成本管理水平的重要步骤。

（3）重置成本又称现行成本，是指按照当前市场条件，重新取得同样一项资产所需支付的现金或现金等价物金额。采用重置成本计量时，资产按照现在购买相同或者相似资产所需支付的现金或者现金等价物的金额计量。负债按照现在偿付该项债务所需支付的现金或现金等价物的金额计量。重置成本是一种现行成本，它和原始成本在资产取得当时是一致的。之后，由于物价的变动，同一资产或其等价物可能需要用较多的或较少的交换价格才能获得。因此，重置成本表示当时取得同一资产或其等价物需要的交换价格。这种交换价格应该是从企业资产或劳务市场获得的成本价格，而不是企业正常经营过程中通常出售其资产或劳务的市场中的销售价格。重置成本是现在时点的成本，它强调站在企业主体角度，以投入某项资产上的价值作为重置成本。在实务中，重置成本多应用于盘盈固定资产的计量等。例如：企业在年末财产清查中，发现全新的未入账的设备一台，其同类固定资产的市场价格为40000元，则企业对这台设备按重置成本计价为40000元。

（4）机会成本是指企业为从事某项经营活动而放弃另一项经营活动的机会，或利用一定资源获得某种收入时所放弃的另一种收入。另一项经营活动应取得的收益或另一种收入即正在从事的经营活动的机会成本。通过对机会成本的分析，要求企业在经营中正确选择经营项目，其依据是实际收益必须大于机会成本，从而使有限的资源得到最佳配置。在生活中，有些机会成本可用货币来衡量。例如：农民在获得更多土地时，如果选择养猪就不能选择养鸡，养猪的机会成本就是放弃养鸡的收益。但有些机会成本往往无法用货币衡量，例如在看书学习还是享受电视剧带来的快乐之间进行选择。机会成本是指当把一定的经济资源用于生产某种产品时放弃的另一些产品生产上最大的收益。机会成本是经济学原理中一个重要的概念。在制定国家经济计划中、在新投资项目的可行性研究中、在新产品开发中，乃至工人选择工作中，都存在机会成本问题。它为正确合理的选择提供了逻辑严谨、论据有力的答案。在进行选择时，力求机会成本小一些，是经济活动行为方式的重要准则之一。一般情况下，生产一单位的某种商品的机会成本是指生产者所放弃的使用相同的生产要素在其他生产用途中所能得到的最高收入。例如：当一个厂商决定利用自己所拥有的经济资源生产一辆汽车时，意味着该厂商不可能再利用相同的经济资源生产 200 辆自行车。于是，可以说，生产一辆汽车的机会成本是所放弃生产的 200 辆自行车。如果用货币数量来代替对实物商品数量的表述，且假定 200 辆自行车的价值为 10 万元，则可以说，一辆汽车的机会成本是价值为 10 万元的其他商品。

（5）可避免成本是不可避免成本的对称，是与某特定备选方案相联系的，其发生与否完全取决于该方案是否为决策者所采纳的成本。如为增产某产品而需租入的加工设备的租金、为自制零件而需增加的固定资产折旧等。作为可避免成本，虽然它对实现企业经营目标具有一定程度的影响，但并不是绝对必要的，其究竟是否发生及具体数额多少，均依企业经营者的实际选择而定。可避免成本可以是固定成本，如上述租金等，也可以是变动成本，如某零件决定外购而放弃自制选择时，制造该零件需用的直接材料费和直接人工费等。

2. 无关成本

（1）沉没成本是指以往发生的与当前决策无关的费用。从决策的角度看，以往发生的费用只是造成当前状态的一个因素，当前决策所要考虑的是未来可能发生的费用及所带来的收益，而不考虑以往发生的费用。沉没成本是一种历史成本，对现有决策而言是不可控成本，会很大程度上影响人们的行为方式与决策。从这个意义上说，在投资决策时应排除沉没成本的干扰。对企业来说，沉没成本是企业在以前经营活动中已经支付现金，而经营期间摊入成本费用的支出。因此，固定资产、无形资产、递延资产等均属于企业的沉没成本。

（2）账面成本是指在账面登记的成本，它包括账面记录的产品生产的实际成本，也指一项资产账面上反映的获取成本。资产的账面成本一般是其账面价值，如各项存货的账面成本和各类固定资产的账面成本等。如有备抵账户的，其账面成本应以扣除其备抵后的净值来反映；如固定资产账面原始成本减去累计折旧后的余额，称为账面净值，或账面净成本等。

（3）不可避免成本是可避免成本的对称。不与某特定备选方案相联系的，其发生与否不受企业经营者的决策行为影响的成本。如现有厂房设备的折旧费、已取得银行借款的利息、必不可少的管理人员的工资等。作为不可避免成本，无论决策者选择何种决策方案，它都必然发生，且具体发生数额也不因有关方案的取舍而有所改变。为此，在进行备选方案经济性评价时无须考虑这类成本的影响。

（五）现金流量的计算

在项目投资的分析过程中，最重要同时也是最困难的环节之一，就是评估投资项目的未来现金流量。根据现金流量的构成内容，可以推导出现金流量的计算公式。

建设期 *NCF*=– 该年投资额，

经营期 *NCF*= 净利润 + 折旧额 + 摊销额

=（营业收入 – 经营成本 – 营业税金及附加）×（1– 所得税率）+ 折旧额 + 摊销额

经营期终结点 *NCF*= 营业期现金净流量 + 回收额。

【例 6–30】

天成公司为了扩充生产能力准备购入一台设备。现有 A、B 两个方案可供选择，A 方案需投资 200000 元，使用寿命为 5 年，采用直线法计提折旧，5 年后设备无残值。5 年中每年销售收入为 120000 元，每年的付现成本为 50000 元。B 方案需投资 250000 元，采用直线法计提折旧，使用寿命也为 5 年，5 年后有残值收入 50000 元。5 年中每年的销售收入为 180000 元，付现成本第一年为 80000 元，以后随着设备陈旧，逐年将增加修理费 10000 元，另需垫支营运资金 60000 元，企业所得税率为 25%。试计算两个方案的现金流量。

解：要计算现金流量，必须先计算两个方案每年的折旧额。

$$A方案每年折旧额=\frac{200000}{5}=40000（元）$$

$$B方案每年折旧额=\frac{250000-50000}{5}=40000（元）$$

接着计算两个方案的营业现金流量，如表 6-7 所示，然后再结合初始现金流量和终结现金流量编制两个方案的全部现金流量，如表 6-8 所示。

表 6–7　投资项目的营业现金流量计算表

单位：元

t（年）	1	2	3	4	5
A 方案					
销售收入①	120000	120000	120000	120000	120000
付现成本②	50000	50000	50000	50000	50000
折旧③	40000	40000	40000	40000	40000
税前利润④ – ① – ② – ③	30000	30000	30000	30000	30000
所得税⑤ = ④ ×25%	7500	7500	7500	7500	7500
税后净利⑥ = ④ – ⑤	22500	22500	22500	22500	22500
现金流量⑦ = ① – ② – ⑤ = ③ + ⑥	62500	62500	62500	62500	62500
B 方案					
销售收入①	180000	180000	180000	180000	180000
付现成本②	80000	90000	100000	110000	120000
折旧③	40000	40000	40000	40000	40000
税前利润④ = ① – ② – ③	60000	50000	40000	30000	20000
所得税⑤ = ④ ×25%	15000	12500	10000	7500	5000
税后净利⑥ = ④ – ⑤	45000	37500	30000	22500	15000
现金流量⑦ = ① – ② – ⑤ = ③ + ⑥	85000	77500	70000	62500	55000

表 6-8　投资项目现金流量计算表

单位：元

t（年）		1	2	3	4	5
A 方案 固定资产投资 营业现金流量	 −200000 	 62500	 62500	 62500	 62500	 62500
现金流量合计	−20000	62500	62500	62500	62500	62500
B 方案 固定资产投资 营运资金垫支 营业现金流量 固定资产残值 营运资金回收	 −250000 −60000 	 85000 	 77500 	 70000 	 62500 	 55000 50000 60000
现金流量合计	−310000	85000	77500	70000	62500	165000

在表 6-7 和表 6-8 中，t=0 代表第 1 年年初；t=1 代表第 1 年年末；t=2 代表第 2 年年末……在现金流量的计算中，为了简化计算，一般都假定各年投资在年初一次进行，把各年营业现金流量看作是各年年末一次发生，把终结现金流量看作是最后一年年末发生。

项目3　项目投资决策方法及分析

一个投资方案是否可行，首先应看它的预期收入是否高于投资额，或者预期投资报酬率是否高于企业的资金成本率。若预期投资报酬率高于企业的资金成本率，则方案可行；反之则不可行。在可行性方案不止一个的情况下，就需要对多个可行性方案的现金流量进行比较分析，计算出各方案的经济效益，从中选出最优方案。选出最优方案的过程也就是决策的过程。本节将介绍项目投资决策的基本方法。

项目投资决策的分析方法根据其是否考虑时间价值，通常分为两大类：贴现分析法和非贴现分析法。

一、非贴现分析法

项目投资决策的非贴现分析法是指在不考虑资金时间价值因素的情况下，对投资方案的可行性做出初步的分析、判断所使用的方法，又称静态分析法。非贴现分析法主要有投资回收期法和投资利润率法，这些决策方法在评价选择投资项目时起辅助作用。

（一）投资回收期法（payback period，PP）

1. 投资回收期的概念

投资回收期指的是自项目投资方案实施起，至收回初始投入资本所需的时间，即能够使此方案相关的累计现金流入量等于累计现金流出量的时间。投资回收期一般以年为单位，是一种最常使用的投资决策指标。

2. 投资回收期的计算

投资回收期的具体计算方法有两种。

（1）如果项目投产后每年的现金净流量相等，则

$$投资回收期 = \frac{原始投资}{每年现金净流量} \quad (6\text{-}24)$$

（2）如果项目投产后每年的现金净流量不相等，必须根据累计现金净流量补偿全部投资额所需的时间来计算回收期，则

$$投资回收期 = (T-1) + \frac{该年年初尚未回收的投资额}{该年现金净流量} \quad (6\text{-}25)$$

式中：

T——项目各年累计净现金流量首次为正值的年份。

【例 6–31】

仍按例 6-30 的有关资料，分别计算 A、B 两个方案的静态投资回收期。

解：A 方案静态投资回收期 $= \frac{200000}{62500} = 3.2$（年）

B 方案每年的现金净流量不相等，所以应先计算累计净现金流量，如表 6-9 所示。

表 6–9 各年净现金流量表

单位：元

年度	每年净现金流量	累计净现金流量
0	–310000	–310000
1	85000	–225000
2	77500	–147500
3	70000	–77500
4	62500	–15000
5	165000	150000

则 B 方案投资回收期 $= (5-1) + \frac{15000}{165000} \approx 4.091$（年）

3. 投资回收期法的决策规则

回收期指标大致反映了投资项目的风险程度，一般来说，投资回收期越短，项目风险越小；回收期越长，风险越大。运用投资回收期进行只有一个方案的采纳与否投资决策时，必须设置基准投资回收期，当计算出的投资回收期短于或等于预先设定的基准投资回收期时，则可以考虑接受该项目，否则应予拒绝；进行多个备选方案的互斥选择投资决策时，应优先选择投资回收期短的方案。

例 6-31 中，A 方案的投资回收期为 3.2 年，短于 B 方案的 4.091 年，故应选择 A 方案进行项目投资。

4. 投资回收期法的特点

（1）投资回收期的概念容易理解，计算也较简便。

（2）根据项目投资回收时间长短评价优劣，有利于加速资本回收，减少投资风险。

（3）没有考虑资金的时间价值。

（4）没有考虑回收期以后的现金流量状况，容易导致错误的决策。

投资回收期法优先考虑“急功近利”的投资项目，可能错过长期成功的投资项目。在实际工作中，项目投资往往看重的是项目中后期得到的较为丰厚的长久收益。对于这种类型的投资项目，用投资回收期法来判断其优劣就显得片面了。

【例 6-32】

现有两个方案的预计现金流量如表 6-10 所示，试计算两个方案的投资回收期，并比较优劣。

表 6-10　预计现金流量表

单位：元

项目	第 0 年	第 1 年	第 2 年	第 3 年	第 4 年	第 5 年
A 方案现金流量	-40000	24000	16000	14000	12000	12000
B 方案现金流量	-40000	16000	24000	24000	26000	28000

两个方案的投资回收期相同，都是 2 年，如果用投资回收期法进行评价，两者似乎不相上下，但实际上 B 方案优于 A 方案。

（二）投资利润率法（accounting rate of return，ARR）

1. 投资利润率的概念

投资利润率是指投资项目寿命周期内平均的年投资报酬率，也称会计收益率。

2. 投资利润率的计算

投资利润率的具体计算方法有很多种，但其中最常见的计算公式为

$$投资利润率=\frac{年均现金流量}{原始投资总额}\times 100\% \qquad (6\text{-}26)$$

【例 6-33】

仍按例 6-30 长征公司的资料，计算 A、B 方案的投资利润率。

解：$A方案投资利润率=\frac{62500}{200000}\times 100\%=31.25\%$

$$B方案投资利润率=\left(\frac{85000+77500+70000+62500+165000}{5}\right)\div 310000\times 100\%\approx 29.68\%$$

3. 投资利润率的决策规则

运用投资利润率法进行评价时，首先应确定企业要求达到的收益率或必要报酬率。进行只有一个方案的采纳与否投资决策时，必须设置必要报酬率，只有投资项目的投资

利润率高于必要报酬率的方案才能入选；进行多个备选方案的互斥选择投资决策时，应优先选择投资利润率高的方案。

例 6-33 中，A 方案的投资利润率 31.25% 高于 B 方案的 29.68%，故应选择 A 方案进行投资。

4. 投资利润率法的特点

（1）投资利润率的概念简明易懂，容易计算掌握，并能说明各投资方案的收益水平。

（2）考虑了整个方案在其寿命周期内的全部现金流量。

（3）未考虑资金的时间价值，把第一年的现金流量看作与其他年份具有相同的价值，有时会做出错误的决策。

投资利润率通常不作为独立的投资决策评价指标，多在事后考核评价中使用。

二、贴现分析法

项目投资决策的贴现分析法是在考虑资金时间价值和现金流量两个因素的基础上，对投资方案的可行性做出分析、评价所使用的方法，又称动态分析法。由于投资项目中的现金流入量和现金流出量发生的时点不同，现金流出量通常发生在方案实施期初和运营期的每期初，而现金流入量往往发生在运营期的每期末，若不考虑资金的时间价值，两者缺乏可比性。所以，必须将两者换算到同一时点上，通常将其转换成现值进行比较，这样评价出的结果更符合客观情况，也更科学。项目投资决策的贴现分析法主要包括净现值法、现值指数法和内含报酬率法。

（一）净现值法（net present value，NPV）

1. 净现值的概念及计算

净现值是指投资项目投入使用后的现金净流量，按资本成本或要求达到的报酬率折算为现值，减去初始投资的现值以后的余额。

净现值的计算方法分为以下两种情况。

第一种情况，若投资方案的原始投资额集中在第 1 年年初投入，以后各年的现金净流量相等，表现为普通年金的形式，计算公式为

$$NPV=\text{未来净现金流量的现值之和}-\text{原始投资额}$$
$$=NCF\times(P/A,\ i,\ n)-C \tag{6-27}$$

第二种情况，若投资方案每年的现金净流量不相等，投资是分次进行的，则必须按复利现值系数折算成现值，然后加总，计算公式为

$$\text{净现值}NPV=\sum_{t=0}^{n}\frac{NCF_t}{(1+i)^t}-\sum_{t=0}^{n}\frac{C_t}{(1+i)^t} \tag{6-28}$$

式中：

NPV——净现值；

NCF_t——第 t 年的现金净流量；

i——贴现率（资本成本或企业要求的报酬率）;

n——项目预计使用年限；

C_t——第 t 年的初始投资额。

【例 6–34】

仍按例 6-30 天成公司的资料，假设预定贴现率为 10%，计算两方案的净现值如下。

解：A 方案的净现值 = 未来净现金流量的现值之和 – 原始投资额

$=NCF\times(P/A,\ i,\ n)-C$

$=62500\times(P/A,\ 10\%,\ 5)-200000$

$=62500\times3.791-200000$

=36937.5（元）

B 方案的各年现金净流量不相等，净现值计算如表 6-11 所示。

表 6–11　净现值计算表

年度	各年的净现金流量 / 元①	现值系数②	现值 / 元③ = ① × ②
1	85000	0.909	77265
2	77500	0.826	64015
3	70000	0.751	52570
4	62500	0.683	47687.5
5	165000	0.621	102465
未来现金净流入量的现值之和 / 元		344002.5	
减：原始投资 / 元		310000	
净现值 / 元		34002.5	

2. 净现值法的决策规则

净现值指标是一个动态的绝对值指标，应该是越大越好。运用净现值指标评价方案时，在只有一个备选方案的采纳与否决策中，净现值为正者采纳，净现值为负者不采纳。在有多个备选方案的互斥选择决策中，应选择净现值是正值中的最大者。

从例 6-34 的计算中可以看出，A、B 两个方案的净现值均大于零，故都是可取的，但 A 方案的净现值 36937.5 元大于 B 方案的 34002.5 元，故天成公司应选用 A 方案。

3. 净现值法的特点

（1）它充分考虑了资金时间价值，不仅估算现金流量的数额，而且还考虑了现金流量发生的时间。

（2）它能反映投资项目在其整个经济年限内的总效益。

（3）它可以根据未来的实际情况随时调整贴现率，因为项目的经济年限越长，贴现率变动的可能性越大，在计算净现值时，只需改变公式中的分母。

（4）它不能揭示各投资项目本身可能达到的实际报酬率是多少，如不同投资项目间投资额大的同时净现值也大，此时仅用净现值法来判断评价方案，就显得不恰当了。

（5）现金净流量测算和贴现率确定比较困难，而它们的正确性对计算净现值有着重要影响。

（二）现值指数法（profitability index，PI）

1. 现值指数的概念及计算

现值指数也称获利指数，指的是在投资项目的整个实施运行过程中，未来现金净流入量的现值之和与原始投资额现值之间的比值，即

$$现值指数\ PI=\frac{未来现金净流入量的现值之和}{原始投资}$$

$$PI=\sum_{t=1}^{n}\frac{NCF_t}{(1+i)^t}\times(1+i)^{-s}\div A_0 \tag{6-29}$$

式中：

A_0——为原始投资额现值；

s——为建设期；

NCF_t——第 t 年的现金净流量；

i——贴现率（资本成本或企业要求的报酬率）；

n——项目预计使用年限。

应当注意，公式分母的原始投资额是指项目投资额一次支付的情况，如果项目投资额分期支付，应按一定的贴现率计算投资额现值，作为获利指数计算公式的分母。

现值指数和净现值的不同，在于它不是简单地计算投资方案未来的现金净流量的现值与原始投资额的差额，而是计算两者的比值，用以说明每元投资未来可以获得的现金净流量的现值有多少，这个指标可以使不同方案具有共同的可比基础，因而具有较广泛的适用性。现值指数和净现值之间存在着如下的关系：净现值 >0，则现值指数 >1；净现值 =0，则现值指数 =1；净现值 <0，则现值指数 <1。

【例 6–35】

仍按例 6-30 天成公司的资料，计算现值指数。

$$解：A方案的现值指数=\frac{未来现金净流入量的现值之和}{原始投资}$$

$$=\frac{62500\times3.791}{200000}\approx1.185$$

$$B方案的现值指数=\frac{344002.5}{310000}=1.110$$

2. 现值指数法的决策规则

运用现值指数评价方案，在只有一个备选方案的采纳与否决策中，现值指数大于或等于 1，表明该项目的报酬率大于或等于预定的投资报酬率，方案可行；反之，则方案不可行。在有多个方案的互斥选择决策中，应选择现值指数超过 1 最多的投资项目。

从例 6-35 的计算中可以看出，A、B 两个方案的现值指数都大于 1，故两个方案都可进行投资，但因 A 方案的现值指数更大，故应采纳 A 方案。

3. 现值指数法的特点

（1）现值指数法考虑了资金的时间价值，能够真实地反映投资项目的盈亏程度。

（2）与净现值相比，现值指数是一个相对数，克服了不同投资额投资项目间的净现值缺乏可比性的问题，可以进行独立投资项目获利能力的比较，更能正确地反映各投资方案的经济效果。

（3）现值指数的概念不便于理解。

（三）内含报酬率法（internal rate of return，IRR）

1. 内含报酬率的概念及计算

内含报酬率又称内部报酬率或内部收益率，是在整个投资项目的实施运行过程中，当所有现金净流入年份的现值之和与所有现金净流出年份的现值之和相等时的方案的报酬率，亦即能够使项目的净现值为零时的报酬率。

内含报酬率反映的是投资项目本身实际达到的报酬率，目前越来越多的企业使用该项指标对投资项目进行评价。

内含报酬率用公式表示则为满足以下方程时的 i：

$$\sum_{t=0}^{n}\frac{NCF_t}{(1+i)^t}=0 \tag{6-30}$$

式（6-30）中 NCF_t、n 和 i 所代表的内容与式（6-28）、式（6-29）中的相同。

内含报酬率的计算比较复杂，根据未来现金流量的情况，可以采用以下两种方法。

（1）如果每年的现金净流量相等，则按下列步骤计算。

第一步：计算年金现值系数。

$$年金现值系数=\frac{原始投资}{每年现金净流量}$$

第二步：查年金现值系数表。在相同的期数内，找出与上述年金现值系数相等的系数，所对应的贴现率恰好就是所求的内含报酬率；若在相同的期数内找不到上述年金现值系数，则找出与其相邻的两个年金现值系数所对应的较大和较小的两个贴现率。

第三步：根据上述两个邻近的贴现率和已求得的年金现值系数，采用插值法计算出该投资项目的内含报酬率。

（2）如果每年的现金净流量不相等，则需要按下列步骤计算。

第一步：先预估一个贴现率，并按此贴现率计算净现值。如果计算出的净现值为正数，则表示预估的贴现率小于该项目的实际内含报酬率，应提高贴现率再进行测算；如果计算出的净现值为负数，则表明预估的贴现率大于该方案的实际内含报酬率，应降低贴现率再进行测算。经过如此反复测算，找到净现值由正到负并且接近于零的两个贴现率。

第二步：根据上述方法求得的邻近的贴现率，再采用插值法，计算出项目的内含报酬率。

【例 6-36】

仍按例 6-30 天成公司的资料，计算内含报酬率。

解：由于 A 方案的每年现金净流量相等，因此可采用如下方法计算内含报酬率。

$$\text{年金现值系数}=\frac{\text{原始投资}}{\text{每年现金净流量}}=\frac{200000}{62500}=3.2$$

查年金现值系数表，第 5 期与 3.2 相邻近的年金现值系数分别为 3.274 和 3.199，它们所对应的贴现率分别是 16% 和 17%，由此可知所要求的内含报酬率在 16%~17% 之间，现用插值法计算如下。

贴现率			年金现值系数		
16%	x%	1%	3.274	0.074	0.075
?			3.2		
17%			3.199		

$$\frac{x}{1}=\frac{0.074}{0.075}$$

$x\approx0.99$

A 方案的内含报酬率 =16%+0.99%

=16.99%

B 方案每年的 *NCF* 不相等，必须逐个进行测算。测算过程如表 6-12 所示。

表 6-12 测算过程

单位：元

年度	NCF_t	测试 13%		测试 14%	
		复利现值系数	现值	复利现值系数	现值
0	−310000	1.000	−310000	1.000	−310000
1	85000	0.885	75225	0.877	74545
2	77500	0.783	60682.5	0.769	59597.5
3	70000	0.693	48510	0.675	47250
4	62500	0.613	38312.5	0.592	37000
5	165000	0.543	89595	0.519	85635
NPV	—	—	2325	—	−5972.5

在表 6-12 中，先按 13% 的贴现率进行测算，净现值为正数，再把贴现率提高到 14%，进行第二次测算，净现值为负数。这说明该项目的内含报酬率一定在 13%~14% 之间。

现用插值法计算如下。

贴现率			净现值		
13%	$x\%$	1%	2325	2325	8297.5
?			0		
14%			−5972.5		

$$\frac{x}{1}=\frac{2325}{8297.5}$$

$x\approx 0.28$

B 方案的内含报酬率 =13%+0.28%

=13.28%

2. 内含报酬率法的决策规则

运用内含报酬率指标评价方案时，在只有一个备选方案的采纳与否决策中，如果计算出的内含报酬率大于或等于企业所要求的必要报酬率，则方案可行；反之，则方案不可行。在有多个备选方案的互斥选择决策中，应选用内部报酬率超过企业所要求的必要报酬率最多的投资项目。

例 6-36 中，如果设置的基准贴现率为 10%，从以上计算可以看出，两个方案均可采纳，但 A 方案的内含报酬率较高，故 A 方案效益比 B 方案好。

3. 内含报酬率法的特点

（1）它充分考虑了资金的时间价值，能反映投资项目本身的真实报酬率。

（2）内含报酬率概念易于理解，容易被人接受。

（3）克服了比较基础不一（如初始投资额或经济寿命期不同）时评价和排列各备选方案优先顺序的困难，可按内含报酬率从大到小排列各方案的优先顺序。

（4）计算过程比较复杂，特别是每年现金净流量不相等的投资项目，一般需要一次或多次测算才能求得。

（5）内含报酬率隐含了再投资假设，即各年的现金净流量流入后假定各个项目在其全过程内是按各自的内含报酬率进行再投资而形成增值，这一假定具有较大的主观性，缺乏客观的经济依据。

三、项目投资决策分析

（一）独立方案的优选

独立方案即方案之间存在着相互依赖的关系，但不能相互取代的方案。

当 $NPV>0$ 时，$NPVR>0$，$PI>1$，$IRR>i$，项目具有财务可行性。一般情况下用 NPV 判断即可。

【例 6-37】

长征公司购买机器设备价款为 20 万元，可为企业每年增加净利 2 万元，该设备可使用 5 年，无残值，采用直线法计提折旧，该企业的贴现率为 10%。

要求：判断投资方案是否可行。

解：$NFC= 2+\frac{20}{5}=6$

$NPV=6\times(P/A，10\%，5)-20=6\times3.7902-4-20=2.7448$（万元）$>0$

所以，方案可行。

（二）互斥方案的对比与优选

互斥方案即在决策时涉及的多个相互排斥、不能同时实施的投资方案。

1. 互斥方案的投资额、项目计算期均相等

一般情况下用 NPV 判断即可，NPV 高的方案就是较优方案。

【例 6-38】

长征公司有 C、D 两个投资项目，预计项目现金流量如表 6-13 所示，企业资金成本为 8%，请比较优劣。

表 6-13 预计项目现金流量表

单位：元

年数	0	1	2	3	4	5
C 项目	−130000	100000	20000	10000	20000	20000
D 项目	−130000	20000	40000	70000	20000	20000

解：两个方案投资额相同，项目计算期相同，可用净现值比较法做出选择。

$NPV_C=100000\times(P/F，8\%，1)+20000\times(P/F，8\%，2)+10000\times(P/F，8\%，3)+20000\times(P/F，8\%，4)+20000\times(P/F，8\%，5)-130000=16000$（元）

$NPV_D=20000\times(P/F，8\%，1)+40000\times(P/F，8\%，2)+70000\times(P/F，8\%，3)+20000\times(P/F，8\%，4)+20000\times(P/F，8\%，5)-130000=6700$（元）

C 方案的净现值大于 D 方案的净现值，应该选择 C 方案。

2. 互斥方案的投资额不等、项目计算期相等

一般情况下用差额净现值法即可，一般将投资额高的方案减去投资额低的方案，求出 ΔNFC，进而求出 ΔNPV，ΔNPV 大于 0，则投资额高的方案是较优方案；ΔNPV 小于 0，则投资额低的方案是较优方案。

【例 6-39】

长征公司有 G、H 两个投资项目，预计项目现金流量如表 6-14 所示，该企业资金成本为 8%，请比较其优劣。

表 6-14 预计项目现金流量表

单位：元

年数	0	1	…	8	9	10
G 项目	–1500000	292900	…	292900	292900	292900
H 项目	–1000000	201800	…	201800	201800	201800

解：G、H 两个投资项目原始投资额不同，项目计算期相同，采用差额净现值法。

G 项目投资额高于 H 项目，所以应用 G 项目的现金净流量减去 H 项目的现金净流量。

ΔNFC_0=–1500000–（–1000000）=–500000（元）

ΔNFC_{1-1-10}=292900–201800=91100（元）

ΔNPV=91100×（P/A，8%，10）=91100×6.7101=611290.11（元）

$\Delta NPV>0$，所以，应选择 G 项目。

3. 项目计算期不相等

一般情况下用年回收额法判断即可，即算出每个方案的 NPV，然后除以计算期对应的年金现值系数，求出年回收额（NA），NA 高的方案就是较优方案。

【例 6–40】

长征公司有 E、F 两个投资项目，预计项目现金流量如表 6-15 所示，该企业资金成本为 8%，请比较其优劣。

表 6–15 预计项目现金流量表

单位：元

年数	0	1	2	3	4	5
E 项目	–130000	100000	20000	10000	20000	—
F 项目	–130000	20000	40000	70000	20000	20000

解：E、F 两个投资项目计算期不相等，因此采用年回收额法进行判断。

第一步：计算两个方案的净现值。

NPV_E=100000×（P/F，8%，1）+20000×（P/F，8%，2）+10000×（P/F，8%，3）+20000×（P/F，8%，4）–130000=2374（元）

NPV_F=20000×（P/F，8%，1）+40000×（P/F，8%，2）+70000×（P/F，8%，3）+20000×（P/F，8%，4）+20000×（P/F，8%，5）–130000=6700（元）

第二步：计算两个方案的年回收额。

NA_E×（P/A，8%，4）=2374（元）

NA_E=716.77（元）

NA_F×（P/A，8%，5）=6700（元）

NA_F=1678.06（元）

F 项目的年回收额高，因此选择 F 项目。

（三）典型项目的投资决策分析

1. 生产设备最优更新期的决策

生产设备最优更新期的决策就是选择最佳的淘汰旧设备的时间，此时该设备的年平均成本最低。

与生产设备相关的总成本在被更新前共包括两大部分。一部分是运行费用，运行费用又包括设备的能源消耗及其维护修理费用等，不仅运行费用的总数会随着使用年限的增加而增多，而且其每年发生的费用也将随着设备的不断老化而逐年上升；另一部分是消耗在使用年限内的设备本身的价值，它是以设备在更新时能够按其折余价值变现为前提的，即从数量上看，它是设备的购入价与更新时的变现价值之差。因此生产设备在更新前的现值总成本为

$$\text{现值总成本}= C-\frac{S_n}{(1+i)^n}+\sum_{t=1}^{n}\frac{C_n}{(1+i)^t} \tag{6-31}$$

式中：

C——设备原值；

S_n——第 n 年（设备被更新年）时的设备余值；

C_n——第 n 年设备的运行成本；

n——设备被更新时已使用的年份；

i——设定的投资报酬率。

在考虑了货币的时间价值的基础上，生产设备的平均年成本就不再是总成本和年限的比值，而将其看作以现值总成本为现值、期数为 n 的年金，即考虑到货币的时间价值时每年的现金流出：

$$UAC=[C-\frac{S_n}{(1+i)^n}+\sum_{t=1}^{n}\frac{C_n}{(1+i)^t}]\div(P/A,i,n) \tag{6-32}$$

式中：

UAC——设备的平均年成本。

设备最佳更新期决策也就是找出能够使式（6-32）的得数最小的年数 n，其方法通常是计算出若干个不同更新期的平均年成本进行比较，然后从中找出最小的平均年成本及其年限。

【例 6–41】

设某设备的购买价格是 70000 元，预计使用寿命为 10 年，无残值。资金成本为 10%。其各年的折旧额、折余价值及运行费用如表 6-16 所示。

表 6-16　各年的折旧额、折余价值及运行费用

单位：元

更新年限	1	2	3	4	5	6	7	8	9	10
折旧额	7000	7000	7000	7000	7000	7000	7000	7000	7000	7000
折余价值	63000	56000	49000	42000	35000	28000	21000	14000	7000	0
运行费用	10000	10000	10000	11000	11000	12000	13000	14000	15000	16000

根据上述资料，可计算出不同年份的平均成本，如表 6-17 所示。

表 6-17　不同年份的平均成本

单位：元

更新年限	1	2	3	4	5	6	7	8	9	10
折旧额	7000	7000	7000	7000	7000	7000	7000	7000	7000	7000
$(1+10\%)^{-n}$	0.9091	0.8264	0.7513	0.6830	0.6209	0.5645	0.5132	0.4665	0.4241	0.3855
S_n	63000	56000	49000	42000	35000	28000	21000	14000	7000	0
$S_n(1+10\%)^{-n}$	57273	46278	36814	28686	21732	15806	10777	6531	2969	0
C_n	10000	10000	10000	11000	11000	12000	13000	14000	15000	16000
$C_n(1+10\%)^{-n}$	9091	8264	7513	7513	6830	6774	6672	6531	6362	6168
$\sum C_n(1+10\%)^{-n}$	9091	17355	24868	32381	39211	45985	52657	59188	65550	71718
$(P/A, 10\%, N)$	0.9091	1.7355	2.4869	3.1699	3.7908	4.3553	4.8684	5.3349	5.7590	6.1446
现值总成本	21818	41077	58054	73695	87479	100179	111880	122657	132581	141718
年平均成本	24000	23669	23344	23248	23077	23002	22981	22991	23021	23064

比较上表的年平均成本可知，该设备运行到第 7 年时的年平均成本最低，因此在设备使用 7 年后，应立即将其更新。

2. 固定资产修理和更新的决策

固定资产修理和更新的决策是在假设维持现有生产能力水平不变的情况下，选择继续使用旧设备（包括对其大修理），还是将其淘汰，重新选择性能更优异、运行费用更低廉的新设备的决策。由于假设新旧设备的生产能力相同，对企业而言，销售收入没有增加，即现金流入量未发生变化，但是生产的成本却发生了变化。另外，新旧设备的使用寿命往往不同，因此在固定资产修理和更新决策设计上也是比较两个方案的年平均成本。

新旧设备的总成本都包括两个组成部分：设备的资本成本和运行成本。在计算新旧设备的年平均成本时，要特别注意运行成本、设备大修理费和折旧费对所得税的影响。

【例 6-42】

设某企业有一台旧设备，重置成本为 8000 元，年运行成本 3000 元，可大修 2 次，每次大修理费为 8000 元，4 年后报废无残值。如果用 40000 元购买一台新设备，年运行成本为 6000 元，使用寿命 8 年，不需大修，8 年后残值 2000 元。新旧设备的产量及产

品销售价格相同。另外，企业计提折旧的方法为直线法，企业的资本成本率为10%，企业所得税率25%。企业应继续使用旧设备，还是将其更新为新设备？

解：（1）继续使用旧设备。

①设备重置成本 =8000（元）

②大修理费用现值 =8000+8000×（P/F，10%，2）=14611.20（元）

③大修理费用及折旧费对所得税的影响现值。因为设备的大修理费用可以按预提费用摊销的方式，在设备的使用年限内计入成本，减少企业的利润，进而减少企业应缴纳的所得税。对企业而言，税负的减少实际上可看作一项现金流入，在本题中也可将其看作成本的节约。因此大修理费用及折旧费对所得税的影响现值为

$$\frac{8000+8000+8000}{4}\times 25\%\times(P/A,10\%,4)$$

$$=\frac{24000}{4}\times 25\%\times 3.1699=4754.85(\text{元})$$

④总运行成本现值 =3000×（1−25%）×（P/A，10%，4）

=2250×3.1699

≈7132.28（元）

$$⑤平均年成本=\frac{总成本}{(P/A,10\%,4)}$$

$$=\frac{8000+14611.20-4754.85+7132.28}{3.1699}$$

≈7883.10（元）

（2）改用新设备。

①新设备采购成本 =40000（元）

②残值收回现值 =2000×（P/F，10%，8）

=2000×0.4665=933（元）

$$③折旧费对所得税的影响现值=\frac{(40000-2000)}{8}\times 25\%\times(P/A,10\%,8)$$

$$=\frac{38000}{8}\times 25\%\times 5.3349$$

≈6335.19（元）

④总运行成本现值 =6000×（1−25%）×（P/A，10%，8）

=6000×（1−25%）×5.3349

=24007.05（元）

⑤平均年成本$=\dfrac{总成本}{(P/A,10\%,8)}$

$=\dfrac{40000-933-6335.19+24007.05}{5.3349}$

≈ 10635.41（元）

由上述计算结果可知，更新设备的年平均成本高于继续使用旧设备的成本，因此不应当更新。

3. 租赁或购置设备决策

企业因业务需要，有时需要使用某种设备，该设备既可由企业自行购置，也可向有关单位租用。在进行这种决策时，由于所有设备相同，即设备的生产能力与产品的销售价格相同，同时设备的运行费用也相同，因此只需比较两种方案的成本差异及成本对企业所得税所产生的影响差异即可。

【例 6-43】

某企业因业务需要，需使用一台小型机床，每年可节约成本 12000 元。若自行购置，其购入成本为 60000 元，可使用 10 年，使用期满后残值为 2000 元；若采用租赁方式，每年年末支付租金 10000 元，该公司的折现率为 10%，该企业适用所得税率为 25%。企业应当购入还是租赁该设备?

解：（1）购买设备。

年折旧额 =（60000–2000）÷10=5800（元）

购买设备支出 =60000（元）

折旧费对所得税的影响现值 =5800×25%×（P/A，10%，10）

=5800×25%×6.145

=8910.25（元）

设备残值的现值 =2000×（P/F，10%，10）

=2000×0.386

=772（元）

支出合计 =60000–8910.25–772=50317.75（元）

（2）租赁设备。

租赁费支出的现值 =10000×（P/A，10%，10）

=10000×6.145

=61450（元）

因租赁税负减少的现值 =10000×25%×（P/A，10%，10）

=10000×25%×6.145

=15362.5（元）

支出合计 =61450–15362.5=46087.5（元）

上述计算结果表明，购买设备的总支出大于租赁的总支出，因此企业应采取租赁的方式。

拓展阅读

可持续投资

资料一：

大自然是人类赖以生存发展的基本条件。尊重自然、顺应自然、保护自然，是全面建设社会主义现代化国家的内在要求。必须牢固树立和践行绿水青山就是金山银山的理念，站在人与自然和谐共生的高度谋划发展。

我们要推进美丽中国建设，坚持山水林田湖草沙一体化保护和系统治理，统筹产业结构调整、污染治理、生态保护、应对气候变化，协同推进降碳、减污、扩绿、增长，推进生态优先、节约集约、绿色低碳发展。

……推动经济社会发展绿色化、低碳化是实现高质量发展的关键环节。加快推动产业结构、能源结构、交通运输结构等调整优化。实施全面节约战略，推进各类资源节约集约利用，加快构建废弃物循环利用体系。完善支持绿色发展的财税、金融、投资、价格政策和标准体系，发展绿色低碳产业，健全资源环境要素市场化配置体系，加快节能降碳先进技术研发和推广应用，倡导绿色消费，推动形成绿色低碳的生产方式和生活方式。

来源：中国共产党第二十次全国代表大会报告

资料二：

ESG投资，是指在投资研究实践中融入ESG理念，在基于传统财务分析的基础上，通过E（environmental）、S（social）、G（governance）三个维度考察企业中长期发展潜力，希望找到既创造股东价值又创造社会价值、具有可持续成长能力的投资标的。

2022年12月2日，第十五届中国企业社会责任报告国际研讨会召开，其中专题论坛“ESG：可持续发展进程中的关键抉择”邀请到了数十位来自不同领域的研究者、实践者和观察者，共同探讨ESG的内涵和价值、梳理ESG与商业决策的联系、搭建企业打造ESG竞争力的有效途径和措施。

“随着我国经济由高速增长阶段转向高质量发展阶段，生态文明建设不断深化，‘双碳’目标稳妥推进，共同富裕不断取得实效，社会治理全面加强，企业自身发展与社会进步、环境改善的关系越来越密切。”国务院国资委社会责任局社会责任处处长张晓松认为，“完善的ESG治理，良好的履责形象，将为企业赢得更多的投资青睐和更好的市场反馈，打造竞争新优势。”

责扬天下副总裁、中国上市公司协会ESG专业委员会研究工作组成员代奕波在解读《ESG竞争力中国2022进展报告》时表示，ESG是上市公司高质量的标志，国有控股上市公司作为我国资本市场的重要组成部分，以及行业企业中的领头羊，ESG信息披露透明度和披露水平在持续保持提高。通过发挥ESG实践中的先锋作用，ESG治理中的标杆作用，可以有效带动中国上市公司整体的高质量发展。同时，ESG报告不是最终的结果和目的，ESG报告最为重要的价值体现在与利益相关方，特别是投资者的沟通中。在金融方面，ESG与金融正在深度融合，从投资角度看，引导投资者开展负责任可持续投资；从融资角度看，引导企业增强ESG竞争力，从而使其更易获得投资方的青睐。

金蜜蜂智库首席专家、北京一标数字科技有限公司董事长兼CEO殷格非提到，ESG起源于金融机构的社会责任，是将环境、社会因素纳入投融资的考量，是对当前财务经济价值考量的估值体系修正和优化。ESG的货币化核算将会成为中国特色估值体系的有利方向；中国式现代化的中国特色估值体系，要把E和ESG，就是经济价值和ESG的价值统一起来，这才是真正的新的可持续投资的估值体系。

来源：中国财经网

专题回顾

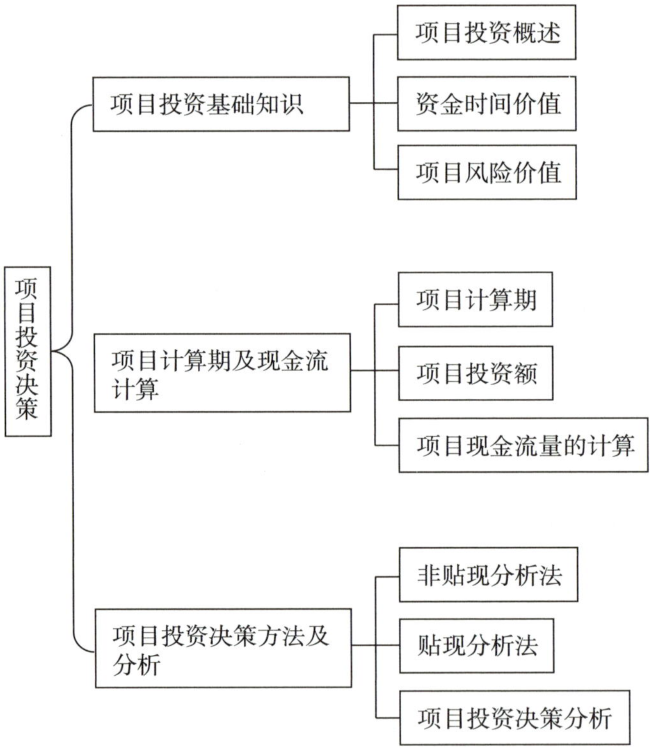

思考与练习

一、单项选择题

1. 在利率和计息期数相同的情况下，复利现值系数与复利终值系数（　）。

A. 没有关系　　B. 互为倒数

C. 成正比　　D. 系数加 1，期数减 1

2. 一项 100 万元的借款，借款期为 5 年，年利率为 8%；若半年复利一次，年实际利率会比名义利率高出（　）。

A.0.16%　　B.0.20%

C.0　　D.0.22%

3. 某项目经营期为 6 年，预计投产第一年初流动资产需用额为 60 万元，预计第一年流动负债为 15 万元；投产第二年初流动资产需用额为 80 万元，预计第二年流动负债为 30 万元；预计以后每年的流动资产需用额均为 80 万元，流动负债均为 30 万元，则该项目终结点一次回收的流动资金为（　）。

A.35 万元　　B.15 万元

C.95 万元　　D.50 万元

4. 下列关于估计现金流量应当考虑的问题中，说法错误的是（　）。

A. 必须考虑现金流量的总量　　B. 尽量利用现有会计利润数据

C. 不能考虑沉没成本　　D. 充分关注机会成本

5. 某企业投资方案甲的年销售收入为 300 万元，年销售成本和费用为 180 万元，其中折旧费为 20 万元，所得税率为 25%，则该投资方案的年现金净流量为（　）。

A.105 万元　　B.110 万元　　C.75 万元　　D.90 万元

6. 与投资项目有关的现金流量有（　）。

A. 企业折旧额　　B. 企业利润

C. 企业项目折旧额　　D. 企业收入

7. 旧设备的变现价值应作为继续使用旧设备的（　）。

A. 付现成本　　B. 无关成本

C. 相关成本　　D. 机会成本

8. 包括建设期的静态投资回收期是（　）。

A. 净现值为零的年限　　B. 净现金流量为零的年限

C. 累计净现值为零的年限　　D. 累计净现金流量为零的年限

9. 不管其他投资方案是否被采纳和实施，其收入和成本都不因此受到影响的投资与其他投资项目是（　）。

A. 互斥投资　　B. 独立投资

C. 互补投资　　D. 互不相容投资

10. 计算一个项目的投资回收期，应考虑的因素有（　）。

A. 贴现率　　B. 使用寿命

C. 年现金流量　　D. 资金成本

11. 现值指数（　）就表明该项目具有正的净现值，对企业有利。

A. 大于 0　　B. 小于 0

C. 大于 1　　D. 小于 1

12. 利用现值指数法评价投资决策时，贴现率的高低与方案的优先次序（　）。

A. 没有影响　　B. 有影响

C. 成正比　　D. 成反比

13. 某投资方在贴现率为 16% 时，净现值为 6.12 元；贴现率为 18% 时，净现值为 –3.17 元，则该方案的内含报酬率为（　）。

A.14.68%　　B.16.68%

C.18.32%　　D.17.31%

14. 对单独投资项目进行评价时，下列表述不正确的有（　）。

A. 资金成本越高，净现值越大

B. 内部报酬率等于资金成本时，净现值为零

C. 内部报酬率小于资金成本时，净现值为负数

D. 资金成本越低，获利指数越大

二、多项选择题

1. 递延年金的特点有（　）。

A. 终值大小与递延期有关　　B. 计算终值的方法与普通年金相同

C. 计算现值的方法与普通年金相同　　D. 第一期没有支付额

2. 永续年金的特点有（　）。

A. 没有现值　　B. 没有终值

C. 每期等额支付　　D. 每期支付额不定

3. 原始投资（　）。

A. 反映项目所需现实资金的价值指标

B. 等于项目总投资扣除资本化利息

C. 包括固定资产投资、无形资产投资、其他资产投资和流动资金投资

D. 等于企业为使项目完全达到设计生产能力、开展正常生产经营而投入的全部现实资金

4. 项目某年的经营成本包括（　）。

A. 该年外购原材料燃料和动力费

B. 该年工资及福利费

C. 该年修理费

D. 该年制造费用、管理费用和营业费用中扣除了折旧费、摊销费、修理费、工资及福利费以后的剩余部分

5. 在项目投资假设条件下，下列各项中不属于项目投资现金流出量的是（　）。

A. 借款利息　　B. 垫支流动资金

C. 经营成本　　D. 还借款的本金

6. 关于营业现金的表述正确的有（　）

A. 营业现金 = 税后净利润 + 折旧

B. 营业现金 = 利润 + 折旧 – 所得税

C. 营业现金 = 收入 – 付现成本 + 折旧

D. 营业现金 = 收入 – 付现成本 – 所得税

7. 下列投资决策评价指标中，其数值越大越好的指标是（　）。

A. 净现值率　　B. 静态投资回收期

C. 内含报酬率　　D. 会计收益率

8. 在单一方案决策过程中，与净现值评价结论可能发生矛盾的评价指标是（　）。

A. 净现值率　　B. 会计收益率

C. 静态投资回收期　　D. 内含报酬率

9. 内含报酬率是指（　）。

A. 投资报酬与总投资的比率

B. 项目投资实际可望达到的收益率

C. 投资报酬现值与总投资现值的比率

D. 使投资方案净现值为零的折现率

10. 投资决策分析使用的静态投资指标主要有（　）。

A. 投资回收期　　B. 投资报酬率

C. 现值指数　　D. 内含报酬率

三、判断题

1. 资金时间价值是在没有通货膨胀和风险的条件下的社会平均资本利润率。（　）

2. 实际利率与名义利率的关系是 $i=(1+r/m)\ m+1$。（　）

3. 每年年末支付 500 元，假设利率为 5%，五年后本利和为 2901 元。（　）

4. 每年支付 500 元，假设利率为 5%，每年复利两次，五年后本利和为 2901 元。（　）

5. 直接投资可以直接将投资者与投资对象联系在一起，而间接投资主要是证券投资。（　）

6. 在财务管理中，将以特定项目为对象，直接与新建项目或更新改造项目有关的长期投资行为被称为固定资产投资。（　）

7. 计算投资项目的现金流量时，经营期与固定资产的折旧年限或使用年限相同。（　）

8. 净现值小于零，则获利指数也小于零。(　)

9. 因为在整个投资有效年限内，利润总计与现金流量是相等的，所以在投资决策中，重点研究利润和重点研究现金流量效果是一样的。(　)

10. 一个净现值大于零的投资方案，其内含报酬率至少高于资金成本。(　)

四、计算分析题

1. 某人计划从今年起每年末存银行 2 万元，连续存 5 年，假设银行存款年利率为 4%，问 5 年后能取出多少钱?

2. 某人拟在 5 年后还清 10 万元的债务，从现在起每年末等额存入银行一笔款项，假设银行存款年利率为 5%，问每年要存入多少钱?

3. 某人准备买一部手机，现价 2600 元，可以一次性付款 2600 元购买，也可以采用分三期付款的方式购买，每年年末等额付款 1000 元，假设银行借款年利率为 5%，如果是你，你会选择哪种购买方式?

4. 李某分期购买住房一套，在 8 年内每年年初支付 30000 元，当银行贷款利率为 7% 时相当于现在一次性付款多少元?

5. 某公司拟购一房产，有两种分期付款方法可供选择。

(1) 从现在起，每年年初付 20 万，连续付 10 次，共 200 万元。

(2) 从第 5 年起，每年年初付 25 万，连续 10 次，共 250 万元。

若银行贷款利率为 5%，应选哪种方案?

6. 某企业购买机器设备价款 20 万元，可为企业每年增加净利 2 万元，该设备可使用 5 年，无残值，采用直线法计提折旧，该企业的贴现率为 10%。

要求：该投资方案的净现值、净现值率、现值指数和内含报酬率，并对此投资方案做出评价。

7. 某公司拟生产新产品，需购置专用设备，预计价款为 90 万元，追加流动资金 14.5822 万元。设备按 5 年计提折旧，采用直线法计提，净残值率为零。该新产品预计销售单价为 20 元 / 件，单位变动成本为 12 元 / 件，固定成本为 50 万元（不含折旧)。该公司所得税税率为 25%，投资的最低报酬率为 10%。

要求：计算净现值为零时的销售量水平（计算结果保留整数)。

8. 某企业拟租赁或购买 A 设备。A 设备的市场价格为 50000 元，可用 5 年，残值 5000 元。假如租赁，每年税前租赁费为 12000 元。采用直线法折旧，所得税税率为 25%，资本成本为 10%。

要求：请对 A 设备是购买还是租赁做出决策。

五、案例分析题

轮渡购置决策

江边轮渡公司有一艘渡船已相当陈旧，财务经理向总经理提出淘汰旧船，购置新船的建议。

原有旧船账面净值600000元，尚可使用5年，5年后残值为100000元，每年付现成本为1500000元。拟购置的新设备价款为3500000元，预计使用年限为5年，5年后的残值为原价的5%，每年付现成本为150000元。假如年初更新设备即可投入使用，原有设备即可变现，变现价值为80000元，新旧设备均采用直线法计提折旧，所得税率为25%，贴现率为12%。

要求：请帮助总经理做出选择。

专题七 标准成本法

专题概述

标准成本法，是通过定制标准成本，将标准成本与实际成本进行比较获得成本差异，并对成本差异进行因素分析，据此加强成本控制的一种会计信息系统和成本控制系统。本专题将介绍标准成本法的概念与作用、标准成本法的操作流程。

目标导航

知识目标

1. 了解标准成本法的概念与作用。
2. 掌握标准成本法的操作流程。

能力目标

能够运用标准成本法进行成本控制。

素质目标

对约束和自由有一定的思考和认识。

案例导入

新疆宏运纸业有限公司成本控制案例

新疆宏运纸业有限公司主要经营各种生活用纸和办公用纸。在2005年以前，公司不重视成本控制，致使资源浪费，产品成本非常高，产品品质也亟待提高，此时，外地大量知名品牌的纸品大量涌入当地，宏运公司的生存和发展面临严峻挑战。宏运公司高层意识到了问题的严重性，招集各部门主管商讨对策。经过研究，内部一致认为当务之急，公司应削减成本，改善质量，扩大销售。对此，财务主管分析认为，为了控制产品成本，企业应适时采取标准成本法。宏运公司总经理认为财务主管的建议可以一试，决定在企业内部施行标准成本法。

第一步，在企业内部建立标准成本管理的组织体系。首先，宏运公司成立了由公司总经理及副总经理组成的标准成本管理的考核管理委员会，负责审核、批准绩效考核方案，检查、指导绩效考核工作，审核考核结果，裁决这个过程中出现的争议。其次，成立由各生产车间负责人和财务人员组成的标准成本考核管理小组，负责标准成本制度在车间的制定、指导和执行，并对生产过程中造成成本差异的原因进行分析。

第二步，划分责任成本中心。根据成本的可控性，结合企业的经营特点和对成本管理的要求划分责任成本中心，从而做到责权清晰、分工明确，有利于成本的控制。

第三步，制定标准成本。宏运公司根据企业生产特点，结合生产管理人员在成本控制方面的习惯，本着效益和合理原则将产品成本划分为原材料、能源费用、直接人工和制造费用四大类，在大类下面根据重点要素再划分二级分类，如直接人工再分为生产工、包装工及车间管理人员工资等。继而根据企业的生产能力、生产特点，结合市场对产品的需求确定各类成本的标准成本，这一点至关重要，因为成本标准制定的准确与否关系到标准成本制度是否能够顺利实施。在实施过程中通过分析成本差异确定各自应负的责任，从而做到奖罚分明，以利于标准成本制度的实施。

通过一系列标准成本的制定，宏运公司努力寻求各种降低产品成本的渠道，并取得了显著的成效，产品成本降低了，利润增加了，标准成本制度的成功实施使宏运公司找到了生存和发展的转机，产品不仅再次占领当地市场，并逐步向外挺进。

项目1 认识标准成本法

一、标准成本法的含义

标准成本法，是通过定制标准成本，将标准成本与实际成本进行比较获得成本差异，并对成本差异进行因素分析，据此加强成本控制的一种会计信息系统和成本控制系统。所谓标准成本，是指在标准工作条件下生产产品应当发生的成本，既是成本控制的目标，又是衡量实际成本水平的尺度。

因此，标准成本法就是利用标准成本记录和反映产品成本的形成过程及结果，并借此实现对成本事前、事中和事后的控制。标准成本法的主要内容包括标准成本的制定、成本差异的计算与分析、成本差异的账务处理等。

知识链接

成本控制

成本控制是以降低成本为目的，通过制定成本总水平指标值、可比产品成本降低率以及成本中心控制成本的责任等，达到对经济活动实施有效控制的目的的一系列管理活动与过程。

成本控制是指降低成本支出的绝对额，故又称为绝对成本控制；成本降低还包括统筹安排成本、数量和收入的相互关系，以求收入的增长超过成本的增长，实现成本的相对节约，因此又称为相对成本控制。

成本控制包括原材料控制、工资费用控制、制造费用控制、企业费用控制。

二、标准成本的类型

标准成本法的核心是标准成本，基于标准成本中“标准”内涵的不同，标准成本可以有以下几种分类。

（一）按生产技术和经营管理水平分

1. 理想标准成本

理想标准成本，是指在最优条件下利用现有的规模和设备能够达到的最低成本。这是在最佳工作状态下可以达到的水平，是理论上的业绩标准，也是生产要素的理想价格。理想标准成本是可能实现的最高生产经营能力利用水平，揭示实际成本下降的潜力，但是不能作为考核依据。

2. 正常标准成本

正常标准成本，是在正常经营条件下应该达到的成本水平，也就是行业的平均水平。这是在效率良好的条件下，根据下期一般应该发生的生产要素消耗量、预计价格和预计生产经营能力利用程度制定出来的标准成本。正常标准成本考虑了生产经营过程中难以避免的损耗和低效率，因此在实际工作中被广泛使用。

3. 期望标准成本

期望标准成本是在现有的生产条件下经过努力应该达到的成本水平。期望标准成本一般根据现实情况的变化不断进步修改，这是与正常标准成本的主要区别。

（二）按适用期分

1. 现行标准成本

现行标准成本是根据其适用期间应该发生的价格、效率和生产经营能力利用程度等预计的标准成本，可以作为评价实际成本的依据，也可以用来对存货和销货成本进行计价。

2. 基本标准成本

基本标准成本是一经制定，只要生产的基本条件无重大变化，就不予变动的一种标准成本。主要用途是与各期实际成本进行对比，反映成本变动的趋势，但不宜用来直接评价工作效率和成本控制的有效性。

三、标准成本法的作用

（一）便于成本核算

只要划定成本中心、确定成本标准、制定成本项目，按一定的程序便可核算出标准成本、实际成本及成本差异。采用标准成本后，在制品按成本的标准留，剩下的成本即为转出成本，这样就解决了在制品留法不合理的难题。

（二）便于企业编制预算和进行预算控制

一方面，标准成本的每个成本项目都采用单独的价格标准和数量标准。因而可以确定每个成本项目实际脱离标准的差异的责任归属，从而分清各部门的责任。

（三）可以有效地控制成本支出

一方面，明确成本中心的责任后，使成本控制的责任下放到车间、作业区三级成本中心，并将成本标准、成本指标层层分解到个人，加强考核，使奖金与成本业绩挂钩。另一方面，在标准成本实践中还实行月度成本计划的措施，有利于计算月度成本消耗量，采购员、领料员按此月度成本控制计划采购、领料，以达到控制原材料成本的目的。

（四）提高决策的准确性和有效性

进行标准成本管理，可以确认企业的单位边际贡献，有利于企业测算出盈亏平衡点，从而提高决策的准确性和有效性。传统的成本管理，特别是全部成本管理，在考虑产品收益时，不仅包括变动成本，还包括固定成本，这就干扰了决策者的决策。标准成本管理的实施，为企业正确核算产品单位变动成本提供了科学依据，从而有利于企业决策者做出正确的决策。

项目2 标准成本法的应用

一、标准成本的制定

制定标准成本，首先应确定单位标准成本，再确定总成本。

$$单位标准成本 = 用量标准 \times 价格标准 \quad (7\text{-}1)$$

$$标准成本 = 单位标准成本 \times 实际产量 \quad (7\text{-}2)$$

按照产品成本的构成内容，产品的标准成本主要包含直接材料、直接人工、制造费三个要素。每个要素根据各自的用量标准、价格标准以及实际产量等数据确定成本金额。

（一）直接材料标准成本

$$直接材料标准成本 = 产品所需材料的用量标准 \times 该材料的价格标准 \quad (7\text{-}3)$$

直接材料标准成本的构成因素是材料用量标准以及材料价格标准。用量标准是指材料的消耗定额，主要包括生产产品的耗用量、允许发生的材料损耗量以及不可避免的废品所耗费的材料数量，一般根据以往耗用量采用一定的技术手段进行确定；价格标准是指该种材料取得时应付的单位材料成本，主要包括购价与相关费用，可以由财务和采购部门制定每种材料的平均价格，在一段时间内使用。

（二）直接人工标准成本

$$\begin{aligned}直接人工标准成本 &= 直接人工用量标准 \times 直接人工价格标准\\ &= 标准工时 \times 标准工资率 \quad (7\text{-}4)\end{aligned}$$

标准人工成本的构成因素是人工用量标准和人工价格标准。按照计时工资进行核算，人工用量标准即单位人工工时，一般由生产管理部门根据制定产品的工时进行确定，包括生产产品的具体操作时间、间歇期和调整时间等；人工的价格标准即工资率，由人力资源部门确定。

（三）制造费用标准成本

固定（变动）制造费用标准成本 = 制造费用用量标准 × 固定（变动）制造费用价格标准

= 标准工时 × 固定（变动）制造费用标准分配率 （7-5）

制造费用一般分为固定部分和变动部分。固定部分是指每个月的折旧摊销、固定照明费、间接人员工资等每月固定的费用；变动部分是指随着产量或者其他因素变动而变动的部分，可以由财务部门和生产管理部门及生产厂共同制定。需要说明的是标准总工时一般按照企业达到最大产量时的工时总量，也就是说可等于直接人工总工时。

（四）标准成本的制定

标准成本 = 直接材料标准成本 + 直接人工标准成本 + 制造费用标准成本 （7-6）

【例 7-1】

2021 年年末长江公司制定的 A 产品的标准成本卡如表 7-1 所示。

表 7-1 A 产品的标准成本卡

成本项目		用量标准	价格标准	标准成本
直接材料		5 千克 / 件	2.5 元 / 千克	12.5 元 / 件
直接人工		10 小时 / 件	2 元 / 小时	20 元 / 件
变动制造费用	间接人工（0.2）	10 小时 / 件	0.2 元 / 小时	2 元 / 件
	间接材料（0.1）	2 千克 / 件	0.5 元 / 千克	1 元 / 件
	维修费（0.05）	10 小时 / 件	0.05 元 / 小时	0.5 元 / 件
	水电费（0.1）	10 小时 / 件	0.1 元 / 小时	1 元 / 件
	其他相关费用（0.05）	10 小时 / 件	0.05 元 / 小时	0.5 元 / 件
	合计	—	—	5 元 / 件
固定制造费用		10 小时 / 件	1.01 元 / 小时	10.1 元 / 件
单位产品标准成本				47.6 元 / 件

注：若按变动成本法计算，单位产品标准成本 =37.5 元 / 件。

二、标准成本差异分析

标准成本差异，指实际成本与标准成本之间的差额。

按照成本的构成内容，标准成本差异可以从实际的直接材料成本、直接人工成本、制造费用与标准的相关成本之间的差异进行具体分析。因此，按照成本性态分析方式，标准成本差异可以分为直接材料成本差异、直接人工成本差异、变动制造费用成本差异、固定制造费用成本差异，前面三项构成变动生产成本差异，后一项为固定生产成本差异。一般而言，变动生产成本差异可简单采用二差异法进行分析，而固定生产成本可采用三差异法进行分析。具体的成本差异内容如图 7-1 所示。

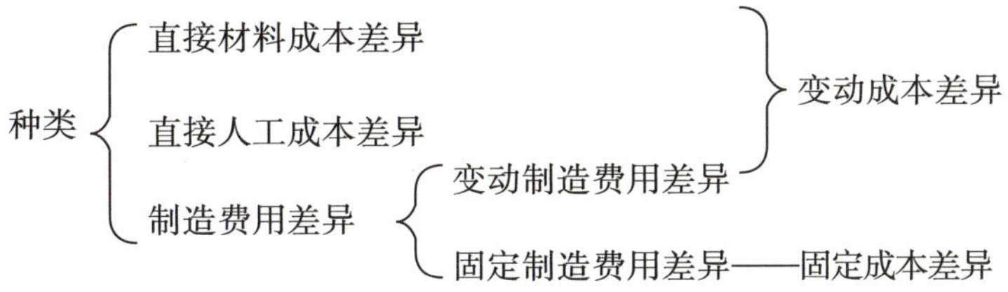

图 7-1　标准成本差异种类图示

（一）直接材料成本差异的计算和分析

直接材料成本差异，指一定产量产品的直接材料实际成本与直接材料标准成本的差异，即直接材料成本差异 = 直接材料实际成本 − 直接材料标准成本。

式中，直接材料实际成本 = 实际价格 × 实际用量

直接材料标准成本 = 标准价格 × 标准用量

实际用量 = 直接材料单位实际耗用量 × 实际产量

标准用量 = 直接材料耗用标准 × 实际产量

直接材料成本差异 = 实际价格 × 实际用量 − 标准价格 × 标准用量

= (实际价格 × 直接材料单位实际耗用量 − 标准价格 × 直接材料耗用标准) × 实际产量。

由此可见，直接材料成本差异形成的关键是实际价格与标准价格的差异以及单位实际耗用量与耗量标准的差异。

因此，直接材料成本差异 = 材料价格差异 + 材料数量差异，具体内容如图 7-2 所示。

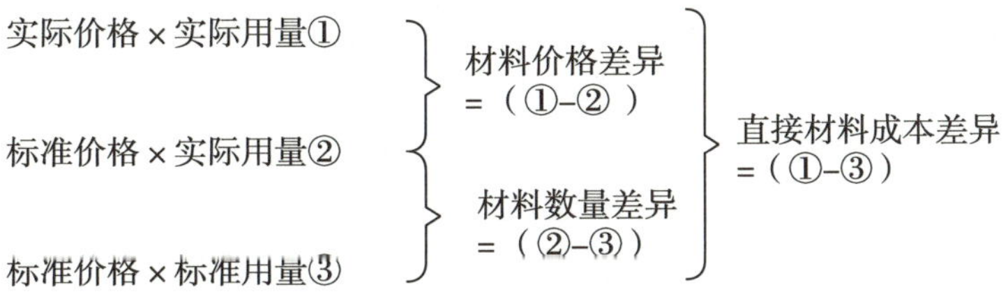

图 7-2　直接材料成本差异图

【例 7-2】

长江公司生产甲产品需使用一种材料。本期生产甲产品 4000 件，耗用该材料 22000 千克，该材料的实际价格为每千克 2.2 元。假设材料的标准价格为每千克 2.5 元，单位甲产品的标准用量为 5 千克该材料。分析该材料的成本差异

解：价格差异 =（2.2−2.5）× 22000=−6600（元）——有利差异

用量差异 =2.5 ×（22000−5 × 4000）=5000（元）——不利差异

成本差异 =2.2 × 22000−2.5 × 20000=−1600（元）——有利差异

=−6600+5000=−1600（元）——有利差异

账务处理

借：在产品	50000
材料用量差异	5000
贷：原材料	48400
材料价格差异	6600

知识链接

有利差异和不利差异

成本差异按照其性质分为有利差异和不利差异。有利差异是指实际成本比标准成本低形成的差异额，在账务处理时记入差异贷方；不利差异是指实际成本比标准成本高形成的差异额，在账务处理时记入差异借方。

成本分析：由例 7-2 可知，材料的实际成本比标准成本低 1600 元，原因是原材料实际价格比标准价格低了 0.3 元每千克，使得成本降低了 6600 元，但是由于材料实际耗用量高于标准耗用量 2000 千克，又使成本上升了 5000 元。材料价格差异一般由采购部门的决策控制，其影响因素主要为采购批量、供应商选择、付款方式等，当然不能排除一些客观不可控因素，如通货膨胀。用量差异的影响因素则多样化，若是因工人的技术与责任感等原因造成的差异则由生产部门负责；若是因为材料质量等问题造成的耗量损失，要由采购部门负责；若还有其他非生产部门的原因造成的应归咎其他部门责任。也就是说根据企业的实际情况找出差异的原因是进行科学有效控制的前提。

（二）直接人工成本差异的计算和分析

直接人工成本差异，是指一定产量产品的直接人工实际成本与直接人工标准成本之间的差额，即直接人工成本差异 = 直接人工实际成本 – 直接人工标准成本。

式中，直接人工标准成本 = 标准工资率 × 标准工时，

标准工时 = 单位产品工时耗用标准 × 实际产量。

直接人工的价格差异为工资率差异，直接人工的用量差异为耗用工时量差异，也即人工效率差异。

直接人工成本差异 = 直接人工工资率差异 + 直接人工工时耗用量差异，具体内容如图 7-3 所示。

实际工资率 × 实际工时①

标准工资率 × 实际工时②

标准工资率 × 标准工时③

工资率差异 =（①–②）

效率差异 =（②–③）

直接人工成本差异 =（①–③）

图 7-3　直接人工成本差异图

【例 7-3】

长江公司本期生产甲产品 4000 件，实际耗用人工 41000 小时，平均每工时 2.5 元。假设标准工资率 2 元，单位产品的工时耗用标准为 10 小时。分析直接人工成本差异。

解：直接人工工资率差异 =（2.5−2）×41000=20500（元）(不利差异)

人工效率差异 =2×（41000−10×4000）=2000（元）(不利差异)

人工成本差异 =2.5×41000−2×10×4000=22500（元）(不利差异)

= 20500+2000 =22500（元）(不利差异)

账务处理

借：在产品	80000
直接人工工资率差异	20500
直接人工效率差异	2000
贷：直接人工	102500

成本分析：由例 7-3 可知，材料的实际成本比标准成本高 22500 元，原因是人工的实际价格比标准价格每小时高 0.5 元，使得成本上升了 20500 元，并且由于工时耗用量高于标准耗用量 1000 小时，又使成本上升了 2000 元。人工工资率的差异高，可能是在生产过程中技术能力强、工资级别高的工人从事了低水平工作，造成了浪费；人工效率差异的影响因素是多方面的，包括工人技术水平、生产工艺、设备等，关键在于对生产能力影响较大的因素进行判定分析。

（三）变动制造费用成本差异的计算和分析

变动制造费用成本差异，指一定产量产品的实际变动制造费用与标准变动制造费用之间的差额，即变动制造费用成本差异 = 实际变动制造费用 − 标准变动制造费用。

式中，实际变动制造费用 = 实际分配率 × 实际工时

标准变动制造费用 = 标准分配率 × 标准工时

实际分配率 = 实际变动制造费用 ÷ 实际工时

变动制造费用的价格差异为分配率差异，变动制造费用的用量差异为耗用工时量差异，也即变动制造费用效率差异。

变动制造费用成本差异 = 变动制造费用分配率差异 + 变动制造费用效率差异

具体的成本差异分析如图 7-4 所示。

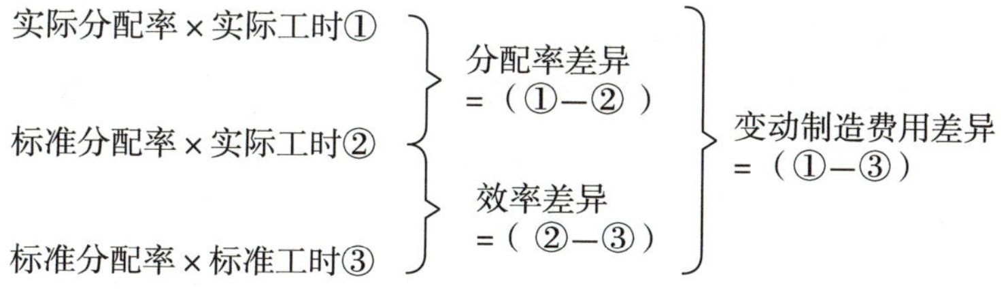

图 7-4 变动制造费用差异图

【例 7-4】

长江公司本期生产甲产品4000件，实际耗用人工41000小时，实际发生变动制造费用20090元，变动制造费用实际分配率为每直接人工工时0.49元。假设变动制造费用标准分配率为0.5元每小时，标准耗用人工40000小时。请分析变动制造费用差异

解：变动制造费用分配率差异 =（0.49–0.5）×41000=–410（元）（有利差异）

变动制造费用效率差异 =0.5×（41000–40000）=500（元）（不利差异）

变动制造费用差异 =20090–0.5×40000=90（元）（不利差异）

=–410+500=90（元）（不利差异）

账务处理

借：在产品	20000
变动制造费用效率差异	500
贷：制造费用（变动）	20090
变动制造费用分配率差异	410

成本分析：由例7-4可知，变动制造费用的实际成本比标准成本高了90元，原因是变动制造费用的实际分配率比标准分配率每小时低了0.01元，使得成本降低了410元，但是由于工时实际耗用量高于标准耗用量1000小时，又使成本上升了500元。变动制造费用差异是由生产过程中的多种因素综合影响的，变动制造费用一般由多种明细项目构成，控制工作比较烦琐。因此在实际工作中一般采用弹性预算方式确定各明细项目的金额，并根据预算确定的标准成本与实际成本之间的比较分析进行相应控制。

（四）固定制造费用成本差异的计算和分析

1. 固定制造费用成本差异的定义

固定制造费用成本差异，指一定期间的实际固定制造费用与标准固定制造费用之间的差额，即固定制造费用的成本差异 = 实际固定制造费用 – 标准固定制造费用。

式中，标准固定制造费用 = 固定制造费用标准分配率 × 标准工时

固定制造费用标准分配率 = 预算固定制造费用 ÷ 预算工时

2. 固定制造费用成本差异中涉及的三个指标

（1）实际产量下实际固定制造费用。

（2）预算产量下标准固定制造费用。

（3）实际产量下标准固定制造费用。

由成本差异的含义可知，固定制造费用差异 =（1）–（2）+（2）–（3），即构成了二因素分析方法。

3. 固定制造费用成本差异分析的方法

1）两差异法

两差异法是将固定制造费用总差异分解为耗费差异和能量差异两部分。

耗费差异＝实际产量下实际固定制造费用－预算产量下标准固定制造费用（固定制造费用预算数）。

耗费差异也称预算差异。

能量差异＝（预算产量下的标准工时－实际产量下的标准工时）×标准分配率

＝预算产量下的标准固定制造费用－实际产量下的标准固定制造费用。

“能量差异”代表的是企业由于实际产量没达到预算产量而形成的差异。

具体的差异分析如图 7-5 所示。

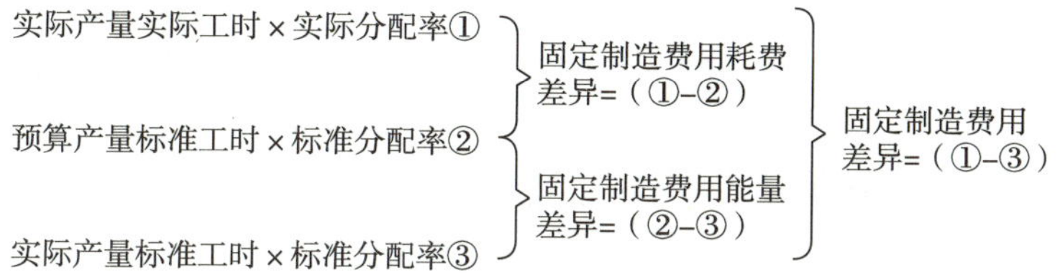

图 7-5　固定制造费用两差异法分析图

知识链接

产量为什么会没达到标准呢

假设预算标准是 1 天生产 100 件产品，结果你只生产 90 件，为什么会造成这种差异，你会解释说，人手不够有一台设备没启动，实际工时没达标，造成生产能力闲置差异，有一位新人刚上岗，是新手，动作不快，效率不高，造成生产效率差异。由是，能量差异还可以分解为能力差异和效率差异。

2）三差异法

三差异法，是将固定制造费用成本差异分为耗费差异、能力差异和效率差异三部分。

耗费差异＝实际产量下实际固定制造费用－预算产量下标准固定制造费用（固定制造费用预算数）。

能力差异＝（预算产量下的标准工时－实际产量下的实际工时）×标准分配率，它反映生产能力闲置造成的差异。

效率差异＝（实际产量下的实际工时－实际产量下的标准工时）×标准分配率，它反映生产效率不同造成的差异。

具体的差异分析如图 7-6 所示。

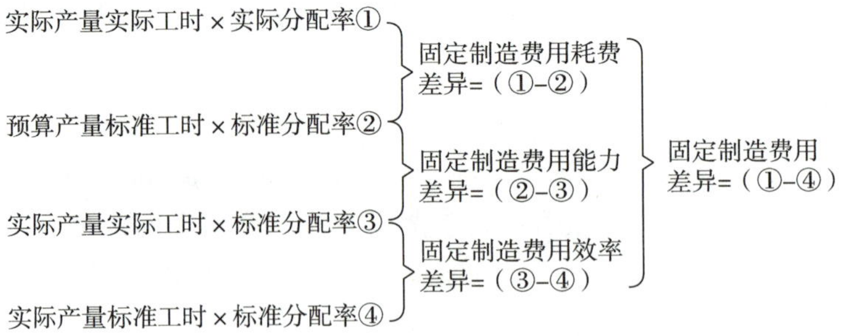

图 7-6　固定制造费用三差异法分析图

两差异法和三差异法的区别如图 7-7 所示。

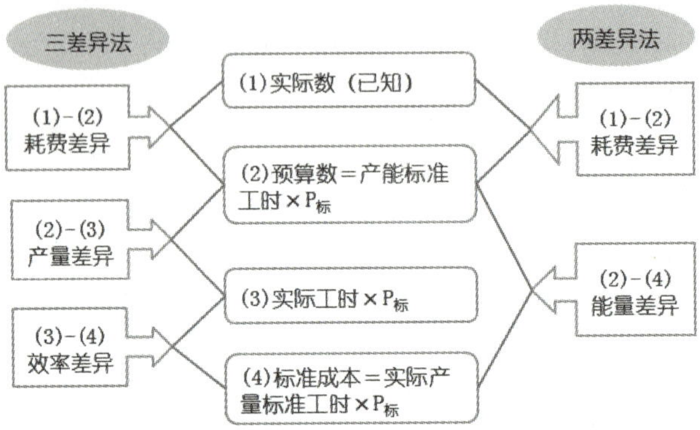

图 7-7　固定制造费用二差异法和三差异法比较分析图

【例 7-5】

长江公司本期正常生产水平的产量为 4050 件，预计耗时 41500 小时，本期实际生产甲产品 4000 件，实际耗用人工 41000 小时，固定制造费用实际分配率为每直接人工工时 1.2 元。假设固定制造费用标准分配率为每小时 1.01 元，标准耗用人工 40000 小时。请分析固定制造费用差异。

解：固定制造费用耗费差异 =1.2×41000−1.01×41500=7285（元）(不利差异)

固定制造费用能力差异 =1.01×（41500−41000）=505（元）(不利差异)

固定制造费用效率差异 =1.01×（41000−40000）=1010（元）(不利差异)

固定制造费用差异 =1.2×41000−1.01×40000=8800（元）(不利差异)

=7285+505+1010=8800（元）(不利差异)

账务处理

借：在产品	40400
固定制造费用耗费差异	7285
固定制造费用能力差异	505
固定制造费用效率差异	1010
贷：制造费用（固定）	49200

成本分析：由例 7-5 可知，固定制造费用的实际成本比标准成本高了 8800 元，原因是固定制造费用的实际分配率比标准分配率每小时高了 0.19 元，实际总工时比预算工时低了 500 小时，使得总成本上升了 7285 元；由于生产能力没有得到充分发挥，固定制造费用成本上升了 505 元；由于工时实际耗用量高于标准耗用量 1000 小时，成本上升了 1010 元。在实际工作中，固定制造费用也是由多个明细项目构成的，但是固定制造费用不随业务量的变动而变动，一般按照各个部门各个明细项目分别进行预算登记。

【例 7-6】

某企业甲产品单位工时标准为 2 小时 / 件，标准变动制造费用分配率为 5 元 / 小时，标准固定制造费用分配率为 8 元 / 小时。本月预算产量为 10000 件，实际产量为 12000 件，实际工时为 21600 小时，实际变动制造费用与固定制造费用分别为 110160 元和 250000 元。

要求计算下列指标。

（1）单位产品的变动制造费用标准成本。

（2）单位产品的固定制造费用标准成本。

（3）变动制造费用效率差异。

（4）变动制造费用耗费差异。

（5）两差异法下的固定制造费用耗费差异和能量差异。

（6）三差异法下固定制造费用的耗费差异、产量差异和效率差异。

解：（1）单位产品的变动制造费用标准成本 =2×5=10（元 / 件）

（2）单位产品的固定制造费用标准成本 =2×8=16（元 / 件）

（3）变动制造费用效率差异 =（21600−12000×2）×5=−12000（元）

（4）变动制造费用耗费差异 =（110160÷21600−5）×21600=2160（元）

（5）固定制造费用耗费差异 =250000−10000×2×8=90000（元）

固定制造费用能量差异 =（10000×1×2−12000×2）×8=−32000（元）

（6）固定制造费用耗费差异 =250000−10000×2×8=90000（元）

固定制造费用产量差异 =10000×2×2×4−21600×8−−12800（元）

固定制造费用效率差异 =（21600−12000×2）×8=−19200（元）

知识链接

成本差异的核算账务设置

在标准成本法下，针对各项成本的差异设置成本差异账户。具体可有：“材料用量差异”“材料价格差异”“直接人工工资率差异”“直接人工效率差异”“变动制造费用效率差异”“变动制造费用分配率差异”“固定制造费用耗费差异”“固定制造费用能力差异”“固定制造费用效率差异”。

各种差异账户的借方核算发生的不利差异，贷方核算发生的有利差异。

拓展阅读

无规矩不成方圆

老木匠造房子的故事

有个老木匠准备退休，他告诉老板，他要离开建筑行业，回家与妻子儿女享受天伦之乐。老板舍不得他的好工人走，问他是否能帮忙再建一座房子，老木匠说可以。但是他的心已不在工作上，他用的是次料，出的是粗活，工艺更是马虎。房子建好的时候，老板把大门的钥匙递给他。"这是我送给你的退休礼物。"他目瞪口呆，羞愧得无地自容。如果他早知道是在给自己建房子，他怎么会这样呢？

标准是约束，没有约束哪来自由？！

专题回顾

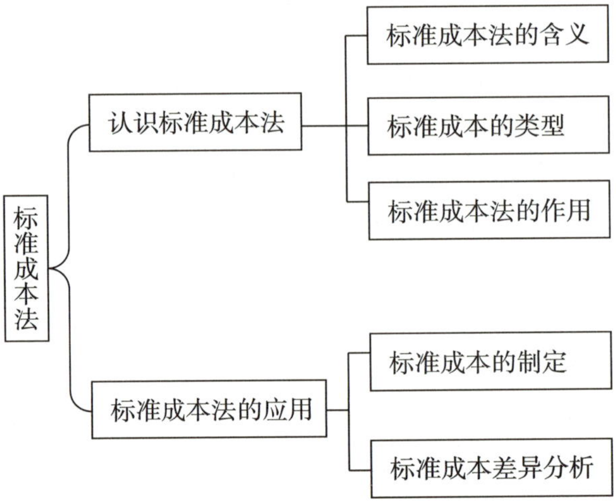

思考与练习

一、单项选择题

1. 在标准成本控制下的成本差异是指（ ）。

A. 实际成本与标准成本的差异　　B. 实际成本与计划成本的差异

C. 预算成本与标准成本的差异　　D. 实际成本与预算成本的差异

2. 下列不属于价格标准的是（ ）。

A. 小时工资率　　B. 材料消耗量

C. 原材料价格　　D. 小时制造费用分配率

3. 固定制造费用的标准分配率等于（ ）。

A. 预算固定制造费用 ÷ 预算工时　　B. 标准固定制造费用 ÷ 预算工时

C. 实际固定制造费用 ÷ 标准工时　　D. 标准固定制造费用 ÷ 标准工时

4. 固定制造费用的实际金额与预算金额之间的差额被称为（ ）。

A. 耗费差异　　B. 能量差异

C. 效率差异　　D. 闲置能量差异

5. 实际工作中运用最广泛的一种标准成本是（ ）。

A. 理想标准成本　　B. 宽松标准成本

C. 现实标准成本　　D. 正常标准成本

6. 下列属于用量标准的是（ ）。

A. 材料消耗量　　B. 小时工资率

C. 原材料价格　　D. 小时制造费用

7. 在标准成本制度下，分析计算各成本项目价格差异的用量基础是（ ）。

A. 标准产量下的标准用量　　B. 实际产量下的标准用量

C. 标准产量下的实际用量　　D. 实际产量下的实际用量

8. 计算价格差异要以（ ）为基础。

A. 标准数量　　B. 标准价格

C. 实际数量　　D. 实际价格

9. 一般来说，直接材料数量差异由（ ）负责。

A. 生产部门　　B. 采购部门

C. 会计部门　　D. 销售部门

10. A公司本期生产甲产品300件，耗用材料3000千克，该材料的实际价格为每千克3元。假设材料的标准价格为每千克4元，单位甲产品的标准用量为8千克，该材料的价格差异为（ ）。

A. 3000元　　B. 2400元

C. –2400元　　D. –3000元

二、多项选择题

1. 标准成本控制系统的内容包括（　）。

A. 标准成本的制定　B. 成本差异的计算分析

C. 成本差异的账务处理　D. 成本差异的分配

2. 固定性制造费用成本差异可分解为（　）。

A. 开支差异　B. 生产能力差异

C. 效率差异　D. 预算差异

3. 可以套用“用量差异”和“价格差异”模式的成本项目是（　）。

A. 直接材料　B. 直接人工

C. 变动性制造费用　D. 固定性制造费用

4. 影响直接材料的标准成本的因素有（　）。

A. 单位产品的标准用量　B. 单位产品的标准工时

C. 材料的标准价格　D. 标准工资率

5. 标准成本法的作用是（　）。

A. 便于企业编制预算和进行预算控制　B. 便于成本核算

C. 可以有效地控制成本支出　D. 可以提高决策的准确性和有效性

6. 单位产品的标准成本由（　）组成。

A. 直接材料的标准成本　B. 直接人工的标准成本

C. 制造费用的标准成本　D. 管理费用的标准成本

7. 根据生产技术和经营管理水平的不同，标准成本可分（　）。

A. 理想标准成本　B. 正常标准成本

C. 期望标准成本　D. 现行标准成本

8. 按照差异形成的原因的不同，成本差异可分为（　）。

A. 价格差异　B. 用量差异

C. 人工差异　D. 制造费用差异

9. 直接人工的成本差异可分解为（　）。

A. 工资率差异　B. 效率差异

C. 能力差异　D. 预算差异

三、判断题

1. 理想标准成本法在实际应用中使用最广泛。（　）

2. 标准成本的制定包括直接材料、直接人工和制造费用三个方面。（　）

3. 直接材料的价格差异应该由生产部门负责。（　）

4. 直接人工的耗用量差异应该由生产部门负责。(　)
5. 固定制造费用差异分析和变动制造费用差异分析是一样的。(　)
6. 变动制造费用差异分析也可以采用三差异法。(　)
7. 在两差异法下，固定制造费用的差异可以分解为耗费差异和能量差异。(　)
8. 直接材料的成本差异可以分解为本材料价格差异和材料用量差异。(　)
9. 固定制造费用能量差异反映生产能力闲置造成的差异。(　)
10. 固定制造费用能量差异是企业由于实际产量没达到预算产量而形成的差异。(　)

四、计算分析题

1. 某企业生产甲产品，单位产品耗用的直接材料标准成本资料如下。

成本项目	价格标准	用量标准	标准成本
直接材料	0.5 元 / 千克	8 千克 / 件	4 元 / 件

直接材料实际购进量是 4000 千克，单价 0.7 元 / 千克；本月生产产品 400 件，使用材料 2500 千克。

要求：

（1）计算该企业生产甲产品所耗用直接材料的实际成本与标准成本的差异；

（2）将差异总额进行分解。

2. 长江公司生产甲产品需使用一种材料。本期生产甲产品 2000 件，耗用该材料 11000 千克，该材料的实际价格为每千克 1.2 元。假设材料的标准价格为每千克 1.3 元，单位甲产品的标准用量为 5 千克。对材料进行成本差异分析（请写出计算过程和文字分析）。

3. 某企业甲产品单位工时标准为 2 小时 / 件，标准变动制造费用分配率为 5 元 / 小时，标准固定制造费用分配率为 8 元 / 小时。本月预算产量为 10000 件，实际产量为 12000 件，实际工时为 21600 小时，实际变动制造费用与固定制造费用分别为 110160 元和 250000 元。

要求：计算下列指标。

（1）单位产品的变动制造费用标准成本。

（2）单位产品的固定制造费用标准成本。

（3）变动制造费用效率差异。

（4）变动制造费用耗费差异。

（5）两差异法下的固定制造费用耗费差异和能量差异。

（6）三差异法下固定制造费用的耗费差异、产量差异和效率差异。

五、案例分析题

利剑模具制造厂采用标准成本法来评价工作成果和控制成本，但由于一个职工的疏忽，丢失了部分人工记录资料。根据现存的一部分资料可知全部的人工差异是1440元（有利差异），每小时的标准工资率为12元，工资的上涨导致不利的工资率差异为960元，实际投入的人工小时为1600小时。

要求：

（1）计算每小时实际工资率；

（2）计算实际产出上允许投入的标准人工小时；

（3）简述人工工资率差异及效率差异产生的原因。

专题八 作业成本法

专题概述

在自动化制造时代，制造费用比重大大增加，因此制造费用的分配是否科学将很大程度上决定产品成本计算是否准确、成本控制是否有效，作业成本法应运而生。本专题主要介绍作业成本法的概念及其应用。

目标导航

知识目标

1. 了解作业成本法的概念。
2. 理解作业成本法的应用。

能力目标

1. 能够区分作业成本法和传统成本法。
2. 清楚作业成本法的计算和应用流程。

素质目标

养成管理会计思维。

案例导入

钱花到哪里了

——某快递公司实施作业成本法解困

早上9点，某快递公司财务王经理手持文件夹准时来到CEO的办公室汇报工作，对于这位新到任的CEO，王经理虽然不太了解，但他并不紧张。公司的经营业绩每年都保持着30%以上的增幅，他自信地认为这几年的财务工作做得也很不错。看到CEO对着财务分析报告不断点头，王经理心里更加肯定了自己的工作。

“从报告上看，公司的业绩不错，正处于快速增长时期，但是我有一个问题，”CEO突然问道，“我想知道，快递员从国贸取一个银行的快件寄到厦门，这个单子的真实成本是多少。”

王经理有些诧异，还是第一次有人问这样的问题。他一时不知如何回答。

“我们公司共有多少家分公司？”CEO又问。

“90多家。”王经理回答。

“各分公司的盈利情况如何？”

“我们目前的成本核算方法都是以分公司为单位，按分公司归集成本费用，然后得到公司的总成本。至于分公司盈利，因为一直以来我们都关注公司的整体业绩，没有做这方面的工作。”无法让领导满意，王经理有些沮丧。

“如果我们不能算出每个单子的真实成本，也不能很好地计算各分公司的成本，这将使公司进行盈利能力分析、产品定价决策、路由优化分析等受到限制。”

“这个，这个……”王经理有些不知所措。

“改革迫在眉睫，我们必须尽快找到合适的成本核算方法。你去想想办法。”CEO的语气很坚定。

成本计算方法需要变革

回到办公室后，接到任务的王经理召开了财务部门紧急会议。他向大家讲述了公司目前成本管理遇到的难题，并组织大家积极讨论。大家一致认为，分析公司面临的难题应该与其业务特点相结合，从而寻求解决的方法。

公司客户的业务内容是以航空运输方式为主，1~2天送达的包裹、货物的国内门到门快递服务或称桌到桌服务，即首先由发件人在需要时通过电话等方式通知快递公司，快递公司接到通知后派人上门取件，然后将所有收到的快件集中到一起，根据其目的地分拣、整理、制单、报关、发往世界各地。到达目的地后，再由当地的分公司办理清关、提货手续，并派送至收件人手中。在这期间，客户还可通过快递公司的网站随时对快件（主要指包裹）的位置进行查询，快件送达之后，也可以及时通过网络将消息反馈给发件人。公司的服务类型具体包括标准快递服务和定制化服务。其快递业务的运作具有如下特点。

（1）快递公司的运作需要一个庞大的服务网络支撑。针对每单具体业务，快递公司都需要由两个以上分支机构分工协作完成。每个分支机构既会替其他作业点中转或派送，也会让对方为其提供同样的服务。

（2）产品复杂多样，影响因素较多。客户、运输路线、货物类型和运输时限都是对产品的送达有影响的重要因素。

（3）高额的间接费用。除了包装材料成本可以直接追溯外，基本上所有的费用都是间接费用。

由于其快递业务具有上述特点，传统的成本核算方法在该公司遇到了很大的困难。在传统的成本核算方法中，快递公司只能按分公司归集成本费用，然后得到公司的总成本。对于公司进行盈利能力分析、产品定价决策所需要的产品成本、客户成本等信息，在传统成本计算方法下，财务部门便无能为力了。

为此，需要一套成本核算方法和成本管理工具，来解决如何把高额的间接费用准确分配给复杂多样的产品，如何把多个分支机构的成本串联为产品的成本，如何衡量单一产品和客户的营利性等，以便公司进行成本管理。

引入作业成本法

经过一周多的详细分析与调查，王经理的团队明确了该快递公司所遇到的问题的根源在于目前的成本管理方法不能满足管理的需要。针对这个问题，团队达成一致意见，即对该快递公司而言，推动企业的成本核算变革、开展作业成本管理是正确的出路。作业成本管理即以作业为核心进行的成本管理，而开展作业成本管理的前提是必须引入作业成本法进行成本核算。因此，王经理的团队决定引入作业成本法，开展作业成本管理。

项目1 作业成本法概述

一、作业成本法的产生

随着“机器取代人”的自动化制造时代的来临，直接人工成本比重大大下降，制造费用（主要是折旧费用等固定成本）比重大大增加。

作业成本法正是适应日新月异的科技发展、全球性市场竞争的需要，20世纪80年代末于美国产生的一种先进管理思想和方法。1952年，埃里克·科勒在《会计师词典》中首次提出了“作业”“作业账户”“作业会计”等概念。

1971年，乔治·斯托布斯的《作业成本计算和投入产出会计》对“作业”“成本”“作业会计”“作业投入产出系统”等概念做了全面、系统的讨论。

1988年，库伯和卡普兰发展了斯托布斯的思想，提出了以作业为基础的成本计算法——Activity Based Costing，简称ABC法。

二、作业成本法的内涵

（一）资源

进入企业的人力、物力、财力等都属资源范畴，包括货币资源、材料资源、人力资源、动力资源等。资源进入企业，不一定都会被消耗，即便消耗也不一定对最终产出有所贡献。区别有用消耗和无用消耗，就是把无用消耗价值单独归集到不增值作业价值，而把有用耗费的价值分配到作业中去。

作业成本计算以资源作为成本计算对象，是要在价值形成的最初形态上反映被最终产出吸纳的有意义的资源耗费价值。区别消耗资源的作业状况，就是找到资源动因，按资源动因将资源消耗价值分配到作业中去。

（二）作业

作业是指企业为了生存及可持续发展而消耗资源（“消耗资源”可以理解为发生的成本费用）的活动。

1. 作业的基本特征

（1）作业是一种“资源”的投入和另一种“效果”产出的过程。“作业”消耗的可以是人力资源，也可以是非人力资源；“效果”可能是产品也可能是其他。

（2）作业贯穿于企业生产经营全过程，从产品的研发、设计、生产到销售、售后服务、市场调研等。同一项作业可以涉及多个部门，机构内的所有工作均可划分为各种作业。

（3）作业是可以量化的，通常有可计量的产出。

（4）同一类作业必须具有同质性。作业的划分必须视管理要求和成本动因而定。

作业可以划分为增值作业和非增值作业。能增加传递给客户价值的作业为增值作业，如存货的储存、分类、整理和搬运，产品的返修或者重复检测，等待工作。非增值作业虽然也耗费资源，但对产品价值没有任何帮助，应予以消除。

公司作业流程图如图 8-1 所示。

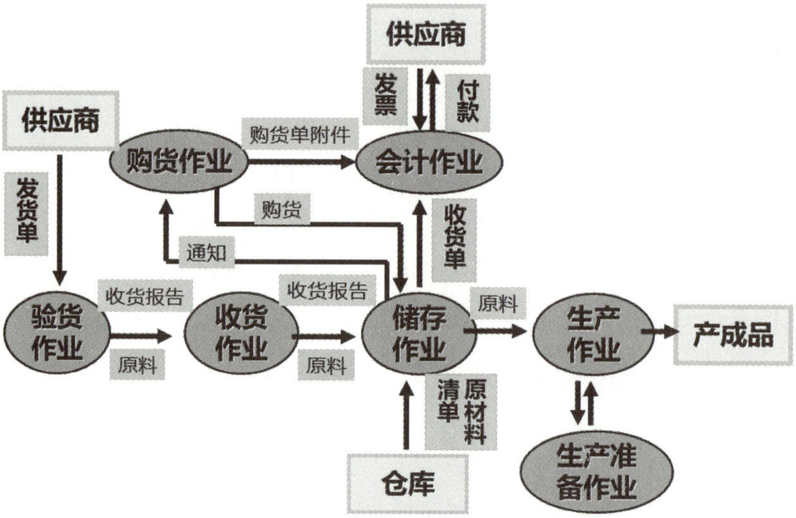

图 8-1　公司作业流程图

2. 作业链和价值链

作业链是指为了满足客户需求而建立起来的一系列有序的作业集合体，如图 8-2 所示。

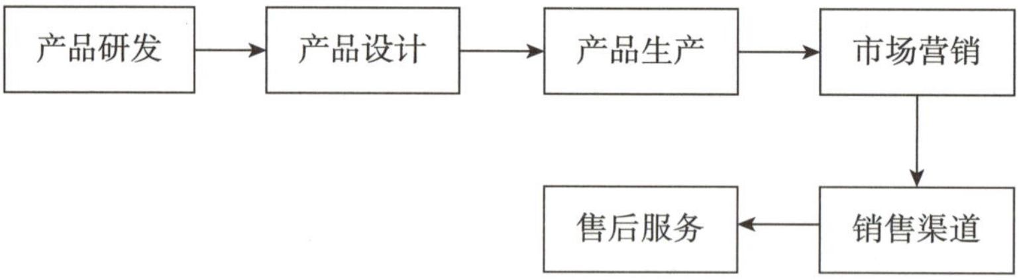

图 8-2　作业链

价值链是与作业链紧密联系的。在作业链上存在这样一种关系：资源→作业→产品，即作业耗用资源，产品耗用作业。每完成一项作业就要消耗一定量的资源，同时又有一定价值的产出转移到下一项作业。照此逐步结转，直至最后形成产品交送顾客。作业的转移同时伴随着价值的转移，最终产品是一系列作业的结果，同时也表现为全部有关作业的价值的集合。因此，价值在作业链上各作业之间的转移就形成一条价值链。所以作业的推移表现为价值在企业内部的逐渐积累和转移增值过程。

3. 作业链与价值链的关系

（1）价值链和作业链紧密结合，但并不完全一致。

（2）作业链不仅关注每个作业个体的重要程度，强调通过区别作业的重要程度对作业进行管理，更关注作业间的整体性和协调性。

（3）价值链需不断优化组合，如努力减少各环节的无效作业，使之逼近于零；在各环节有效作业中，提高其产出比例。前面提到的JIT、“零存货”、“零缺陷”和“单元（柜员）式”生产制度就是优化价值链组合的重要手段。

（三）成本动因

成本动因是指导致企业成本发生的各种因素，也是成本驱动因素。它是引起成本发生和变动的原因，或者说是决定成本发生额与作业消耗量之间的内在数量关系的根本因素，如直接人工小时、机器小时、产品数量、准备次数、材料移动次数、返工数量、订购次数、收取订单数量、检验次数等。成本动因按其对作业成本的形成及其在成本分配中的作用可分为资源动因和作业动因。

资源动因是衡量资源（成本费用）消耗量与作业之间关系的某种计量标准。

作业动因即作业发生的原因，是将成本与作业及作业与产品的某种关系数量化后形成的标准。

资源成本动因与作业成本动因的关系图如图8-3所示。

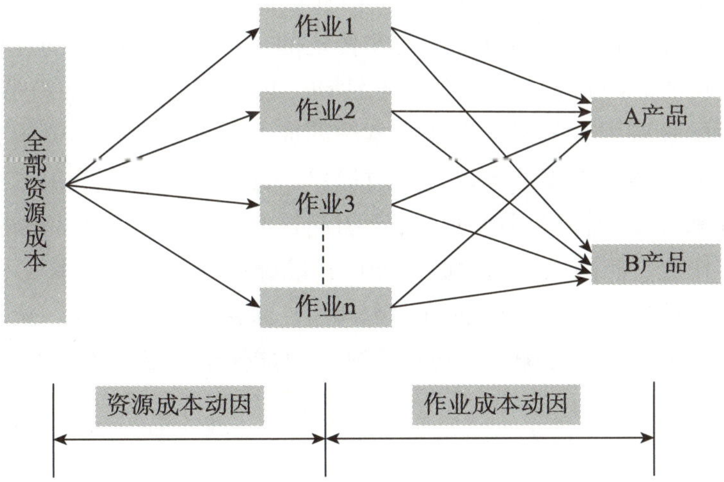

图8-3 资源成本动因与作业成本动因的关系图

（四）作业中心

作业中心是成本归集和分配的基本单位，它由一项作业或一组性质相似的作业组成。作业消耗资源，所以伴随作业的发生，作业中心也就成为一个资源成本。

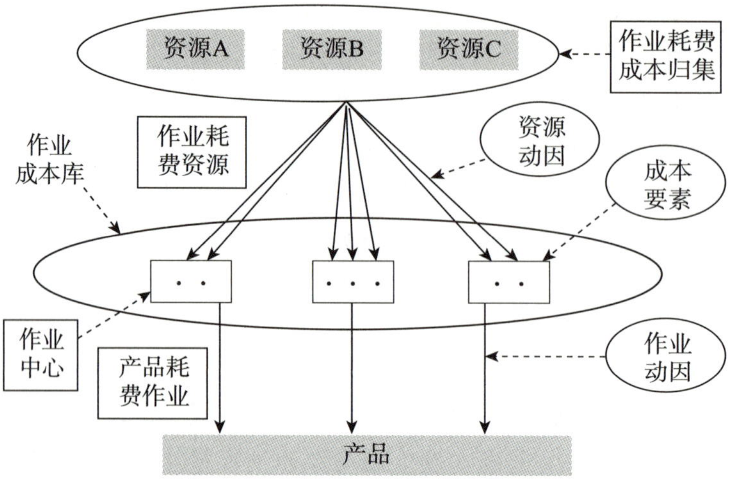

图 8-4　作业成本法涉及的主要概念之间的关系图

（五）作业成本法

作业成本法也称作业成本会计或作业成本核算制度，是以作业为核心，将耗用资源成本计入企业有关作业，再根据作业成本动因，将作业成本分配给成本对象的成本计算方法。

1. 作业成本法的特点

（1）成本计算分为两段。产品（服务）消耗作业，作业消耗资源，从而引起成本发生，即“资源→作业→产品”的过程，而非传统的“资源→产品”的过程。因此，成本可以按照资源消耗的原因归集至不同的作业活动，再分配给不同产品（服务）。

（2）成本分配强调因果关系。作业成本法的成本分配主要使用追溯和动因分配，尽可能减少不准确的分摊，不以业务量、工时等单一标准分配间接费用，而将费用分配与成本动因联系起来，逐步将费用追溯分配至引起这些费用发生的产品和相关作业上，增强了资源消耗、作业、产品之间的关联，能比较准确地反映产品成本。

（3）成本分配使用众多不同层面的成本动因。采用不同层面的、众多的成本动因进行成本分配，要比采用单一分配基础更加合理，更能保证产品成本计算的准确性。

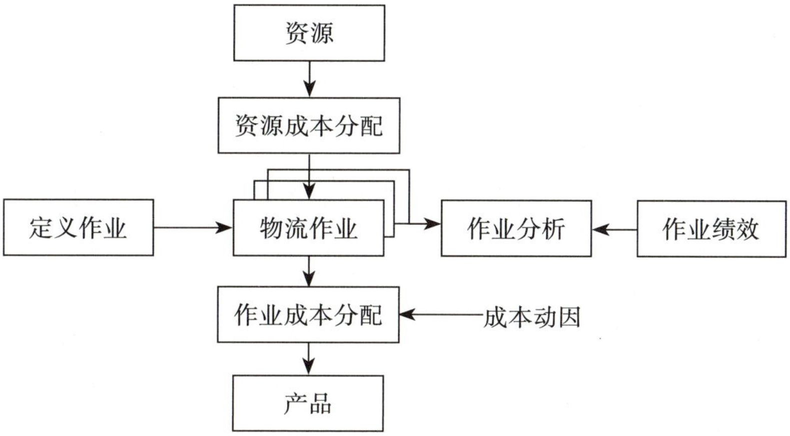

图 8-5 作业成本法的理论原理

2. 作业成本法的本质

作业成本法的本质就是以作业作为确定分配间接费用的基础，引导管理人员将注意力集中在成本发生的原因及成本动因上，而不仅仅是关注成本计算结果本身，通过对作业成本的计算和有效控制，就可以较好地克服传统制造成本法中间接费用责任不清的缺点，并且使以往一些不可控的间接费用在作业成本法中变为可控。

作业成本法是一种成本计算方法，更是一种成本控制和企业管理手段。

三、作业成本法与传统成本法的差异

与作业成本法相比，传统成本法采用单一分配标准进行制造费用的分配，忽视了各种产品生产的复杂性和技术含量的不同以及相联系的作业量的不同。相比之下，传统成本法相关性较弱，而作业成本法考虑了引起制造费用发生的具有代表性的各种成本动因，并以此为基础分配制造费用，因而，它能较客观、合理地反映高新技术环境下各种产品的成本。

作业成本法与传统成本法的区别主要体现在以下十个方面。

（一）适用条件不同

传统成本法适用于产品结构单一、制造费用的数额相对较小，且成本发生与直接人工成本有事实上相关的劳动密集型企业。作业成本法一般适用于间接费用所占比重较大、产品品种繁多、产品生产工艺复杂多变、生产经营活动十分复杂、较好地实施了适时生产系统和全面质量管理体系、管理当局对传统成本计算系统提供信息的准确度不满意的技术、资金密集型企业。

（二）成本计算对象不同

传统成本法的成本对象主要局限于产品层次，而且往往是最终产品，而作业成本法更关注产品形成过程和成本形成的前因和后果，成本计算对象具有多层次性，资源、作业、最终产品等都是成本计算的对象。作业既是成本形成的载体，又是成本计算的对象。企业每完成一项作业，就会有一定量的资源被消耗，同时又有一定价值量的产出转移到下一项作业，照此逐步结转下去，直到最终把产品提供给顾客。资源、作业、最终产品之间是通过成本动因有机联系在一起的。作业成本法可以对资源、作业、产品、原材料、客户、销售市场、销售渠道等不同层次的成本对象提供相应的成本信息，提供的信息量更加丰富。作业成本法相对于传统成本法，成本概念得到了延伸。传统成本法的成本概念只局限于产品的生产制造过程。作业成本法立足于对全程的成本进行管理，将成本视野向前延伸到产品的市场需求阶段，分析相关技术的发展态势，向后延伸到顾客的使用、维修及处置阶段。

（三）产品成本的经济实质和内容不同

传统成本法认为成本的经济实质是生产经营过程中耗费的生产资料转移的价值和劳动者为自己所创造的价值的货币表现，主要是指其制造成本只包括制造产品过程中与生产产品直接相关的费用——直接材料、直接人工、制造费用等，并按照费用的经济用途划分成本项目，而用于管理和组织生产的费用支出则作为期间费用处理。作业成本法认为产品成本表现为价值在企业顾客中的逐步积累和转移，最后形成转移给外部顾客的总价值，因此，产品成本是完全成本。制造过程中的所有费用，只要是合理的、有效的，都是对最终产出有益的支出，因而都应计入产品成本。也就是说，作业成本法强调费用支出的合理有效性，而不论其是否与产出直接有关。在作业成本法中也使用期间费用的概念，但此时期间费用汇集的是所有无效的、不合理的支出，而不是与生产无直接关系的支出。因此，传统成本法下，成本信息只能反映经营结果如何，而无法反映经营失败的原因，以及怎样做出改变能在今后的竞争中反败为胜。作业成本法下，成本核算深入作业层次，通过开展作业分析，可以寻求降低成本的可靠依据和企业优化作业组合的途径，采用日趋合理的产品生产程序，降低总资源耗费。

（四）理论基础不同

传统成本法的理论基础是企业所生产的产品按照其耗费的生产时间或按照其产量线形消耗的各项间接费用。因此，间接费用可以以一定的标准平均地分摊到各种产品的成本中。这种方法，没有考虑实际生产中产品消耗与费用的配比问题，只能算是一种近似的分配方法。作业成本法的理论基础是“成本驱动因素论”。这种理论认为，企业的产品成本和价值并不是孤立产生的，产品成本的形成是与各种资源的消耗密切相关的，因此，分配间接费用应着眼于费用、成本的来源，将间接费用的分配与产生这些费用的原因联系起来——产品消耗作业，作业消耗资源并导致成本的发生。作业成本法在成本核算上突破产品这个界限，使成本核算深入资源、作业层次，它从资源的消耗入手，以多种资源动因为标准按作业中心收集成本，并把各作业中心的成本按不同的作业动因分配到各种产品中。作业成本法通过选择多样化的成本动因进行间接费用分配，使费用分配、成本计算，特别是比重日趋增长的固定制造费用按产品对象化的过程明细化，从而使成本的可归属性大大提高，并将按人为标准分配的间接费用、计算产品成本的比重缩减到最低限度，从而提高了成本信息的准确性。

（五）账户设置不同

作业成本法相对于传统成本法，账户设置思路不同。传统成本法下，企业生产经营过程中发生的生产经营业务成本按“制造费用”“直接人工”“原材料”等进行账户设置，期间费用按照其经济用途设置“销售费用”“管理费用”“财务费用”账户。在作业成本法下，从最低层、最具体、最详细的“资源”账户开始，向上到“作业”账户，直到“产成品”账户，并且在各账户下设置二级账。

（六）间接费用界限的差异

在传统成本法下，间接费用指制造成本，就经济内容来看，只包括与生产产品直接、间接有关的费用，而将用于管理和组织全厂生产、销售产品和筹集生产资金的支出作为期间费用。在作业成本法下，产品成本则是完全成本，所有费用只要合理有效，都是对最终企业价值有益的支出，都应计入生产成本。它强调的是费用支出的合理有效，而不论其是否与生产直接、间接有关。在这种情况下，期间费用归集的是所有不合理的、无效的支出。

（七）生产管理和质量管理方式的差异

传统成本法下的管理生产系统是一种由前向后推的生产系统，即生产从原材料开始进入第一生产工序，第一生产工序完工后得到的半成品转入第二生产工序，依次类推，直至最终形成完工产品，传统的成本质量管理一般都将工作重点放在半成品和完工产品的质量检测上，出现问题，及时修补或剔除。作业成本法下的生产管理系统一般为适时生产系统，它与传统生产不同，是由后向前拉的一种逆推式的生产系统，企业的生产程序环环相扣，衔接非常紧密，提高了工作效率和收益，也使得企业减少了存货带来的费用。作业成本法下的质量管理是从“摇篮到坟墓”的全面质量管理，要求各个生产环节的工人把好自我生产关口，实现自我质量监督，发现废次品，立刻在本生产工序中纠正。

（八）分配基础不同

成本动因是作业成本法下成本的分配基础，相对于传统成本法，分配基础不仅发生了量变，而且发生了质变。作业成本法不限于传统成本法所采用的“数量分配基准”，而是采用多元分配基准，并且集财务变量与非财务变量于一体，特别强调非财务变量的使用，如调整准备次数、运输距离、质量检测时间等。企业传统的成本核算在把生产部门的费用追踪到单个产品上时，传统成本以直接人工工时或机器工时作为分配基础。由于工时、机时、原材料消耗量这类分配基础与产品数量有关，故可称其为“数量基础分配方法”。作业成本法通过采用多种成本动因，使得成本的可归属性大大提高，所得到的产品成本能够较准确地反映产品所耗费资源的真实情况。作业成本法扩展了分配基础的范围，强调分配的因果关系，提供的成本信息相对准确。

（九）核算程序不同

企业传统的成本核算采用两步程序分配间接费用。首先将归集起来的辅助生产部分成本费用分配到各生产部门，然后将归集的生产部门总费用分配到各产品上去。作业成本法计算虽然也应用两个层次分配制造费用，但是它首先依据资源动因，将费用分配到作业，以作业作为归集成本的成本库，然后再依据这种作业动因，将作业成本分配到最终产品上。

（十）产品定价不同

在传统成本法中，高质量的产品成本被高估，获利水平被低估；相反，低产量产品的成本被低估，导致利润被高估。在作业成本法下，管理当局对于那些产量高、复杂程度低的产品，可适当降低其价格以提高市场占有率；对于那些规格特殊、价格弹性低的产品，则可提高其价格水平。若顾客接受，企业则可以赚取高额的利润；若顾客不接受，企业可以减少此类产品的生产，将多余的生产力分配到获利能力更高的其他产品中去。

【例 8-1】

某企业某月共生产甲、乙两种产品，甲产品属于成熟的、大批量生产的产品，当月生产数量为 12000 台，乙产品为针对顾客需要个性化设计的产品，共生产 1000 台。两种产品的有关成本资料如表 8-1 所示。

表 8-1　甲乙产品成本资料表

项目	甲产品	乙产品	备注
生产工时 / 小时	24000	6000	—
直接材料 / 元・台	50	80	—
直接人工 / 元・小时	10	10	—
制造费用 / 元	150000		按工时分配

按照传统成本法，对制造费用按工时标准进行分配，成本核算结果如表 8-2 所示。

表 8-2　传统成本法下甲乙产品成本资料表

项目	甲产品	乙产品	备注
产量 / 台	12000	1000	—
直接材料成本 / 元	600000	80000	—
直接人工成本 / 元	240000	60000	
制造费用分配率 /%	5		150000/（240000+60000）
制造费用 / 元	120000	30000	—
总成本 / 元	960000	170000	—
单位成本 / 元・台	80	170	—

经分析，该企业生产过程中消耗的制造费用除了正常的机器设备折旧、水电费等基本费用外，还有大量设备调整费、质量检验费用、材料处理费用等。前面相关费用的发生与生产时间紧密相关，后面这些费用的发生，主要与发生的次数有关。对相关账簿记录进行分析、汇总后，制造费用的构成如表 8-3 所示。

表 8-3 调整后的甲乙产品成本资料表

项目	金额 / 元	作业次数 / 次	备注
基本制造费用	70000	—	按工时分配
设备调整费用	40000	100	甲 20 次，乙 80 次
质量检验费用	25000	2500	甲 1000 次，乙 1500 次
材料处理费用	15000	1000	甲 300 次，乙 700 次
合计	150000	—	—

根据上述资料，采用作业成本法重新计算成本，其中基本制造费用按工时分配，设备调整费用按设备调整次数分配，质量检验费用按质量检验次数分配，材料处理费用按材料处理次数分配。制造费用重新分配的结果如表 8-4、表 8-5 所示。

表 8-4 制造费用重新分配表

项目	金额 / 元	甲 / 元	乙 / 元	单位分配率 /%	甲分配 / 元	乙分配 / 元
基本制造费用	70000	24000	6000	2.33	56000	14000
设备调整费用	40000	20	80	400	8000	32000
质量检验费用	25000	1000	1500	10	10000	15000
材料处理费用	15000	300	700	15	4500	10500
合计	150000				78500	71500

表 8-5 重新计算后甲、乙产品成本构成表

项目	甲产品	乙产品	备注
产量 / 台	12000	1000	—
直接材料成本 / 台	600000	80000	—
直接人工成本 / 台	240000	60000	—
制造费用 / 台	78500	71500	按作业成本法分配
总成本 / 台	918500	211500	—
单位成本 / 元 · 台	76.54	211.5	—

上述计算结果表明，在传统成本法下甲产品的单位成本为 80 元 / 台，而作业成本法下甲产品的单位成本为 76.54 元 / 台，每台单位成本下降了 3.46 元，下降的幅度为 4.33%。乙产品在传统成本法下的单位成本为 170 元 / 台，作业成本法下的单位成本为

211.5 元 / 台，每台单位成本上升了 41.5 元，上升的幅度为 24.41%。由此可以看出，在传统成本法下，甲产品的成本被高估，乙产品的成本被严重低估。甲产品作为一种大批量的产品，生产过程中设备调整、质量检验和材料处理的费用都相对较少，其相应的间接费用也就不多，但传统成本法按单一的生产工时分配间接费用，甲产品因为产量大，生产所耗工时也就较多，分摊的间接费用多，从而造成其成本被高估。乙产品作为一种个性化产品，其生产需要根据顾客的需要及时调整，生产过程中需要大量的设备调整、质量检验和材料处理，这些活动导致其需要耗费较多的间接费用，但其产量少，所耗费的生产工时相对较少，传统的成本法采用生产工时分配间接费用，分配给乙产品的间接费用就比实际耗费的间接费用少，从而导致其成本被严重低估。

从例 8-1 可以看出，传统成本法下，大批量产品的成本容易被高估，小批量产品的成本容易被低估。采取作业成本法时，按照成本动因来分配间接费用，大大提高了成本计算的准确性，有利于企业做出正确的决策。

四、作业成本法的优缺点

（一）作业成本法的优点

1. 可以获得更准确的产品和产品线成本

作业成本法减少了传统成本信息对决策的误导。一方面作业成本法扩大了追溯到个别产品的成本比例，减少了成本分配对于产品成本的扭曲；另一方面采用多种成本动因作为间接成本的分配基础，使得分配基础与被分配成本的相关性得到改善。

准确的成本信息可以提高经营决策的质量，包括定价、扩大生产规模、放弃产品线等经营决策。

2. 有助于改进成本控制

作业成本法提供了了解产品作业过程的途径，使管理人员知道成本是如何发生的。成本动因的确定使他们将注意力集中于成本动因的耗用上，而不仅仅是关心产量和直接人工。从成本动因上改进成本控制，包括改进产品设计和生产流程等，可以消除非增值作业、提高增值作业的效率，有助于持续降低成本和消除浪费。

3. 为战略管理提供信息支持

战略管理需要相应的信息支持。例如：价值链分析是指企业用于评估客户价值感知重要性的一个战略分析工具，它包括确定当前成本和绩效标准，并评估整个供应链中哪些环节可以增加客户价值、减少成本费用的一整套工具和程序。

价值链分析需要识别供应作业、生产作业和分销作业，并且识别每项作业的成本驱动因素，以及各项作业之间的关系。

成本领先战略是公司竞争战略的选择之一。实现成本领先战略，除了规模经济之外，需要有低成本完成作业的资源和技能。这种有别于竞争对手的资源和技能，来源于技术创新和持续的作业管理。作业管理包括成本动因分析、作业分析和绩效衡量等，其主要数据来源于作业成本计算。

（二）作业成本法的局限性

1. 开发和维护费用较高

作业成本法的成本动因多于完全成本法，成本动因的数量越大，开发和维护费用越高。即使有了计算机和数据库技术，采用作业成本法仍然是一件成本很高的事情。如果仅仅将作业成本法作为一项会计创举，不能通过作业成本数据的使用改善决策和作业管理，提高公司的竞争力，则很可能得不偿失。

2. 作业成本法不符合对外财务报告的需要

采用作业成本法的企业，为了使对外财务报表符合会计准则的要求，需要重新调整成本数据。这种调整与变动成本法的调整相比，不仅工作量大，而且技术难度大，有可能出现混乱。

3. 确定成本动因比较困难

并不是所有的间接成本都和特定的成本动因相关联。有时找不到与成本相关的驱动因素，或者几个假设的驱动因素与成本的相关程度都很低，或者取得驱动因素数据的成本很高。此时，就会出现人为主观分配、扭曲产品成本数据的现象。

4. 不利于管理控制

完全成本法按部门建立成本中心，为实施责任会计和业绩评价提供了方便。作业成本系统的成本库与企业的组织结构不一致，不利于提供管理控制的信息，因此许多管理人员和会计人员持反对态度。作业成本法倾向于以牺牲管理控制信息为代价，换取经营决策信息的改善，降低了会计数据对管理控制的有用性。

五、作业成本法的适用条件

采用作业成本法的公司一般应具备以下条件。

（1）从成本结构看，这些公司的制造费用在产品成本中占有较大比重。他们若使用单一的分配率，成本信息的扭曲会比较严重。

（2）从产品品种看，这些公司的产品多样性程度高。产品多样性包括产品产量的多样性、规模的多样性、原材料的多样性和产品组装的多样性。产品的多样性是引起传统成本系统在计算产品成本时发生信息扭曲的原因之一。

（3）从外部环境看，这些公司面临的竞争激烈。传统的成本计算方法是在竞争较弱、产品多样性较低的背景下设计的。当竞争变得激烈，产品的多样性增加时，传统成本计算方法的缺点被放大，实施作业成本法变得有利。由于经济环境越来越动荡，竞争越来越激烈，相对于作业成本法而言，传统成本系统增加了决策失误引起的成本。

（4）从公司规模看，这些公司的规模比较大。

项目2 作业成本的计算

一、作业成本的计算步骤

作业成本计算要基于“作业消耗资源，产品消耗作业”。因此，作业成本计算的基本程序就是要把资源耗费价值予以分解并分配给作业，再将作业汇集的价值分配给最终产品和服务。作业成本法计算基本思路如图 8-6 所示。

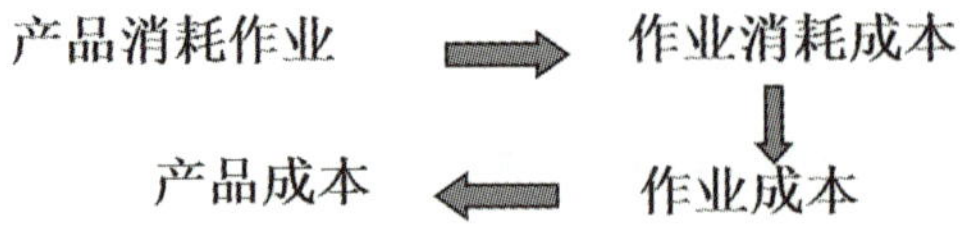

图 8-6　作业成本法计算基本思路

（一）确认作业中心，将资源耗费价值归集到作业中心

这一步骤要实现的是价值的归集。确认和计量各类资源耗费，将资源耗费价值归集到各资源库。在作业成本法下，价值归集的方向受两方面的限制：一是资源种类；二是作业中心种类。在实务操作中，对某制造中心的每一作业中心都按资源类别设立资源库，把该制造中心所耗资源价值归集到各资源库。

在实务中将企业经营过程划分为各项作业要注意以下几点。

（1）不同人执行的作业不能合并。

（2）如果一个作业只有一个业务，说明划分过细，如果包含不相关业务则应该将其分解出去。

（3）一般一个部门应该有 2~10 个功能明确的作业，而一个作业一般有 5~15 个密切关联的业务。

作业认定的形式如下。

（1）根据企业总的生产流程，自上而下进行分解。

（2）通过与员工和经理进行交谈，自下而上地确定他们所做的工作，并逐一认定各项作业。

例如：根据生产流程分析和工厂的布局可知，由于原材料仓库与生产车间之间有 0.5 千米的距离，必然存在材料搬运作业，这项作业就是将生产用的原材料从仓库运送到生产车间。通过另一种形式，即与从事相关作业的员工或经理交谈，也可以识别和认定该项作业，比如与进行搬运作业的员工交谈，问他是做什么的，也很容易得出生产过程中有这样一项搬运作业。在实务中，自上而下和自下而上这两种方式往往需要结合起来运用。经过这样的程序，就可以把生产过程中的全部作业一一识别出来，并加以认定。为了对认定的作业进行进一步分析和归类，在作业认定后，需按顺序列出作业清单。表 8-6 是一个以变速箱制造企业为背景的作业清单示例。需要说明的是，这仅仅是一个示例，实际上对一个企业在产品生产过程中认定作业数量的多少，取决于该企业自身的产品生产特点。

表 8-6 某变速箱制造企业作业清单

作业名称	作业说明
材料订购	包括选择供应商、签订合同、明确供应方式等
材料检验	对每批购入的材料进行质量、数量检验
生产准备	每批产品投产前，进行设备调整等准备工作
发放材料	每批产品投产前，将生产所需材料发往各生产车间
材料切割	将管材、圆钢切割成适于机加工的毛坯工件
车床加工	使用车床加工零件（轴和连杆）
铣床加工	使用铣床加工零件（齿轮）
刨床加工	使用刨床加工零件（变速箱外壳）
产品组装	人工装配变速箱
产品质量检验	人工检验产品质量
包装	用木箱包装产品
车间管理	组织和管理车间生产、提供维持生产的条件

（二）将作业中心汇集的各资源耗费价值分解到作业成本库

由于作业的划分根据管理需要可粗可细，因此应选出相对独立的、对产品的形成影响较大的主要作业，并确定与作业主要成本消耗相关性较大的成本动因。作业确认后，一般不得轻易发生变动。

因此，在对资源耗费价值进行分配时，面临的是已确定的作业种类。我们为每项作业设立一个成本库，因此成本计算步骤就转变为如何将资源库价值结转到作业库这一具体分配问题。解决这一分配问题的基本规则是：作业量的多少决定着资源的消耗量，资源消耗量的高低与最终的产出量没有直接关系。这种资源量与作业量的关系描述就是资源动因。所谓资源动因就是指资源被各作业消耗的方式和原因。资源动因反映了作业对资源的消耗状况，因而是资源户价值分解到各作业户价值的依据。

确立资源动因的原则如下。

（1）某项资源耗费如果能直观确定其为某一特定产品所耗费，则直接计入特定产品成本。

（2）如果为各项作业所耗费，则直接计入各作业成本库。

（3）如果属于混合状态，则要选择合适的资源动因将资源耗费分配到各作业。

（三）作业成本库的设计

作业成本库包括四种，如表 8-7、图 8-7 所示。

表 8-7　作业成本库的种类

类别	特点	举例
单位级作业成本库	（1）每一单位产品至少要执行一次的作业 （2）是直接成本，可以追溯直接计入成本对象的成本计算单	机器加工、组装
批次级作业成本库	（1）同时服务于每批产品或许多产品的作业。它们的成本取决于批次 （2）需要单独进行归集，计算每一批的成本，然后分配给不同批次（如某订单），最后根据产品的数量在单个产品之间进行分配	生产前机器调试、成批产品转移至下一工序的运输、成批采购和检验等
产品级作业成本库	（1）服务于某种型号或样式产品的作业 （2）因某个特定的产品线存在而发生，随产品品种数而变化，不随产量、批次数而变化	产品设计、产品生产工艺规程制定、工艺改造、产品更新等
生产维持级作业成本库	（1）服务于整个工厂的作业 （2）为了维护生产能力而进行的作业，不依赖于产品的数量、批次和种类	工厂保安、维修、行政管理、保险、财产税等

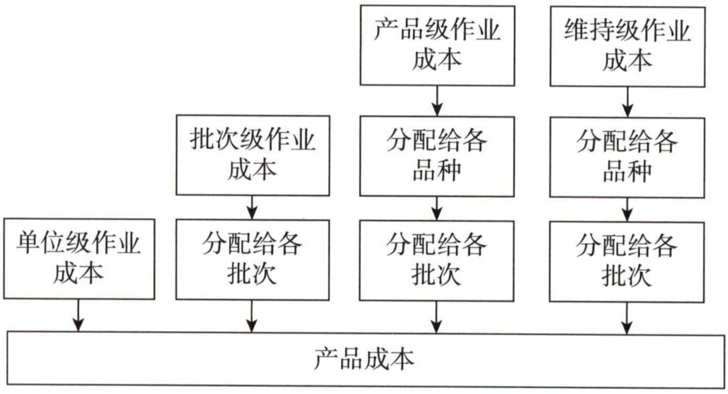

图 8-7　不同层级的作业成本

资源成本借助于资源成本动因分配到各项作业。资源成本动因和作业成本之间一定要存在因果关系。

常用的资源成本动因如表 8-8 所示。

表 8-8　作业的资源成本动因

作业	资源成本动因
机器运行作业	机器小时
安装作业	安装小时
清洁作业	平方米
材料移动作业	搬运次数、搬运距离、吨公里
人事管理作业	雇员人数、工作时间
能源消耗	电表、流量表、装机功率和运行时间

续表

作业	资源成本动因
制作订单作业	订单数量
顾客服务作业	服务电话次数、服务产品品种数、服务的时间

在成本分配过程中，各资源库价值要根据资源动因逐项分配到各作业。这样，我们可以为每个作业库按资源类别设立作业资源要素，将每个作业库各作业资源要素价值相加就形成了作业成本库价值。

（四）计算完工产品成本

将作业成本库价值分配计入最终产品成本计算单，计算完工产品成本。与传统成本法一样，我们为制造中心投产的每一种（或批）产品设立成本计算单。在每一张成本计算单中，还应按该产品所涉及的作业种类设立作业成本项目。这样，该成本计算步骤就是把各作业成本库的价值结转到各产品成本计算单上。作业成本汇集分配程序如图 8-8 所示。

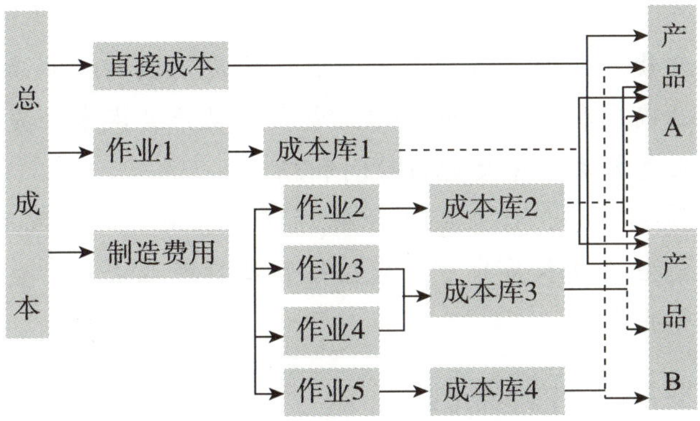

图 8-8　作业成本汇集分配程序

在确定了作业成本之后，根据作业成本动因计算单位作业成本，再根据作业量计算成本对象应负担的作业成本。

单位作业成本：本期作业成本库归集总成本 / 作业量。

作业量的计量单位（即作业成本动因）有三类：业务动因、持续动因和强度动因。

1. 业务动因

业务动因通常以执行的次数作为作业动因，并假定执行每次作业的成本（包括耗用的时间和单位时间耗用的资源）相等，如前面我们所说的检验完工产品质量作业的次数就属于业务动因的范畴，其计算公式如下。

分配率 = 归集期内作业总成本 ÷ 归集期内总作业次数

某产品应分配的作业成本 = 分配率 × 该产品耗用的作业次数

2. 持续动因

持续动因是指执行一项作业所需的时间标准。

如不同产品所需作业量的差异较大，例如检验不同产品所耗用的时间长短差别较大，则不宜采用业务动因作为分配成本的基础，而应改用持续动因作为分配的基础，否则会直接影响作业成本分配的准确性。

持续动因的假设前提是，执行作业的单位时间内耗用的资源是相等的。以持续动因为分配基础，分配不同产品应负担的作业成本，其计算公式如下。

分配率 = 归集期内作业总成本 ÷ 归集期内总作业时间

某产品应分配的作业成本 = 分配率 × 该产品耗用的作业时间

3. 强度动因

强度动因是在某些特殊情况下，将作业执行中实际耗用的全部资源单独归集，并将该项单独归集的作业成本直接计入某一特定的产品。

强度动因一般适用于某一特殊订单或某种新产品试制等，用产品订单或工作单记录每次执行作业时耗用的所有资源及其成本，订单或工作单记录的全部作业成本也就是应计入该订单产品的成本。

注意：

业务动因的精确度最差，但其执行成本最低；强度动因的精确度最高，但其执行成本最高；持续动因的精确度和成本居中。作业成本驱动产品成本，是作业成本法最主要的创新，同时也使作业成本法耗费大量的时间和精力。

如同传统成本计算法一样，作业成本分配时可以采用实际分配率或者预算分配率。采用预算分配率时，发生的成本差异可以直接结转本期营业成本，也可以计算作业成本差异率并据以分配给有关产品。

二、典型的作业成本计算案例

【例 8–2】

光明公司的主要业务是生产服装服饰。该公司的服装车间生产 3 种款式的夹克衫和 2 种款式的休闲西服。夹克衫和西服分别由两个独立的生产线进行加工，每个生产线有自己的技术部门。5 款服装均按批组织生产，每批 100 件。

1. 成本资料

该公司本月每种款式的产量和直接成本如表 8-9 所示。

表 8–9　产量、直接人工和直接材料资料

产品品种	夹克			西服		合计
型号	夹克 1	夹克 2	夹克 3	西服 1	西服 2	—
本月批次	8	10	6	4	2	30
每批产量 / 件	100	100	100	100	100	—
产量 / 件	800	1000	600	400	200	3000
每批直接人工成本 / 元	3300	3400	3500	4400	4200	—

续表

产品品种	夹克			西服		合计
直接人工总成本 / 元	26400	34000	21000	17600	8400	107400
每批直接材料成本 / 元	6200	6300	6400	7000	8000	—
直接材料总成本 / 元	49600	63000	38400	28000	16000	195000

本月制造费用发生额如表 8-10 所示。

表 8-10 制造费用发生额

项目	金额
生产准备、检验和供应成本（批次级成本）/ 元	84000
夹克产品线成本（产品级作业成本）/ 元	54000
西服产品线成本（产品级作业成本）/ 元	66000
其他成本（生产维持级成本）/ 元	10800
制造费用合计 / 元	214800
制造费用分配率（直接人工）/%	200

2. 按传统完全成本法计算成本

采用传统的完全成本法时，制造费用使用统一的分配率，如表 8-11 所示。

制造费用分配率 = 制造费用 ÷ 直接人工成本 ×100%=214800 ÷ 107400 × 100%=200%

表 8-11 传统完全成本法汇总成本计算单

产品型号	夹克 1	夹克 2	夹克 3	西服 1	西服 2	合计
直接人工 / 元	26400	34000	21000	17600	8400	107400
直接材料 / 元	49600	63000	38400	28000	16000	195000
制造费用分配率	200%	200%	200%	200%	200%	200%
制造费用 / 元	52800	68000	42000	35200	16800	214800
总成本 / 元	128800	165000	101400	80800	41200	517200
每批成本 / 元	16100	16500	16900	20200	20600	—
每件成本 / 元	161	165	169	202	206	—

3. 按作业成本法计算成本

作业成本法先将间接制造费用归集到 4 个成本库。

（1）批次级作业成本库。

生产准备、抽样检验和供应材料均属于批次级成本。由于每批产品都需要一次生产准备、一次抽样检验和一次送料，并且不同产品品种的上述成本没有重要差别，因此可以归入一个作业成本库，按生产批次数分配该作业成本。如果不是这样，就需要建立分品种（夹克和西服）、分作业的成本库（生产准备成本、检验成本和送料成本），并分别进行分配。

（2）夹克产品线作业成本库。

本例（例 8-2）选择生产批次作为产品级作业的分配基础，也可选择夹克产品的产量、相关成本等作为分配基础。

（3）西服产品线作业成本库。

本例（例 8-2）选择生产批次作为产品级作业的分配基础，也可选择西服产品的产量、相关成本等作为分配基础。

（4）生产维持成本库。

本例（例 8-2）分配基础选择直接人工成本，据此分配给每批产品。

也可以根据情况先将其分配给夹克产品和西服产品，然后再分配给不同批次，最后按产品数量分配给单位产品。

作业成本分配的第一步是计算作业成本动因的单位成本，作为作业成本的分配率，如表 8-12 所示。

表 8-12　作业成本分配率的计算

作业	成本 / 元	批次 / 次	直接人工 / 元	分配率
批次级作业成本	84000	30	—	2800（元 / 批）
夹克产品线成本	54000	24	—	2250（元 / 批）
西服产品线成本	66000	6	—	11000（元 / 批）
生产维持级成本	10800	—	107400	10.06%

作业成本分配的第二步是根据单位作业成本和作业量，将作业成本分配到产品，如表 8-13 所示。

表 8-13　汇总成本计算单

单位：元

型号	夹克 1	夹克 2	夹克 3	西服 1	西服 2	合计
本月批次	8	10	6	4	2	30
直接人工	26400	34000	21000	17600	8400	107400
直接材料	49600	63000	38400	28000	16000	195000
制造费用：						
分配率（元 / 批）	2800	2800	2800	2800	2800	
批次相关总成本	22400	28000	16800	11200	5600	84000
产品相关成本：						
分配率（元 / 批）	2250	2250	2250	11000	11000	
产品相关总成本	18000	22500	13500	44000	22000	120000
生产维持成本：						
分配率（元 / 每元直接人工成本）	10.06%	10.06%	10.06%	10.06%	10.06%	
生产维持成本	2655	3419	2112	1770	845	10801
间接费用合计	43055	53919	32412	56970	28445	214801

续表

型号	夹克 1	夹克 2	夹克 3	西服 1	西服 2	合计
总成本	119055	150919	91812	102570	52845	517201
每批成本	14882	15092	1530	25642	26422	—
单件成本（作业成本法）	148.82	150.92	153.02	256.42	264.22	—
单件成本（完全成本法）	161.00	165.00	169.00	202.00	206.00	—
差异（作业成本－完全成本）	-12.18	-14.08	-15.98	54.42	58.22	—
差异率（差异 / 完全成本）	-7.57%	-8.53%	-9.46%	26.94%	28.26%	—

通过比较完全成本法和作业成本法的计算结果，可以得出以下结论。

（1）完全成本法扭曲了产品成本。

在完全成本法下，夹克 1 负担间接制造费用 52800 元，而作业成本法下，夹克 1 负担间接费用 43055 元。引起差别的原因是完全成本法按直接人工的 200% 分配全部制造费用，而不管这些费用的驱动因素是什么。作业成本法下，制造费用归集于三类（共 4 个）成本库，分别按不同成本动因分配，提高了合理性。

（2）作业成本法和完全成本法都是对全部生产成本进行分配，不区分固定成本和变动成本，这与变动成本法不同。从长远来看，所有成本都是变动成本，都应当分配给产品。

（3）作业成本法下，所有夹克产品的单位成本都比完全成本法低，而西服产品的单位成本都比完全成本法高。其原因是完全成本法以直接人工作为间接费用的唯一分配率，夸大了高产量产品的单位成本。

例如：夹克的人工成本合计 81400 元，占总人工成本 107400 元的 75.79%，并因此负担产品线总成本 120000 元（54000+66000）的 75.79% 即 90948 元。实际上，夹克的产品线成本只有 54000 元。西服的产品复杂程度高，产品线成本较高，但只是因为产量小，只负担了 29052 元（120000×24.21%），低于实际的西服的产品线成本（66000 元）。

项目3 作业成本管理

一、作业成本核算与作业成本管理

作业成本管理以提高客户价值和增加企业价值为目的，是基于作业成本核算的集中化管理方法。它通过对作业及作业成本的确认、计量，计算产品成本，同时将成本计算深入作业层次，对企业所有作业活动追踪并动态反映，进行成本链分析，为企业决策提供准确信息；指导企业有效地执行必要的作业，消除和精简不能创造价值的作业，从而达到降低成本、提高效率的目的。

作业成本法的起点与核心是将“产品”转移到“作业”，其主要内容包括作业成本核算和作业过程控制，这两方面的内容及相互关系如图 8-9 所示。纵向表示成本计算过程，反映成本计算的两个阶段。横向表示作业成本的过程控制，反映作业产生的原因。

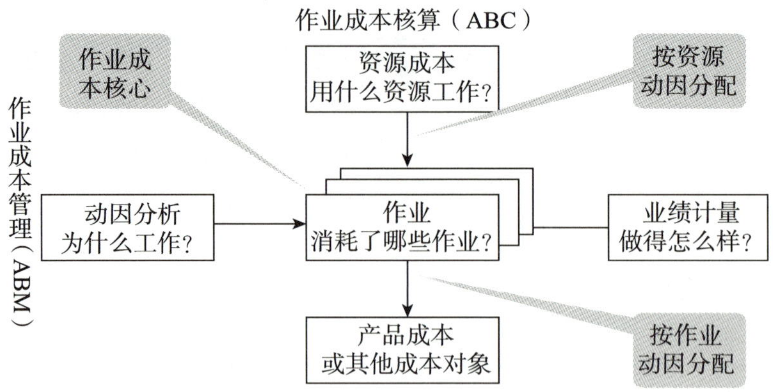

图 8-9　作业成本核算和作业过程控制关系图

作业成本计算是作业成本管理的基础。作业成本管理使用作业成本信息，其目的不仅是要使销售的产品和服务合理化，更重要的是改变作业与过程以提高生产力。

它将成本管理的重心深入供应链作业层次，尽可能消除非增值作业，改进增值作业，优化作业链和价值链，从成本优化的角度改造作业和重组作业流程，并且对供应链中的各项作业进行成本效益分析，确定关键作业点，对关键作业点进行重点控制。应该说，作业成本管理突破了人们对成本的传统认识，为管理者拓展了企业降低成本的途径。

作业成本管理同时将成本计算深入作业层次，对企业的所有作业活动追踪并动态反映，进行包括动因分析、作业分析等在内的价值链分析。

二、作业成本管理与传统成本管理的区别

作业成本管理将企业视作为满足顾客需要而设计的一系列作业的集合体，企业商品凝聚了在各个作业上形成而最终转移给顾客的价值，作业链同时表现为价值链，从而将成本管理的着眼点与着重点从传统的“商品”转移到了“作业”，以作业为成本分配对象，不仅能够科学、合理地分配各种制造费用，提供较为客观的成本信息，而且能够通过作业分析，追根溯源，不断改进作业方式，合理地进行资源配置，实现持续降低成本的目标。

三、作业成本管理的关注重点

（一）作业分析

对作业进行细分有助于保证计算结果的准确性，但过细会增加额外工作量而得不偿失。所以，要遵循效益大于成本的原则，如计算整体性业务的成本时不需要拆分太细。进行作业分析时，成本分配不能仅限于“产品”这一层次，而是要深入每一具体作业。要降低成本，首要的是消除不必要的作业；对于那些能为最终产品或劳务增加价值的作业，还要进一步分析是否有改进的可能，其所消耗的资源能否节约等。

（二）价值链分析

每一种最终产品从其原材料投入至到达最终消费者手中，要经过无数个相互联系的

作业环节，这就是作业链。这种作业链既是一种产品的生产过程，又是一种价值形成和增值的过程。

价值链分析包括企业内部价值链分析、竞争对手价值链分析、行业价值链分析等。

作业成本法将成本看作增值作业和不增值作业的函数，并以顾客价值作为衡量增值与否的最高标准。增值作业和不增值作业的含义和特点如表 8-14 所示。

表 8-14 增值作业和不增值作业

种类	含义	特点
增值作业	那些顾客认为可以增加其购买的产品或服务的有用性，有必要保留的作业	必须同时满足三个条件：①该作业导致了状态的改变；②该状态的变化不能由其他作业来完成；③该作业使其他作业得以进行
不增值作业	即便消除也不会影响产品对顾客服务的潜能，不必要的或可消除的作业	不能同时满足增值作业的三个条件

一方面要将顾客的需求与企业的作业发生、资源的消耗、成本的形成等联系起来；另一方面要通过顾客价值将企业的收入与顾客的需求联系起来，从而有利于从作业的角度权衡成本和顾客价值，保证企业的经营决策与企业的价值最大化目标一致。

成本管理持续改进和流程再造的目标之一是寻找非增值作业，将非增值成本降至最低。所以，作业成本应当坚持问题导向，从解决非增值作业和减少非增值成本入手。但对于作业的取舍情况应当具体分析。在区分了增值成本与非增值成本之后，企业要尽量消除或减少非增值成本，最大化利用增值作业，以减少不必要的耗费，提升客户和企业的价值。

作业成本管理中，成本节约的途径主要有四种形式：作业消除、作业选择、作业减少、作业共享。

（三）成本动因分析

分析成本动因能够将影响成本的因素有效地揭示出来，指出企业应采取什么方法来控制这些因素，以更好地为作业成本管理服务，实现企业战略成本管理的目标。有关成本动因的分类如图 8-10、表 8-15 所示。

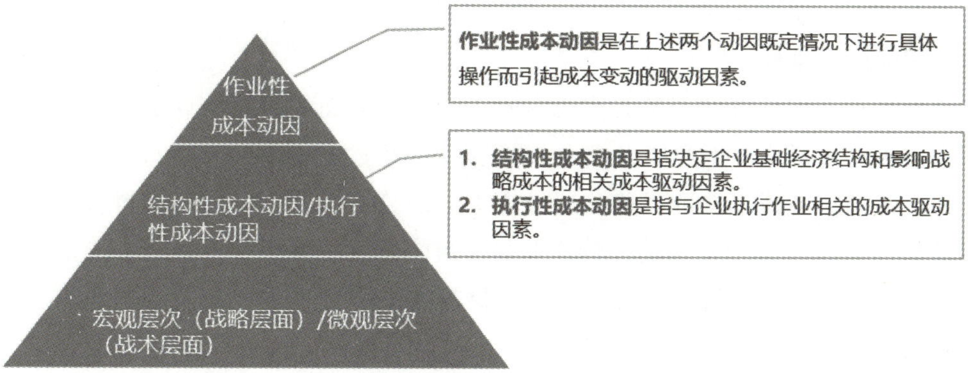

图 8-10 成本动因分析

表 8-15　成本动因的分类

研究目的与用途	具体分类	举例说明	动因归属	操作行为
研究成本动因的目的主要在于取得竞争优势：战略成本管理方法	结构成本动因	规模：在研究开发、制造、营销等方面的投资规模 范围：企业价值链的纵向长度和横向宽度，前者与业务范围有关，后者与规模相关 经验：熟练程度的积累，通常与企业目前作业的重复次数相关 技术：企业在每一项价值链活动中所运用的技术处理方式 多样性（复杂性）：提供给客户的产品、服务的种类	非量化的宏观动因	列出各种作业方案，为满足顾客需求，提出可采纳的作业
	执行性成本动因	劳动力对企业投入的向心力、全面质量管理、生产能力运用、厂房布局规划、产品结构、上下游联结关系	非量化的中观动因	选定反映顾客需求所要执行的作业
研究成本动因的目的在于正确计算产品成本：作业成本计算方法	作业性成本动因	作业频率成本动因，如执行次数等 作业时间成本动因，如使用时间等 实际耗用成本动因，如消耗的数量或重量等	微观动因	执行作业，以服务顾客需求

表 8-15 中显示的成本动因分析已经超出了传统成本分析的狭隘范围（企业内部、责任中心等）和少量因素（产量、工时、制造成本等），代之以更宽广的、与战略管理相结合的方式来分析成本。

分析了成本动因以后，至少可以采用以下措施来控制成本，取得竞争优势。

（1）控制成本动因，也就是控制价值链活动的源头，从而真正控制成本的发生。

（2）在研究成本动因的基础上重新组合价值链活动，重新取得成本优势，以增强竞争能力。

（四）业绩评价

由于实施作业成本法应有明确的管理目的，能够正确地分析成本动因，在合理确定作用中心的基础上正确计算作业成本，因此，与传统成本法相比，有利于分清经济责任，具有明显的优越性。

作业成本法在引导管理人员关注成本发生的原因方面的显著特点是强调产品消耗的作业成本，未必包括全部生产能力成本，即不一定等于投入成本。

例如：按照作业成本法的思路，通过成本动因分析，就可以分清材料采购费用发生的动因是材料采购过程中使用的采购作业量（如按材料的体积、重量、采购批次、运输距离等）大小，而不是材料的买价，并根据材料在采购过程中耗用采购作业的多少来分配采购费用，可以使材料采购成本更加合理，从而正确评价有关人员的功过。

同时，将材料采购作为一个作业中心，可以促进采购人员认真研究如何在保证生产需要的前提下，采取减少采购批次、就近采购以缩短运输距离等降低采购费用的措施，达到有效控制采购成本的目的。

作业成本法还要求在作业分析和价值链分析的基础上，建立相应的业绩评价体系，以便对作业成本管理的执行效果进行考核和评价，然后通过作业成本管理绩效信息反馈进行下一循环更高层的作业分析和价值链分析。

因此，作业成本法是一个以作业为基础的管理信息系统。

由于大公司拥有更为强大的信息沟通渠道和完善的信息管理基础设施，并且对信息的需求更为强烈，所以它们比小公司对作业成本法更感兴趣。

总之，在易产生成本扭曲并且准确的成本信息具有较大价值时，宜采用作业成本法。企业可以根据自身经营管理的特点和条件，利用现代信息技术，采用作业成本法对不能直接归属于成本核算对象的成本进行归集和分配，通过作业成本法对产品的盈利能力、客户的获利能力、企业经营中的增值作业和非增值作业等进行分析，发挥更强大的管理作用。

拓展阅读

财务表达力：做一个会讲故事的会计人

财务表达力是一个合格的财务人员和管理者必须具备的基本素质。

财务沟通有三大误区。

财务专业人士常常给人谨慎保守和不善表达的职业形象，这也不能全部说是偏见。受专业训练的固定格局所限，财务人士的工作重心常常聚焦于数字，而忽略了数字报告背后的沟通对象。这是财务人士在沟通交流上常常不知不觉地陷入的第一个误区，也即一个 WHO 的问题，没有搞清楚所表达的东西是给谁看的，沟通对象到底是谁。一份报告所要表达的中心主题与技术复杂程度往往需因人而异，给总经理看的就要简明扼要，避免生僻却又不做交代的专业术语，而给直属上司的可以多些技术论证。很多财务专业人士的通病就是一开始就扎入技术细节中，让人看得一头雾水。一个真正懂得表达的人一定遵循由外而内的思维过程：根据读者对报告内容的了解程度而做必要的调整，或加入背景介绍，或从关键要点入手等。

第二个误区是数据多，提炼少，缺乏要点，也即 WHAT 的问题，核心内容不够精练深刻。很多人的报告，无论是演示稿还是数据表，洋洋洒洒写了一大堆，多半是数据的罗列，听报告的人听完之后，走出会议室，什么都没带走。数据只能说是基本素材，只有经过整理加工之后才能成为有价值的信息，而信息如果过于繁杂，还需要提炼出一条讯息。一个超强公式就是表达力 = 图表 + 说明 + 讯息，分别对应了上述的数据、信息和讯息的三个层次。

第三个误区是头重脚轻，结构混乱，也即 HOW 的问题。很多人习惯把自己耗时最长、研磨最深或是最有心得的那部分内容拿出来作为重点讲解，自以为展现的是精华，却不知整个结构零乱无序，让读者无从下手。要把一个主题表达清楚，结构最重要。应当是由粗到细，由大到小。在起草一份报告的时候，第一步不是动笔就写，而是先花时间设计结构，比如分哪几个部分来讲？每个部分又有几个小点？数据图表又该在哪里作为辅助材料切入？这种“以终为始”的写报告方法往往有这样一个特征：头轻脚重。这里的“轻”是简洁轻灵的意思。第一页演示文稿常常就是结论或核心观点，然后点击相关要点再弹出数据支持的明细。有时正文可能就一页而已，所有的支持材料都作为链接文件放在附录里了。

从埋头于数字到面对沟通对象，不只是表达力的提升，这更是一个财务人员的职业转型过程：从一个素材的加工者变成一个故事的叙述者。

（资料来源：https：//www.sohu.com/a/239931043_654730）

专题回顾

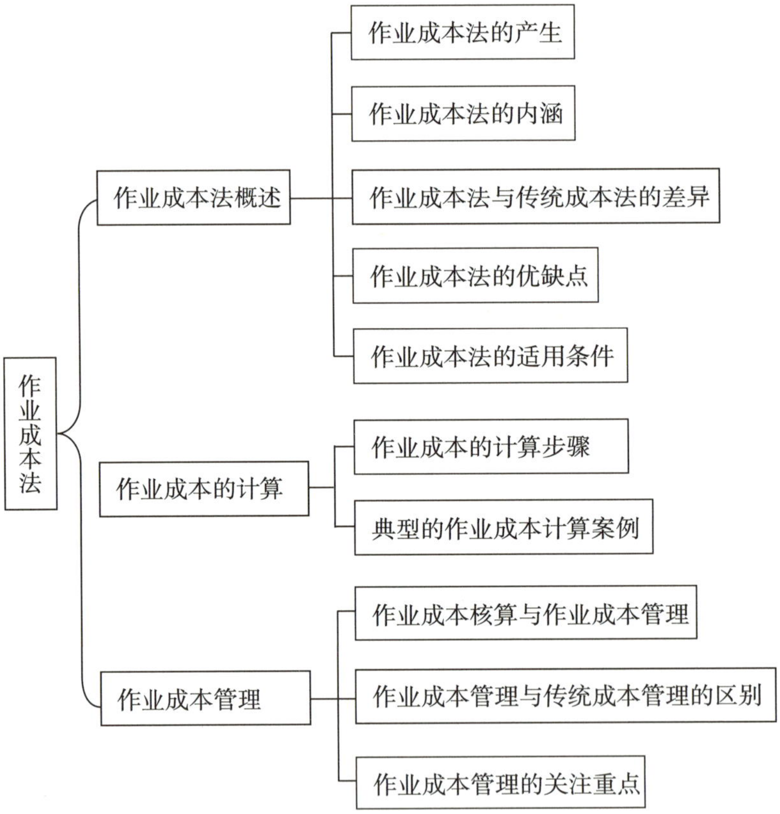

思考与练习

一、单项选择题

1. 在下列将成本分配到成本对象的形式中，最能真实反映产品成本的是（　）。

A. 追溯　　B. 间接追溯

C. 动因追溯　　D. 分摊

2. 下列作业属于随着产量变动而变动的作业是（　）。

A. 单位级作业　　B. 批次级作业

C. 产品级作业　　D. 生产维持级作业

3. 下列作业属于随产品品种数变动而变动的作业是（　）。

A. 单位级作业　　B. 批次级作业

C. 产品级作业　　D. 生产维持级作业

4. 下列各项中，应使用强度动因作为作业量计量单位的是（　）。

A. 产品的生产准备　　B. 产品的研究开发

C. 产品的机器加工　　D. 产品的分批质检

5. 作业成本法划分增值与非增值作业是基于（　）。

A. 是否有利于增加股东财富

B. 是否有利于增加顾客的效用

C. 是否有利于降低成本

D. 是否有利于提高产品质量

6. 作业成本法适用于（　）的企业。

A. 间接生产费用比重较小　　B. 作业环节较少

C. 生产准备成本较高　　D. 产品品种较少

7. 作业成本法的缺陷有（　）。

A. 实施成本较高

B. 实施效果较差

C. 成本决策相关性较弱

D. 间接费用的分配与产出量相关性较弱

8. 作业成本法与传统成本法的区别之一是作业成本法（　）。

A. 存在较多的同质成本库

B. 存在较少的同质成本库

C. 间接费用分配基础不一定是成本动因

D. 成本决策相关性较弱

9. 作业成本法所采用的成本动因（　）。

A. 不考虑辅助作业

B. 只考虑某些生产作业

C. 将作业与产品直接联系在一起

D. 将作业与产品间接联系在一起

10. 华宇公司本期制造费用共计 480000 元，采用传统成本法核算，它拥有 5 个辅助生产部门和 5 个生产部门，生产 25 种产品。其制造费用中应有（　）分配至产品层次。

A. 48000 元　　B. 480000 元

C. 1920 元　　D. 0 元

11. 与数量相关的动因不包括（　）。

A. 产量　　B. 直接人工工时

C. 机器工时　　D. 生产工人人数

12. 在作业成本法下通常难以找到合适的成本动因来将（　）作业所消耗的资源分配至产品。

A. 车间管理　　B. 直接人工

C. 质量检验　　D. 机器调试

二、多项选择题

1. 下列有关"资源动因"的表述正确的有（　）。

A. 它是引起作业成本变动的因素

B. 它是引起产品成本变动的因素

C. 它被用来衡量一项作业对资源的消耗量，运用它可以将资源成本分配给各有关作业

D. 它可以计量各种产品对作业耗用的情况，并被用来作为作业成本的分配基础

2. 下列关于作业成本法的叙述正确的有（　）。

A. 按作业成本法进行成本计算，仍然可以区分品种法、分批法和分步法

B. 作业成本法下的成本计算过程可以概括为"资源→作业→产品"

C. 在作业成本法下，直接成本可以直接计入有关产品，而其他间接成本则首先分配到有关作业，计算作业成本，然后再将作业成本分配到有关产品

D. 在作业成本法下，运用资源动因可以将作业成本分配给有关产品

3. 下列关于作业成本法的说法正确的有（　）。

A. 作业成本法强调使用不同层面和数量众多的资源成本动因将作业成本追溯到产品

B. 作业成本法是将间接成本和辅助费用更准确地分配到作业、生产过程、产品、服务及顾客中的一种成本计算方法

C. 作业成本法的基本思想是“产品消耗作业，作业消耗资源”

D. 作业成本法强调使用直接追溯和动因追溯方式来分配成本

4. 在作业成本法下，下列作业中需要先分配给各个品种，然后再分配给各个批次，最后分配到特定产品的作业有（　）。

A. 单位级作业　　B. 批次级作业

C. 产品级作业　　D. 生产维持级作业

5. 下列各项中，适合作为单位级作业的作业动因有（　）。

A. 生产准备次数　　B. 零部件产量

C. 采购次数　　D. 耗电千瓦小时数

6. 在下列作业动因中，有关精确度与执行成本之间关系的表述正确的有（　）。

A. 业务动因的精确度最差，但其执行成本最低

B. 强度动因的精确度最高，但其执行成本最高

C. 持续动因的精确度和执行成本居中

D. 业务动因的精确度最高，但其执行成本最高

7. 某企业生产经营的产品品种繁多，间接成本比重较高，成本会计人员试图推动该企业采用作业成本法计算产品成本，下列理由中适合用来说服管理层的有（　）。

A. 通过作业管理可以提高成本控制水平

B. 使用作业成本信息有利于价值链分析

C. 使用作业成本法可提高成本分配准确性

D. 使用作业成本信息可以提高经营决策质量

8. 下列关于作业成本法与传统的成本计算方法（以产量为基础的完全成本计算方法）比较的说法中，正确的有（　）。

A. 传统的成本计算方法对全部生产成本进行分配，作业成本法只对变动成本进行分配

B. 传统的成本计算方法按部门归集间接费用，作业成本法按作业归集间接费用

C. 作业成本法的直接成本计算范围要比传统的成本计算方法的计算范围小

D. 与传统的成本计算方法相比，作业成本法不便于实施责任会计和业绩评价

9. 下列表述正确的有（　）。

A. 作业成本管理就是要努力找到非增值作业成本并努力消除它、转换它或将之降到最低

B. 作业成本管理主要从成本方面来优化企业的作业链和价值链
C. 面临的竞争越来越激烈的企业适合采用作业成本法
D. 公司规模较大的企业不适合采用作业成本法
10. 作业基础成本法适用于具有以下特征的企业：(　)。
A. 间接生产费用比重较大
B. 企业规模大、产品品种多
C. 作业环节多且易辨认
D . 生产准备成本较高
11. 作业基础成本法的兴起和运用与（　）密切相关。
A. 专业化生产
B. 电脑辅助设计
C. 弹性制造系统
D. 适时制生产方式
12. 下列各项中，属于直接成本的是（　）。
A. 构成产品实体的原材料
B. 车间照明用电费
C. 车间生产工人工资
D. 车间管理人员工资
13. 成本动因的选择应遵循的原则有（　）。
A. 因果关系
B. 受益性
C. 合理性
D. 全面性
14. 决定企业采用成本计算方法的影响因素有（　）。
A. 企业生产组织特点
B. 企业生产工艺过程特点
C. 成本会计人员的素质
D. 企业对成本管理的要求
15. 作业基础成本法与传统成本法相比（　）。
A. 有较多的间接成本库
B. 按成本动因分配生产费用
C. 间接生产费用的分配基础常为非财务变量
D. 能提供较精确的成本信息

三、判断题

1. 企业的生产过程既是作业消耗资源、产品消耗作业的过程，又是产品价值的形成过程。(　　)

2. 成本动因是驱动或产生成本、费用的各种因素，它通常可分为两种：资源动因和作业动因。(　　)

3. 作业动因是将作业中心的成本分配到产品或劳务的标准，它反映了作业中心对资源的耗用情况。(　　)

4. 作业成本法是传统成本计算方法的一种，其主要特点是先按资源动因分配费用，计算各作业中心成本，再按作业动因分配作业成本，计算产品成本。(　　)

5. 在作业成本法下，制造费用的分配主要以与产出量相关的因素为分配基础。(　　)

6. 在作业成本法下，辅助生产部门的成本在分派到具体的产品或劳务之前也是先分配至生产部门。(　　)

7. 预期的机器工时可以作为分配机器维护成本的合理动因。(　　)

8. 作业成本法以成本动因作为分配成本的基础，因此它能提供比传统成本法更为精确的成本信息。(　　)

9. 作业成本管理涉及的仅仅是生产成本而不包括期间费用。(　　)

10. 要实现作业成本管理的基本思想，就必须借助于作业分析。(　　)

四、计算分析题

1. 某公司有以下作业：机器启动、生产计划、材料移动、供电、质量控制、厂房维护、设备保险、员工监管。

要求：为以上作业选择合适的成本动因。

2. 某服装制造企业采用作业成本法核算产品成本。该企业某月发生直接材料成本 32000 元，其中甲产品耗用 18000 元，乙产品耗用 14000 元；直接人工成本 19000 元，其中甲产品应负担 11000 元，乙产品应负担 8000 元；制造费用 56000 元，经分析该企业的作业情况如下表。

作业中心	资源分配 / 元	成本动因	动因量	
			甲产品	乙产品
材料整理	14000	处理材料批数	10	30
质量检验	10000	检验次数	10	15
机器调试	20000	调试次数	80	120
使用机器	12000	机器小时数	2080	

要求：

（1）计算各作业中心的动因率；

（2）假定该企业的当月产量为甲产品500件，乙产品400件，期初期末在产品为零，计算这个月的完工产品总成本和完工产品单位成本；

（3）编制有关费用归集、分配和完工产品入库的分录。

3. 某钟表制造公司采用作业基础成本法计算分配间接费用，该企业某月的有关资料如下。

作业	成本动因	成本 / 元	作业水平	
			时钟 / 只	手表 / 只
生产准备	准备次数	70000	30	20
材料管理	零件数	20000	15	25
包装与运输	运输数量	45000	5000	7000
间接费用合计		135000	—	

要求：

（1）用作业成本法计算分配每种产品的间接费用总额；

（2）以人工工时作为分配基础计算分配各产品的间接费用总额。假定装配每只时钟的小时数是0.5小时，装配每只手表的小时数是1小时。时钟的生产量为5000只，手表为7000只。

五、案例分析题

A公司是一家专业化很强的电子公司，现在公司的Ⅰ号产品面临着来自其他公司的强烈竞争。公司的竞争对手一直在压低Ⅰ号产品的价格。该公司的Ⅰ号产品比其他所有竞争对手的产量都高，并且是公司生产效率最高的产品。公司的总经理一直在思考：为什么其他公司的这种产品的价格远远比他们的价格低。不过，让公司总经理高兴的是公司新开发的Ⅲ号产品虽然工艺复杂，产量远不及公司生产的Ⅰ号和Ⅱ号产品，但由于专业化程度非常高，其他竞争对手不想涉足这种产品生产，所以公司几次提高Ⅲ号产品的售价，客户仍是源源不断。

公司的定价策略将目标价格设定为产品制造成本的110%，产品制造成本所包含的间接费用即制造费用依据直接人工工时分配。由于公司的Ⅰ号产品的竞争对手一直在压低Ⅰ号产品的价格，公司Ⅰ号产品的销售价格已降到了75元以下。

在2021年公司年终总结会上，公司总经理问财务主管人员："为什么我们的产品竞争不过其他公司的产品？他们的Ⅰ号产品仅售69美元，比我们Ⅰ号产品的成本还要少1美元。这是怎么回事？"

"我认为是我们过去的产品成本计算方法造成的。"财务主管人员说，"我刚来公司时，采用一种作业成本计算法做了一项先期研究。结果发现，公司采用的传统制造成本计算法高估了产量高、工艺简单的Ⅰ号产品的成本，并且大大地低估了Ⅲ号产品的成本。对此我曾提醒过，但公司仍保持原有的方法。"

"好的，"总经理说，"你下午给我提供作业成本计算法的有关数据。"

财务主管人员回到办公室后，整理了公司2021年末会计系统提供的有关数据，并列出了公司2021年末产品成本和年度销售数据，如下表所示。

A公司产品成本和年度销售数据

产品种类	Ⅰ号产品	Ⅱ号产品	Ⅲ号产品
年销售量 / 件	100000	50000	10000
单位产品成本 / 元 其中：直接材料 直接人工 制造费用	70 10 10 50	61 25 6 30	160 40 20 100
直接人工工时 / 小时	50000	15000	10000
制造费用明细 / 元 机器维修 机器折旧 产品检测 机器准备 材料处理 产品包装	 1500000 3000000 1500000 500000 500000 500000		
总计	7500000		

$$\text{制造费用分配率}=\frac{7500000}{50000+15000+10000}=100\text{（美元 / 小时）}$$

财务主管人员也列出了作业成本计算法下，间接费用分配的有关数据，如下表所示。

A 公司间接费用分配相关数据

作业成本库	成本动因	三种产品作业成本分摊比例		
		Ⅰ号产品（%）	Ⅱ号产品（%）	Ⅲ号产品（%）
机器维修	机器小时	50	30	20
机器折旧	机器小时	40	20	40
产品检测	检测次数	50	20	30
机器准备	准备次数	45	30	25
材料处理	材料订单数量	45	35	20
产品包装	包装小时	50	30	20

要求：

（1）了解上述情况后，请你计算作业成本计算确定法确定的三种产品成本和三种产品的目标销售价格；

（2）给总经理写一份备忘录，解释传统的制造成本计算法与作业成本计算法的不同，并说明传统制造成本计算可能造成的后果；

（3）公司应做何种战略选择？为什么？

第3篇 管理会计的发展

本篇主要介绍管理会计的发展和其在实践中的创新应用。通过对全面预算的流程、方法的阐述引出全面预算的编制，并通过企业案例呈现全面预算在企业经营管理中的意义。同时介绍业绩评价的主要方法及其应用，以及战略管理会计的概念及其应用。

专题九 全面预算

专题概述

全面预算管理可以帮助企业进行科学有效的预测和成本管理。本专题将介绍全面预算的概念、作用与预算体系；全面预算的流程和方法。

目标导航

知识目标

1. 了解全面预算的概念、作用与结构体系。
2. 熟悉全面预算的流程。
3. 掌握全面预算的方法。
4. 清楚全面预算的结构体系。

能力目标

1. 能够解释全面预算的概念。
2. 能够编制全面预算相关表格。
3. 能够熟练运用全面预算运用的方法。

素质目标

形成对人生和职业的规划。

案例导入

上汽集团“人人成为经营者”的全面预算管理实践

上海汽车集团股份有限公司（简称“上汽集团”）通过有效运用全面预算管理工具，为集团经营目标的合理制定和有效执行提供了坚实的数据基础。

全面预算管理作为上汽集团的特色管理应用实践，有以下四个特点。

一是管理层视预算管理为重心，专设预算管理委员会，并由集团总裁亲自牵头部署和下达预算工作。

二是重点突出“全面”，该公司独创并长期实践“人人成为经营者”的管理模式，将每个员工或由若干员工组成的基准单位，设定为独立核算的“经营体”，将核算单位分解细化为企业相关管理资源和技术资源的最小利用单位。

三是始终将预算跟踪和分析作为预算管控的重点，不仅关注数据，还深入挖掘造成偏差的经营实质，为管理层决策提供支持。

四是推行全面预算管理信息化。

思考讨论：搜集资料，谈谈全面预算对企业经营的意义。

项目1 全面预算概述

要认识全面预算，就要了解什么是企业管理。一流的企业管理是业务流、资金流、人力资源流、信息流的高效统一。进行企业管理，关键在于把握企业的理财活动，从管理会计的体系来讲主要就是企业预测、决策、计划（预算）、控制及分析与考核。预算是中间环节，但实际上每一个理财活动都离不开预算。

一、全面预算的含义

预算指利用货币金额或者其他数量指标来反映企业某一时期的各项计划，也就是企业工作计划的数量化。

全面预算，指在预测与决策的基础上，通过一系列预计的财务报表及附表展示其资源配置情况的有关企业总体计划的数量说明。

二、全面预算的作用

全面预算管理利用预算对企业内部各部门、各单位的各种财务及非财务资源进行分配、考核、控制，以便有效地组织和协调企业的生产经营活动，完成既定的经营目标，是企业全过程、全方位及全员参与的预算管理。

全面预算通过业务、资金、信息、人才的整合，明确适度的分权授权、战略驱动的业绩评价等，来实现企业的资源合理配置并真实地反映出企业的实际需要，进而对作业协同、战略贯彻、经营现状与价值增长等方面的最终决策提供支持。全面预算的作用具体有以下几点。

（一）明确工作目标

通过全面预算的编制，各个部门明确本部门在企业总体规划中的地位与努力方向，有助于采用积极稳妥的方法保障企业总目标的实现。

（二）协调各职能部门的关系

各部门以企业规划总目标为指导，预防出现片面追求局部计划的最优而导致各部门间目标混淆的情况。全面预算可以使各部门按照预算确定的轨迹工作，协调各部门之间的矛盾，避免冲突。

（三）控制各部门日常经济活动

全面预算一经确定，不做轻易改动。企业的各个部门应以确定的预算作为控制业务的依据，并以此作为纠正生产经营活动中不利偏差的标准。

（四）考核各部门工作业绩

企业在全面预算的基础上，根据各个部门实际偏差的程度，分析偏差产生的原因，以此来考核各部门的工作业绩。

三、全面预算的结构体系

企业的全面预算以战略目标为出发点，以市场预测为依据，以销售预算为主导，进行生产、成本费用和现金收支等各方面的预算，预计的财务报表是整个预算体系的终结。全面预算主要包括财务预算、业务预算和专门决策预算。其中业务预算和专门决策预算是财务预算的基础，财务预算是依照业务预算和专门决策预算编制的，是整个预算体系的主体。具体的结构示意图如图 9-1 所示。

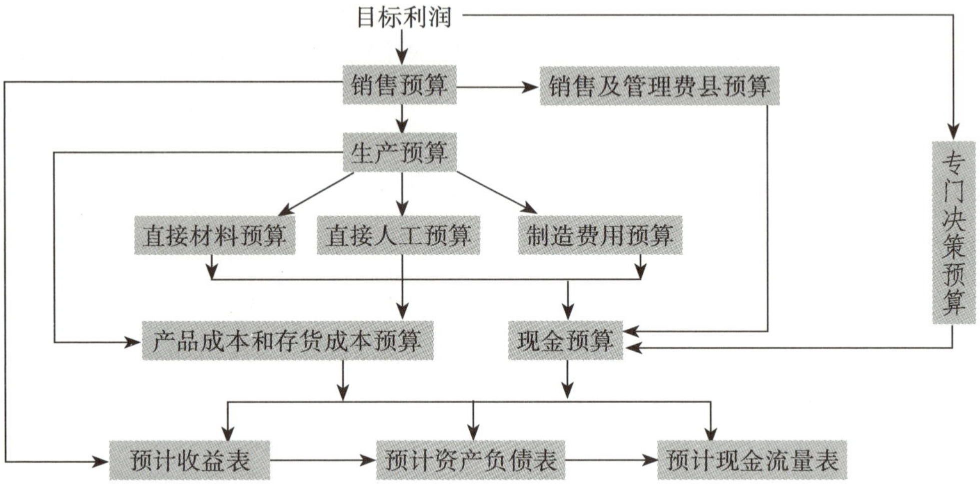

图 9-1　全面预算结构体系图

（一）业务预算

所谓业务预算，是指为供、产、销及管理活动所编制的，与企业日常业务直接相关的预算。业务预算主要包括销售预算、生产预算、直接材料采购预算、直接人工预算、制造费用预算、产品成本预算、存货成本预算、销售及管理费用预算等。业务预算的各项内容分别反映企业收入与费用的构成情况。

（二）专门决策预算

专门决策预算，是指在预算期内不经常发生的、一次性业务活动所编制的预算，包括根据长期投资决策结论编制的，与购置、更新、改造、扩建固定资产决策有关的资本支出预算；与资源开发、产品改造和新产品试制有关的生产经营决策预算；等等。

（三）财务预算

财务预算是指反映企业预算期现金收支、经营成果和财务状况的各项预算，主要包括现金预算、预计利润表和预计资产负债表，这些预算以价值量指标总括反映经营预算和资本支出预算的结果。

项目2 全面预算的编制

全面预算管理的推行，能使高层管理者的职能逐渐集中于对资源的长远规划与对下级的绩效考核上，使企业内部的层级制从“形式”转变为“实质”。通过实施全面预算管理，可以明确并量化公司的经营目标、规范企业的管理控制、落实各责任中心的责任、明确各级责权、明确考核依据，为企业的成功提供了保证。可以说，全面预算管理的过程，就是战略目标分解、实施、控制和实现的过程。具体的编制方式如下。

延伸阅读

全面预算编制程序

（1）企业决策机构根据长期规划，利用本量利分析等工具，提出企业一定时期的总目标，并下达规划指标。

（2）基层成本控制人员自行草编预算，使预算能较为可靠、较为符合实际。

（3）各部门汇总部门预算，并初步协调本部门预算，编制出销售、生产、财务等预算。

（4）预算委员会审查、平衡各部门预算，汇总出公司的总预算。

（5）经过总经理批准，审议机构通过或者驳回修改预算。

（6）主要预算指标报告给董事会或上级主管单位，讨论通过或者驳回修改。

（7）批准后的预算下达给各部门执行。

一、业务预算的编制

业务预算是企业各项日常业务活动的预算，是全面预算的基本组成部分，要以数字或表格的形式展示企业的工作计划，首先要规划企业的业务活动。本部分主要以生产型企业为模板，包括销售预算、生产预算、直接材料预算、直接人工预算、制造费用预算、产品成本预算、销售及管理费用预算。

（一）销售预算编制

销售预算是业务预算的编制起点。销售预算是在销售预测的基础上，根据企业年度目标利润确定的预计销售量、销售价格和销售额等参数编制的，用于规划预算期销售活动的一种业务预算。一般在编制销售预算的同时，还要编制与销售收入有关的现金收入计算表，用以反映全年及各季销售所得、销售收入和回收前期应收账款的现金数额，并为编制“现金预算表”提供依据。

【例 9-1】

长江公司生产一种 A 产品，经预测，预测期（2022 年）全年四季度预计销售量分别为：450 件、750 件、750 件、550 件，销售单价为 8000 元。每季度销售收入的 60% 于当季度收到现金，其余的 40% 于下一季度收到现金。此外，年初应收款为 1200000 元。

具体操作方式如表 9-1 所示。

表 9-1　长江公司 2022 年度销售预算表

销售	项目	一季度	二季度	三季度	四季度
预算	预计销售量 / 件	450	750	750	550
	销售单价 / 元	8000	8000	8000	8000
	预计销售额 / 元	3600000	6000000	6000000	4400000
预计现金收入计算	期初应收账款 / 元	1200000	—	—	—
	第一季度现金收入 / 元	2160000 *	1440000 *	—	—
	第二季度现金收入 / 元	—	3600000	2400000	—
	第三季度现金收入 / 元	—	—	3600000	2400000
	第四季度现金收入 / 元	—	—	—	2640000
	现金收入合计 / 元	3360000	5040000	6000000	5040000

其中，2160000 * =3600000 × 60%，1440000 * =3600000 × 40%，以后季度的现金收入以此类推。

（二）生产预算编制

生产预算是为规划预算期生产规模而编制的一种业务预算，是在销售预算的基础上编制的，并为进一步编制成本和费用预算提供依据。

生产预算编制的主要依据是预算期各种产品的预计销售量及存货量资料，用公式表示为

$$预计生产量 = 预计销售量 + 预计期末存货量 - 预计期初存货量 \quad (9\text{-}1)$$

其中，等式右边的预计销售量可在销售预算中找到，预计期末存货量一般是按事先估计的期末存货量占下期销售量的比例进行估算，预计期初存货量为上季期末存货量。

【例 9-2】

仍按例 9-1 的资料，根据长江公司的产品生产销售情况，各季度的期末存货量预计为下一季度销售量的 10%，预算期期初的存货量为 0 件。假设预算期期末预计存货量为 50 件，编制生产预算如表 9-2 所示。

表 9-2　长江公司 2022 年度生产预算

单位：件

项目	一季度	二季度	三季度	四季度	全年
预计销售量	450	750	750	550	2500
加：预计期末存货量	75	75	55	50	255
合计	525	825	805	600	—
减：预计期初存货量	0	75	75	55	205
预计生产量	525	750	730	545	2550

通过生产预算，企业可以根据产量进行采购，同时也可以进一步预测材料费用、人工费用、制造费用，进而预测生产成本。

（三）直接材料预算编制

直接材料预算又称直接材料采购预算，是企业根据预算期内生产预算确定的直接材料的采购数量和采购成本的预算。编制直接材料预算的主要依据是生产预算、材料单耗（或者标准用量）、预计材料单价、期初期末存货数量等资料。一般在编制直接材料采购表时，要根据材料采购支付款的支付形式，编制现金支出预算表，为编制“现金预算表”提供依据。

企业具体编制材料采购预算表，根据材料类别进行分类，计算公式如下：

预计材料生产耗用量 = 单位产品材料耗用量 × 预计生产量　　（9-2）

预计材料采购量 = 预计材料生产耗用量 + 预计期末库存量 − 预计期初库存量　（9-3）

其中，预计生产量的数据来源于生产预算；预计期末库存量一般可按下一期生产需要量的一定比例计算；预计期初存货量数据来源于上一期的期末库存量。

【例 9-3】

仍按例 9-1、例 9-2 的资料，长江公司生产的 A 产品每件耗用材料 30 千克，每千克材料 100 元。购料于当季支付 60%，其余部分于下一季度支付。季末实木等材料库存量为下一季度生产量的 10%，期末存量 2600 千克。年初应付账款 400000 元。在进行直接材料预算的同时，编制相关的现金支出计算表，用以反映材料采购过程中支付的现金数额。直接材料预算表如表 9-3 所示。

表 9-3　长江公司 2022 年直接材料采购预算表

项目	一季度	二季度	三季度	四季度	全年
预计生产量 / 千克	525	750	730	545	2550
单位产品材料用量 / 千克	30	30	30	30	30
生产需用量 / 千克	15750	22500	21900	16350	76500
加：预计期末存料量 / 千克	2250	2190	1635	2600	—
合计 / 千克	18000	24690	23535	18950	—
减：预计期初存料量 / 千克	0	2250	2190	1635	—
预计材料采购量 / 千克	18000	22440	21345	17315	79100
材料单价 / 元	100	100	100	100	100
预计直接材料采购成本 / 元	1800000	2244000	2134500	1731500	7910000
期初应付账款 / 元	400000	—	—	—	—
第一季度现金支出 / 元	1080000	720000	—	—	—
第二季度现金支出 / 元	—	1346400	897600	—	—
第三季度现金支出 / 元	—	—	1280700	853800	—

续表

项目	一季度	二季度	三季度	四季度	全年
第四季度现金支出 / 元	—	—	—	1038900	—
合计 / 元	1480000	2066400	2178300	1892700	7617400

（四）直接人工预算编制

直接人工预算是以生产预算为依据，用来确定预算期内直接人工的工时耗用水平和人工成本水平的预算。

直接人工预算根据生产预算、工时定额（或者标准工时）、小时工资率（或者标准工资率）等相关的成本资料进行计算。人工成本一般采用现金支付的方式，因此在直接人工预算表中不用列出预计的现金支出数量。具体计算公式如下。

$$预计直接人工成本 = 小时工资率 \times 预计直接人工总工时 \quad (9\text{-}4)$$

$$预计直接人工总工时 = 单位产品直接人工的工时定额 \times 预计生产量 \quad (9\text{-}5)$$

其中，预计生产量根据生产预算表获得，小时工资率根据基本工资、各种津贴及社会保险等项目的一定金额进行估计。

【例 9-4】

仍按例 9-1 至例 9-3 的资料，假设长江公司生产 A 产品只用一个工种，在生产预算的基础上，根据生产预算、工时定额（或者标准工时）、小时工资率（或者标准工资率）等相关的成本资料预测直接人工费用。生产一件产品需要耗用人工 5 小时，每小时的工资率 200 元。根据生产预算编制直接人工预算，如表 9-4 所示。

表 9-4　长江公司 2022 年直接人工预算表

单位：元

项目	一季度	二季度	三季度	四季度	全年
预计生产量（生产预算）	525	750	730	545	2550
单位产品工时定额（小时）	5	5	5	5	5
预计直接人工工时总额	2625	3750	3650	2725	12750
单位工时工资率	200	200	200	200	200
预计直接人工成本总额	525000	750000	730000	545000	2550000

（五）制造费用预算编制

制造费用包括生产成本中除直接材料和直接人工以外的其他一切费用，按照成本性态可分为变动制造费用和固定制造费用两大类。

制造费用的编制依据预算期内一定的业务量、预算期内的成本降低率标准及预算期内的各项成本项目明细。

制造费用具体编制方法因费用特点的不同而不同：固定制造费用，可在上年的基础上根据预算期内上级下达的成本降低率指标进行计算，并适当调整；变动制造费用，一般先按照预算期内的业务量与制造费用的比率计算费用分配率，并根据该分配率合理分配制造费用，其中，变动制造费用预算分配率 = 变动制造费用预算总额 ÷ 分配标准预算数。

编制制造费用预算表的同时，一般编制预计现金支出计划表，为编制现金预算表提供依据。值得注意的是，制造费用中固定资产折旧费、相关分摊费用不属于现金支出范围，因此在编制时应予以删除。

【例 9–5】

仍按例 9-1 至例 9-4 的资料，假定长江公司变动制造费用按照直接人工小时进行分配，制造费用除折旧费以外全部都是现金支出。制造费用包括生产成本中除直接材料和直接人工以外的其他一切费用，在管理会计中，制造费用按照成本性态可分为变动制造费用和固定制造费用。由于企业采用了更为先进的生产方式，下一年度固定制造费用有了较大节省，为 150000 元，每工时应分配的变动制造费用为 50 元。其中折旧费为 50000 元，其余均为现金支付。制造费用预算如表 9-5 所示。

表 9–5 长江公司 2022 年制造费用预算表

单位：元

项目		一季度	二季度	三季度	四季度	全年
变动制造费用		131250	187500	182500	136250	637500
固定制造费用		37500	37500	37500	37500	150000
折旧费		12500	12500	12500	12500	50000
预计现金支出	变动制造费用	131250	187500	182500	136250	637500
	加：固定制造费用	37500	37500	37500	37500	150000
	减：折旧费用	12500	12500	12500	12500	50000
	现金支出合计	156250	212500	207500	161250	737500

（六）产品成本预算编制

产品成本预算是企业预算期内生产预算、直接材料预算、直接人工预算、制造费用预算等的汇总预算。

产品成本预算额主要包括单位产品成本预算和预算期内的销货成本预算、存货成本预算。其中，单位产品成本编制的依据主要是直接材料、直接人工、制造费用等的用量标准和价格标准；销货成本预算及存货成本预算是为编制预算报表做准备的。

【例 9–6】

仍按例 9-1 至例 9-5 的资料，假定长江公司期初期末都没有在产品，期初单位变动产品成本为 4250 元 / 件，按照变动成本法编制产品成本、存货成本和销货成本预算表，如表 9-6 所示。

表 9-6 长江公司 2022 年单位产品成本预算表

成本项目	用量标准	价格标准	单位成本 / (元 / 件)
直接材料	30 千克 / 件	100 元 / 千克	3000
直接人工	5 小时 / 件	200 元 / 小时	1000
变动制造费用	5 小时 / 件	50 元 / 小时	250
合计	—	—	4250

单位固定制造费用 =150000÷2550≈58.82（元 / 件）

分析：若按照成本性态分析，单位产品成本为 4250 元每件；若按照完全成本法，单位产品成本为 4308.82 元 / 件。产品存货、销货成本预算如表 9-7 所示。

表 9-7 长江公司 2022 年产品存货、销货成本预算表

项目	一季度	二季度	三季度	四季度	全年
期初存货量 / 件	0	75	75	55	205
期初单位产品成本 / 元	0	4250	4250	4250	—
期初存货成本 / 元	0	318750	318750	233750	—
本期生产量 / 件	525	750	730	545	2550
本期单位生产成本 / 元	4250	4250	4250	4250	4250
本期生产成本 / 元	2231250	3187500	3102500	2316250	10837500
期末存货量 / 件	75	75	55	50	—
期末单位产品成本 / 元	4250	4250	4250	4250	—
期末存货成本 / 元	318750	318750	233750	212500	1083750
本期销货成本 / 元	1912500	3187500	3187500	2337500	10625000

（七）销售及管理费用预算编制

销售及管理费用预算包括销售费用预算和管理费用预算，主要包括生产过程以外的其他费用。按照成本性态分析，销售及管理费用可分为变动费用和固定费用。

销售及管理费用的编制依据预算期内一定的业务量、预算期内的成本降低率标准及预算期内的各项成本项目明细。

销售及管理费用具体编制方法依据费用的特点进行处理：固定费用，可在上年的基础上根据预算期内上级下达的成本降低率指标进行计算，并适当调整；变动费用，一般先按照预算期内的业务量与制造费用的比率计算费用分配率，并根据该分配率合理分配制造费用，其中变动费用预算分配率 = 变动造费用预算总额 ÷ 分配标准预算数。

【例 9-7】

续上例，假定企业的销售及管理费用变动部分为每件 300 元，广告费每季度为 5000 元；租金每季度为 2000 元；折旧费每季度 1500 元，管理人员季度工资为 30000 元，保险费季度为 20000 元。固定费用除折旧费以外全部都是现金支出。

表 9-8　长江公司 2022 年销售及管理费用预算表

单位：元

项目		一季度	二季度	三季度	四季度	全年
变动费用		135000	225000	225000	165000	750000
固定费用		78500	78500	78500	78500	314000
折旧费		1500	1500	1500	1500	6000
预计现金支出	变动费用	135000	225000	225000	165000	750000
	加：固定费用	78500	78500	78500	78500	314000
	合计	213500	303500	303500	243500	1064000
	减：折旧费用	1500	1500	1500	1500	6000
	现金支出合计	212000	302000	302000	242000	1058000

二、专门决策预算的编制

专门决策预算是指在预算期内不经常发生的、一次性业务活动所编制的预算。包括根据长期投资决策结论编制的，与购置、更新、改造、扩建固定资产决策有关的资本支出预算；与资源开发、产品改造和新产品试制有关的生产经营决策预算；等等。专门决策预算具体可分为资本支出预算和一次性专门业务预算两种类型。

（一）资本支出预算

资本支出预算是企业在投资项目可行性研究的基础上编制的反映长期投资项目投资的时间、规模、收益及资金筹措方式等内容的预算。

（二）一次性专门业务预算

一次性专门业务预算是为财务部门在日常理财活动中发生的一次性业务而编制的预算。

三、财务预算的编制

（一）现金预算

现金预算是反映预算期内企业现金收支情况的预算。

编制的主要依据是销售预算、直接材料预算、直接人工预算、制造费用预算、销售及管理费用预算及专门决策预算。

现金预算的编制内容包括现金收入、现金支出、现金预算结余、现金融资等。其中，现金支出的数据主要来源于销售预算，主要包括预算期的销售收入及应收账款的收回；现金支出包括预算期内可能发生的一切现金支出，主要包括材料采购支出、人工支出、费用支出、所得税支出、专门决策预算支出等。

【例 9-8】

续前各例，假定企业年初现金余额为 500000 元，该公司与银行商定，如需借款，于季初借入，如拟偿还借款，应在季末进行。借入与偿还以 10000 元为单位，借款利息按年利率 10% 计，于借款偿还时支付。在各季期末能保持的最低现金余额为 500000 元。专门决算计划第二季度购置设备 2000000 元。

表 9-9 长江公司 2022 年现金预算表

单位：元

项目	第一季度	第二季度	第三季度	第四季度	全年
期初现金余额	500000	1127625	503412.5	2172300	500000
加：本期现金流入	3360000	5040000	6000000	5040000	19440000
合计	3860000	6167625	6503412.5	7212300	19940000
减：本期现金流出	2732375	5946962.5	4033862.5	3286325	15999525
直接材料	1480000	2066400	2178300	1892700	7617400
直接人工	525000	750000	730000	545000	2550000
制造费用	156250	212500	207500	161250	737500
销售及管理费用	212000	302000	302000	242000	1058000
预计所得税	359125	616062.5	616062.5	445375	2036625
预计设备购置	—	2000000	—	—	—
结余	1127625	220662.5	2469550	3925975	3940475
筹资	—	290000	—	—	—
还款	—	—	290000	—	—
还利息（利率 10%）	—	7250	7250	—	14500
期末余额	1127625	503412.5	2172300	3925975	3925975

注：1. 现金结余 = 期初现金余额 + 本期现金收入 − 本期现金支出；

2. 预计所得税来源于预计利润表中数据；

3. 借款金额按 10000 的整数倍数，借款在期初，还款在期末。

（二）预计报表

1. 预计利润表

预计利润表，又称为“利润预算表”，反映的是预算期内企业的经营成果。预计利润表编制的主要依据是销售预算、制造费用预算、销售及管理费用预算、存货及销货成本预算等。一般按年编制，也可分年按季度编制。

【例 9-9】

续前各例，预计利润表按照变动成本法进行编制，选取相关数据进行编制，如表 9-10 所示。

表 9-10　长江公司 2022 年预计利润表

项目	第一季度	第二季度	第三季度	第四季度	合计
销售数量 / 件	450	750	750	550	2500
销售收入 / 元	3600000	6000000	6000000	4400000	20000000
减：变动成本 / 元	2047500	3412500	3412500	2502500	11375000
直接材料 / 元	1350000	2250000	2250000	1650000	7500000
直接人工 / 元	450000	750000	750000	550000	2500000
变动制造费用 / 元	112500	187500	187500	137500	625000
变动推销管理成本 / 元	135000	225000	225000	165000	750000
得：贡献毛益 / 元	1552500	2587500	2587500	1897500	8625000
减：固定成本 / 元	116000	116000	116000	116000	464000
固定制造费用 / 元	37500	37500	37500	37500	150000
固定推销管理成本 / 元	78500	78500	78500	78500	314000
得：息税前利润 / 元	1436500	2471500	2471500	1781500	8161000
减：利息支出 / 元	—	7250	7250	0	14500
得：税前利润 / 元	1436500	2464250	2464250	1781500	8146500
减：所得税 / 元	359125	616062.5	616062.5	445375	2036625
得：税后利润 / 元	1077375	1848187.5	1848187.5	1336125	6109875

2. 预计资产负债表

预计资产负债表反映的是企业预算期内某一时点的财务状况。编制资产负债表的主要依据是基期资产负债表、销售预算表、生产预算表、直接材料预算表、产品成本预算表、专门决策预算表、现金预算表、预计利润表。具体编制方法是以基期期末的资产负债表为基础，根据预算期相关数据进行调整编制。

【例 9-10】

续上例，根据 2021 年年末资产负债表的数据，如表 9-11 所示，以及以上相关预算表数据，编制的 2022 年预计资产负债表如表 9-12 所示。

表 9-11　2021 年年末资产负债表

单位：元

资产		负债及所有者权益	
流动资产		流动负债	
货币资金	500000	应付账款	400000
应收账款	1200000		
存货	0		
材料	0	合计	400000
产成品	0	所有者权益	
合计	1700000	留存收益	2244000
固定资产	944000		
房屋及设备	1000000		
累计折旧	56000		
合计	944000	合计	2244000
资产合计	2 644000	合计	2644000

依据基期资产负债表数据以及相关预算表数据，编制 2022 年的预计资产负债表。

表 9-12　2022 年预计资产负债表

单位：元

资产		负债及所有者权益	
流动资产		流动负债	
货币资金	3925975	应付账款	692600
应收账款	1760000		
存货	472500		
材料	260000	合计	692600
产成品	212500	所有者权益	
合计	6158475	留存收益	8353875
固定资产	2888000		
房屋及设备	3000000		
累计折旧	112000		
合计	2888000	合计	8353875
资产合计	9046475	合计	9046475

对比年初的资产负债表，期末货币资金余额大幅增加，这是企业增加销售、成本控制的结果。企业的所有者权益由原来的 2244000 元提高到 8353875 元，增幅显著，企业发展态势良好。

通过预算，企业对下一年度的生产经营有了全面了解。为了保证预算的有效执行，企业对经营过程进行了事前、事中、事后控制。提前做好资金使用计划表，严格企业资金使用的审批权；进一步完善材料的采购、领用制度；加强产品的管理和控制。在预算执行中，定期比照实际情况进行差异分析，并寻找原因，对于不利差异及时加以纠正，对于有利差异进行详细记录，作为下一年度预算调整的依据。定期编写预算执行分析报告，并报送各个部门，全员参与预算管理。

建立全面预算体系、运用全面预算工具对企业未来经营管理进行了有效的预测，使得企业能更好地控制成本费用，提升利润空间，在激烈的市场竞争中占有一席之地。

项目3 全面预算的方法

全面预算的方法根据划分标准的不同有以下几种分类：根据业务量基础的数量特征不同，可分为固定预算方法和弹性预算方法两大类；根据其出发点的特征不同，分为增量预算方法和零基预算方法两大类；根据预算期的时间特征不同，分为定期预算方法和滚动预算方法两大类。

各种预算方法之间主要是归属的内容及命名的规则不同，但是任何一种预算方法只有通过编制具体的预算才能发挥作用，即使是不同类型的预算方法之间也并非完全相互排斥的关系。

一、固定预算与弹性预算

（一）固定预算

固定预算是指在编制预算时只根据预算期内正常的、可实现的某一固定业务量水平作为唯一基础来编制预算的一种方法，是按照预算期内可能实现的经营活动水平确定相应的固定预算数来编制预算的方法。这种方法简便易行，较为直观，但是可比性差，不利于正确地控制、考核和评价预算的执行情况。因此，只适用于业务量水平较为稳定的企业或非营利组织编制预算时采用。

【例 9-11】

某企业 2020 年 6 月预计业务量为 1000 小时，根据历年同期市场变化及企业生产情况，估计业务量会在 900~1200 小时之间变动。选择直接人工工时作为业务量的计量单位，编制该企业的固定预算，如表 9-13 所示。

表 9-13 固定预算成本与实际成本比较

单位：元

项目	固定预算	实际水平	差异
业务量（直接人工工时）	1000	1200	＋200

续表

项目		固定预算	实际水平	差异
变动成本	运输 （b=0.2）	200	250	＋50
	电力 （b=1.0）	1000	1100	＋100
	消耗材料（b=0.1）	100	130	＋30
	合计	1300	1480	
固定成本	折旧费	700	700	
	管理人员工资	200	250	＋50
	合计	900	950	50
总计		2200	2430	230

（二）弹性预算

目前的企业经营环境瞬息万变，企业的业务量经常变动，在这种情况下，固定预算就暴露出了不足。为弥补固定预算编制方法的缺陷，管理会计在实践的过程中，产生了弹性预算方法。

弹性预算是与固定预算相对的概念，也可称为变动预算，是指编制预算时根据学校资产、人员及相关业务的变化而对相关收入和支出进行测算的方法。在成本按其性态分类的基础上，以业务量、成本和利润之间的依存关系为依据，按照预算期可预见的各种业务量水平，编制能够适应不同业务量预算的方法。

1. 弹性预算的特点

（1）按弹性预算方法编制的预算能够反映预算期内与一定“相关范围”内的可预见的与多种业务量水平相对应的不同预算额，从而扩大了预算的适用范围，便于预算指标的调整。

（2）在预算期内实际业务量与计划业务量不一致的情况下，可以将实际指标与实际业务量相应的预算额进行对比，使预算执行情况的评价与考核建立在更加客观和可比的基础上，便于更好地发挥预算的控制作用。

2. 弹性预算的编制

在编制弹性预算时，固定费用一般不随业务量的变动而变动，所以只需将变动费用部分按业务量的变动加以调整即可。因此，在编制弹性预算时首先应将有关预算中的全部成本费用分为固定和变动两部分，若明细项目中有属于混合成本性质的费用，则必须先进行分解。

对于固定成本部分，在一定范围内，无论业务量如何变化都无需改变原来的预算数。

对于变动成本部分，根据不同业务量水平的预测，计算出不同的费用预算水平。计算方法如下。

假定费用预算总额为 C，其中固定费用预算为 a，单位变动费用为 b，业务量为 x（预测的不同业务量水平分别用 $x1$、$x2$、$x3$ 等来表示），变动费用预算即为 bx（不同业务量水平下的变动费用预算为 $bx1$、$bx2$、$bx3$），费用预算总额用公式表示为

$$C=a+bx \tag{9-6}$$

只要这些数量关系不变，弹性预算可以持续使用较长时期，不必每期重复编制。

编制弹性预算的基本步骤如下。

（1）选择业务量的计量单位。

（2）确定适用的业务量范围。

（3）逐项研究并确定各项成本与业务量之间的数量关系。

（4）计算各项预算成本。

【例 9–12】

按照例 9-11 的资料编制该企业的弹性预算，如表 9-14 所示。

表 9–14 弹性预算与实际预算成本比较

单位：元

项目		弹性预算				实际水平	差异
业务量（直接工时）		900	1000	1100	1200	1200	0
变动成本	运输（b=0.2）	180	200	220	240	250	10
	电力（b=1.0）	900	1000	1100	1200	1100	–100
	消耗材料（b=0.1）	90	100	110	120	130	10
	合计	1170	1300	1430	1560	1480	–80
固定成本	折旧费	700	700	700	700	700	0
	管理人员工资	200	200	200	200	250	50
	合计	900	900	900	900	950	50
总计		2070	2200	2330	2460	2430	–30

弹性预算比固定预算更贴近现实，预算水平与实际水平的差异明显小于固定预算。弹性预算能更好地实现预算的计划、控制、激励和评价这几方面的作用。

二、增量预算与零基预算

（一）增量预算

1. 增量预算的定义

增量预算是指以基期成本费用水平为基础，结合预算期内的业务量水平及有关影响成本因素的未来变动情况，通过调整有关原有费用项目而编制预算的一种方法。因此，采用增量预算方法容易造成浪费。

2. 增量预算编制有以下优缺。

增量预算编制有以下优点。

（1）预算编制工作量较少。

（2）可以避免生产经营业务和日常各级各部门的管理工作产生剧烈的波动。

（3）预算是稳定的，变化是循序渐进的。

（4）经理能够在一个稳定的基础上经营他们的部门。

（5）系统相对容易操作和理解。

（6）容易实现协调预算。

增量预算编制有以下缺点。

（1）它假设经营活动以及工作方式都以相同的方式继续下去。

（2）不能拥有启发新观点的动力。

（3）没有降低成本的动力。

（4）它鼓励将预算全部用光以便明年可以保持相同的预算。

（5）它可能过期，并且不再和经营活动的层次或者执行工作的类型有关。

（二）零基预算

1. 零基预算的含义

零基预算是针对传统的增量预算的不足提出的。零基预算是在编制成本费用预算时，不考虑以往会计期间所发生的费用项目或费用数额，所有的预算支出均以零为出发点，一切从实际需要与可能出发，进而规划预算期内各项费用的内容及开支标准的一种方法。它不以现有费用水平为基础，而是如同新创办一个机构，一切以“零”为起点，对每项费用开支的大小及必要性进行认真反复分析、权衡，并进行评定分级，据此判定其开支的合理性和优先顺序，并根据生产经营的客观需要与一定期间内资金供应的实际可能，在预算中对各个项目根据其轻重缓急加以安排，从而提高资金的使用效益、节约费用开支。

2. 零基预算的编制程序

零基预算的编制可分三步进行。

（1）确定任务。高层管理人员必须首先确定预算期内各部门需要完成的任务和工作，详细分析采用哪些方式完成这些任务，并从中选择成本最低的方案。部门经理则需要考虑本部门应完成的业务量及相应的成本支出，提出降低成本的对策和措施，以使整个企业的获利水平最大化。

（2）方案评价。对每一项需要完成的任务进行成本收益分析，将有关的费用与收益进行对比，进而对各个费用开支方案进行评价。成本超过收益的方案舍弃不用，然后把收益超过成本的各个方案，按照收益率高低排序，从中选择可行的费用开支方案。

（3）择优分配。将企业经济资源按照选出的方案在各部门之间进行分配。资源分析需考虑不同业务量的成本收益计算结果，尽可能减少完成每项任务的预算支出，以使企业的效益最大化。

【例 9-13】

长江公司采用零基预算法编制下年度的销售及管理费用预算。假定该公司可用于销售及管理方面的资金为 600000 元。应如何编制？

解：（1）销售和行政管理部门根据本部门的具体任务和预算目标，提出本部门的费用预算方案，认为必须开支的费用项目及数额如表 9-15 所示。

表 9-15 销售和行政管理部门费用项目及其数额

单位：元

项目	金额
销售人员及管理人员工资	120000
广告费	400000
差旅费	80000
办公费	100000
业务招待费	100000
合计	800000

（2）经预算委员会研究，销售人员及管理人员工资、差旅费、办公费等 3 项开支，属于约束性费用，在预算期必须全额保证。广告费和业务招待费则属酌量性费用，在满足约束性费用资金需求的前提下，将剩余的资金按照它们对企业收益的影响程度择优分配。酌量性费用的重要性程度，可根据有关的历史资料，通过下面的“成本－收益”分析的程序来确定，如表 9-16 所示。

表 9-16 酌量性费用的“成本－收益”分析

单位：元

费用开支项目	成本	收益
广告费	1	60
业务招待费	1	40

（3）将上述 5 个费用项目按照它们的轻重缓急和效益大小，排出如下的开支层次和顺序。

第一层次：销售人员及管理人员工资、差旅费、办公费。它们属于约束性费用，是预算期间的必须开支，应全额保证。

第二层次：广告费。它属于酌量性费用，可根据预算期间企业财力情况酌情安排支出。

第三层次：业务招待费。它也属于酌量性费用，由于其成本效益率小于广告费，故列为第三层次。

（4）分配资金，落实预算。该公司可用于销售和管理费用的资金为 600000 万元。根据以上的排列层次和顺序进行分配，具体分配如表 9-17 所示。

表 9-17　销售和行政管理部门费用分配表

单位：元

项目	金额
销售人员及管理人员工资	120000
差旅费	80000
办公费	100000
合计	300000

以上 3 项合计 300000 元。此时可动用的资金 600000 元在保证第一层次费用开支后，尚余 300000 元。这 300000 元则按照成本收益率的比例，在第二层次的广告费和第三层次的业务招待费之间进行分配。

（5）广告费可分配资金 =300000 × 60 ÷（60+40）=180000（元）。

（6）业务招待费可分配资金 =300000 × 40 ÷（60+40）=120000（元）。

3. 零基预算的优缺点

由例 9-13 可见零基预算有如下优点。

（1）有更大的适用性，可以合理有效地进行资源分配，将有限的资金用在刀刃上。

（2）有助于沟通、协调，零基预算法要求高层管理人员与基层部门及人员就所有成本项目的分析、判断交换意见，因而增进了高层管理人员与基层部门的沟通，增进了高层管理人员对企业经营及成本运用情况的了解，同时激励了基层单位参与预算的积极性和主动性。可以促进各预算部门精打细算，量力而行，合理使用资金，提高资金的利用效果。

（3）零基预算比增量预算更能提高管理效率。它要求管理人员考虑节约成本的各种方案，那些不能为企业增加价值的活动，或者成本效益欠佳的活动会被放弃，从而提高了管理效率。

（4）有利于成本控制，编制零基预算会促使管理人员分析判断成本支出的合理性，对管理活动导致的成本支出有更清醒的认识，从而提高了成本控制的效果。

因此，零基预算法更适合编制间接成本的支出计划，因为这类成本支出弹性很大，是否合理没有明确标准。零基预算一般适用于不经常发生的或者预算编制基础变化较大的预算项目，如对外投资、对外捐赠等，尤其适用于产出较难辨认的服务性部门，具有克服资金浪费的优点。

但是零基预算也有其不足之处。

（1）业绩差的经理人员会认为零基预算是对他的一种威胁，因此拒绝接受。

（2）工作量较大，费用较昂贵。

（3）评级和资源分配具有主观性，易于引起部门间的矛盾。

（4）容易使人们注重短期利益而忽视企业长期利益。

三、定期预算与滚动预算

（一）定期预算

1. 定期预算的含义

定期预算是指在编制预算时以不变的会计期间（如日历年度）作为预算期的一种编制预算的方法。

2. 定期预算的优缺点

1）定期预算的优点

定期预算的唯一优点是能够使预算期间与会计年度相配合，便于考核和评价预算的执行结果。

2）定期预算的缺点

（1）盲目性。由于定期预算往往是在年初甚至提前两三个月编制的，对于整个预算年度的生产经营活动很难做出准确的预算，尤其是对预算后期的预算，只能进行笼统的估算，数据含糊，缺乏远期指导性，给预算的执行带来很多困难，不利于对生产经营活动做出考核与评价。

（2）滞后性。由于定期预算不能随情况的变化及时调整，当预算中所规划的各种活动在预算期内发生重大变化时（如预算期临时中途转产），就会造成预算滞后过时，使之成为虚假预算。

（3）间断性。由于受预算期间的限制，经营管理者们的决策视野局限于本期规划的经营活动，通常不考虑下期。例如：一些企业提前完成本期预算后，以为可以松一口气，其他事等来年再说，形成人为的预算间断。因此，按定期预算方法编制的预算不能适应连续不断的经营过程，从而不利于企业的长远发展。为了克服定期预算的缺点，在实践中可采用滚动预算的方法编制预算。

（二）滚动预算

1. 滚动预算的含义

在编制预算时，将预算期间与会计年度脱离开，随着预算的执行不断延伸补充预算，逐期向后滚动，使预算期永远保持为 12 个月的一种方法。

2. 滚动预算的编制程序

每过一个季度（或月份），立即根据前一个季度（或月份）的预算执行情况，对之后季度（或月份）进行修订，并增加一个季度（或月份）的预算，如图 9-2 所示。这样就可以通过逐期向后滚动、连续不断的预算形式规划企业未来的经营活动。

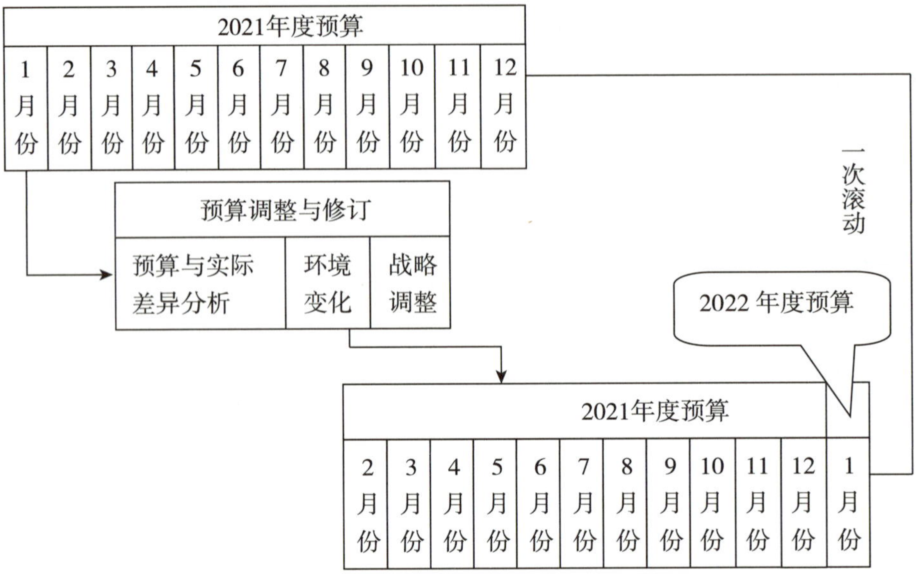

图 9-2　滚动预算示意图

3. 滚动预算的优缺点

1）滚动预算的优点

（1）透明度高。由于编制预算实现了与日常管理的紧密衔接，可以使管理人员始终能够从动态的角度把握企业近期的规划目标和远期的战略布局，使预算具有较高的透明度。

（2）灵活性强。由于滚动预算能根据前期预算的执行情况，结合各种因素的变动影响，及时调整和修订近期预算，从而使预算更加切合实际，能够充分发挥预算的指导和控制作用。

（3）连续性突出。由于滚动预算在时间上不再受日历年度的限制，能够连续不断地规划未来的经营活动，不会造成预算的人为间断。

2）滚动预算的缺点

（1）编制较为复杂，工作量较大，尤其在手工编制预算的企业更是如此。

（2）可能遇到经理人员的消极抵制。

（3）预算期与会计年度脱节，不便于业绩考核。

四、概率预算

（一）概率预算的含义

概率预算是为应对经营环境及经营过程中普遍存在的不确定性而产生的一种预算方法。在编制预算的过程中，有些变量会随着市场情况发生大的变动，对这些变量数值难以确定，因此引入了概率预算的方法。

（二）概率预算的编制程序

（1）根据有关预算项目的预计值及其变动的可能性（即概率），来计算并确定该预算项目在不同状态下的期望值。

（2）根据期望值确定预算项目的概率预算数。这个预算数值，应当是比较接近实际的，是最有可能达到的预期结果。

【例 9–14】

某公司生产一种产品，单位定价 40 元，经过预测分析，预算期销售 10000 件、11000 件和 12000 件的概率分别为 0.2、0.5 和 0.3。单位变动成本为 28 元的概率为 0.5，30 元的概率为 0.3，32 元的概率是 0.2。固定成本在上述产销量相关范围内不变，为 35000 元。根据上述资料，该公司预算期内销售利润的概率预算如表 9-18 所示。

表 9–18　某公司概率预算

销售量/件	概率	单位变动成本/元	概率	固定成本/元	利润/元 (1)×40–(1)×(3)–(5)	联合概率 (2)×(4)	利润期望值/元 (6)×(7)
		28	0.5	35000	85000	0.1	8500
10000	0.2	30	0.3	35000	65000	0.06	3900
		32	0.2	35000	45000	0.04	1800
		28	0.5	35000	97000	0.25	24250
11000	0.5	30	0.3	35000	75000	0.15	11250
		32	0.2	35000	53000	0.1	5300
		28	0.5	35000	109000	0.15	16350
12000	0.3	30	0.3	35000	85000	0.09	7650
		32	0.2	35000	61000	0.06	3660
						1	82660

表 9-18 的计算说明，当销售量为 10000 件，单位变动成本为 28 元，固定成本为 35000 元时，利润为 85000 元（10000×40–10000×28–35000），而这种情况的可能性即联合概念为 0.1（0.2×0.5），所以利润期望值为 85000×0.1=8500（元）。以此类推，汇总计算，得到该公司总利润期望值为 82660 元。

由此可见，概率预算是对具有不确定性的预算项目，估计其发生各种变化的概率，根据可能出现的最大值和最小值计算其期望值，从而编制的预算。因此，概率预算一般适用于难以预测变动趋势的预算项目，如销售新产品、开拓新业务等。

拓展阅读

健全现代预算制度

资料一：

构建高水平社会主义市场经济体制。坚持和完善社会主义基本经济制度，毫不动摇巩固和发展公有制经济，毫不动摇鼓励、支持、引导非公有制经济发展，充分发挥市场在资源配置中的决定性作用，更好发挥政府作用。深化国资国企改革，加快国有经济布局优化和结构调整，推动国有资本和国有企业做强做优做大，提升企业核心竞争力。优化民营企业发展环境，依法保护民营企业产权和企业家权益，促进民营经济发展壮大。完善中国特色现代企业制度，弘扬企业家精神，加快建设世界一流企业。支持中小微企业发展。深化简政放权、放管结合、优化服务改革。构建全国统一大市场，深化要素市场化改革，建设高标准市场体系。完善产权保护、市场准入、公平竞争、社会信用等市场经济基础制度，优化营商环境。健全宏观经济治理体系，发挥国家发展规划的战略导向作用，加强财政政策和货币政策协调配合，着力扩大内需，增强消费对经济发展的基础性作用和投资对优化供给结构的关键作用。健全现代预算制度，优化税制结构，完善财政转移支付体系。深化金融体制改革，建设现代中央银行制度，加强和完善现代金融监管，强化金融稳定保障体系，依法将各类金融活动全部纳入监管，守住不发生系统性风险底线。健全资本市场功能，提高直接融资比重。加强反垄断和反不正当竞争，破除地方保护和行政性垄断，依法规范和引导资本健康发展。

来源：中国共产党第二十次全国代表大会报告

资料二：

应进一步深化改革，尽快建立起现代预算制度体系框架。要强化预算对落实党和国家重大政策的保障能力，确保预算功能充分发挥。要坚持预算法定，强化预算的约束力，加强对权力运行的制约和监督。同时，更加注重绩效管理，把每一分钱花出最大效益，进一步提升预算的全面性、规范性和透明度。

党的二十大报告在部署构建高水平社会主义市场经济体制中，强调要“健全现代预算制度”。财税体制是社会主义市场经济体制的重要组成部分，而预算制度改革则为深化财税体制改革的首要内容。党中央对健全现代预算制度进行重要部署，对推进国家治理体系和治理能力现代化意义重大。

预算是经法定程序审核批准，具有法律效力的政府年度财政收支计划。正因为这种形式上的特点，预算经常被称为“政府账本”。实际上，预算的内涵和作用远超一般意义上的账本，预算体现国家的战略和政策，反映政府的活动范围和方向，强化预算约束意味着规范政府行为，这是推进国家治理体系和治理能力现代化的重要举措。

党的十八大以来，中央多次对预算制度改革进行重要部署，要求建立全面规范透明、标准科学、约束有力的预算制度，全面实施绩效管理等，大力完善政府预算体系、推进加强预算公开、建立规范的地方政府举债融资制度、改革和完善转移支付制度，现代预算制度初具雏形，预算在国家治理中发挥出重要作用。

预算有力规范约束政府行为，关系着国家治理。政府收支必须全部纳入预算管理，“无预算，不支出”。同时，通过开展预算公开，实现在阳光下运行，接受全社会监督。从这个角度说，预算把政府行为关进了制度的笼子。

比如，近日财政部发文要求加强“三公”经费管理、严控一般性支出，受到社会高度关注。艰苦奋斗、勤俭节约是党的优良传统，近年来各地严格按照党中央提出的党政机关过紧日子要求，把资金更多用在民生保障上。但同时，花钱大手大脚、“三公”经费不降反增等问题仍时有发生。破解这个问题需要从预算管理上下大力气，特别是加强预算编制源头管理、强化预算执行刚性约束、加大“三公”经费公开力度等。这就是通过加强预算约束，规范政府行为的一个体现。

预算和经济运行息息相关，关系百姓民生。预算规定政府收支计划，事关党和国家战略、政策的贯彻落实，特别在实施财政政策、改善保障民生等方面有直接作用。近年来，预算安排加大抗疫、投资等支出力度，助力高效统筹疫情防控和经济社会发展，稳住宏观经济大盘，成为宏观调控的重要手段。在财政收支矛盾较为突出的情况下，教育、医疗健康、社会保障和就业等支出保持较大增幅，民生重点领域得到有效保障。通过合理的预算安排，践行把人民对美好生活的向往作为现代化建设的出发点和落脚点。

应该说，近年来预算管理制度改革取得突破性进展，预算越来越公开、透明、规范。同时，随着改革的深入，一些问题也显现出来，如预算统筹力度不足、预算硬约束力度不够、资金使用绩效有待提高、预算透明度需进一步提升等。这些问题需要通过进一步深化改革——破解，需要尽快建立起现代预算制度体系框架。

健全现代预算制度是一项系统性工程，关系重大、任务艰巨。在改革中，要强化预算对落实党和国家重大政策的保障能力，确保预算功能充分发挥。要坚持预算法定，强化预算的约束力，让预算长出锋利的“牙齿”，加强对权力运行的制约和监督。同时，更加注重绩效管理，把每一分钱花出最大效益。通过一系列改革举措，进一步提升预算的全面性、规范性和透明度，在国家治理中发挥出更大作用，为全面建设社会主义现代化国家提供坚实保障。

来源：经济日报 https://m.thepaper.cn/baijiahao_20526269

专题回顾

- 全面预算
  - 全面预算概述
    - 全面预算的含义
    - 全面预算的作用
    - 全面预算的结构体系
  - 全面预算的编制
    - 业务预算的编制
    - 专门决策预算的编制
    - 财务预算的编制
  - 全面预算的方法
    - 固定预算与弹性预算
    - 增量预算与零基预算
    - 定期预算与滚动预算
    - 概率预算

思考与练习

一、单项选择题

1. 在下列预算方法中，能够适应多种业务量水平并能克服固定预算方法缺点的是（ ）。

A. 弹性预算方法　　B. 增量预算方法
C. 零基预算方法　　D. 流动预算方法

2. 预算期内正常的、可实现的某一业务量水平为唯一基础来编制预算的方法被称为（ ）。

A. 零基预算　　B. 定期预算
C. 固定预算　　D. 滚动预算

3. 处于成熟期的企业，其预算模式的特点是以（ ）为起点。

A. 销售预算　　B. 资本预算
C. 成本预算　　D. 现金流量预算

4. 通过预算编制可以进行（ ）。

A. 事前控制　　B. 事中控制
C. 事后控制　　D. 全程控制

5.（ ）既是对未来财务结果的预测，又是对未来财务结果实现途径的安排，包括了非财务活动。

A. 战略目标　　B. 战略规划　　C. 战略计划　　D. 预算

6. 在下列预算编制方法中，基于一系列可预见的业务量水平编制的，能适应多种情况的预算是（ ）。

A. 零基预算　　B. 定期预算　　C. 静态预算　　D. 弹性预算

7. 下列预算中，属于专门预算的是（ ）。

A. 销售预算　　B. 生产预算　　C. 长期投资预算　　D. 现金预算

8. 下列预算中，属于财务预算的是（ ）。

A. 销售预算　　B. 生产预算
C. 长期投资预算　　D. 现金预算

9. 编制资产负债表时，可以从现金预算中直接获得的数据是（ ）。

A. 应收账款的期末余额　　B. 现金的期初期末余额
C. 短期借款的期末余额　　D. 存货的期末余额

10. 下列项目中，原本属于日常业务预算，但因其需要根据现金预算的相关数据来编制，因此被纳入财务预算的是（ ）。

A. 财务费用预算　　B. 预计利润表
C. 销售费用预算　　D. 预计资产负债表

二、多项选择题

1. 按照业务量基础的数量特征不同，预算方法可分（　）。

A. 固定预算　B. 弹性预算

C. 零基预算　D. 增量预算

2. 预算控制系统是围绕既定目标全面整合（　）的一种企业控制工具。

A. 业务流　B. 资金流

C. 财务流　D. 信息流

3. 财务预算是一系列专门反映企业未来一定预算期内预计财务状况和经营成果，以及现金收支等价值指标的各种预算的总称，具体包括（　）。

A. 预计资产负债表　B. 预计利润表

C. 现金收支预算　D. 资本支出预算

4. 企业业务预算主要包括（　）。

A. 生产预算　B. 现金预算

C. 销售预算　D. 直接人工预算

5. 控制是预算控制系统最基本的功能，预算的控制作用贯穿于整个经营活动过程中，具体表现在（　）环节。

A. 预算目标的设定　B. 预算编制

C. 预算执行　D. 预算分析与考评

6. 资本预算编制内容包括（　）。

A. 筹资预算　B. 投资预算

C. 财务预算　D. 现金流量预算

7. 零基预算的特点是（　）。

A. 一切从零出发

B. 以零为基础

C. 工作量较大，对于费用项目及开支额度的取舍主观性较大

D. 不考虑以往会计期间所发生的费用

8. 全面预算的体系一般包括（　）。

A. 销售预算　B. 专门预算

C. 财务预算　D. 业务预算

9. 在下列预算中，不属于业务预算的内容的有（　）。

A. 资本支出预算　B. 销售预算

C. 生产预算　D. 现金预算

10. 根据预算期的时间特征不同，预算方法分为（　）。

A. 定期预算　　B. 零基预算

C. 滚动预算　　D. 弹性预算

三、判断题

1. 企业实行预算的目的是限制花钱。（　）

2. 全面预算管理最早兴起于西方国家。（　）

3. 预算编制涉及企业每一个部门、每一个岗位，它需要企业每一个部门和每一位员工的参与和支持。（　）

4. 预算编制是预算管理循环的一个重要环节，预算编制质量的高低直接影响预算执行结果，也影响对预算执行者的业绩评价。（　）

5. 财务预算包括生产预算、经营预算和应收账款预算。（　）

6. 编制生产预算的目的是保证有充足的现金可以满足企业的需要，而且对多余现金可以有效利用。（　）

7. 预计利润表是财务预算中的一个重要环节，也是编制预计资产负债表的基础。（　）

8. 资本预算是专门反映企业未来一定预算期内财务状况、经营成果和现金收支的一系列计划，如预计资产负债表、预计利润表和现金收支预算等。（　）

9. 现金预算是全面预算体系的最后环节。（　）

10. 全面预算是为规划和控制未来时期的生产、销售等经常性业务以及与此相关的各项成本和收入而编制的预算。（　）

四、计算分析题

1. 星光公司预算期间2021年度简略销售情况如下表所示，若销售当季度收回货款60%，次季度收款35%，第三季度收款5%，预算年度期初应收账款金额为22000元，其中包括上年度第三季度销售的应收款4000元，第四季度销售的应收账款18000元。

星光公司销售情况表

季度	一	二	三	四	合计
预计销售量 / 件	2500	3750	4500	3000	13750
销售单价 / 元	20	20	20	20	20

要求：根据上述资料编制预算年度的销售预算，填写下表。

星光公司销售预算

项目		第一季度	第二季度	第三季度	第四季度
预计销售量	预计销售量 / 件	2500	3750	4500	3000
	销售单价 / 元·件	20	20	20	20
	预计销售金额 / 元	(1)____	(2)____	(3)____	(4)____
	本年期初应收账款 / 元	(5)____	(6)____	—	—
	一季度销售收现 / 元	(7)____	17500	2500	—
	二季度销售收现 / 元	—	45000	(8)	3750
	三季度销售收现 / 元	—	—	54000	31500
	四季度销售收现 / 元	—	—	—	36000

2. 星光公司生产甲产品，一季度至四季度的预计销售量分别为 1000 件、800 件、900 件、850 件，生产每件甲产品需要 2 千克 A 材料。公司的政策是每一季度末的产成品存货数量等于下一季度销售量的 10%，每一季度末的材料存量等于下一季度生产需要量的 20%。

请填写下表，计算该公司第二季度的预计材料采购量（单位：千克）。

星光公司材料采购预算

项目	第一季度	第二季度	第三季度	第四季度
销量	1000	800	900	850
加：期末存货量 （下一季度销售量的 10%）	(1)____	(2)____	(6)____	—
减：期初存货量 （上期期末）	—	(3)____	(7)____	—
生产量	—	(4)____	(8)____	—
生产需用材料数量	—	810×2=1620	895×2=1790	—
加：期末材料存量 （下一季度生产需要量的 20%）	(5)____	(9)____	358	—
减：期初存量（上期期初）	—	(10)____	(11)____	(12)____
材料采购量	(13)____	(14)____	(15)____	(16)____

3. 星光公司预计下月月初现金余额为 60000 元，下月期初应收账款为 5000 元，预计下月可收回 80%；下月销货 62500 元，当期收到现金的 50%，采购材料 10000 元，当期付款 70%，当月应付账款余额为 6250 元，需在月内付清，下月支付工资现金为 10500 元，间接费用 62500 元，其中折旧费 5000 元；预交所得税 1125 元，购买设备支付现金 25000 元，现金不足时，向银行借款金额为 1000 元的倍数，现金余额最低为 3750 元。

要求：填写下表，计算下月预算现金余额。

星光公司现金预算

项目	金额 / 元
期初现金余额	60000
加：现销收入	（1）____
应收账款收回	（2）____
可供使用现金	（3）____
减：各项支出现金合计	
材料采购支出	（4）____
工资支出	（5）____
间接费用支出	（6）____
所得税支出	（7）____
设备支出	25000
现金多余或不足	（8）____
向银行借款	（9）____
期末现金余额	（10）____

五、案例分析题

资料：杭州市××集团公司主要生产实木床。

（1）2022年预计销售量如下。

季度	一	二	三	四	合计
实木床 / 张	450	750	750	550	2500
单价 / 万元	0.8	0.8	0.8	0.8	—

若销售当季收回货款60%，次季收回货款40%，2022年初应收账款为120万元。

（2）季末预计的产成品存货占次季销售量的10%，2022年年末存货为50张。

（3）实木床单位消耗实木等材料30千克，每千克材料100元。购料于当季支付60%，其余部分于下一季度支付。季末钢材等材料库存量为下一季度材料需要量的10%，期末存量2600千克。期初应付账款40万元。

（4）生产一张实木床需要耗用人工5小时，每小时的工资率200元。

（5）固定性制造费用为150000元，每直接人工应分配变动性制造费用为50元。折旧为50000元，其余均以现金支付。

（6）销售与管理费用分为两大部分：变动部分为每张300元，广告费每季度为5000元；租金每季度为2000元；折旧费每季度为1500元，管理人员季度工资为50000元，保险费季度为20000元。

（7）2022年年初现金余额为500000元，该公司与银行商定，如需借款，于季初借入，如拟偿还借款，应在季末进行。借入与偿还以10000元为单位，借款利息按年利率为10%计，每季度末支付。现金在各季期末能保持最低的现金余额为500000元。

（8）第二季度需2000000元购买设备。

（9）第一季度所得税为359125元，其他季度按25%税率计算。

资产负债表

单位：元

资产		负债及所有者权益	
流动资产		流动负债	
货币资金	500000	应付账款	400000
应收账款	1200000		
存货	0		
材料	0	合计	400000
产成品	0	所有者权益	
合计	1700000	留存收益	2244000
固定资产	944000		
房屋及设备	1000000		
累计折旧	56000		
合计	944000	合计	2244000
资产合计	2644000	合计	2644000

杭州市××集团公司2022年直接人工预算表

	第一季度	第二季度	第三季度	第四季度	合计
预计生产量/张					
单位产品工时定额/小时					
直接人工工时总额/小时					
单位工时工资率/元					
预计直接人工成本总额/元					

杭州市 ×× 集团公司 2022 年制造费用预算表

单位：元

项目	第一季度	第二季度	第三季度	第四季度	合计
变动性制造费用					
固定性制造费用					
其中：折旧费					
预期现金流出					
变动制造费用					
加：固定制造费用					
减：折旧费用					
现金支出合计					

杭州市 ×× 集团公司 2022 年产品单位成本预算表

成本项目	用量标准 / 千克	价格标准 / 元	单位成本 / 元
直接材料			
直接人工			
变动制造费用			
合计	—	—	

杭州市 ×× 集团公司 2022 年存货成本及销货成本预算表

项目	第一季度	第二季度	第三季度	第四季度	全年
期初存货量 / 张					
期初单位产品成本 / 元					
期初存货成本 / 元					
本期生产量 / 张					
本期单位生产成本 / 元					
本期生产成本 / 元					
期末存货量 / 张					
期末单位产品成本 / 元					
期末存货成本 / 元					
本期销货成本 / 元					

杭州市 ×× 集团公司 2022 年销售及管理费用预算表

单位：元

项目	第一季度	第二季度	第三季度	第四季度	合计
变动性费用					
固定性费用					
折旧费					
预期现金流出					
变动费用					
加：固定费用					
合计					
减：折旧费用					
现金支出合计					

杭州市 ×× 集团公司 2022 年现金预算表

单位：元

项目	第一季度	第二季度	第三季度	第四季度	合计
期初现金余额					
加：现金收入					
合计					
减：支出					
直接材料					
材料人工					
制造费用					
销售与管理费用					
税费					
购置设备					
结余					
筹资（借款）					
还款					
还利息（利 10%）					
期末余额					

杭州市 ×× 集团公司 2022 年预计利润表

单位：元

项目	第一季度	第二季度	第三季度	第四季度	合计
销售数量					
销售收入					
减：变动成本					
直接材料					
直接人工					
变动制造费用					
变动推销管理成本					
得：贡献毛益					
减：固定成本					
固定制造费用					
固定推销管理成本					
得：息税前利润					
减：利息支出					
得：税前利润					
减：所得税					
得：税后利润					

杭州市 ×× 集团公司 2022 年预计资产负债表

金额单位：元

资产		负债及所有者权益	
流动资产		流动负债	
货币资金		应付账款	
应收账款			
存货			
材料		负债合计	
产成品		所有者权益	
流动资产合计		留存收益	
固定资产			
房屋及设备			
累计折旧			
非流动资产合计		所有者权益合计	
资产合计		合计	

专题十 业绩评价

专题概述

本专题将介绍业绩评价的含义和方法、责任会计产生和发展的历程、成本中心和利润中心及投资中心的考核方法、平衡计分卡的含义和运用、EVA 评价的含义和运用。

目标导航

知识目标

1. 了解业绩评价的含义和方法。
2. 了解责任会计产生和发展的历程。
3. 了解平衡计分卡的含义。
4. 了解 EVA 评价的含义。

能力目标

1. 掌握成本中心、利润中心和投资中心的考核方法。
2. 掌握平衡计分卡的运用。
3. 掌握 EVA 评价的运用。

素质目标

养成管理会计思维。

案例导入

谁应该为增加利润负责

华荣药业股份有限公司的主要产品为蜂王浆和人参素，市场旺销，特别在春节前后，供不应求。今年春节，销售部门要求突击生产，加班加点，以增加利润。然而生产部门却反对，认为会打乱全年生产计划。另外，节假日加班要支付双倍甚至三倍的工资，生产成本很高，在成本指标考核时，对生产部门很不利。销售部门提出，生产部门是否愿意承担失去大量顾客的责任，是否考虑收入和利润指标。生产部门不愿承担责任。双方争论不休，最后找到总经理，总经理请财务部门提出意见，是否接受加班加点的生产建议？如何处理生产部门和销售部门之间的矛盾？

思考讨论：假如你是财务部门经理，应该怎样回答这个问题？

项目1 业绩评价概述

一、业绩评价的含义

业绩评价是将已发生的结果和预先确定的标准进行对比，判断现在状况的好坏，供管理者在采取下一步管理活动时参考，其本质上是一种管理控制手段。

二、业绩评价的功能

（一）激励与约束功能

进行业绩评价，能有效地进行奖惩，通过科学评价对员工进行激励，同时也能有效约束员工的行为。

（二）资源再配置功能

通过业绩评价，对资源进行再配置，引导资源流向更需要的部门，实现资源配置优化。

（三）战略管理功能

绩效管理与战略管理配合，可以帮助企业实现战略目标。

知识链接

20世纪60年代，对于大多数企业，经营业绩的重点评价目标是税负最小化，母公司一般只注重子公司的现金流量，极少关心其业绩评价问题。这一时期，运用最广的业绩评价指标是销售利润率，但已有一些控股公司开始运用投资报酬率和剩余收益等评价指标了。

20世纪70年代，投资报酬率这项业绩评价指标已被越来越多的企业接受和运用，还出现了一些非会计指标，常用的有市场份额、质量控制、人员变动情况等，这些指标主要用于对经营者的评价。这一时期的评价方法的特点是普遍关注投资报酬率、预算比较、利润等纯财务指标，缺乏共同性和一致性，各公司的业绩评价指标差异较大。

20世纪80年代，国际上形成了以预算与实际利润比较、投资报酬率、现金流量等财务指标为主的业绩评价方法体系。由于各国企业管理者考虑问题的出发点不同，对评价指标的选取有所区别。美国公司比较注重企业的获利能力，选取投资报酬率作为评价指标的占被调查公司的75%；而日本公司则倾向于把销售收入作为最重要的评价指标，占被调查公司的69%，仅有7%的企业把投资报酬率作为评价指标。值得注意的是，许多跨国公司已经注意到非财务指标对评价业绩的重要作用，开始以市场占有率、与东道国政府的关系、生产率等非财务指标作为业绩评价的补充指标。

20世纪90年代以来，随着世界经济一体化和信息时代的到来，企业面临的竞争日趋激烈。全球信息化潮流改变了企业竞争的环境，同时也改变了企业竞争的规则，原有的业绩评价体系已不能适应现代企业的要求，需要进行革命性的变革。

（1）大部分跨国公司认为，预算具有淡化战略意识、难以促进企业业绩持续提高的缺陷，因此预算的作用日趋减弱，取而代之的是能适应战略部署、规划、资源配置和业绩管理的新方法。

（2）非财务指标的作用越来越重要。以顾客满意评价作为导向，注重过程创新和过程评价，加强研究开发的投入，质量评价已形成国际标准。研究者认为，非财务指标更能促使企业改进管理。目前得到公认的、评价跨国公司业绩的非财务指标有市场占有率、产品质量、交货效率和可信赖程度、敏感性与应变能力、员工积极性、创新能力以及顾客满意程度等。

（3）强调对创新、学习和知识资本等无形资产的评价。一方面，随着信息时代的到来，企业欲寻求发展，保持长期竞争能力，必须提高知识资产等无形资产在总资产中的比例，投资于顾客、供应商、雇员、工艺技术和创新。通用电气公司是美国最先进行战略调整和管理改革的企业。20世纪90年代初该公司就明确提出，经营重点从以产品为中心向以服务为中心转移，企业则从制造公司向服务性公司转变，以适应知识经济发展潮流的要求，从而成为领导世界潮流的著名跨国公司。另一方面，越来越多的企业认识到，在信息技术与科技日新月异的今天，人力资源的重要性甚至已超过了有形资产。因此将雇员对本企业的满意程度、雇员培训与发展计划、劳动力流动状况、雇员技能、职位晋升等有关人力资源的指标作为考核经营管理人员业绩的重要依据。

三、业绩评价的方法

（一）指标法

指标法是通过各种指标对企业业绩进行评价的方法。一套良好的业绩评价体系应同时包括财务指标和非财务指标。从目前的理论和实践来看，可供选择的业绩评价指标可分为财务业绩评价指标和管理业绩评价指标。

（二）杠杆法

企业的经营业绩可以通过一定的参照物来对其过程和结果进行评价，参照物即评价杠杆。常用的评价杠杆包括预测值、预算值、相对值等。

（三）综合业绩评价

综合业绩评价是从企业的各个方面，包括财务和非财务角度，对短期与长期、领先与滞后指标等进行综合业绩考核的一种评价方法。

四、传统业绩评价的弊端

传统绩效评价体系往往只由纯粹的财务指标构成，其最初形势为单一的财务指标（如利润、投资待遇率等）。当人们发现单一指标难以全面评判企业的财务状况和经营成果时，便开始采取由多个指标构成的评判指标体系，其中应用最为广泛的是由美国杜邦公司创建的“杜邦财务分析体系”。然而，以“杜邦财务分析体系”为代表的传统绩效评价体系面对今天的企业经营情形却显得力不从心，原因主要在于：第一，传统的绩效评价体系以财务衡量为主，它对有形资产的描述极尽描摹，但对无形资产和智力资产（包含企业的专利权、商标权、商誉、职员的专业技能、职员对企业的忠诚度、客户的知足度等）在事实上的认识、衡量难以奏效；第二，对企业经营绩效的评价重视企业内部的治理水平和临盆效力，忽视了企业外在身份，如企业产品的市场份额、竞争对手的财务状况、客户对企业产品和办事的要求、企业的立异才能等；第三，对企业经营绩效的评价侧重企业往常和现在的经营成果，忽视了企业制造今后价值的潜在才能；第四，传统绩效考察与公司的计策和竞争优势关系不大，同时只看重短期绩效，忽视了企业的长远发展。

因此，传统业绩评价体系存在以下弊端。

（一）有违权变性原则

业绩的评价应该能适应环境的变化。例如：在手工环境下，一件产品的成本中直接人工的比重较大，那么控制直接人工便是降低成本的关键所在。所以我们制定直接人工标准成本，并计算直接人工的工资率差异和效率差异，对直接人工成本项目进行控制。但是在信息技术革命所带来的自动化生产环境下，一件产品的直接人工成本所占的比重降低，这时候仍遵循传统的业绩评价指标，每月、每周甚至每天计算直接人工的工资率差异和效率差异，还有必要吗？显然在这种情况下提供的信息价值，其成本可能大大超过了效益。

（二）有违一致性原则

传统的业绩评价在一定程度上阻碍了企业目标的实现。比如：为提高生产效率，企业会大量生产，而不考虑销售的实际情况，导致存货过多。再如：为降低材料的价格差异，企业材料采购部门可能会选择劣质低价的材料供应商。这些例子说明了传统的业绩评价在一定程度上误导了有关部门的行为，使他们采取了有利于本部门而非企业整体利益的行为，对企业整体目标的实现显然是一种障碍。

（三）有违重要性原则

当今市场竞争环境的关键因素不再局限于有形资产。企业开发和运用无形资产的能力变得越来越重要。雇员的技术、雇员的积极性和灵活性、客户的满意度和忠诚度、完善的内部经营过程，这些无形资产可以使企业的生产能力、产品质量和反应灵敏度不断提高。保持现在的客户并引进新的目标客户群，是实现企业目标，使企业成功的不可或缺的关键因素。然而，传统的业绩评价仅仅局限于财务指标，如经营利润、资本报酬率等。这些财务指标可以评价一个企业使用有形资产的效率，却将内部经营等无形资产排除在外，而那些无形资产恰恰是企业成功的关键性因素。

总之，单一的财务指标不能适应环境的变化，在一定程度上与企业目标相脱离，不能引导人们去关注那些关键的成功因素。企业管理者们需要的是一种能够平衡反映企业经营状况的指标体系。

项目2 责任会计

一、责任会计概述

（一）责任会计的含义

责任会计是指以企业内部的各个责任中心为会计主体、以责任中心可控的资金运动为对象、对责任中心进行控制和考核的一种会计制度。

（二）责任会计的产生与发展

责任会计的产生，可追溯到19世纪末20世纪初。在这个时期，随着工业革命及资本主义经济的迅速发展，成本会计有了飞速的进步，这一时期被称为“成本计算的文艺复兴时期”。在1885年以前，成本会计的进展非常缓慢，一个重要原因是成本数据的用途非常有限。通常，工厂计算成本的主要目的是确定期末存货的价值，以便报告期末财产和期间损益。在这种情况下，成本计算过程既不反映生产过程中发生的价值转移，也不明确区分工程成本和管理成本，甚至不区分费用和损失，不存在实际成本与标准成本的比较以及让每个人对自己的绩效承担责任的想法。在1885—1920年之间，物价持续下跌，生产活动复杂化，企业组织规模扩大，促使成本会计取得了引人注目的进展。

成本会计的发展，尤其是以泰勒的“科学管理理论”为基础的标准成本制度的出现，使人们认识到，为控制成本，必须将其作为各种责任赋予业务执行人员。与此同时，预算管理的出现使责任制度从成本控制领域扩展到利润和资金等管理领域，明确了对各部门预算建立责任制度的重要性。这些发展表明，会计数据与经济责任开始结合，责任会计的萌芽已经产生，尽管还不成熟，但为后来责任会计向业绩评价发展奠定了基础。

责任会计真正在实践中发挥作用，并且在理论和方法上成熟，是20世纪40年代以后的事情。第二次世界大战以后，科技进步推动了生产力的发展，随着竞争日益加剧，企业内部管理合理化的要求越来越强烈。在这种情势下，许多大公司推行分权化管理，采用事业部制的公司组织体系。

对事业部制的企业进行管理控制，需要完善责任会计制度。这种需要使责任会计受到普遍重视，并使人们对其各种方法进行了细微的改进和新的应用，最终形成现代管理会计中的责任会计。

责任会计是一种管理制度，是管理会计的一个子系统，它是在分权管理的条件下，为适应经济责任制的要求，在企业内部建立若干责任单位，并对它们分工负责的经济活动进行规划与控制的一整套专门制度。它实质上是企业为了强化内部经营管理责任而实施的一种内部控制制度，是把会计资料同各有关责任单位紧密联系起来的信息控制系统。

虽然我国会计学科在20世纪80年代才引入“责任会计”的概念，但在20世纪50年代，我国实行的内部经济核算就已经体现了责任会计的思想；20世纪60年代推行的资金、成本归口分级管理、指标分解、限额领料、计件工资等，将产品的产量、产品质量、成本消耗等同劳动者的责任相联系，将个人的劳动成果与个人的工作报酬紧密结合，从而形成了我国责任会计的雏形。进入20世纪80年代以后，随着我国经济体制的改革，企业开展了各种类型的经济责任制，在企业内部通过划分核算单位，明确经济责任，将企业职工的工资奖金与企业的经济效益紧密结合起来，并在不同程度上开展了现代化的目标管理、价值工程及多种管理会计的方法，从而使我国责任会计系统逐步地发展和完善起来，并在我国的企业改革实践中发挥出积极的作用。

（三）责任会计的内容

1. 建立责任中心

根据企业的具体情况和内部管理的实际需要，把所属各部门、各单位划分为若干责任中心，并规定这些中心的负责人（包括经理、主任、段长、组长工人），确定分工负责的成本、收入、边际贡献、税前利润与投资效益等重要指标，各级负责人向其上级管理部门承担经营管理责任，上级管理部门同时也赋予他们想要的经济权力。

2. 编制责任预算

把全面预算所确定的目标和任务进行层层分解，并对每个责任中心编制预算，以此作为今后控制和评价其经济活动的主要依据。

3. 建立跟踪系统

为各个责任中心建立一套控制其责任预算执行情况的跟踪系统，包括提出记录、计算和积累有关数据，并在规定时间编制“业绩报告”（亦称责任报告）。

4. 进行反馈控制

经常根据各责任中心编制的业绩报告，分析预算差异发生的原因，及时通过信息反馈，控制和调节其经济活动；督促各责任单位迅速采取有效措施，弥补不足，巩固成绩，不断降低成本，压缩资金占用，借以扩大利润，提供经济效益。

5. 考评工作绩效

通过对各责任中心业绩报告的实际数与预算数进行对比，评价和考核各责任中心的工作实绩和经营效果，并分别指出其取得的成绩和存在的问题，以保证经济责任制的贯彻执行。

（四）责任会计的核算原则

责任会计制度的建立，在不同类型的企业中，往往由于具体情况的不同，其具体做法也各有特点。但建立责任会计制度的原则是基本一致的，概括起来有以下五条。

1. 可控性原则

责任会计实质上就是把会计资料同责任单位紧密联系起来的信息控制系统。这一内部控制制度的贯彻执行，要求各责任单位必须突出其相对独立的地位，避免出现职责不清、功过难分的局面。因此，在建立责任会计制度时，应首先明确划分各责任单位的职责范围，使它们在真正能行使控制权的区域内承担经营管理责任。每个责任单位只能对其可控的成本、收入、利润和资金负责。在责任预算和研究报告中，也只应包括它们能控制的因素，对于它们不能控制的因素则应排除在外，或只作为参考资料列示。

2. 目标一致性原则

如前所述，责任会计是企业内部的一种控制制度，而有效的控制系统应该通过责任单位的上下级之间的目标一致性，来促使下属单位自觉地实现上级所规定的目标。因此，目标一致性原则主要是评价企业责任会计职责履行是否有效的重要标准。

在责任会计中，目标一致性原则主要通过选择恰当的考核和评价指标来体现。首先，为每个责任单位编制责任预算时，必须要求它们与企业的整体目标一致；然后，通过一系列的控制步骤，促使各责任单位自觉自愿地去实现目标。应该注意的是，单一性的考评指标往往会导致上下级目标的不一致，因此，考评指标的综合性与完整性是责任会计中的重要问题。

3. 责、权、利相结合的原则

在责任会计中，要为每个责任单位、每个收支项目确定相应的负责人。同时责任者还必须有责有权，在为每个责任单位制订考评标准时，一定要重视对人的行为激励，充分调动各个责任单位的工作积极性。总之，责、权、利要紧密配合，使制度兼顾国家、集体和个人三方面的经济利益。

4. 反馈性原则

在责任会计中，要求对责任预算的执行情况有一套健全的跟踪系统和反馈系统，使各个责任单位不仅能保持良好、完善的记录和报告制度，及时掌握预算的执行情况，而且要通过实际数与预算数的对比、分析，迅速运用各自的权利，控制和调节它们的经济活动，以保证预定的目标和任务的实现。

5. 及时性原则

责任会计为了进行有效的控制，需要建立反馈系统，而反馈系统的作用在很大程度上取决于反馈的及时性。因此，各个责任单位在编制业绩报告之后，应及时将有关信息反馈给责任者，以便迅速调控自己的行为；另外，及时地反馈还有助于迅速发现和调查在业绩报告中出现的不可控因素，以保证对责任者的研究进行综合考评的正确性。另外，业绩报告的编制绝不能与财务报表同步，而应做到及时、机动、灵活。根据管理需要，每旬、每周甚至每天要编制一次。只有这样，才能把在生产经营中发现的重要问题及时反馈给有关单位，促使其迅速采取有效措施，及时加以解决。

二、成本中心及其考核

（一）成本中心的含义

成本中心是指只对其成本或费用承担责任的责任中心，它处于企业的基础责任层次。

成本中心一般包括负责产品生产的生产部门、劳务提供部门以及给予一定费用指标的管理部门。任何只产生成本的责任领域都可以确定为成本中心。对这类责任中心只能是考核成本，而不能考核其他内容。

成本中心所发生的各项成本，对成本中心来说，有些是可以控制的，即可控成本；有些则是无法控制的，即不可控成本。成本中心只能对其可控成本负责。

一般来讲，可控成本应同时符合以下三个条件。

（1）责任中心能够通过一定的方式了解将要发生的成本。

（2）责任中心能够对成本进行计量。

（3）责任中心能够通过自己的行为对成本加以调节和控制。

凡是不能同时符合上述三个条件的成本通常为不可控成本，一般不在成本中心的责任范围之内。

知识链接

可控成本与直接成本、变动成本的关系如表 10-1 所示。

表 10-1　可控成本与直接成本、变动成本的关系

项目	定义	对应概念
可控成本	在特定时期内，特定责任中心能够直接控制其发生的成本	不可控成本
直接成本	可追溯到个别产品或部门的成本	间接成本
变动成本	随产量正比例变动的成本	固定成本

（1）对生产的基层单位来说，大多数直接材料和直接人工是可控制的，但也有部分是不可控的。例如：工长的工资可能是直接成本，但工长无法改变自己的工资，对他来说该成本是不可控的。最基层单位无法控制大多数的间接成本，但有一部分是可控的，如机物料的消耗可能是间接计入产品的，但机器操作工却可以控制它。

（2）对生产单位来说，大多数变动成本是可控的，但也有部分不可控。例如：按产量和实际成本分摊的工艺装备费是变动成本，但使用工装的生产车间未必能控制其成本的多少，因为产量是上级的指令，其实际成本是由制造工装的辅助车间控制的。固定成本和不可控成本也不能等同，广告费、科研开发费、教育培训费等酌量性固定成本都是可控的。

（二）成本中心的特点

（1）成本中心只考评成本费用，不考评收益。

（2）成本中心只对可控成本承担责任。

（3）成本中心只对责任成本进行考核和控制。

（4）责任成本是各成本中心当期确定或发生的各项可控成本之和。

知识链接

责任成本与产品成本的关系

区别：归集和分配的对象不同；分配的原则不同；核算的基础条件不同；核算的主要目的不同。

联系：成本都是由生产经营过程中的资金耗费构成的；一定时期内，全部责任成本之和应当等于全部产品成本之和。

（三）成本中心的分类

成本中心有两种：基本成本中心和复合成本中心。

基本成本中心是指最底层、没有下属的成本中心，比如：生产班组、工段，甚至生产工人个人，只要不能再继续往下分解，那么它就是一个基本成本中心。

复合成本中心指较高层次的成本中心。它是由若干个下属成本中心构成的，如生产车间、分厂等，在它的下面有若干个低层次的基本成本中心。

（四）成本中心的考核

成本中心要对责任成本（可控成本）负责，因此，对成本中心的考核应以责任成本为主要指标，即将成本中心实际发生的责任成本同预算的责任成本或目标成本进行比较。

为确保考核的有效性和合理性，责任成本除包括成本中心发生的直接可控成本外，还应当包括分摊给本中心负责的间接可控成本。

成本中心的考核指标：

成本（费用）变动额 = 实际责任成本（或费用）– 预算责任成本（费用）

成本（费用）变动率 = 成本（费用）变动额 ÷ 预算责任成本（费用）

【例 10–1】

长江公司生产车间是一个成本中心，只生产甲产品。其预算产量是 5500 件，单位标准材料成本为 100 元 / 件[1]，实际产量是 6500 件，实际单位材料成本为 96 元 / 件[2]，假定其他成本暂时忽略不计。

---

❶ 假定 100 元 / 件 =10 元 / 千克 ×10 千克 / 件。
❷ 假定 96 元 / 件 =12 元 / 千克 ×8 千克 / 件。

要求：计算该成本中心消耗的直接材料责任成本的变动额和变动率，分析并评价该成本中心的成本控制情况。

解：责任成本变动额 $=96\times6500-100\times6500=-26000$ 元（有利差异）

$$责任成本变动率=\frac{-26000}{100\times6500}\times100\%=-4\%（有利差异）$$

计算结果表明：该成本中心的成本降低额为 26000 元，降低率为 4%。其原因分析如下。

【提示】回顾标准成本法下材料成本差异的分析。

材料价格上升对成本的影响：$(12-10)\times8\times6500=104000$ 元（不利差异）。

材料用量下降对成本的影响：$(8\times6500-10\times6500)\times10=-130000$ 元（有利差异）。

该成本中心的直接材料成本节约了 26000 元。

原因分析与评价：

（1）材料采购价格上升使成本超支 104000 元，这属于第一车间的不可控成本，应将此超支责任由该车间转出，转由采购部门承担；

（2）材料用量下降使得成本节约了 130000 元，属于该中心取得的成绩。

三、利润中心及其考核

（一）利润中心的含义

利润中心是指既要发生成本，又能取得收入，还能根据收入与成本计算利润的一种责任中心。利润中心对利润负责。由于利润是收入扣除成本费用之后的金额，因此，利润中心既要对成本负责，还要对收入负责。

（二）利润中心的类型

1. 以对外销售产品而取得实际收入为特征的自然利润中心

具有完全的价格制定权的自然利润中心被称为完全的自然利润中心；只有部分价格制定权或只有价格执行权的自然利润中心被称为不完全的自然利润中心。必须强调的是，这里所说的自然利润中心价格制定权的大小是以企业内部职能如何划分为转移的，而对一个企业来说，理应完全拥有价格制定权。

完整的自然利润中心还应拥有材料采购权和生产决策权。

2. 以产品在企业内部流转而取得内部销售收入为特征的人为利润中心

人为利润中心有两种，它们在收入的计算上采用了不同的计价基础：一种是包含利润在内的内部结算价格；另一种是成本型内部结算价格。

（三）利润中心的考核

由于利润中心既要对成本负责，又要对收入和利润负责，因此，每个利润中心都应对其成本、收入和利润进行完整、独立的责任会计核算，提供必要的资料，以便为责任业绩的考核提供依据。

考核利润中心的指标主要是利润，但对不同范围的利润中心来说，其利润指标的表现形式也不相同。如某事业部制公司，其考核指标可以采用以下几种形式。

部门边际贡献 = 部门销售收入 – 部门变动成本总额

税前利润 = 部门边际贡献 – 部门直接发生的固定成本 – 上级分配来的间接固定成本

上级分配来的各利润中心的间接固定成本，也可以将其全数留在最高级的管理部门，不再往下分配。在这种情况下，各利润中心的边际贡献在减去各自直接发生的固定成本以后的结果是“边际贡献净收益”，而不是“税前利润”。

【例 10–2】

长江公司的第二车间是一个人为利润中心。本期实现内部销售收入 40000 元，变动成本为 25000 元，该中心可控固定成本为 10000 元，中心不可控但应由该中心负担的固定成本为 3000 元。

要求：计算该利润中心的实际考核指标，并评价该利润中心的利润完成情况。

解：利润中心边际贡献总额 =40000–25000=15000（元）

利润中心利润总额 =15000–10000=5000（元）

利润中心可控利润总额 =5000–3000=2000（元）

以上计算结果是该利润中心各项考核指标的实际完成情况。要对其完成情况进行评价，需要将各指标与责任预算进行对比和分析，并找出产生差异的原因。

四、投资中心及其考核

（一）投资中心的含义

投资中心是指对投资负责的责任中心。其特点是不仅要对成本、收入和利润负责，又对投资效果负责。

投资中心同时也是利润中心，但它又不同于利润中心，投资中心是处于企业最高层次的责任中心。显然，投资中心应拥有较大的生产经营决策权，实际上相当于一个独立核算的企业，如总公司下属的独立核算的分公司或分厂等。

（二）利润中心的考核

投资中心除了考核和评价利润指标外，还需要利用以下两个指标，以便计算、分析利润与投资额的关系。

1. 投资利润率

投资利润率是指投资中心所获得的利润与投资额之间的比率。

$$投资利润率 = \frac{利润}{投资额} \tag{10-1}$$

式（10-1）中的投资额有两种含义：投资总额，即企业的投资规模，一般由资产总额反映，此时的利润一般为息税前利润，式（10-1）较为常用；投资者权益，即投入资本加上留存收益，一般用所有者权益反映，此时的利润是扣除利息的税前利润。

【例 10-3】

某投资中心的资产总额是 100 万元，负债是 60 万元，息税前利润为 20 万元，利息为 6 万元。

要求：计算该投资中心的投资报酬率。

解：（1）投资报酬率 =20 ÷ 100 × 100%=20%

（2）投资报酬率 =（20–6）÷ 40 × 100%=35%

一般而言，如果公式中的利润是年度利润额，则公式中的资产为年初和年末资产总额的平均数。

投资利润率的优点：能反映投资中心的综合盈利能力；具有横向可比性；可以作为选择投资机会的依据；可以作为评价投资中心经营业绩的尺度。

2. 剩余收益

剩余收益是指投资中心获得的利润扣减其最低投资收益后的余额。

$$剩余收益 = 利润 - （投资额 \times 预期最低投资收益率） \tag{10-2}$$

【例 10-4】

长江公司有甲、乙两个投资中心，2020 年甲中心的净利为 40 万元，资产为 200 万元，投资报酬率为 20%，乙中心的净利为 10 万元，投资报酬率为 10%。甲中心现有一个投资项目，投资金额为 200 万元，期望利润为 35 万元。

要求：判断甲中心是否应当接受该项目，总公司是否应当接受该项目。

解：公司的净利 =40+10=50（万元）

公司的资产 =200+100=300（万元）

公司的投资报酬率 =50 ÷ 300 × 100% ≈ 16.67%

若甲中心接受该项目，则

甲中心的投资报酬率 =（35+40）÷（200+200）× 100%=18.75%

公司的投资报酬率 =（35+40+10）÷（200+200+100）× 100%=17%

由以上计算结果可知，接受该项目将使甲中心的投资报酬率从 20% 下降到 18.75%，使公司的投资报酬率从 16.67% 上升到 17%。也就是说，接受该投资项目对甲中心不利，但从公司的立场上看，甲中心接受该投资项目对公司是有利的。甲中心的利益与公司的整体利益的不一致是由采用单一的投资报酬率作为评价指标造成的，实践中还需要采用剩余收益指标进行评价。

【例 10-5】

仍按例 10-4 的资料和结论，在考虑剩余收益指标的情况下，设公司规定的最低投资报酬率为 10%。

甲中心在接受投资项目前的剩余收益 =40–200 × 10%=20（万元）

公司在甲中心接受投资项目前的剩余收益 =50–300×10%=20（万元）

若甲中心接受该项目，则

甲中心的剩余收益 =（40+35）–（200+200）×10%=35（万元）

公司的剩余收益 =（50+35）–（300+200）×10%=35（万元）

所以，在考虑剩余收益的情况下，甲中心应接受投资项目，因为该项目使中心和公司的剩余收益都增加了。

但是，剩余收益是绝对数指标，不便于不同部门之间进行比较。规模较大的部门容易获得较大的剩余收益，但其投资报酬率并不一定高。因此，在实践中，要根据实际情况，综合运用多种指标来考核部门业绩。

五、内部转移价格

（一）内部转移价格的概念

内部转移价格简称内部价格，是指企业内部各责任中心之间转移中间产品或相互提供劳务而发生内部结算和进行内部责任结转所使用的计价标准。

（二）内部转移价格的作用和制定原则

内部转移价格主要应用于内部交易结算和内部责任结转。

1. 内部转移价格的作用

（1）内部转移价格是分清各责任中心经济责任的重要依据。

（2）内部转移价格是测定各责任中心资金流量的重要依据。

（3）内部转移价格是考核各责任中心生产经营成果的重要依据。

2. 内部转移价格的制定原则

（1）公平性原则。

（2）目标一致性原则。

（3）激励性原则。

（4）协商性原则。

（三）内部转移价格的类型

1. 市场价格

市场价格是以产品或劳务的市场价格为基价的内部转移价格。

采用市场价格，一般假定各责任中心处于独立自主的状态，可自由决定从外部或内部进行购销，同时交易的产品有客观的市价可以采用。

2. 协商价格

协商价格也称议价，是指在正常市场价格的基础上，由企业内部责任中心通过定期共同协商所确定的供求双方能够共同接受的价格。

采用协商价格的前提是责任中心转移的产品应在非竞争性市场上具有买卖的可能

性，在这种市场内买卖双方有权自行决定是否买卖这种中间产品。

3. 双重价格

双重价格就是针对供需双方分别采用不同的内部转移价格而制定的价格。例如：对产品（半成品）的供应方，可按协商的市场价格计价；对使用方则按供应方的产品（半成品）的单位变动成本计价；两种价格产生的差额由会计部门调整计入管理费用。

采用双重价格的前提条件是内部转移价格的产品或劳务有外部市场，供应方有剩余生产能力，而且其单位变动成本要低于市价。特别是当采用单一的内部转移价格不能达到激励各责任中心的有效经营和保证责任中心和整个企业的经营目标达成一致时，应采用双重价格。

4. 成本转移价格

成本转移价格是以产品或劳务的成本为基础制定的内部转移价格。

项目3 平衡计分卡

一、平衡计分卡的产生和发展

企业要想获胜，除了考虑规模经营之外，还必须考虑生产经营上出现的新特点，要把握以下几个方面。

（一）加强与客户的联系

在“以销定产”方针的指导下，企业的生产经营是由客户的订单引发的。由客户的订单决定供应、生产、销售及售后服务。以客户的订单为起点开展生产经营活动，有助于企业实现成本费用、质量和效率等方面的巨大改善。在这种情况下，发展与客户的关系，维持原有客户对企业的“忠心”，并吸引新的客户，对企业扩大销售，实现长远目标是极其重要的。

令客户满意是加强与客户的关系的最佳办法。随着经济的发展，客户在满足了自己对衣食住行的基本需求后，会出现其他个人化的需求。企业为使客户满意，就必须学会向不同的客户提供不同的产品，实施差异化的经营战略。

（二）提高新产品的开发能力和工艺能力

现代技术革新日新月异，产品的寿命周期越来越短。今天领先的产品，明天不一定仍有优势。企业必须善于采用新技术，按客户的需求设计开发新产品。另外，不断提高生产的工艺能力，提高产品的质量和性能，对保证企业长盛不衰也是至关重要的。

（三）提高雇员技能

企业人员一般可以划分为生产人员和管理人员两类。按照传统观念，生产人员在管理人员的监督下完成生产任务，他们只利用自己的体力，而忽略了自己创新能力的开发。如今，越来越多的企业认识到，这些来自一线的生产人员，凭借自己对生产工序的熟悉而提出的合理化建议，不仅能逐步改善企业生产经营，有时甚至能跃进式地提高技能，推进企业的发展。所以，一个优秀的企业必须重视提高雇员的技能，使企业在未来的市场竞争中具有更强的实力。

以上几个方面均会影响企业的竞争能力，影响企业的长远目标的实现。企业为分析自己在竞争中所处的状态，除衡量财务业绩以外，还必须对上述几个方面进行衡量，从而提供关于企业竞争能力的多方面综合信息。对这些因素的衡量，利用传统的财务衡量方法是难以做到的。出于提高企业长远竞争能力而对其进行衡量的需要，以及弥补传统财务衡量缺陷的需要，平衡计分卡出现了。

从 1992 年罗伯特·卡普兰（Robert Kaplan）和戴维·诺顿（David Norton）在《哈佛商业评论》发表的第一篇关于平衡计分卡的文章到 2000 年由二人合著的《战略中心型组织》的出版，平衡计分卡已从最初的业绩衡量体系转变为用于战略执行的新绩效管理体系，平衡计分卡的应用和研究已取得了重大的突破。2004 年，卡普兰与诺顿又出版了一本关于平衡计分卡的新书《战略地图——化无形资产为有形成果》。这本书实质上阐述的是如何将组织的战略可视化，通过战略地图来描述组织的无形资产转化为有形成果的路径，并且在无形资产的衡量和管理上面，提出了“战略准备度”这一新的概念。平衡计分卡的产生和发展如图 10-1 所示。

图 10-1　平衡计分卡的产生和发展

二、平衡计分卡的定义

平衡计分卡以企业战略为导向，通过财务、客户、内部业务流程和学习与增长四个方面及其业绩指标的因果关系，全面管理和评价企业综合业绩，是企业愿景和战略的具体体现，既是一个绩效评价系统也是一个有效的战略管理系统。

平衡计分法最突出的特点是将企业的前景、任务和成长计策与企业的绩效评判体系接洽起来，它把企业的任务和计策改变为具体的目标和评测指标，以实现计策和绩效的有机结合。平衡计分卡以企业的计策为基础，并将各类衡量方法整合为一个有机的整体，它既包含了财务指标，又经由过程客户知足度、内部流程、进修和成长的营业指标，来补偿说明财务指标，这些营业指标是财务指标的驱动因素。这样，就使组织能够一方面追踪财务成果，另一方面紧密跟踪能使企业进步并获得今后增长潜力的无形资产等方面的进展。

平衡计分卡是一个对企业经久计策目标进行综合评判的方法。它同时也是一个从价值和计策的角度，对企业各个部分和职员的绩效进行评判和引导，以便形成精确的决定打算，合营为实现企业的计策价值而尽力的治理体系。简单地说，平衡计分卡经由过程建立一整套财务与非财务指标体系，包含财务绩效指标、客户指标、内部营业流程指标和进修与成长绩效指标，对企业的经营绩效和竞争状况进行综合、全面、系统地评判。

三、平衡计分卡的基本内容

平衡计分卡从财务、客户、内部业务流程、学习与成长四个方面进行业绩计量与考核，如图 10-2 所示。

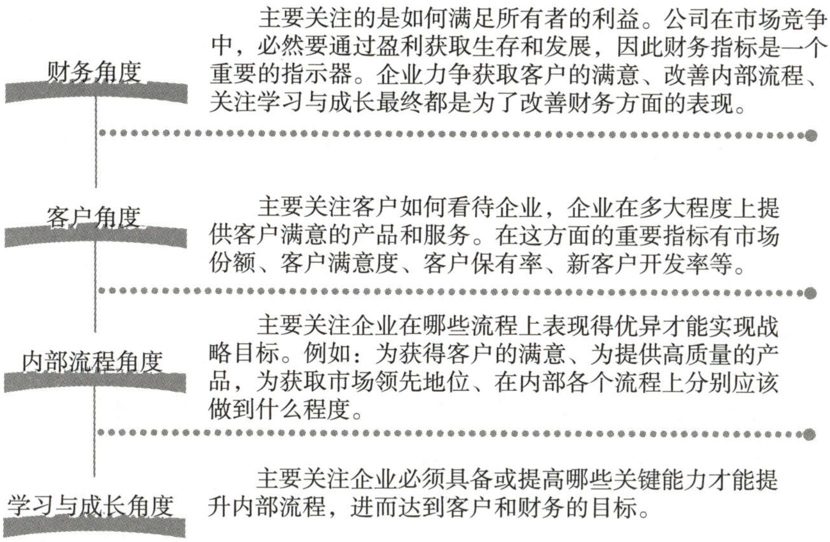

图 10-2　平衡计分卡的主要内容

(一) 财务指标

财务指标主要包含：①收入增长指标；②成本削减或临盆率进步指标；③资产应用或投资计策指标。也能够依照企业的具体要求，设置加倍具体的指标，如经济增长值、净资产收益率、资产负债率、投资待遇率、应收账款周转率、存货周转率、成本降低率、营业净利额和现金流量净额等。

一个企业的寿命周期可以划分为成长、维持和收获三个阶段。不同阶段的企业，其财务指标可能会有较大的差异。

成长阶段的企业有着巨大的增长潜力，要开发这一潜力，企业必须动用大量的人力和物力扩建生产设施，进行销售网络的建设等。这时企业的资金比较紧张，投资回报率也可能较低。企业财务方面的目标因此多为开发市场、提升销售收入。

维持阶段的企业努力保持现有的市场份额，并使这一阶段的投资获得丰厚的利润。这一阶段的财务目标主要是与获利能力有关的财务目标，如提高投资报酬率等。

收获阶段的企业已无需扩大生产能力，不需要进行大量的投资。这类企业致力于收获前两个阶段投资所产生的利润。这时的财务目标主要是现金净流量最大。

针对不同阶段的财务目标，我们可以进一步确定衡量指标。成长阶段可以使用销售增长率指标，维持阶段可以使用投资报酬率、利润等指标，收获阶段可以使用净现金流量等指标。

及时和精确的财务数据从来都是管理层得以有效治理企业的重要保障，财务目标也是管理者在制订计策时首先确定的目标。均衡计分卡的设计不是否定财务数据的重要性，而是在财务指标的基础上，对传统企业治理中因过度看重财务而忽视了其他方面造成的“不均衡”状况进行修改，使财务成为四项重要指标之一。财务指标仍是最重要的指标。

（二）客户指标

现代治理理念认为，客户知足度的高低是企业成败的关键。企业要想取得持久的经营绩效，就必须制造出受客户青睐的产品与服务，是以企业的活动必须以客户价值为动身点。客户指标主要包含：①市场份额，即某一产品（或品类）的销售量（或销售额）占市场同类产品的比例；②客户储存度，即企业连续保持与老客户交易关系的比例，既能够用绝对数来表示，也能够用相对数来表示；③客户猎取率，即企业吸引或取得新客户的数量或比例，既能够用绝对数来表示，也能够用相对数来表示；④客户知足度，即反应客户对其从企业获得价值的知足程度，能够经由过程函询、会见等方法来加以估量；⑤客户利润贡献率，即企业为客户供给产品或劳务后所取得的利润程度。

有些企业能够集中狠练内功，狠抓产品的质量、性能，但是对客户的需求缺乏了解，最终导致了他们竞争上的失败。一个优秀的企业，势必会想方设法满足客户的需求，为客户创造、提供令其满意的产品，从而取得出色的财务业绩，实现自己长远的目标。在平衡计分卡设立客户方面内容，对客户的满意程度、客户忠诚度和从客户处的获利情况等因素进行衡量，将促使企业注意满足客户的需求，以实现企业自身的长远目标。

一般而言，客户不是整齐划一的。由于客户各自的偏好不同，他们对产品的价值、质量、性能、品牌、售后服务等方面的要求也不一样。那些贪大求全，试图满足所有客户的企业往往是不成功的。企业应该深入进行市场调查，揭示不同的客户群体，并据此分析确认自身的目标客户群。

例如：某石油公司通过市场调查，将客户划分成五个客户群体后，发现其中一个客户群体是“追求便宜的人”，这类客户只占买主的20%，而且是利润最薄的，而公司多年来一直在花大力气与其他公司争夺这类客户。公司分析后毫不迟疑地将今后工作的重点转移到吸引和留住其他类型的客户群体上。之后的财务报表显示，公司的业绩出现了明显的改观。这说明对客户群体进行划分，有利于企业确定正确的目标客户，实现业绩的增长。在确定目标客户后，我们便可进一步确定平衡计分卡客户方面的目标和衡量指标。

（三）内部流程指标

内部流程指标主要包含三个方面：①评判企业立异才能的指标，如新产品开创所用的时间、新产品销售额在总销售额中所占的比例、比竞争对手领先推出新产品的比例、所耗开创费用与营业利润的比例、第一设计出的产品中可完全满足客户要求的产品所占的比例、在投产前要对设计加以修改的次数等；②评判企业临盆经营绩效的指标，如产品临盆时刻和经营周转时刻、产品和办事的质量、产品和办事的成本等；③评判企业售后办事绩效的指标，如企业对产品故障的反响时刻和处理时刻、售后办事的一次成功率、客户付款的时刻等。

均衡计分卡在内部营业流程方面的优势在于它既看重改良现有流程，也要求确立全新的流程，同时经由过程内部经营流程将企业的进修与成长、客户价值与财务目标接洽起来。对内部营业流程的分析有助于治理层明白其营业运行情形，以及其产品和办事是否满足客户需要；同时，治理层能够评估他们及其组织在行动方法上的有效性，经由过程评估，治理者能够发现组织内部存在的问题，并采取响应方法加以改进，进而提高组织内部的治理效力。

（四）学习与成长指标

企业学习与成长的主体和基础是人，从企业层次看，其学习与成长的过程实际上是一个如何促进个人学习，如何发掘和利用个人知识储备中的有关部分，并使之转化为企业组成部分的问题。学习与成长指标主要包含三个方面：①评判职员才能的指标，如职员知足程度、职员保持率、职员工作效力、职员培训次数、职员常识程度等；②评判企业信息才能的指标，如信息覆盖率、信息体系反应的时刻、接触信息体系的门路、当前可能取得的信息与期望所需要的信息的比例等；③评判鼓舞、授权与协作的指标，如职员所提建议的数量、所采取建议的数量、小我和部分之间的协作程度等。

上述四部分内容各自有特定的评判对象和指标，但彼此之间存在着紧密的接洽（如财务指标体系是最全面的，而其他三方面的指标体系则最终都要表现在财务指标上；各个评判指标之间存在着企业计策所表现的因果关系等）。所有这些指标共同构建了一个完整的评判体系，如图 10-3 所示。

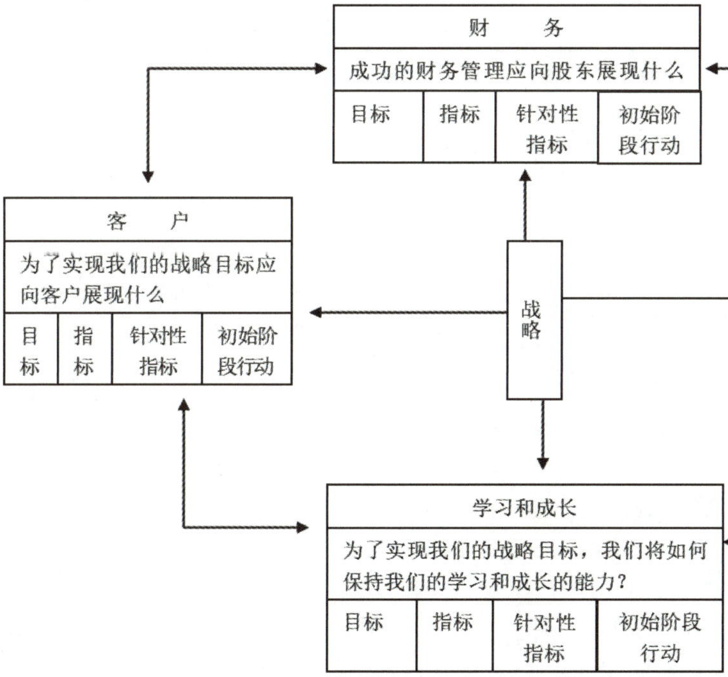

图 10-3 平衡计分卡的评判体系

四、平衡计分卡的特点

平衡计分卡的特点如图 10-4 所示。

在这一结构合理的平衡计分卡中，四个方面的目标和衡量指标既保持一致又相互加强，彼此之间存在紧密的因果关系，系统地传达企业的策略。例如：利润可以作为财务方面评价业绩的指标，这个财务指标的动因是现有客户的保持和新客户的不断加入。“只有当客户对他们的购买经历是完全或特别满意时，企业才能指望他们再次购买自己的产品”，即实现客户的保持。所以，客户满意指标也被包括在计分卡里（在客户方面）。那么如何使客户满意呢？其中一个有效的方法是以低价提供产品或服务，因此降低产品或服务的价格可以使客户满意。为了能够低价供应，公司可能会要求在经营过程中降低成本。于是降低成本成为计分卡内部经营方面的指标。那么如何降低成本呢？可以通过员工的培训，提高他们的技术来达到这一目的，而这又是学习与成长方面的一项内容。

财务与非财务	平衡计分卡是用来弥补单一财务指标的弊端的，它要求从财务和非财务的角度去思考公司战略目标及考核指标。财务指标只是一种滞后的结果性指标，它只能反映公司过去发生的情况，不能告诉企业如何改善业绩。财务与非财务的平衡强调的是企业不仅要关注财务绩效，更要关注对财务绩效产生直接影响的驱动因素。
短期与长期	平衡计分卡既关注短期的经营目标和绩效指标，也关注长期的战略目标与绩效指标。也就是说，平衡计分卡既关注了近期目标的完成也关注了企业的长期发展，使企业的战略规划和年度计划得到有效的结合，保证企业的年度计划和企业的长远发展方向保持一致。
内部与外部	平衡计分卡将评价的视线范围由传统的只注重企业内部评价，扩大到企业外部，包括股东、客户。关注公司内外的相关利益方，能有效地实现外部（如客户和股东）与内部（如流程和员工）衡量之间的平衡。
前置与滞后	平衡计分卡中强调领先与滞后的平衡主要涉及两个层面。一方面强调的是企业不仅要关注事后的结果，更要关注影响结果的因素和过程。另一方面强调的是企业既关注那些能反映企业过去绩效的滞后性指标，也关注能反映、预测企业未来绩效的领先指标。
结果与动因	在平衡计分卡中，既包括了结果指标，又包括了动因指标。如客户满意度指标能够促使企业扩大销售，从而提高企业的利润。在这里，利润作为一种结果指标，客户满意度就是它的动因指标。

图 10-4　平衡计分卡的特点

五、平衡计分卡的实施程序

（一）制定企业的战略方向

企业首先需要明确未来的发展方向，确定企业的主要任务，确定目标客户群，深入分析目标客户的潜在需要，找到企业未来的发展机会，确定企业长期的战略方向。

（二）拟订战略目标

在企业确定未来战略方向的基础上，根据企业的具体情况，分析企业的优势、劣势、机会和潜在的威胁，选择合适的竞争策略。

（三）选取评价指标

根据平衡计分卡所确定的基本框架，将具体战略目标落实到平衡计分卡的各个方面后，需要根据具体战略目标确定实现战略目标的关键因素，根据关键因素确定关键业绩指标，以此确定业绩评价指标。

（四）执行具体战略

完成了绩效考核指标和目标的确定之后，系统科学的绩效考核内容设定体系便形成了。制定“绩效考核——工作计划表”，将员工绩效考核内容以书面的形式记录下来，作为绩效考核的依据。

（五）评估执行结果

建立健全的考核体系，将员工奖金、晋升、教育培训等与员工所完成的平衡计分卡的情况直接挂钩，形成有效的管理回路。在薪酬结构方面，应建立绩效考核和年终奖金，对平衡计分卡完成得好的员工进行奖励，对完成不佳的员工进行惩罚；在教育培训方面，要求优秀员工进行提高性深造，不佳者进行强制性学习；在晋升方面，建立优胜劣汰、能上能下的机制，实行能者上、庸者让、平者下的岗位调动模式，使平衡计分卡的实施实现评价员工的业绩和能力，激发员工的热情和潜力，最大限度地开发和利用企业的人力资源，从而提高整个企业的绩效水平。

（六）执行结果的反馈和调整

根据业绩评价的整体结果，分析战略执行过程中可能存在的问题，并根据新的经营情况和信息，对原有的战略规划进行修正，从而将整个业绩评价体系转化成一个良性的互动循环系统。

项目4 EVA评价

通过对成熟股票市场上市公司排名的观察，可以发现两种奇怪现象：许多资产价值相近的企业创造的利润却大相径庭；资产价值悬殊的企业，市场价值却相近。为了解释这两种现象，我们引入市场增加值（MVA）概念。MVA就是市值与股东投入资本（净资产）的差值，换句话说，市场增加值是企业变现价值与原投入资本之间的差额，它直接表明了一家企业累计为股东创造了多少财富。1988年思腾思特公司使用MVA工具对美国的通用汽车和默克制药公司的经营表现进行了分析，结果发现，通用汽车的股东对公司投入了450亿美元的资本，而默克制药的股东对公司投入的资本仅有50亿美元，但它们的市值都是250亿美元左右。从MVA的角度看，通用汽车实际上损失了200亿美元的股东价值，相反，默克制药则创造了200亿美元的股东价值，如果按MVA的大小来确定业绩排名，默克远在通用汽车之上。这个分析促使我们思考：股东都希望对企业的任何一项投资，最终实现的价值比其投入的所有资本要多（这是由资本的天生逐利性决定的），满足这个条件，才是在创造财富，否则就是在毁灭财富。这个分析引发思考：通常意义上的企业规模（可以用市值来表示）、利润已经不能满足分析判定的需要了，我们必须找到产生企业价值的真正原因。

MVA对上市公司而言是一个企业价值分析的好工具，但在分析非上市公司时就无能为力了，因为无法获得非上市公司的市场价值数据。基于增加值的思想，思腾思特公司于1991开发了首创的度量企业业绩的指标，并以此为核心建立了一整套管理评价体系，这就是经济增加值（EVA）工具，它是建立在对一些财务数据进行调整的基础上的。

一、EVA的计算

EVA是指企业在现有资产上取得的收益与资本成本之间的差额，其计算公式为

$$EVA=\text{税后净营业利润}-\text{资本}\times\text{加权平均资本成本} \tag{10-3}$$

式中，加权平均资本成本是根据债务资本成本和股权资本成本加权平均计算得出的，而股权资本成本是运用资本资产定价模型计算出来的，其计算公式为

$$\text{股权资本成本}=\text{无风险收益率}+B\text{系数}\times(\text{股本市场预期收益率}-\text{无风险收益率}) \tag{10-4}$$

从式（10-3）和式（10-4）可以看出，EVA就是指企业税后利润与全部投入资本（债务资本和权益资本之和）成本之间的差额。如果这一差额为正数，说明企业创造了价值，增加了财富；反之，则表示企业发生了损失，减少了财富；如果差额正好为零，则说明企业的利润仅能满足债权人和投资者预期获得的收益。

EVA的核心是要计算企业的“真实经济盈利”，即考虑股东投资回报、企业长远发展、企业财务价值和财务数据不能反映的价值之后的企业盈利。为了计算真实的经济盈利，需要对企业当前的会计核算信息进行大量调整，部分学者认为最少要进行30多项调整才能真实地反映企业的经营利润，这些调整包括将研发费用和市场开拓费用作为长期投资处理、不对商誉等无形资产进行摊销、不计提各种坏账准备等。可以看出，实施EVA实际上是要在对现行会计制度、会计准则进行大幅度调整的前提下才可行，否则在计算真实经济利润时，每一次均要对会计核算数据进行调整。

二、EVA与杜邦分析的结合

将EVA同杜邦分析方法结合起来，能够量化关键比率的增减对EVA产生的影响，以及最终对企业经营价值创造产生的影响。公式为

$$EVA=(RONA-WACC)\cdot NA \tag{10-5}$$

式中：

RONA——企业资本报酬率；

WACC——加权平均资本成本；

NA——总资本投入。

在WACC和资本投入保持不变的条件下，EVA会随着RONA的增加而增大。显然，

RONA是一个价值驱动要素，我们可以继续将RONA分解成两部分，即销售税后净盈业利率和总资本周转率。

其他因素不变，企业只要满足下面的条件之一，EVA就会增加，企业的价值也会相应增加。①努力开拓市场，提高收入，节约费用，即“开源节流”。提升收入的同时，合理安排成本费用支出，保证投入产出比，提高成本的使用效率。②加强投资管理。提升投资项目可行性分析报告的编制水平，严控回报低于资本成本的投资，优先选择投资回报率高的投资项目；在实际工作中，要特别重视投资后评价，以指导今后的投资决策。③强化资产运营管理水平。加强应收账款和固定资产等重点资产管理，盘活存量资产，提高资产产出效率和资产周转率。降低无效资本占用，使现有资产产生最大价值。④降低资本成本。通过资本结构的优化，降低资本成本，同时能增加企业的EVA，企业的价值也会增加，构建短期与长期、股权与债权、本币与外币相结合的最佳资本结构，达到降低资本成本的目的。

三、EVA与平衡计分卡的结合

（一）两者结合可弥补EVA的缺陷

EVA指标是一个结果指标，无法反映管理人员实现经营成果的过程，只能反映短期的经营业绩，而且EVA具有滞后性，不能很好地预测未来EVA及其未来增长机会。若想保持EVA的持续增长，就应该了解反映价值的先导指标，并考察非财务性价值驱动要素，因此我们选择把EVA和平衡计分卡结合起来，对EVA的缺陷进行有效的弥补，从而得出企业价值持续增长的指标体系。

平衡计分卡的提出源于传统绩效管理系统的缺陷，传统绩效管理系统只依赖于财务指标，而平衡计分卡是根据组织的战略要求精细设计的指标体系，是一种绩效管理的工具，它将企业战略目标分解转化为各种具体的相互平衡的绩效考核指标体系，并对这些指标的实现状况进行不同时段的考核，从而对企业战略目标的完成建立起可靠的执行基础，用客户评价、内部管理评价、学习与成长三个角度的非财务指标和财务指标共同构建出平衡计分卡基本理念，使企业在了解财务指标的同时，对自身发展能力的增强和公司治理方面的进展进行监督和评价。

正是由于平衡计分卡从这四个维度来平衡定位和考核公司各个层次的绩效水平，我们才可以将EVA业绩评价系统与平衡计分卡结合起来。具体来讲，以EVA评价系统的各项指标作为平衡计分卡财务中心，即以EVA为导向，同时与平衡计分卡的其他三方面非财务指标相结合，更加全面地衡量企业的经营价值创造能力，更好地发挥EVA业绩评价系统的作用。财务指标与非财务指标的权重可以根据不同企业的不同情况区别对待。EVA与平衡计分卡结合既能更充分地发挥EVA的作用，又更利于完善平衡计分卡的战略实施功能，两者可以共同服务于企业长期战略的实现。

（二）EVA与平衡计分卡结合的评价体系的特点

（1）将EVA放置于EVA业绩评价体系的最左端，以创造EVA为导向，其他所有的战略和指标都围绕 EVA 运行的体系图，各部门的活动必须有利于提升 EVA。EVA 可以进一步通过价值驱动因素分解为获利能力、资本利用效率和资本结构，而且又有相应的评价指标。

（2）将 EVA 业绩评价体系尽量从短期 EVA 向长期 EVA 的增长倾斜，这也是 EVA 与平衡计分卡的“综合”之处。在该指标体系中，非财务指标由反映企业三个不同方面业绩的指标构成：①客户评价指标，包括顾客满意度、顾客忠诚度、市场份额等；②内部管理评价指标，包括产品制造周期、产品质量等级、产品退货率、生产安全等；③学习与增长指标，包括职员能力、信息系统能力，激励、权利与协作三个方面的衡量指标。

因此，将 EVA 指标和非财务指标按照适当的权重结合起来构成的 EVA 业绩衡量指标体系全面而准确地衡量了管理者的经营业绩，既反映了短期的业绩，又体现了企业的长期发展态势。

四、以 EVA 为导向的业绩评价体系

（一）评价指标

企业业绩评价体系的构建，必须以实现企业价值最大化为整个系统的中枢，并反映企业整个生产经营活动的综合运营效益。企业业绩评价体系具体可分为两个层次：第一层次是企业目标层指标，对企业来说具有概括性、代表性，是企业理财价值的总体体现，这些是企业经济效益的导向性指标，包括 EVA、EVA 增长率、EVA 创值率；第二层次是关键价值驱动指标，目标层指标不能体现生产经营各主要方面的经营效益，因此在建立目标层指标的基础上，还必须从不同侧面、不同角度建立反映企业各主要方面的经营效益指标，二者配合使用，更能全面、综合地概括企业的全面经营效益。

（二）评价标准

确定了企业业绩评价的指标体系后，接下来就应该选取评价标准。一般而言，企业有以下几种设定业绩评价标准的方式：①根据经验确定；②同行业标准，即以同行业平均水平或优秀水平为准；③时间序列标准，以自身的历史数据为衡量标准；④以行业主管部门或政府颁布的数据为准；⑤年度预算标准。一般采用的是③和⑤这两项。

当企业处在成长阶段，非常重视 EVA 的增长情况时，时间序列标准比较适用。时间序列标准是将企业当期的评价指标值与本企业以前期间的数值进行比较，这种比较反映了自身的成长情况，数值的可获得性也比较好。特别是它将当期实现的 EVA 和以前期间实现的 EVA 进行比较，衡量了管理人员创造的股东财富增长情况，增长幅度越大，说明经营业绩越好。用时间序列标准来评价 EVA 实际上也是一种排除 EVA 指标所含噪声的过程，从而公正地评价管理者的经营业绩。

当企业已处在成熟期时，EVA 趋于稳定，最好的方法是采取年度预算标准。将实际取得的 EVA 值和年度预算进行比较，如果超过预算，说明业绩是好的，反之则不好，

从而激励管理者努力实现目标的 EVA 值。

（三）评价方法

采取 EVA 指标企业业绩评价方法，根据编制的 EVA 指标汇总表，对选定的几项 EVA 评价指标进行评分，然后计算出综合得分，并据此评价企业的理财价值。采用 EVA 指标综合评分法进行企业业绩评价的综合分析，一般要遵循如下流程。

（1）根据各项指标的重要程度，确定权重。各项指标的权重之和应等于 100，对各项指标的重要程度，不同企业有截然不同的态度，但是，一般来说，应根据企业的经营活动性质、企业的生产经营规模、市场形象和分析者的分析目的等因素来确定。

（2）规定各项指标评分值的上限和下限，即最高评分值和最低评分值。这主要是为了避免个别指标的异常对总分造成不合理的影响。

（3）确定各项指标的目标值。指标的目标值是指各项指标在本企业现实条件下最理想的数值，亦即最优值。指标的目标值，通常可以参照同行业的平均水平，并经过调整后确定。

（4）计算企业在一定时期各项指标的实际值。

（5）计算出各项指标实际值与目标值的比率，即比例关系。

（6）计算出各项指标的得分。

（7）根据上下限确定最终得分。每项指标的得分都不得超过上限或下限，所有指标最终得分值的合计数就是企业经营业绩状况的综合得分，它能够反映企业综合业绩是否良好。

如果综合得分等于或接近 100 分，说明企业的经营业绩状况良好，达到了预先确定的标准；如果综合得分远低于 100 分，说明企业的经营业绩状况较差，应采取适当的措施加以改善；如果综合得分超过 100 分很多，说明企业的经营业绩很理想。

五、EVA 评价的优缺点

EVA 评价的优点是将资本成本即所有者对企业的收益要求在企业经济增加值计算时扣除，使其变成一种对企业经营业绩最基本的要求，这样可以避免只追求规模扩展不追求单位价值扩展、只追求绝对额扩大不追求相对效益提高的出现。

EVA 评价的缺点是股权资本成本计算比较困难，并且该指标在业务内部分解也比较困难。资本成本的计算，一般采用资本资产定价模型，而其中的风险补偿率的计算和选择，则又会成为一个尖锐的问题，不同国家、同一国家不同行业、同一行业不同时期所计算的风险补偿率差异很大，市场平均风险报酬率从 3% 到 8% 不等，行业平均报酬率从 –1% 到 15% 不等，采用哪种风险报酬率确实又是一件令人非常头痛的事情。如果直接根据股票价格波动来计算风险补偿，那么中国股市和世界股市一样，经常会经历牛市和熊市两个阶段，在不同阶段显然计算结果完全不同。

因此，EVA 评价适用于具有独立经营权利、可以直接吸收资本、能决定负债规模的企业，不适用于不能独立吸收出资、不能独立决定负债的内部企业。

拓展阅读

绩效管理小故事

小母鸡在谷场上扒出几粒麦子，她叫来邻居，说："假如我们种下这些麦子，我们就有面包吃了。谁来帮我种下它们？"

牛说："我不种。"

鸭说："我不种。"

猪说："我不种。"

鹅说："我也不种。"

"那我种吧。"这只小母鸡自己种下了麦子。

眼看麦子长成了，小母鸡又问："谁来帮我收麦子？"

鸭说："我不收。"

猪说："这不是我们应该做的事。"

牛说："那会有损我的资历。"

鹅说："不做虽然饿一点，但也不至于饿死。"

"那我自己做。"小母鸡自己动手收麦子。

终于到了烤面包的时候，"谁帮我烤面包？"小母鸡问。

牛说："那得给我加班工资。"

鸭说："那我还能享受最低生活补偿吗？"

鹅说："如果只让我一个人帮忙，那太不公平。"

猪说："我太忙，没时间。"

"那我自己做。"小母鸡说。

她做好面包并拿给她的邻居看，邻居们都要求分享劳动成果，他们说小母鸡之所以种出麦子，是因为在地里找出了种子，这应该归大家所有，再说，土地也是大家的。

但小母鸡说："不，我不能给你们，这是我自己种的。"

牛叫道："损公肥私！"

鸭说："简直像资本家一样。"

鹅说：我要求平等。

猪只管嘀嘀咕咕，其他人忙着上告，要求为此讨个说法。

村主任到了，对小母鸡说："你这样做很不公平，你不应太贪婪。"小母鸡说："怎么不公平？这是我劳动所得。"村主任说："确切地说，那只是理想的自由竞争制度。在谷场的每个人都应该有他该得的一份。在目前制度下，劳动者和不劳动者必须共同分享劳动成果。"

从此以后，他们都过着和平的生活，但小母鸡再也不烤面包了。

你如何看待“公平与不公平”？

如果你是经理，你的一个下属忿忿不平地说：“我跟某人是同时进公司的，学历一样，干一样的工作，为什么他的薪金比我高呢？”你如何对答？

如果让你选择，你会选择支持小母鸡还是其他动物？

专题回顾

- 业绩评价
  - 业绩评价概述
    - 业绩评价的含义
    - 业绩评价的功能
    - 业绩评价的方法
    - 传统业绩评价的弊端
  - 责任会计
    - 责任会计概述
    - 成本中心及其考核
    - 利润中心及其考核
    - 投资中心及其考核
    - 内部转移价格
  - 平衡计分卡
    - 平衡计分卡的产生和发展
    - 平衡计分卡的定义
    - 平衡计分卡的基本内容
    - 平衡计分卡的特点
    - 平衡计分卡的实施程序
  - EVA评价
    - EVA的计算
    - EVA与杜邦分析的结合
    - EVA与平衡计分卡的结合
    - 以EVA为导向的业绩评价体系
    - EVA评价的优缺点

思考与练习

一、单项选择题

1. 责任会计的主体是（　）。

A. 管理部门　B. 责任中心　C. 销售部门　D. 生产中心

2. 投资中心的利润与其投资额的比率是（　）。

A. 内部收益率　B. 剩余收益　C. 部门边际贡献率　D. 投资报酬率

3. 成本中心的责任成本是指该中心的（　）。

A. 固定成本　B. 产品成本

C. 可控成本之和　D. 不可控成本之和

4. 下列项目中，不属于利润中心负责范围的是（　）。

A. 成本　B. 收入　C. 利润　D. 投资效果

5. 对于成本中心来说，考核的主要内容是（　）。

A. 标准成本　B. 可控制成本　C. 直接成本　D. 可变成本

6. 为了使部门经理在决策时与企业目标协调一致，应该采用的评价指标为（　）。

A. 投资报酬率　B. 剩余收益　C. 现金回收率　D. 销售利润率

7. 从整体上概括企业的特征和中长期的未来发展方向的是（　）。

A. 公司战略　B. 战略目标　C. 战略计划　D. 全面预算

8. 作为综合业绩评价体系，平衡计分卡有其特点。下列不属于平衡计分卡特点的是（　）。

A. 将目标与战略具体化，加强内部沟通

B. 以顾客为导向，重视竞争优势获取与保持

C. 重视非财务业绩的计量与评价，促进结果考核与过程考核的统一

D. 内部与外部战略结合

9. 财务预算指标体系中，将财务指标与非财务指标融于一体的体系是（　）。

A. 杜邦财务分析体系　B. 帕利普财务分析体系

C. EVA 指标分解体系　D. 平衡计分卡

10. 从经营属性（定性和定量）来评价经营状况及努力程度的是（　）。

A. 财务业绩　B. 非财务业绩　C. 经营业绩　D. 管理业绩

11. EVA 是指企业在现有资产上取得的收益与（　）之间的差额。

A. 费用　B. 生产成本　C. 总成本　D. 资本成本

12. 经济增加值计算公式为（　）。

A. EVA= 税后净营业利润 – 资本 × 风险报酬率

B. EVA= 税后净营业利润 – 资本 × 加权平均资本成本

C. EVA= 营业利润 – 资本 × 加权平均资本成本

D. EVA= 营业利润 – 资本 × 风险报酬率

二、多项选择题

1. 建立责任会计应遵循的基本原则有（　）。

A. 反馈原则　B. 可控性原则

C. 责权利相结合原则　D. 统一性原则

2. 责任中心按其所负责任和控制范围的不同，分为（　）。

A. 成本中心　B. 费用中心　C. 投资中心　D. 利润中心

3. 责任中心考核的指标包括（　）。

A. 可控成本　B. 产品成本

C. 剩余收益　D. 投资报酬率

4. 投资中心考核的重点是（　）。

A. 贡献边际　B. 销售收入

C. 剩余收益　D. 投资报酬率

5. 利润中心分为（　）。

A. 自然利润中心　B. 人为利润中心

C. 实际利润中心　D. 预算利润中心

6. 成本中心可以是（　）。

A. 车间　B. 个人　C. 工段　D. 班组

7. 一个企业的财务维度关键业绩评价指标主要集中在（　）。

A. 价值创造　B. 盈利能力　C. 成长能力　D. 营运能力

8. 平衡计分卡从（　）方面考核企业业绩。

A. 财务　B. 客户

C. 内部流程　D. 学习与成长

9. 企业（　），会使得 EVA 增加。

A. 提高收入，节约费用　B. 加强投资管理

C. 强化资产运营管理水平　D. 降低资本成本

10. EVA 考核评价常常适用于（　）。

A. 具有独立经营权利的企业　B. 可以直接吸收资本的企业

C. 能决定负债规模的企业　D. 不能独立吸收出资的企业

三、判断题

1. 责任成本是产品成本。（　）

2. 成本中心的可控成本必定是利润中心的可控成本。（　）

3. 投资中心的可控成本必定是利润中心的可控成本。（　）

4. 投资中心考核主要用投资报酬率和剩余收益两项指标来衡量。(　)

5. 采用双重价格的前提条件是内部转移价格的产品或劳务有外部市场，供应方有剩余生产能力，而且其单位变动成本要低于市价。(　)

6. 协商价格是交易双方在协商的基础上形成的。(　)

7. 平衡计分卡只是财务去思考公司战略目标及考核指标。(　)

8. 通常战略计划强调企业使命、战略和重要比率关系，一般只包括少数高度概括的目标，并不涉及各部门、各单位的预算具体目标。(　)

9. 战略管理会计更注重企业外部环境。(　)

10. 业绩评价在本质上是一种管理控制手段。(　)

四、计算题

D 公司为投资中心，下设甲乙两个利润中心，相关财务资料如下。

资料一：甲利润中心营业收入为 38000 元，边际贡献为 24000 元，利润中心负责人可控的固定成本为 4000 元，利润中心负责人不可控但应由该中心负担的固定成本为 7000 元。

资料二：乙利润中心负责人可控边际贡献额为 30000 元，利润中心部门边际贡献总额为 22000 元。

资料三：D 公司利润为 33000 元，投资额为 200000 元，该公司预期的最低投资报酬率为 12%。

（1）根据资料一计算甲利润中心的下列指标。

①利润中心变动成本总额。

②利润中心可控边际贡献。

③利润中心部门边际贡献总额。

（2）根据资料二计算乙利润中心负责人不可控但应由该利润中心负担的固定成本。

（3）根据资料三计算 D 公司的剩余收益。

五、案例分析题

企业背景：大型多元化国有控股企业 A，电子与电气行业。

应用背景：20 世纪 90 年代末，A 企业已经是一个庞大的、多元化的集团企业。企业一味追求大规模快速增长，旗下部分业绩表现不尽人意。后来，该企业决定将 EVA 指标引入原平衡计分卡考核体系之中，根据集团下属子企业或事业部年度的 EVA 结果和平衡计分卡指标的达成情况，来确定子企业或事业部经理人薪酬的考核激励办法，以此作为催化剂改革企业文化，提升业绩。此外，企业也希望明确整体目标，建立一个能横跨其下属不同产业的共同目标。

方案实施

（1）培训和教育。一开始，A企业就意识到对EVA的认知会成为价值管理过程的一个巨大挑战。因此，企业组织了一个专门的任务小组制作培训材料，包括关联的案例学习和EVA如何应用于管理者经常要面对的商业决策，且统一开展培训和教育。

（2）建立内部绩效控制部门。EVA价值管理中的一个重要环节是由绩效控制部门进行全程管控和支持。作为一个“内部分析”的角色，该部门为A集团及其下属各企业追踪和创造方案价值；明确价值驱动因素和价值创造动机；于企业内部的各价值中心、营运部门落实价值创造责任与价值管理机制；关注关键的价值驱动要素及能够提升价值的战略举措；战略规划、计划预算、业绩考评与股东价值创造紧密衔接；对价值提升目标执行情况进行详细的动态对比分析。

（3）建立战略牵引的考核模式，将EVA和平衡计分卡相结合。以EVA为中心的平衡计分卡体系把EVA作为平衡计分卡财务维度的考核指标之一，有效平衡财务指标与非财务指标。平衡计分卡能够向员工传递企业的远景目标，而EVA能有效地衡量员工是否取得成功以及是否应该获得奖励。平衡计分卡拓宽了业绩考核的范围，把考核扩展为财务、客户、内部流程以及员工学习与成长四个方面；EVA却提供了决策、考核、激励、管理之间的联系，使经理人重点关注价值创造。

（4）完善与EVA考核关联的配套制度。EVA考核激励体系的建设是一个系统工程，它需要其他关联制度的配合和支持，共同促进，形成良性互动。为配合EVA考核激励体系的实施，A集团对关联的配套制度进行了完善，对列入EVA调整事项的研发费用、战略性市场投入和IT建设投入的支出项目进行规范。其中，资本成本率的确定是EVA考核激励体系设计的关键点和难点。EVA考核范围覆盖多个产业，每个产业的成熟程度、进入早晚、平均利润率以及资本承担的风险度是不一样的，A集团通过资本成本率的设计，将各运营单位和各产业尽可能拉平到同一个竞争起点上去。

实施效果

（1）建立了股东和运营者风险共担、利润共享机制。经理人开始关注企业长远利益、关注股东价值创造。“强调责任”，经理人要对自己手中的资本的保值增值负责。

（2）EVA创造了一种适用于高管和普通员工的共通语言，使由于存在几种不同绩效衡量标准而引起的混乱消失了。

（3）有利于集团各产业的横向比较。经过计算EVA值，可以于一个平台上评价集团旗下各产业的运营效率和资本效率。

要求：结合案例谈谈EVA评价在企业业绩评价中应用的意义。

专题十一 战略管理会计

专题概述

战略管理的产生无疑为传统管理注入了新的动力，但这种新的模式也导致了会计，尤其是管理会计工作的滞后，表现在成本计算系统、成本控制系统和业绩报告系统等方面将与原来有很大的不同。本专题将主要介绍战略管理会计的概念、研究内容及应用。

目标导航

知识目标

1. 了解战略管理会计的概念。
2. 了解战略管理会计的研究内容。

能力目标

掌握战略管理会计在实际中的应用。

素质目标

养成战略思维。

案例导入

一鸣食品的成长之路

创立于浙江温州的一鸣食品，主要从事新鲜乳品与烘焙食品的研发、生产、销售及连锁经营业务，形成乳品＋烘焙全产业链。2002年开始在全国首创“一鸣真鲜奶吧”，以综合经营新鲜乳品、面包烘焙、特色饮品等短保质期食品零售为特色，目前连锁门店为主要销售渠道，经营区域聚焦浙江，并逐步向江苏、上海、福建市场扩张。

自成立以来，一鸣经历了以下三个发展阶段。

初创期（1992年—2002年）：朱明春先生于1992创办了温州一鸣，即一鸣食品前身，后带队攻克了“鸡蛋遇热会凝固”的技术难关，拥有了第一个自主品牌和国家专利产品——鲜奶打蛋，并于1997年按照美国FDA卫生标准体系设计，建立了占地4.5亩、日常鲜奶40万瓶的一鸣蛋奶厂。

快速发展期（2002年—2013年）：2002年一鸣食品开设全国首家“一鸣真鲜奶吧”，开始兼营乳品和烘焙；2005年浙江一鸣食品股份有限公司设立，同年在泰顺县建成自有生态牧场；2008年相继投资3亿多元建设一鸣现代化工业园；2011年从澳大利亚引进优质牧草和奶牛种群，建立了全方位牧业管理体系。

升级拓展期（2013年至今）：2013年，一鸣食品与IBM合作，投入近2600万元，实施智慧一鸣项目建设，开启信息化管理新阶段；2016年，上海第一家奶吧开业，开启拓展新篇章；截至2020年6月30日，奶吧已达1699家，覆盖江浙沪闽。

一鸣最早作为产奶蛋奶厂，是如何一步步进阶并实现增长的呢？

可以说，一鸣找准了赛道。一鸣食品在线下布局连锁门店——一鸣真鲜奶吧，将自己的产品线与消费者对早餐升级的需求结合，发展出这个独具特色的业务模式，并获取了一定的成绩。

早餐店其实是一个城市中最接地气的场景。当东方初晓，雾气氤氲，路灯黄澄澄的光笼罩着一个小摊子，旁边还散落着几张桌椅。早起的打工者经过一夜的睡眠，胃里的食物已消耗殆尽，但拿上一个刚出锅的包子或是喝一碗热腾腾的豆浆，便立即温暖了身心，可以安然踏上工作的路。然而，随着生活节奏逐渐加快、餐饮整体产品和服务升级，消费者对早餐店的要求也逐渐提升。路边小摊虽温暖，“快捷和方便”、“高性价比”和“品质安全”成为消费者对早餐店的新期待。

一鸣正是抓住了消费者的需求，吸收西方便利店和规模化烘焙企业的经验，在21世纪初就发展出“中央工厂+连锁门店”的经营模式：通过自营工厂中央集约化生产，连锁自营或加盟门店为渠道，结合每日配送冷链物流体系，实现了短保质期新鲜乳品与烘焙食品的兼营销售。

早餐在一日三餐中最主要的特点是准备和消费时间紧促，因而消费者对快捷和方便要求高。因此，门店一般选址于生活社区、商业街区、轨道交通站点及学校、医院等其他人流密集区域附近，以开架自选的方式销售产品，由消费者直接挑选各种乳品和食品。结合了便利商店、预包装食品销售的连锁门店销售模式使得消费者能在短时间内迅速挑选好商品并结账。同时，奶吧设有桌椅供消费者堂食，加之产品价格较低，单人食用的烘焙产品和乳品都在十元以下，一鸣真鲜奶吧也是学生们聚会的最优选。

项目1 战略管理会计概述

一、战略管理会计的产生与发展

随着经济的不断发展，企业面临的市场竞争日趋激烈，生存环境不断变化，传统的管理体制在这种新形势下，已不足以应对复杂多变的情况，此时一种新的管理模式，战略管理应运而生。战略管理的产生无疑为传统管理注入了新的动力。企业管理发展到战略管理的阶段，为适应战略管理的需要，传统的管理会计必须进行变革，以适应新的企业管理模式，战略管理会计也正是在这种条件下产生的。战略管理理论的发展及完善促成了战略管理会计的产生和发展。

二、战略管理会计的含义和特征

（一）战略管理会计的含义

战略管理会计是以协助高层领导制定竞争战略、实施战略规划，从而促使企业良性循环并不断发展为目的，能够从战略的高度进行分析和思考，既提供顾客和竞争对手具有战略相关性的外向型信息，也提供本企业与战略相关的内部信息，服务于企业战略管理的一个会计分支。

（二）战略管理会计的特征

1. 战略管理会计更注重企业外部环境

战略管理会计站在战略的高度，将视角更多地投向影响企业的外部环境，提供超越企业本身的更广泛、更有用的信息。所以，战略管理会计特别强调使用各类相对指标如相对价格、相对成本、相对市场份额等，使企业管理者能够了解到竞争对手的情况，洞悉自身所处的形势，在竞争中掌握主动。

2. 战略管理会计更加注重长远目标和全局利益

战略管理会计超越单一的期间界限，注重企业的长期发展和整体利益的最大化，注重竞争中优势的取得和保持，特别是长期优势的保持，不看重短期利益，以企业的持续良性增长为目标。

3. 战略管理会计提供更多的与战略有关的非财务信息

非财务指标也是企业经营中重要的指标之一，特别是在竞争越来越激烈的今天，企业要想获得持续的竞争优势，非财务指标起到了相当重要的作用。战略管理会计提供了大量极为重要的非财务信息，包括战略财务信息、经营业绩信息、竞争对手信息以及与企业战略相关的背景信息等。

4. 战略管理会计是一种综合的风险管理

战略管理会计从战略高度把握各种潜在的机会，规避可能的风险，如产业结构调整而导致的风险，企业资产流动性差而导致的风险，经营行业面过广而导致的风险等，从而保障企业能够平稳地、安全地发展壮大。

三、战略管理会计的基本程序

（一）战略目标制定

战略管理会计首先要协助高层管理者制定战略目标。企业的战略目标可以分为三个层次，即公司战略目标、竞争战略目标、职能战略目标。公司战略目标主要是确定经营方向和业务范围方面的目标；竞争战略目标主要研究的是产品和服务在市场竞争上的目标问题；职能战略目标所要确定的是在实施竞争战略目标过程中，公司各个职能部门应发挥什么作用，达到什么目标。战略管理会计要从外部和内部收集各种相关信息，运用战略管理思维进行系统分析，并以此为基础提出各种可行的战略目标，供管理当局决策时参考。

（二）战略成本管理

成本管理是传统管理会计和战略管理会计共同关注的焦点，它是一个对投资立项、研究开发与设计、生产与销售进行全方位监控的过程。传统管理会计主要考虑内部生产过程中各种耗费的控制，而战略成本管理主要是从战略的角度研究影响成本的各个环节，从而进一步找出降低成本的途径。

（三）经营投资决策

战略管理会计为企业的投资决策提供具有全局性、长远性的有用信息，充分考虑投资中的风险和变化，为决策者决策提供支持。

（四）人力资源管理

人力资源管理是战略管理的重要组成部分，也是战略管理会计的一项重要内容。它包括为提高个人绩效而进行的人事战略规划、日常人事管理以及年度的员工绩效评价。战略管理会计的核心是以人为本，通过一定的方法和技能来激励员工，以获取最大的人力资源价值，并采用一定的方法确认和计量人力资源的价值与成本，进行人力资源投资分析。

（五）关注人类社会、自然环境

社会责任会计和绿色会计将成为战略管理会计的重要分支。根据可持续发展思想，经营管理应与人类社会、自然逐步紧密相连，追求自身价值的最大化与追求环境效益的目标是完全一致的，生产对环境的影响将是取得竞争优势的重要决定因素。

项目2 战略管理会计的研究内容

一、企业经营环境分析

企业的外部环境一方面可以为其发展提供机遇，另一方面又会制约其经营活动，甚至可能会带来风险。企业必须充分适应环境的变化。在社会生产力迅速发展、市场竞争异常激烈的情况下，企业对环境变化的敏感程度、反应速度和适应能力从某种意义上决定着企业的发展前景。

与企业战略制定和实施相关的会计信息，不仅包括企业内部信息，而且包括与外部环境相关的信息。因此，进行战略管理会计工作，首先要深入分析企业的内外部环境。

（一）企业外部环境分析

企业外部环境分析主要是分析企业的宏观环境。宏观环境是指对所有企业产生较大影响的宏观因素，如政治、经济、法律、科技、社会文化、自然环境等。企业必须深入了解这些客观存在的因素，并适应宏观环境对企业的要求。宏观环境因素是制约企业战略制定和选择的基本前提。

（二）企业内部环境分析

企业内部环境分析是指分析企业的内部条件，不仅包括组织结构、人力、物力、财力，还包括管理水平、企业文化、领导者才能等。如果企业的组织结构设置合理、制度设计和运行有效、企业资源配置恰当、企业文化能够有效增强员工的凝聚力和创造力，就能极大地提高企业自身的竞争优势。因此，既要全面分析企业的外部环境，及时抓住机遇并避免威胁，又要充分了解企业的内部优势与劣势，以便恰当地制定和选择战略决策。

二、价值链分析

价值链其实就是作业链的价值表现，作业的推移，同时表现为价值在内部的逐步积累与转移，形成一个内部的价值传递系统，最后通过产品转移给外部顾客形成顾客价值。只有顾客价值才能形成经济效益。企业的每项生产经营活动都是其创造价值的经济活动，企业所有的互不相同但又相互关联的生产经营活动，构成了创造价值的一个动态过程，即价值链。这个价值链可以反映出企业生产经营活动的历史、重点、战略、实施战略的方法。价值链分析的目的就是在生产过程中尽可能地消除“不增加价值的作业”，对“不增加价值的作业”要尽可能地提高工作效率。通过最大限度地优化价值链来促进顾客价值的提高，通过顾客价值的提高来提高整体竞争力。

（一）企业内部价值链分析

企业为了实现其价值最大化，需要进行一系列的价值活动。价值活动分为基本活动和支持活动两大类，可以用价值链表示出来。

基本活动分为内部后勤、生产经营、外部后勤、市场销售和服务。

支持活动分为采购管理、技术开发、人力资源管理和公司基础设施。

企业进行内部价值链分析的目的是找出最基本的价值链，然后分解为单独的作业，并根据其战略目标进行价值作业之间的权衡、取舍、调整，以降低成本、增加价值，这样才能形成相对于竞争对手的竞争优势。

（二）产业价值链分析

产业价值链分析将企业看作一个整体，它是由最初原材料投入最终用户产品形成之间的所有价值形成和转移环节构成的链条。企业的价值链蕴含在一个产业价值链中。产业价值链既包括供应商的价值链，也包括客户的价值链，其将企业与供应商和客户的关系视为内部价值链的延伸，通过促进企业与供应商和顾客之间的合作伙伴关系，获得独特的竞争优势。

（三）竞争对手价值链分析

竞争对手价值链分析揭示企业与竞争对手相比的相对成本地位。通过对竞争对手情况的深入调查、分析研究，摸清竞争对手产品的成本水平、成本构成与成本项目支出情况，与本企业产品成本对比，根据企业的不同战略，确定自己的成本目标与定价策略，同竞争对手的价值链相适应，制定扬长避短的策略，获取竞争优势。

三、战略性绩效评价

战略性绩效评价是将绩效评价指标与所实施的战略相结合。例如：要采取低成本战略，则评价指标侧重于内部制造效率、品质改进、市场占有率及交货的效率；采取产品差别战略，则应侧重新产品成本、新产品收入占全部收入的比率等指标。战略性绩效评价不仅改变了原有管理会计的只重“结果”不重“过程”，而且将业绩评价由财务指标系统扩展到了非财务指标系统。非财务性绩效评价内容一般包括质量评价、交货效率评价、应变与创新能力评价、雇员评价、产品市场占有份额评价、机器运转情况的评价等。由此可见，战略性绩效评价渗透到了企业管理的方方面面，能更好地为生产经营和战略管理提供有效决策信息。

企业的竞争能力受到外部环境、内部条件和竞争态势的影响。企业应在业绩的财务计量基础上对业绩进行综合全面的评价，构建企业组织管理体系，以便能够对环境变化做出迅速有效的反应。

业绩的综合评价包括业绩的财务计量和非财务计量两个方面。开展企业业绩综合评价工作应当遵循以下原则。

（一）全面性

在评价企业业绩时，应当依据全面性原则，对反映企业综合绩效的盈利能力、资产质量、债务风险、经营增长，以及管理绩效等进行评价，按照各部分权重计算得出评价结果，综合反映企业的绩效水平；应当通过建立综合的指标体系，对影响企业绩效水平的各种因素进行多层次、多角度分析和综合评判。

（二）客观性

在评价企业业绩时，应当依据客观性原则，充分体现市场竞争环境特征，依据统一测算的、同一期间的国内或国际行业标准，客观公正地评判企业经营成果及管理状况。为确保评价基础数据的真实、合理、有效，在实施评价前还应当对评价期间的基础数据进行核实，按照重要性原则和可比性原则进行适当调整；为确保管理业绩定性评价结果的客观性，应当在财务绩效定量评价工作的基础上，从监管部门、行业协会、研究机构、社会中介等各方面聘请专家实施独立评判打分，体现各方面专家意见。计算得出综合绩效评价分数后，还应根据各项影响因素，对评价得分进行适当的增加或扣减，使评价结果客观反映企业的绩效水平。

（三）效益性

在评价企业业绩时，应当依据效益性原则，以考察投资回报水平为重点，运用投入—产出分析基本方法，真实反映企业资产运营效率和资本保值增值水平。投资人重视企业的投资回报水平，因此，对评价结果的分析也应重点关注企业的投入—产出分析。

通过投资与回报、所得与所费的对比，反映企业的经营效益和资本的安全与增值水平；对影响盈利能力的指标进行层层分解，深入分析评价结果，揭示根本影响因素，有针对性地加以改进，提高综合绩效水平。

（四）发展性

在应用评价结果时，不应孤立地以评价得分作为决策依据，而应将各年度的评价得分进行对比分析，在综合反映企业年度财务状况和经营成果的基础上，客观分析企业年度之间的增长状况及发展水平。通过绩效得分的增减变动判断企业经营者的努力程度和取得的经营成果，根据企业各年度绩效水平的变动情况，预测企业未来的发展能力。

四、竞争对手分析

基于对原有管理会计理论的思考，战略管理会计提出利润不仅来自内部的效率，而且也来自竞争对手。分析竞争对手首先应明确谁是竞争对手。实际的和潜在的竞争对手包括向目标市场提供相似产品或服务的企业；经营具有相互替代性的同类产品或服务的企业；在市场上试图改变或影响消费者的消费习惯和消费倾向的企业。在第一类竞争对手之间，由于产品的性能相同，它们之间的竞争主要表现在价格和服务质量上，竞争的核心是营销手段和成本。第二类和第三类竞争涉及消费者的消费习惯和消费能力，价格的差异会使消费者在不同的消费市场之间转移。在明确所要分析的竞争对手之后，还要识别竞争对手的价值链，判断竞争对手是怎样进行价值活动的。

（一）确定竞争对手

分析竞争对手首先应明确谁是企业真正的竞争对手。根据上述分析，分析竞争对手应以第一类竞争对手之间的分析为主，其中又要以最具竞争力的对手分析为主。

（二）分析竞争对手的工具

分析竞争对手的价值链，是确定竞争对手在竞争中的相对地位的基本工具，在明确所要分析的竞争对手之后，分析竞争对手的重要步骤是识别竞争对手的价值链，判断竞争对手是怎样进行价值活动的。对竞争对手的价值链分析与企业对自己的价值链分析过程相同。在实践中，由于没有竞争对手的直接信息，要评估竞争对手的价值链和成本通常极为困难，这需要采用一定的方法取得竞争对手的资料。

（三）分析竞争对手的方法

分析竞争对手较为有效且常用的方法是标杆法。

标杆法通过将企业的绩效与已存在的最佳绩效进行对比，不断改善企业经营活动，提高企业的绩效。企业的优势与劣势是相对而言的，利用竞争标杆确认竞争者中的最佳实践者以及促使他们取得最佳实践的因素，为准确地确定企业的优势与劣势提供了有效的方法和可靠的资料。通过标杆分析，以最佳实务为标准计量绩效，使各部门的目标确定在先进的水平之上，使绩效计量具有科学性，起到衡量和指导作用。

五、战略地图

战略地图以财务、客户、内部业务流程、学习与成长等四个维度为核心，通过分析这四个维度的相互关系，绘制战略因果关系图。企业应用战略地图进行战略管理会计活动，包括战略地图设计和战略地图落地两个过程。

（一）战略地图设计

企业应根据上述确定的四维度战略主题，分析自身的有形资源、无形资源的战略匹配度，关注企业的人力资本、信息资本、组织资本等在资源配置的定位和创造价值作用的发挥，对各主题进行战略资源配置。战略地图通常与平衡计分卡结合使用。

（二）战略地图落地

1. 将战略 KPI（关键绩效指标，下文统一用“KPI”）分解为责任部门的 KPI

从企业最高层开始将战略 KPI 分解到各责任部门，再分解到责任团队。通过 KPI 的层层分解，每一责任部门和责任团队或责任人都有对应的 KPI，且每一 KPI 都能找到对应的具体战略举措。企业可编制责任表，描述 KPI 中的权、责、利和战略举措的对应关系，以便实施战略管控和形成相应的报告。每一责任部门的负责人可根据上述责任表，将 KPI 在本部门进一步分解和责任落实，分层建立战略落地责任制度。

2. 落实责任并进行动态考核、评价与调整

企业在分解明确各责任部门 KPI 的基础上，签订责任书，以督促各执行部门落实责任。责任书由董事会与执行层的各部门签订。责任书应明确规定一定时期内（通常为一个年度）要实现的 KPI 任务、相应的战略举措及相应的业绩考评和奖惩机制。企业应以责任书中所签任务为基础，按责任部门的具体人员和团队情况，对任务和 KPI 进一步分解，并制定相应的执行责任书，进行自我管控和自我评价，明确职责分工。

在战略执行过程中，编制战略执行报告，反映各责任部门的动态变化情况，提出具体管控措施，在对战略执行情况进行分析的基础上，进行持续改善，不断提升与完善战略管控水平。

此外，战略成本分析法、预警分析法、目标成本法、平衡财务与非财务业绩表法等也是战略管理的研究内容。

项目3 战略管理会计的应用

一、战略管理会计在企业生产决策中的应用

资料：假设 A 企业某产品的月销售量为 700 件，外购每件 100 元，并有固定的业务费用 5000 元，自制单位成本中材料 30 元，人口 20 元。按照传统管理会计的计算，两个方案的相关成本为

外购决策的相关成本 =100 × 700+50000=120000（元）

自制决策的相关成本 =（30+20+10+70）×700+15000=106000（元）

计算结果表明，该企业应该选择自制方案，可使企业每月节约成本 120000–106000=14000（元）。

但是，企业必须结合自身的战略情况进行综合考虑。

首先，企业在服务和可靠性方面有很好的信誉，是企业的优势，若将该企业的营销、运送货物和服务外包，则很可能因此降低企业的市场份额，是不明智的选择。

其次，该企业自制零部件会使企业走向与其他制造商进行低成本竞争的道路；并且，该企业规模小，与产业链中该环节富有竞争力的大公司相比，没有任何优势可言。

因此，从战略管理会计的角度来看，应该选择外购的决策方案，虽成本较高，但其竞争优势得到充分发挥，再进一步分析，确定相关作业亦可为降低成本提供依据。

二、战略管理会计在企业持续经营能力分析中的应用

资料：甲公司是一个进行多种经营的企业，拟投资开发一种销路没有问题的 A 产品，投资全部由自有资金解决，行业基准折现率为 20%。相关的固定资产投资为 250000 元，使用寿命期为 10 年，期末无残值，按直线法折旧；不涉及追加流动资金和其他投资。建设期为零，于 2019 年年初完工投产。预计年生产能力为 40000 件，新产品的单价为 10 元，单位变动成本为 5 元，固定成本为 100000 元。

依据上述资料进行的计算如下：

年利润 =（10–5）×40000–100000=100000（元）

年折旧 =250000 ÷ 10=25000（元）

各年的净现金流量为

NCF_0=–250000（元）

$NCF_{1\sim10}$=100000+25000=125000（元）

投资利润率 =100000 ÷ 250000 × 100%=40%

静态投资回收期 =250000 ÷ 125000=2（年）

净现值 =–250000+125000 × 4.19247 ≈ 274059（元）

由于生产 A 产品的获利能力高，因此该公司应该生产 A 产品。

这样分析对吗？

分析：

依据传统的投资评价指标，仅局限于投资项目本身进行分析，没有考虑投资项目未来对其他竞争者所产生的影响，其决策建立在没有其他竞争者介入的前提下，而这种假设是不成立的。

由于该新产品的盈利能力强，投资利润率高达 40%，而市场又看好，产品销路不成问题，所以其他企业会设法进入该领域，成为甲公司的竞争对手。

上述分析的不足之处在于战略估计不足，考虑的问题不够全面，需在原有分析的基

础上，站在战略的高度进一步研究该项目对其他竞争者所产生的影响，并进行最终的综合决策。

甲公司没有采取任何有利的防御措施，致使新设立的乙公司轻易介入了该产品的生产。

乙公司于 2020 年年初正式投产，产品的单价为 9 元，单位变动成本为 4.5 元，其他条件与甲公司保持一致。

乙公司：

年利润 =（9−4.5）×40000−100000=80000（元）

年折旧 =250000÷10=25000（元）

各年的净现金流量为

NCF_0=−250000（元）

$NCF_{1\sim10}$=80000+25000=105000（元）

投资利润率 =80000÷250000×100%=32%

静态投资回收期 =250000÷105000≈2.38（年）

净现值 =−250000+105000×4.19247≈190209（元）

由于乙公司的介入，对甲公司造成影响：

假设 2020 年由于经验效应，甲公司的单位变动成本降至 4 元，售价下降为 9 元，

甲公司实际利润 =（9−4）×40000−100000=100000（元）

甲公司由于经验效应，2020 年的利润与 2019 年的利润相等。

在这种情况下，甲公司仍没有采取任何有利的防御措施，而乙公司由于刚刚设立，阻止新的竞争对手进入本行业的措施不佳，效果不明显。

这样，资金实力雄厚的丙公司投入比甲公司多一倍的资金用于购建固定资产，年生产能力达 80000 件，并于 2021 年年初正式投产。

丙公司：

产品的单位变动成本为 3 元，固定成本为 96000 元，在这种情况下，丙公司将产品售价定为 6.5 元。

年利润 =（6.5−3）×80000−96000=184000（元）

年折旧 =（250000×2）÷10=50000（元）

各年的净现金流量：

NCF_0=−500000（元）

$NCF_{1\sim10}$=184000+50000=234000（元）

投资利润率 =184000÷500000×100%=36.8%

静态投资回收期 =500000÷234000≈2.14（年）

净现值 =−500000+234000×4.19247≈481038（元）

丙公司的进入，对甲、乙两公司均产生重大的冲击，

甲公司利润 =（6.5−3.5）×40000−100000=20000（元）

乙公司利润 =（6.5−4）×40000−100000=0（元）

面对这样的情况，甲公司如果不采取措施，很有可能会变为亏损；乙公司则会被迫停产或被其他公司兼并。

以上分析给予我们的启示如下。

（1）如果某一产品或某一产业的投资利润率很高，则必然会吸引更多的竞争者进入。

（2）项目评价时，应进行非确定条件下的分析评价。上述实例中的分析评价均为确定条件下的分析评价，而实际上，进行非确定条件下的战略评价更为重要。如果甲公司在充分估计竞争对手可能进入的基础上来预计产品的售价以及成本，所得出的评价结论可能并不会那么乐观。

（3）对于新竞争者的进入，企业应采取有效的措施防范。

（4）在上述实例中，甲公司应继续投资，这样可以形成经济规模，从而扩大市场份额，对新进入者构成一种威胁。

（5）另外，新竞争者进入后，甲公司应更新产品，这样可保持其原有的竞争地位，挤垮竞争者。

拓展阅读

战略思维

资料一：

——必须坚持问题导向。问题是时代的声音，回答并指导解决问题是理论的根本任务。今天我们所面临问题的复杂程度、解决问题的艰巨程度明显加大，给理论创新提出了全新要求。我们要增强问题意识，聚焦实践遇到的新问题、改革发展稳定存在的深层次问题、人民群众急难愁盼问题、国际变局中的重大问题、党的建设面临的突出问题，不断提出真正解决问题的新理念新思路新办法。

——必须坚持系统观念。万事万物是相互联系、相互依存的。只有用普遍联系的、全面系统的、发展变化的观点观察事物，才能把握事物发展规律。我国是一个发展中大国，仍处于社会主义初级阶段，正在经历广泛而深刻的社会变革，推进改革发展、调整利益关系往往牵一发而动全身。我们要善于通过历史看现实、透过现象看本质，把握好全局和局部、当前和长远、宏观和微观、主要矛盾和次要矛盾、特殊和一般的关系，不断提高战略思维、历史思维、辩证思维、系统思维、创新思维、法治思维、底线思维能力，为前瞻性思考、全局性谋划、整体性推进党和国家各项事业提供科学思想方法。

——必须坚持胸怀天下。中国共产党是为中国人民谋幸福、为中华民族谋复兴的党，也是为人类谋进步、为世界谋大同的党。我们要拓展世界眼光，深刻洞察人类发展进步潮流，积极回应各国人民普遍关切，为解决人类面临的共同问题作出贡献，以海纳百川的宽阔胸襟借鉴吸收人类一切优秀文明成果，推动建设更加美好的世界。

来源：中国共产党第二十次全国代表大会报告

资料二：

什么是战略？

迈克波特说：战略是关于怎样与其他企业不同，意味着有意识地选择一系列不同的活动来提供独特的价值组合。

迈克哈默说：战略是关于客户、价值增值、差异化和工作方式的系列关键选择，以确定企业的形态和特性。

盖瑞哈美说：战略是洞察未来的市场状况，然后扩展企业的技能，重新定位而从未来获益。

简而言之，战略是企业面向未来的长周期的安排，是定义企业未来目标和行动策略的活动。

如果企业是一棵树，运营是如何让它茁壮成长，那么战略就是在哪里种一棵什么样的树。如此说来，战略是企业所有事情的开端。有这样的段子说，西游记师徒四人西天取经，唐僧看起来是最不中用的，战斗力是零，肉眼凡胎还总会成为妖魔鬼怪的目标。他到底有什么用？他的用处就是无论在什么环境下，总是坚定的指着西天的方向。

战略有多重要？

提高企业的预见性，克服短期行为。古人讲，“不谋万世者，不足谋一时；不谋全局者，不足谋一域”。这说明了筹划未来的重要性。

为企业的发展指明方向。企业经营战略是企业及其所有企业员工的行动纲领。企业如果没有战略，就好像没有舵的轮船，没有方向。

是企业经营管理成败的关键。研究结论表明，85%倒闭的大企业是由管理者的重大决策失误造成的。

来源：http://www.yingxiaobao.com.cn/n/15945.html

专题回顾

- 战略管理会计
  - 战略管理会计概述
    - 战略管理会计的产生与发展
    - 战略管理会计的含义和特征
    - 战略管理会计的基本程序
  - 战略管理会计的研究内容
    - 企业经营环境分析
    - 价值链分析
    - 战略性绩效评价
    - 竞争对手分析
    - 战略地图
  - 战略管理会计的应用
    - 战略管理会计在企业生产决策中的应用
    - 战略管理会计在企业持续经营能力分析中的应用

思考与练习

一、单项选择题

1.（　）的发展及完善促成了战略管理会计的产生和发展。

A. 管理理论　　B. 战略管理理论
C. 会计理论　　D. 管理会计理论

2. 战略管理会计提供更多的与战略有关的（　）。

A. 财务信息　　B. 战略信息
C. 会计信息　　D. 非财务信息

3.（　）是制约企业战略制定和选择的基本前提。

A. 内部环境因素　　B. 宏观环境因素
C. 人力资源因素　　D. 行业因素

4. 企业每项生产经营活动都是其创造价值的经济活动，企业所有的互不相同但又相互关联的生产经营活动，构成了创造价值的一个动态过程，即（　）。

A. 作业链　　B. 战略链　　C. 价值链　　D. 供应链

5.（　）分析揭示企业与竞争对手相比的相对成本地位。

A. 产业价值链分析　　B. 企业内部价值链分析
C. 竞争对手价值链分析　　D. 客户价值链分析

6. 分析竞争对手较为有效且常用的方法是（　）。

A. 标杆法　　B. 本量利分析法
C. 价值链分析法　　D. SWOT 分析法

7.（　）以财务、客户、内部业务流程、学习与成长等四个维度为核心，通过分析这四个维度的相互关系，绘制战略因果关系图。

A. 战略地图　　B. 平衡计分卡
C. 价值链分析法　　D. SWOT 分析法

8. 战略地图通常与（　）结合使用。

A. 战略地图　　B. 平衡计分卡
C. 价值链分析法　　D. SWOT 分析法

9. 价值活动分为基本活动和支持活动两大类，可以用价值链表示出来。（　）是基本活动。

A. 采购管理　　B. 技术开发
C. 人力资源管理　　D. 外部后勤

10. 价值活动分为基本活动和支持活动两大类，可以用价值链表示出来。（　）是支持活动。

A. 生产经营　　B. 内部后勤
C. 采购管理　　D. 外部后勤

二、多项选择题

1. 战略管理会计的特征有（　）。

A. 战略管理会计更注重企业外部环境

B. 战略管理会计更加注重长远目标和全局利益

C. 战略管理会计可以提供更多的与战略有关的非财务信息

D. 战略管理会计是一种综合的风险管理

2. 企业的战略目标可以分为（　）三个层次。

A. 公司战略目标　　B. 竞争战略目标

C. 会计战略目标　　D. 职能战略目标

3. 公司战略目标主要是确定（　）。

A. 经营方向的目标

B. 业务范围方面的目标

C. 产品和服务在市场竞争上的目标

D. 在实施竞争战略目标过程中，公司各个职能部门应发挥什么作用，达到什么目标

4. 价值链分析包括（　）三个层次。

A. 产业价值链分析　　B. 企业内部价值链分析

C. 竞争对手价值链分析　　D. 客户价值链分析

5. 企业应用战略地图进行战略管理会计活动，包括（　）。

A. 战略地图设计　　B. 企业内部价值链分析

C. 竞争对手价值链分析　　D. 战略地图落地

三、判断题

1. 战略管理会计只注重企业外部环境。（　）

2. 战略管理会计提供了大量极为重要的非财务信息，包括战略财务信息、经营业绩信息、竞争对手信息以及与企业战略相关的背景信息等。（　）

3. 战略管理理论的发展及完善促成了战略管理会计的产生和发展。（　）

4. 竞争战略目标主要是确定经营方向和业务范围方面的目标。（　）

5. 传统管理会计主要考虑内部生产过程中各种耗费的控制，而战略成本管理主要是从战略的角度来研究影响成本的各个环节，从而进一步找出降低成本的途径。（　）

四、计算题

某计算机信息公司是一家小型企业。由于公司在服务和可靠性方面有很好的信誉，因此顾客在不断增长。该公司所需零部件的采购成本是 500 元，其中价值 300 元的部分也可以自制，自制的单位材料成本是 190 元，每月的人工和设备成本是 55000 元，该公司目前拟进行该部分零部件是自制还是外购的决策。

如果该公司自制零部件，还拟将营销、运送货物和服务外包给另一家公司，这样每月可为该公司节约成本175000元。外包的合同价是在每月平均销售600台计算机的基础上，每台130元。该公司对此利用价值链、竞争能力等分析进行最终的综合决策。

该公司目前的主要作业生产是将从外部电子公司购入的零部件和少量的金属加工件装配成产品，装配的单位成本是250元。

要求：分别按传统管理会计和战略管理会计的方法为该企业做出零部件是自制还是外购的决策。

五、案例分析题

邯郸钢铁厂（以下简称“邯钢”）在20世纪90年代面临的内外环境都非常严峻：原材料涨价使企业生产成本上升，国家紧缩银根使企业更新产品和技术面临巨大的资金缺口，国际钢铁生产能力过剩使出口竞争加剧；从企业内部看，各部门、各单位缺乏节能降耗、增收节支的自觉性，随着产销比率的下降和价格的降低，仅有少量产品盈利。企业陷入困境。

邯钢为了摆脱困境，对企业经营进行了系统、全面的分析。

1. 在与其他竞争对手进行比较后，邯钢意识到本企业的产品市场弹性系数小，与其他竞争对手的产品在性能上没有大的差别。作为地方国有企业，国家对其支持力度有限，获得较大投资的可能性小。

2. 邯钢认为，只有知己知彼，才能在竞争中获胜。因此，利用丰富的行业信息资料（诸如上下游企业情报等）改善自身的生产经营，以同行业和企业内部历史最好水平为依据，把从原材料供应商到最终产品消费者的各个环节的成本指标作为整体进行分析、比较，寻找成本降低的环节和降低程度。邯钢在挖潜增效过程中，模拟市场核算，以产品市场上能接受的价格为起点，一个工序一个工序地剖析其潜在效益，直到原材料采购，从而使企业成本管理深入各基本作业层，挖掘各作业层的增值能力，对不必要的和完成质量不佳的作业进行改进或否决。

3. 在成本管理上，重视成本动因的确定，并围绕成本动因进行成本控制，使邯钢的成本管理战略得以成功实施。①在项目投资规模上，围绕节能降耗、降低成本的要求进行选择，并根据量力而行和“先进、经济、实用”的原则进行控制，对不能控制进度和投资的项目坚决不上马；②控制整合的范围。遵循自己能生产的备件坚持不外委原则，并比较其成本高低，择优选择；③在技术选择上，围绕提高产量、质量和优化品种结构，对关键工序、薄弱环节进行技改，走“增效—技改—再增效—再技改”的良性循环发展之路；④落实成本岗位责任制，提高企业的凝聚力。

4. 邯钢选择了模拟市场核算、统分结合的管理模式，引入市场风险，把风险分散到个人。实行成本否决制，完不成成本指标，否决奖金、工资晋升机会和职务升迁等。这样就将国有资产的管理、使用落实到每个人身上，把各级组织或个人进行目标成本管理的绩效与工资、奖金等职工切身利益挂钩，突出实效，落实责任。邯钢建立定期考核制度，实行严格的奖惩办法，做到奖罚分明，进而优化机构设置。

由于邯钢推行了“模拟市场核算，实行成本否决，走集约化经营的道路”的管理机制，企业产品成本连年下降，获得并保持了竞争优势，创造了我国冶金行业的一流佳绩。

要求：

（1）针对企业的情况，为获得竞争优势，邯钢采用了哪一种优势战略？请说明采取这一优势战略的理由；

（2）“推倒围墙，走向市场，成本否决”的邯钢经验说明了哪些企业管理必须解决的重大问题？

（3）你认为邯钢在20世纪90年代采取的优势战略在当下是否仍然适用？不同优势战略之间有什么关系？

参考文献

[1] 财政部会计司编写组．管理会计案例示范集 [M]. 北京：经济科学出版社，2019.

[2] 冯巧根．管理会计学 [M]. 北京：中国人民大学出版社，2020.

[3] 高樱，徐琪霞．管理会计 [M]. 北京：清华大学出版社，2021.

[4] 郭晓梅．管理会计 [M]. 北京：高等教育出版社，2021.

[5] 韩文连．管理会计学 [M]. 北京：首都经济贸易大学出版社，2018.

[6] 胡国柳．管理会计 [M]. 北京：高等教育出版社，2016.

[7] 胡玉明．高级管理会计 [M]. 厦门：厦门大学出版社，2019.

[8] 加里森，诺琳，布鲁尔．管理会计：原书第 14 版 [M]. 罗飞，陈辉，温倩，译．北京：机械工业出版社，2017.

[9] 刘海生．管理会计 [M]. 北京：高等教育出版社，2019.

[10] 刘运国．管理会计学 [M]. 北京：中国人民大学出版社，2018.

[11] 潘飞．管理会计 [M]. 上海：上海财经大学出版社，2020.

[12] 邵军．管理会计案例分析 [M]. 上海：立信会计出版社，2017.

[13] 宋平平，孙皓，王欢．管理会计 [M]. 上海：立信会计出版社，2016.

[14] 隋志纯，范抒，蒋婷婷，等．管理会计 [M]. 北京：清华大学出版社，2021.

[15] 孙茂竹，支晓强，戴璐．管理会计学 [M]. 北京：中国人民大学出版社，2020.

[16] 吴晓涵．民营中小企业管理会计实务 [M]. 北京：北京师范大学出版社，2013.

[17] 吴大军，牛彦秀．管理会计 [M]. 大连：东北财经大学出版社，2021.

[18] 周宁，韩小汀，邹艳．管理会计教学案例与分析 [M]. 北京：中国人民大学出版社，2021.